深远的起飞
——新中国航天事业创建的启示

王 巍 郭世亮 唐 琼 著

科学出版社

北 京

内 容 简 介

作者在重温中国航天创建历史的基础上,结合多年从事航天科技工作的经历和体会,研究新中国航天事业创建历程中的科技战略问题,探寻我国科技创新和航天科技发展的战略途径。本书回顾和分析了新中国成立初期的国内外形势;展现了开国领袖赶超和自强的宏图大略;深入剖析了新中国航天事业创建历程中若干重大方向战略抉择的底层逻辑;总结了航天事业战略规划决策实施和组织管理的精髓,挖掘了中国航天创始科研团队在科技、管理、精神等方面为中国航天发展和科技创新做出的突出贡献;对新中国早期历次科技战略规划,以及世界上主要国家科技崛起的历史和历次科技革命进行了总结和研究分析;对当今科技发展和航天科技创新的若干重大问题从科学、教育、人才、体制机制等方面进行研究,提出了自己的认识和观点。本书用七章把"破局"、"布势"、"定向"、"执行"、"创造"、"战略科学家"、"未来"七个主题有机统一起来,构建了科技战略思维和行动的统一模型。这个模型以及本书对科技战略规划研究方法、思路的探索,将对从事科技战略规划工作的研究人员和组织实施管理者在思维方式、研究思路与方法等方面有所启发,为落实相关机制措施提供参考。

本书的读者群体主要包括但不限于政府、军队、科研院所、高校、企业的广大科技人员和科技管理人员,对科技战略研究感兴趣,特别是对中国航天创建历史和国家科技创新战略、未来科技发展趋势感兴趣的人士。

图书在版编目(CIP)数据

深远的起飞:新中国航天事业创建的启示 / 王巍,郭世亮,唐琼著. —北京:科学出版社,2022.9
ISBN 978-7-03-074861-4

Ⅰ.①深… Ⅱ.①王… ②郭… ③唐… Ⅲ.①航天工业-发展史-研究-中国 Ⅳ.①F426.5

中国国家版本馆 CIP 数据核字(2023)第 019446 号

责任编辑:余 丁 / 责任校对:胡小洁
责任印制:吴兆东 / 封面设计:蓝 正

科学出版社出版
北京东黄城根北街 16 号
邮政编码:100717
http://www.sciencep.com

北京建宏印刷有限公司 印刷
科学出版社发行 各地新华书店经销
*
2022 年 9 月第 一 版　开本:720×1000 1/16
2023 年 9 月第二次印刷　印张:23
字数:464 000
定价:98.00 元
(如有印装质量问题,我社负责调换)

图1 1956年2月1日，毛泽东在中南海怀仁堂宴请参加政协会议的部分委员时，与钱学森亲切交谈。

图2 1956年6月14日，（前排）毛泽东（左5）、周恩来（左4）、朱德（右6）、陈云（右5）、林伯渠（右4）、邓小平（右3）、聂荣臻（右2）等党和国家领导人在中南海与参加制定全国"十二年科技规划"的全体学部委员和科学家合影。

图3 1958年5月17日,毛泽东在党的八大二次会议上提出:苏联人造卫星上天,我们也要搞人造卫星!

图4 1960年5月28日晚,毛泽东在上海参观科技展览会时,观看上海机电设计院研制的探空火箭。

图5　1970年5月1日,毛泽东在天安门城楼接见参加研制和发射东方红一号卫星的代表。

图6　1956年2月24日,中共中央批准国务院成立科学规划委员会。3月14日科学规划委员会正式成立,开始着手编制《1956~1967年科学技术发展远景规划纲要》。图为5月26日,周恩来在中南海怀仁堂举行酒会,招待参加制定"十二年科技规划"的科学技术专家。正面左起:宋任穷、聂荣臻、李富春、周恩来、郭沫若。

图7 1958年7月,在国防部举办的"八一"献礼展览会上,周恩来详细询问火箭推进剂的研制情况。

图8 1958年10月,周恩来参观北京航空学院展览。

图9 1962年11月,为增强国防力量,成立了以周恩来为主任的专门委员会。图为1963年4月,周恩来和专门委员会成员贺龙、聂荣臻、张爱萍等在中南海西花厅。

图10　1964年5月，中央领导接见国防部五院首届党代会代表，周恩来同钱学森握手。

图11　1965年5月，刘少奇视察导弹总装厂。

图 12　1965 年 5 月，朱德视察导弹总装厂。

图 13　1965 年 6 月 1 日至 1966 年 6 月 30 日，周恩来先后五次视察基地。

图 14　1965 年夏,周恩来视察发射中心,接见发射部队和试验队。

图 15　1965 年 6 月,任新民陪同邓小平视察七机部。

图 16　1966 年 3 月 26 日，邓小平视察基地。

图 17　1966 年 6 月，周恩来在西北试验基地发射场视察近程地地导弹发射，听取栗在山（右 4）、张贻祥（右 2）的汇报。

图18　1956年5月,钱学森(左三)等参加"十二年科技规划"综合组会议。

图19　参加1956年"十二年科技规划"的部分专家,魏鸣一(前右1)、梁思礼(前右2)、童志鹏(前右3)、黄纬禄(前左1)、郝复俭(后左1)、吕保维(前左3)、吴展(后右1)、张履谦(后右2)。

图 20　1956 年 6 月 19 日，在北京西郊宾馆参加全国"十二年科技规划"的全体工作人员合影。

图 21　国防部第五研究院旧址（原华北军区 106 疗养院）。

图 22　国防部第五研究院导弹生产车间旧址。

图 23　钱学森为年轻科研人员授课。

图 24　国防部第五研究院建立之初，学习新知识、掌握新技术成为热潮。

图 25　第一批分配到国防部第五研究院的部分学员。

图26　1956年12月29日,任新民(前排右二)在苏联援助的P-1导弹实物交接协议上签字。

图27　1959年4月19日,西北某地首次进行了实弹射击,取得圆满成功,许光达、张爱萍、钱学森等亲临现场并与官兵们合影留念。

图28　1960年4月,聂荣臻视察上海机电设计院。

图29　1960年，火箭发射前，试验队员工作场景。

图30　1960年钱学森（前左四）在某导弹基地指导工作。

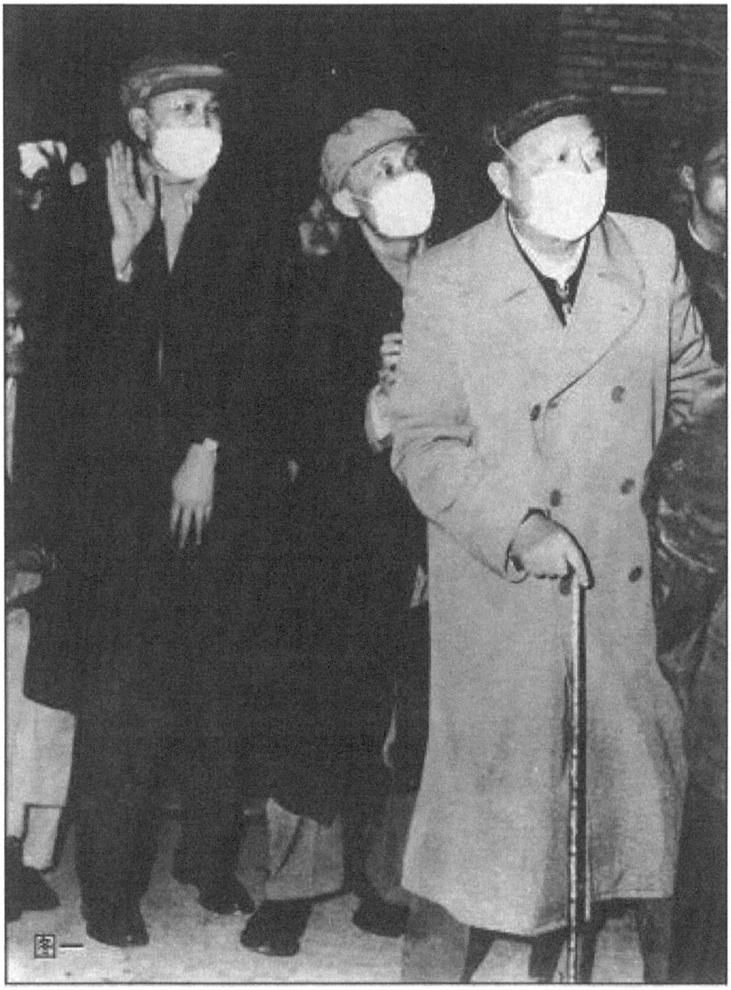

图31　60年代初，钱学森（左一）陪同聂荣臻（右一）视察火箭试车情况。

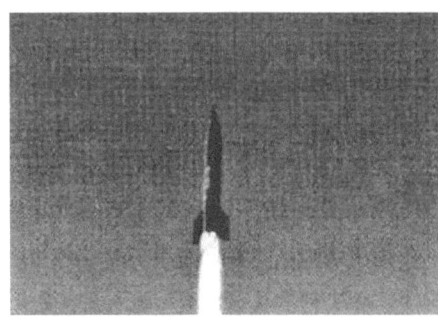

图32　1960年11月5日，1059导弹顺利升空。

图33　聂荣臻、钱学森等在试验现场为1059导弹发射成功欢欣鼓舞。

图34 1964年6月29日东风二号导弹试射成功。

图35 1966年10月,聂荣臻(左)现场指导"两弹"转运。

图 36 "两弹"结合试验导弹进场。

图 37 1966 年,"两弹"起竖。

图 38　1966 年 10 月下旬，钱学森陪同聂荣臻（右）到基地视察"两弹"结合试验准备情况。

图 39　1966 年 10 月 27 日，"两弹"结合试验圆满成功。

图40　1966年10月27日，聂荣臻（右二）与钱学森（右一）现场主持"两弹"结合试验。

图41　1966年10月27日，聂荣臻表扬发射控制室和所有参加试验的同志，并和大家在发射阵地指挥所前国旗下合影。前排左起：张贻祥、张震寰、钱学森、聂荣臻、李觉、谢光选。

图 42　1966 年 10 月 27 日，人民日报刊登"两弹"结合成功的报道。

图 43　1966 年 12 月 25 日，聂荣臻与钱学森、李福泽、任新民等在第一枚中程导弹发射架前合影，前排左起：任新民、钱学森、聂荣臻、李福泽、张贻祥、徐明。

图 44　1966 年三线建设大军进山沟。

图 45　三线建设初期,建设者们的简陋住处。

图 46　三线建设初期，科技人员自己动手建造的姿态控制发动机热试验间。

图 47　三线建设初期，设在废弃寺庙里的火箭发动机型号设计室。

图48　三线建设初期，设计人员在简陋的农舍里绘制设计图。

图49　三线建设初期，简陋的职工食堂。

图 50　三线建设初期，科研人员抬着发动机过河，进山做试验。

图 51　三线基地修建铁路桥，这座桥至今仍在使用。

图 52　三线基地建设面貌。

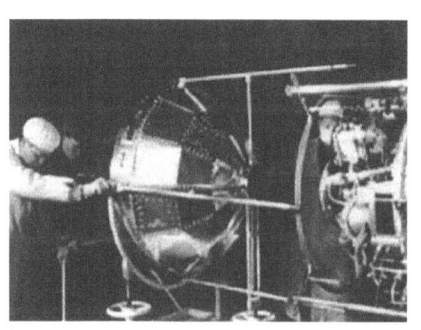

图 53　组装中的东方红一号卫星。

图 54　1970 年 4 月 24 日,我国在酒泉卫星发射中心用长征一号运载火箭成功发射东方红一号卫星。

图 55 当东方红一号卫星（上图）通过北京上空时，人们争相眺望（下图）。

图 56 1975 年，我国第一颗返回式卫星成功回收。

图 57　1980 年 5 月 18 日，我国自行设计生产的洲际导弹向太平洋预定海域首次发射成功。

图 58　1986 年 3 月 3 日，王大珩、王淦昌、杨嘉墀、陈芳允四位科学家联名给邓小平、胡耀邦等党和国家领导人上书，写下了题为《关于跟踪研究外国战略性高技术发展的建议》的一封信。图为"863 计划"四位倡议者（左起：王大珩、王淦昌、杨嘉墀、陈芳允）在"863 计划"十周年纪念会议上的合影。

图 59　始建于 60 年代初的酒泉卫星发射中心东风革命烈士陵园，为祖国航天事业献出生命的 760 多位英雄长眠于此。

# 序

读王巍院士等撰写的《深远的起飞——新中国航天事业创建的启示》，感觉是一本很别致的书。

习近平总书记在庆祝中国共产党成立100周年大会上的讲话中指出，在社会主义革命和建设时期，"中国共产党和中国人民以英勇顽强的奋斗向世界宣告，中国人民不但善于破坏一个旧世界，也善于建设一个新世界"。新中国航天科技战略的制定和实施，新中国航天事业的起步和发展，新中国航大战线的奋斗创新精神，正是对中国人民"善于建设一个新世界"历史内涵的生动诠释。

这部书的别致之处在于，它属于新中国航天领域的历史著述，但重在对新中国重点科技领域发展经验的总结，最终则归结到"以史为鉴、开创未来"的战略思考。

细细品读，该书的特点和亮点，大致有以下几个方面。

一是作者在学史过程中不断深化认识，力图研究历史背后的深层次逻辑。作者遵循实事求是的科学态度，用可靠的历史资料，系统、深入地再现了以毛泽东为核心的党的第一代中央领导集体在新中国成立初期的困难条件下，果敢创业的光辉历

程。书中以科技战略研究为主线，从战略形势、战略思想、战略抉择、战略组织、战略执行、战略启示、战略思考等七个方面，翔实阐释新中国航天事业创建的过程与意义，为关心和研究中国航天事业发展的人们提供了比较全面、系统的历史脉络，使人们能够更清楚地感知我国航天事业的起步和发展历程。

二是该书对航天科技战略研究的思想、方法和过程进行了综合性的梳理与归纳。战略是对全局性问题的谋划，是研究顶层、重大问题的规律以及解决问题的策略和方法，其中包含多方面需要研究的问题，涉及大量的信息与知识。围绕新中国成立以来航天科技战略的制定和实施过程，作者充分认识到历史的科学价值和科学的人文价值，查阅、分析和研究了大量的资料和文献，从科学、技术、历史、人文等多方面扩展和丰富了现有航天科技战略研究。细品此书，相信可以加深读者对航天科技战略的理解，让人耳目一新。

三是从科技专家的视角探讨航天科技战略是该书的又一个特点。作为长期从事航天科技创新实践、航天科技战略研究与论证的科技专家，作者以专业的视角、畅晓的语言，回顾了以毛泽东、周恩来和聂荣臻为代表的开国领袖和元勋是如何引领和指导中国航天事业创建与发展的，以钱学森和创始科研团队为代表的第一代航天工作者是如何按照党中央的战略部署开创中国航天科技工业的，并分享了许多一线科技工作中的切身体会和深刻认识，有很强的科技特色，又有很强的可读性。该书为想要学习毛泽东科技战略思想、了解航天科技战略的人们提供了一个新的、专业的视角，有助于广大读者加深对我国航天事业发展和科技战略的认识。

四是该书既研究了历史，也观照了当下。思往事、望来者，该书在回顾和思考新中国成立以来航天科技工业发展问题的同时，也关注了许多当下科技领域的热点问题，如新科技革命、新型举国体制等，给人以启迪。历史的可贵，在于给人们研究和解决新问题以智慧，在于提供给人们继续前进的力量。

我与王巍院士几年前在工作中相识，他是一位专业上造诣深厚的科学家,也是一名深耕一线的航天科技工作者。现在,《深远的起飞——新中国航天事业创建的启示》一书即将出版,我相信该书能帮助读者了解中国的航天事业,并从中得到有益的启示。今年恰逢中国共产党建党100周年,该书问世也是对建党百年的献礼。

是为序。

陈 晋

原中共中央文献研究室副主任

中国中共文献研究会副会长

毛泽东思想生平研究会会长

2021年9月

目 录

序 / i

引言 / 1

第 1 章 立国筑基的形势与挑战 / 10

    第 1 节　新中国成立时的世界格局和外交战略 / 10

    第 2 节　巩固新生人民政权的斗争 / 13

    第 3 节　新中国成立初期的综合国力 / 20

    第 4 节　新中国成立初期的武器装备和国防工业 / 23

    第 5 节　新中国成立初期的教育、科技、人才情况 / 27

    小结：破局 / 29

第 2 章 开国领袖的宏图：赶超与自强 / 32

    第 1 节　战略上藐视敌人、战术上重视敌人 / 34

第 2 节　坚持独立自主与开放学习　/　39

第 3 节　坚持科学态度与科学精神　/　41

第 4 节　发挥先进文化力量　/　46

小结：布势　/　58

第 3 章　新中国航天事业创建的战略抉择　/　59

第 1 节　优先发展导弹　/　61

第 2 节　从仿制到自主研制　/　65

第 3 节　"两弹"结合试验　/　69

第 4 节　中远程导弹的发展　/　74

第 5 节　从探空火箭到东方红一号卫星　/　77

第 6 节　从曙光飞船到返回式卫星　/　82

第 7 节　新中国航天事业创建为什么能够成功　/　85

第 8 节　前进途中的曲折与教训　/　95

小结：定向　/　97

第 4 章　中国航天事业创建的战略管理铁三角　/　100

第 1 节　总协调员和科技总后勤部长　/　101

第 2 节　科技总司令和政治委员　/　108

第 3 节　科技总参谋长和前敌科技司令　/　115

第 4 节　铁三角是如何炼成的　/　122

小结：执行　/　127

第 5 章　行胜于言的中国航天创始科研团队　/　130

第 1 节　群英荟萃、大家云集　/　131

第 2 节　开创开拓、筑路筑基　/　135

第 3 节　举国体制的典范和中坚　/　148

第 4 节　航天精神的主力创造者与忠实践行者　/　161

小结：创造 / 165

第 6 章 新中国航天科技战略规划的回顾与启示 / 167

第 1 节 重温新中国的科技战略规划 / 167

第 2 节 新中国科技战略规划对中国航天事业的
深远影响 / 197

第 3 节 研判科技战略目标和路径需要注意的若干问题 / 218

第 4 节 关于科技战略研究方法的认识和思考 / 225

小结：战略科学家 / 230

第 7 章 关于航天科技创新若干重要问题的思考 / 233

第 1 节 后发国家科技创新路径的启示 / 233

第 2 节 新科技革命与航天科技创新 / 253

第 3 节 新型举国体制与科技创新 / 275

第 4 节 "钱学森之问"与"李约瑟难题"再思考 / 290

小结：未来 / 314

结语 / 316

主要参考文献 / 318

引　言

党的十八大以来，习近平总书记多次强调，"历史是最好的教科书"。2021年2月20日，习近平总书记出席党史学习教育动员大会并发表重要讲话，深刻指出："全党同志要做到学史明理、学史增信、学史崇德、学史力行，学党史、悟思想、办实事、开新局，以昂扬姿态奋力开启全面建设社会主义现代化国家新征程，以优异成绩迎接建党一百周年。"

"学史明理、学史增信、学史崇德、学史力行"，这十六个字道出了学习党史的深刻涵义。中国航天事业的创建和发展是新中国成立以后一段波澜壮阔的历史。作为科技工作者，尤其是航天科技工作者，学习这一段历史、研究这一段历史，可以有多种维度、多个视角。如果我们把目光回望到当时的历史背景下，站在当时的国际大格局中，中国航天的创建完全可以说是中国共产党的一个伟大战略创举。如果我们把目光回望到更长远的历史，从1840年以来旧中国积贫积弱、战乱频仍、饱尝屈辱的上百年历史时空来审视，中国航天事业的创建完全可以说是一个伟大的、超乎常人想象力和胆识的战略创举，是树立中华民族自信、自立、自强的时代品格的战略创举，是让新中国成立短短十几年就从战后废墟上昂首矗立、进而在国际事务中取得举足轻重地位的战略创举,是对中国、东方乃至世界历史和未来都具有极其深远意义的战略创举。为此,我们把这本书定名为"深远的起飞"。写这本书的目的,就是试图通过科技发展战略研究这样一个视角,领悟和总结中国航天事业的创建这一战略创举的内在逻辑、规律及其对未来的深远影响。"深远"二字所承载的,不仅是指探索太空的深远目标和步伐,也是国家现代化新长征的重重雄关和漫漫征途,更是中华民族伟大复兴的深远历史使命。

我们曾为这本书的定位、写法和内容反复讨论、斟酌,其间经过多次改变和修订。最后决定把本书定位为一本关于科技战略研究与思考的书,但不是一本纯学术性的著作,而是一本随笔文风的史料学习体会与研究总结相结合的书。具体写法上,试图通过一种史料研究和总结评述相融合的方式,用直接、直白、活泼的笔法把研究科技战略的思想方法和心路历程展现给读者。因此,写这样一本书也是一个学习、研究和总结的过程。在这个过程中,通过系统地查阅相关文献、著作,整理相关史料,力图从中感受和体会以毛泽东、周恩来、聂荣臻为代表的开国领袖和元勋,在新中国成立初期那样特殊与困难的历史背景和国际环境下,是如何做出正确的战略决策创建中国航天事业的;以钱学森为代表的第一代航天科技工作者是如何按照党中央的战略决策部署开创中国航天科技工业的。同时,结合工作和实践,围绕航天科技发展战略若干重大问题,展开深入思考,分享心得和启示,以期与广大研究人员共同探讨如何提高科技战略研究的水平。在素材选取和内容编排上,本书期望让不同领域的读者既能从中了解中国航天的这段重要历史,有所领悟、有所受益,又能通过阅读本书建立起一个关于科技战略思维和战略行动相统一(即知行合一)的模型。这个模型是在党中央坚强领导和国家战略统领下的七个要素紧密耦合的整体。这七个要素,也就是本书各章小结的主题词:破局、布势、定向、执行、创造、战略科学家、未来。其中,破局、布势、定向是战略思维的三部曲,奠定了战略的格局和质量;执行、创造是战略行动的根本要义,决定了战略行动的进程和成败;战略科学家是国家战略科技力量的首要人力资源,是战略思想的重要源泉、战略决策的参谋,又是战略行动的具体执行者;未来,既是战略思维的起点、又是战略行动的终点,是战略的目标、更是战略的价值,而创造未来,就是战略的初心与使命。七个要素之间的关系如图0-1所示。

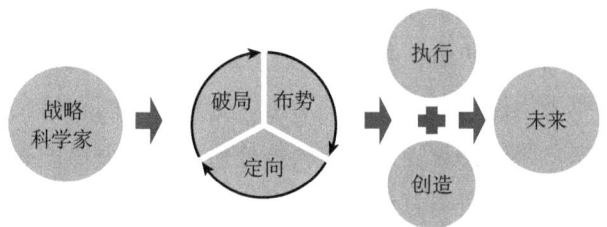

图0-1 科技战略思维和战略行动的统一模型

为了帮助读者更好地阅读这本书,也为了得到那些在专业素养和实践经验方面都比我们更丰富的学者和领导者的指导,在本书开篇之前,再补充以下三个方面的粗浅认识。

(一)关于战略

战略是一门古老而又年轻、抽象而又具体、理论性和实践性都很强的学问。学界比较一致地认为,战略一词,来源于战争,理论基础是博弈论,其内涵和意义随着时代在不断演进。2500多年前我国春秋时代的兵书《孙子》,是全世界最古老也是最伟大的战略著作之一。现在通用的战略一词发源于西方,最早可以溯源到古希腊和罗马时代的某些观念和名词,但是直到公元580年左右,东罗马帝国皇帝莫里斯(Maurice)嗣位前后才写出西方第一部战略学著作《Strategikon》。在中世纪之后的西方,这些观念和名词都被遗忘,直到1777年,法国人梅齐乐出版了《战争理论》一书,首次使用战略(stratégie)这个名词,其灵感就是来自莫里斯皇帝的书名"Strategikon"。现在战略学和战略研究已经成为一门专门的学问,其主要推动力就是中外历史上大大小小、连绵不断的战争,以及这些战争催生的各种思想、观念、谋略、权术,再加上近现代这些思想、观念、谋略、权术在政治、经济、外交等领域的运用,使这门学问不断发展,愈加丰富多彩。

有学者认为，战略研究有四种境界：历史境界、科学境界、艺术境界、哲学境界，必须通过这四种境界，才能登堂入室，成为一名真正合格的战略思想者[1]。按照这样的标准，以毛泽东同志为核心的党的第一代中央领导集体，能在新中国成立初期各方面都非常落后的条件下做出发展"两弹一星"和航天事业这样的战略决策，是名副其实的战略思想家和战略规划大师。因此，研究中国航天创建和发展进程的历史，特别是开国领袖在一系列重大决策中的战略思想，必然会对当今航天科技战略乃至整个科技战略的研究大有裨益。如果能通过这些研究总结出一些科学方法、品味到其中的决策艺术和哲学思想，那对于建设航天强国和科技强国更是宝贵的精神财富。

领导者和领导层（即领导群体）的战略思维和战略意志，决定了一个国家能否通过激发文化传统中的优秀品质并使之在全体国民中发扬光大，克服社会形态、发展环境和资源禀赋的制约，从而找到能够主动创造未来的战略目标和战略途径，做出正确的战略决策，完成既定战略任务。

领导群体的战略思维和战略意志来源于哪里？毛泽东同志在中国共产党第七次全国代表大会上的一段讲话可以回答这个问题："坐在指挥台上，如果什么也看不见，就不能叫领导。坐在指挥台上，只看见地平线上已经出现的大量的普遍的东西，那是平平常常的，也不能算领导。只有当着还没有出现大量的明显的东西的时候，当桅杆顶刚刚露出的时候，就能看出这是要发展成为大量的普遍的东西，并能掌握住它，这才叫领导。""盲目性是没有预见的……而没有预见就没有领导，没有领导就没有胜利。因此，可以说没有预见就没有一切。"[2] 预见能力，不仅是战略思维和战略意志的源泉，也是领导力的基础，更是执行力的遵循和创造力的指南。预见，就是要对一个新事物、新方向做出精准的判断，就离不开对事物本质的深刻理解和对实际情况的深入调查研究。要做到所有这一切，不但需要天赋、知识和经验，也需要掌握正确的认识论与方法论，并在实践中不断总结、提高和升华。

---

[1] 钮先钟. 战略研究入门[M]. 上海：文汇出版社，2018：297.
[2] 中共中央文献研究室. 毛泽东文集（第3卷）[M]. 北京：人民出版社，1999：394-396.

（二）关于后发国家的科技战略

我国在现代科技领域属于后发国家，像历史上任何后发国家一样，我国的科技战略不可回避的一个问题就是如何设计好阶段性目标和任务。科技发展战略具有其阶段性，每个阶段的战略目标和任务的主次不同，但又需要通盘考虑。一般来讲，后发国家的科技战略回避不开以下三个阶段。

（1）起步阶段

需求驱动为主，聚焦若干最重大、最紧要的战略需求，以工程（或项目）带技术、技术带学科。

（2）跟跑阶段

需求和技术双轮驱动。需求作为外部驱动，协调优化科技发展的总体布局；技术作为内在驱动，协调优化工程和科学、基础研究和应用研究的关系。跟跑就是目标十分明确，结果十分清楚，只是尚未完全掌握具体的路径和方法。

（3）并跑/领跑阶段

基础和前沿研究驱动为主，基于基础研究能力的全方位提升、全社会科学素质的提高、工业基础能力的增强。领跑的前提是原始创新。在领跑阶段，需要持续大量的资金支撑，保持人才队伍稳定的政策支持，特别是顶级专业创新团队的接续奋斗。

人无远虑，必有近忧。历史上，后发国家的科技崛起都会受到先发国家的制约甚至封锁和打压，每个后发国家都会根据自己的文化传统、社会形态、发展环境、国家需求、历史机遇和自然禀赋选择自己的战略，没有放之四海而皆准的模板。每个大国或者大的文化体的振兴崛起都没有可完全复制的、一成不变的道路，都需要独立探索，完全照搬是行不通的。

影响后发国家科技战略最重要的因素包括国家需求、社会形态、文化传统、发展环境、资源禀赋,具体涵义如下。

(1) 国家需求

对于任何一个中大型的国家和政体,独立自主的国防和事关国计民生的经济基础、社会事业都是必需的,因此必然要在工业和科技领域掌握自主发展的基本能力,这是科技战略应该首要满足的国家需求。

(2) 社会形态

社会形态决定战略的目标、路径及其阶段性。所有事物的发展都不可能超越历史阶段,科学技术尤其如此。但是应该基于对历史的研究和规律的总结,对未来提前预见、提前布局。

(3) 文化传统

文化传统决定了发展道路是独立自主还是依附于别人,特别是生存发展权和国家安全是掌握在自己手中还是依附于别人,不同文化传统的民族会做出不同的选择。是否有自主意识比是否有科学传统更加重要,中、日、韩等东方文化圈的国家都有强烈的自主意识。科学传统和自主意识都是宝贵的民族特质,某种程度上自主意识更加宝贵,特别是对于后发国家。这就好比生存权、发展权对后发国家是第一位的,自由民主权是第二层次的,马斯洛关于人的需求的五个层次的理论讲述的也是同样的道理。

(4) 发展环境

发展环境决定机遇和挑战。机遇总是与挑战并存,不同的环境带来不同的机遇,同时带来不同的挑战。国际和国内的政治环境、经济环境、安全环境、外交环境,对不同的国家和不同的领域带来的机遇和挑战不同。国家科技战略尤其是高科技领域的发展战略,很大程度上受到发展环境的影响,其战略的研究制定过程本质上其实就是一个把握机遇(特别是战略机遇期)、应对挑战的过程。

（5）资源禀赋

包括自然资源、科技资源、人力资源，是科技战略实施的物质条件。资源禀赋是基础，也是可以塑造、调动的。战略规划的重要任务之一就是塑造和调动资源，打通战略路径，完成战略任务，达成战略目标。

（三）关于我国的科技发展战略与航天科技战略

当前及未来一段时期，我国科技发展战略应当对需求牵引与专业技术推动的关系，进行全面、辩证、完整、与时俱进的再认识，用历史和未来两个视角来认真审视其内涵，用面向未来的眼光来传承和再发展。

未来相当长的一段时期，我国还必须通过一系列大科学工程的带动作用，牵引相关技术群和学科群的发展，夯实各行业的科技基础，进一步提高工业化和信息化水平。同时，通过针对性和高质量、高效益的基础研究，提高重点学科群和重点领域的原创能力，两者不能偏废。通过这两个抓手，相辅相成，逐步在全社会形成崇尚科学精神、鼓励自由探索、包容失败的创新氛围。这也是回答钱学森之问、破解李约瑟难题的必由之路。

航天作为综合性最高、探索性最强的科技工业领域之一，融合了科学、技术、工程和产业，既需要国家整体科技水平的支撑，又需要国家重大科技工程的牵引，更需要国家重大科技战略的指引。目前，我国的航天科技发展正处于整体上由跟跑、并跑，逐步向并跑、领跑转变的关键阶段，有些领域要跟紧、有些领域要追上、有些领域要跨越。应该尽快形成需求牵引和专业创新双轮驱动的科技战略布局，并提前考虑到未来领跑阶段或者某些领域率先进入领跑阶段的战略布局。以钱学森为代表的航天创始科研团队就已经对三个阶段（或者最起码前两个阶段）进行了通盘考虑，逐步构建了一个基本架构，当时一系列专业技术研究院所的设立和对固体动力、计算机、微电子等在当时还属于新兴技术的长远布局，就是基于这样的体系化考虑和统筹安排。

基于这个基本架构和科技体系，一代又一代的航天人在党中央的坚强领导下接续奋斗，继"两弹一星"之后，先后创造了载人航天和探月工程等新的里程碑式的伟大成就，建成北斗卫星全球导航定位系统、高分辨率对地观测系统、高通量卫星通信系统等对国计民生至关重要的空间基础设施，成功实施火星环绕和着陆探测，并为国家战略安全和国防建设研制成功一系列战略、战术导弹武器系统，夯实了航天大国的根基，树立了建设航天强国的底气和自信。

在当前这样一个正在发生深刻变革的新的时代，航天科技应该如何定位？这是研究航天科技战略必须面对的首要问题。钱学森在1980年7月为第一期《宇航学报》撰写的发刊词中说："我认为航天技术是毛主席明确过的技术革命中的一项，与蒸汽机、电力、原子能，以及电子计算机并列的一次技术革命。"[1] 从历史看，航天技术的发展催生并发扬光大了以应用力学、工程控制论、系统科学、信息技术等为代表的技术科学，深刻影响了全球战略安全态势、军事形态和科技发展格局，极大丰富了人类经济社会生活。从更长远更广阔的时空尺度来看，航天技术更是人类认识世界和自身的全新工具和视角。在建设航天强国的征程中，我们应当站在这样的高度来思考未来的图景和当今的战略。

2020年10月26日至29日，中国共产党第十九届中央委员会第五次全体会议在北京召开，对我国发展环境面临的深刻复杂变化作出了重要判断[2]：当前和今后一个时期，我国发展仍然处于重要战略机遇期，但机遇和挑战都有新的发展变化。全党要统筹中华民族伟大复兴战略全局和世界百年未有之大变局，深刻认识我国社会主要矛盾变化带来的新特征新要求，深刻认识错综复杂的国际环境带来的新矛盾新挑战，增强机遇意识和风险意识，立足社会主义初级阶段基本国情，保持战略定力，办好自己的事，认识和把握发展规律，发扬斗争精神，树立底线思维，准确识变、科学应变、主动求变，善于在危机中育先机，于变局中开新局，抓住机遇，应对挑战，趋利避害，奋勇前进。全会提出了到2035年基本实现社会主义现代化远景目标，并强调：

---

[1] 杜善义. 崇尚学术，追求卓越——写在《宇航学报》创刊40周年[J]. 宇航学报，2020（7）．
[2] 中国共产党第十九届中央委员会第五次全体会议公报，2020-10-29．

坚持创新在我国现代化建设全局中的核心地位，把科技自立自强作为国家发展的战略支撑，面向世界科技前沿、面向经济主战场、面向国家重大需求、面向人民生命健康，深入实施科教兴国战略、人才强国战略、创新驱动发展战略，完善国家创新体系，加快建设科技强国。要强化国家战略科技力量，提升企业技术创新能力，激发人才创新活力，完善科技创新体制机制。

这是新时代科技创新的基本遵循，是国家科技战略的总基调。创建航天是航天事业的起飞，也标志着我国高科技和现代国防的起飞，标志着民族伟大复兴的起飞。希望这本书能与这个总基调同频共振，为新时代的科技创新战略研究提供一些有益的参考。

第1章
立国筑基的形势与挑战

任何一个时代,都是挑战与机遇并存。新中国的建立,不但从根本上重构了积贫积弱的旧中国,而且在某种意义上也重塑了世界格局。站起来之后,如何站得更稳、行得更远,是新中国面临的新的、也是最大的挑战。直面挑战,才能立大国之格局,筑强国之根基,主动创造出更好的生存和发展机遇。本章从与中国航天事业的创建密切相关的五个方面来分析新中国立国筑基面临的形势与挑战。了解这段历史相关的基本轮廓,有助于了解中国航天事业创建的背景和环境,以及一系列重大战略抉择的历史条件。

第1节 新中国成立时的世界格局和外交战略

1949年10月1日,中华人民共和国的成立是影响世界格局的大事件。同时,这个贫穷落后的东方新生大国,也面临着一个世界格局的大变革。新中国成立前后,美苏两个大国已由第二次世界大战时期的同盟与合作逐步走向对峙,这是时势发展的必然结果,根本原因是两国共同敌人的消失、共同利益的减少、彼此实力的变化。

苏联人民在苏共领导下迅速医治了战争的创伤，发展了国民经济，国力更加强大，国际威望也空前提高。以美国为首的西方发达资本主义国家基于其自身国家利益的考虑，在二战结束后不久，通过"遏制战略"、"杜鲁门主义"和"巴黎统筹委员会"等隐性或显性的策略措施实施了对包括中国在内的人民民主和社会主义国家的冷战政策，逐步形成了以美国为首的资本主义阵营。苏联在美国宣布"杜鲁门主义"、"马歇尔计划"的冷战政策并加紧控制西欧的步伐以后，为了防止美国和其他帝国主义国家对苏联国家利益的侵略与威胁，努力加强与各人民民主国家的政治和军事合作关系，先后与波兰、罗马尼亚、保加利亚、匈牙利、中国等签订了一系列友好合作互助条约，逐步形成了以苏联为首的社会主义阵营。两个阵营严峻对峙，围绕政治、经济、文化、外交和军事等方面进行着针锋相对的竞争，形成了以冷战为基调的国际新格局。

如何在两强争霸、两大阵营冷战的国际大格局中争取和维护新中国的国家利益，并保持独立自主生存和发展的权利？以毛泽东为代表的中国共产党人在对外问题上明确表示："我们可以采取和应当采取有步骤地彻底地摧毁帝国主义在中国的控制权的方针。"[①]"另起炉灶"、"打扫干净屋子再请客"、"一边倒"，这些极具毛泽东风格的语言，形象地归纳了新中国为实现站得更稳所采取的外交政策。

所谓"另起炉灶"，就是对于即将成立的新中国来说，应该采取什么措施对待旧政权和外国在华势力的问题。"另起炉灶"具体来说就是新中国"不承认国民党时代的任何外国外交机关和外交人员的合法地位，不承认国民党时代的一切卖国条约的继续存在，取消一切帝国主义在中国开办的宣传机关，立即统制对外贸易，改革海关制度。"[②]

所谓"打扫干净屋子再请客"，就是指新中国必须对旧中国遗留下来的帝国主义在华的特权和影响清理以后，再同外国进行新的外交往来。对于

---

① 毛泽东. 毛泽东选集（第4卷）[M]. 北京：人民出版社，1991：1434.
② 毛泽东. 毛泽东选集（第4卷）[M]. 北京：人民出版社，1991：1434-1435.

"打扫干净屋子再请客"这一方针,毛泽东这样说:"我们这个国家,如果形象地把它比作一个家庭来讲,它的屋内太脏了,柴草、垃圾、尘土、跳蚤、臭虫、虱子什么都有。解放后,我们必须认真清理我们的屋子,从内到外,从各个角落以至门窗缝里,把那些脏东西通通打扫一番,好好加以整顿。等屋内打扫清洁、干净,有了秩序,陈设好了,再请客人进来。"①

所谓"一边倒",就是新中国在世界两极格局下应该怎样决定自己的外交和价值取向定位的问题。1949年6月30日,中国共产党成立28周年和新中国即将诞生之际,毛泽东在《论人民民主专政》一文中第一次明确提出"一边倒"的思想:"一边倒,是孙中山的四十年经验和共产党的二十八年经验教给我们的,深知欲达到胜利和巩固胜利,必须一边倒。积四十年和二十八年的经验,中国人不是倒向帝国主义一边,就是倒向社会主义一边,绝无例外。骑墙是不行的,第三条道路是没有的。我们反对倒向帝国主义一边的蒋介石反动派,我们也反对第三条道路的幻想。"②

倒向以苏联为首的社会主义阵营,对于迅速获得国际援助,确保新中国的经济建设得以大规模顺利开展,具有重要的现实意义。1949年10月1日,中华人民共和国成立,苏联成为第一个承认新中国、第一个与新中国建立外交关系的国家。随后,已经独立的社会主义国家都在外交上迅速承认了新中国。新中国成立一个月内,保加利亚、罗马尼亚、匈牙利、朝鲜民主主义人民共和国、捷克斯洛伐克、波兰、蒙古、德意志民主共和国、阿尔巴尼亚等世界上已取得独立的10个社会主义国家不仅承认了新中国,而且与新中国建立了外交关系。1949年12月6日,新中国成立仅67天,毛泽东从北京乘专列出访苏联,1950年2月14日,中苏双方在克里姆林宫签订了《中苏友好同盟互助条约》,实现了中苏战略结盟。这一时期,新中国与其他社会主义国家的关系也获得了迅速发展。

新中国成立后,苏联和东欧社会主义国家采取了向中国提供贷款、派遣专家、提供大量技术资料以及培养一大批建设人才等经济援助举措,这对于

---

① 师哲. 在历史巨人身边——师哲回忆录(修订本)[M]. 北京:中央文献出版社,1995:379.
② 毛泽东. 毛泽东选集(第4卷)[M]. 北京:人民出版社,1991:1472-1473.

一穷二白的新中国来说，无疑是雪中送炭，对奠定中国国民经济的基础及开展社会主义建设起了重要作用。与此同时，我国还派出大批实习生、留学生到苏联等国学习先进技术和管理经验，中苏还成立了科技合作委员会，定期互派科研人员，进行学术交流和专题科学研究[①]。

第 2 节 巩固新生人民政权的斗争

新中国刚刚成立，国内百废待兴，急需医治战争创伤，迅速恢复经济和进行国家建设，同时还要清除国民党在大陆的残余力量，巩固新生的人民政权。1950年，以毛泽东为核心的党中央正集中精力领导全国人民继续完成新民主主义革命的遗留任务、恢复国民经济和巩固新政权的各项活动。6月上旬，中共中央召开了七届三中全会，会议为中国人民解放军规定了五个方面的基本任务，"第一是进军台湾、西藏，解放全部国土。第二是消灭残余土匪，安定地方秩序。第三是参加生产建设工作。第四是加强教育工作，提高部队的文化水平。第五是整编和复员工作。"[②]

可以想象，如果这五项任务的第一项能不受干扰地如期完成，中国现在的国家安全和地缘政治格局将更加有利。但是历史没有假设，许多完美的战略都会因为各种各样的原因留下遗憾。新中国顺利完成了剿匪，确保了社会稳定。从1950年10月6日人民解放军进藏，到1951年5月23日中央人民政府和西藏地方政府签订"十七条协议"，只用了半年多的时间就和平解放了西藏，同时也向全世界传达了中华民族紧密团结的重要信号。但是直到1959年粉碎了达赖叛乱，西藏问题才算得到了比较彻底的解决。抗美援朝，中国人民付出了巨大代价取得了最终胜利，也给了新中国一个焕发、展现和证明民族自信、自立以及大国雄心与实力的契机。但同时由于美国霸权主义干涉等因素，很遗憾地解放台湾成为历史遗留问题。

---

① 王俊. 毛泽东与中国工业化[M]. 福州：福建教育出版社，2001：328.
② 徐焰. 毛泽东与抗美援朝战争[M]. 北京：解放军出版社，2004：50.

剿匪、解放西藏、抗美援朝，是新中国成立以后十年之内国防军事领域先后发生的三件大事。除了恢复濒临崩溃的国民经济之外，这三件大事可以说是新中国在政治和军事上面临的突出的内忧外患和严峻的生存挑战。经过长期、艰苦和曲折的斗争历程，中国共产党领导的新中国取得了最终胜利，向全世界宣示了中国人民不但站起来了，而且能够依靠自己的智慧、勇敢和力量站得住、站得稳。

（一）剿匪斗争

新中国成立初期，土匪问题十分严重。国民党反动派在最后解放的广大地区及沿海岛屿有计划地留置下大批反动武装和特务。"国民党反动派在大陆若干地区内采取了土匪游击战争的方式，煽动了一部分落后分子，和人民政府作斗争。……所有这些反革命活动，都有帝国主义特别是美帝国主义在背后策动。这些土匪、特务和间谍，都是帝国主义的走狗。"[①]

这些土匪主要以国民党中统、军统特务和反动军官为领导，以惯匪、国民党残余部队和散兵游勇为骨干，以地主恶霸、封建势力、帮会团体为靠山，并以一部分被胁迫、受蒙蔽的落后群众作掩护。当时全国的土匪主要分布在西北、西南、中南、华东和华北各省边远山区，其中西南和中南等省一些地区大股土匪在万人以上。这些土匪大肆造谣惑众，封锁或占领农村，破坏城乡交通，抢劫物资，袭击基层党政机关，发展武装，煽动暴乱，妄图卷土重来，颠覆新生的人民政权。

新中国成立前，党的领导人就十分重视剿匪工作。1949年3月，毛泽东在中共七届二中全会上指出：在南方"党和人民解放军的任务是在城市和乡村中消灭国民党的反动武装力量，建立党的组织，建立政权"，"在农村中，则是首先有步骤地展开清剿土匪和反对恶霸即地主阶级当权派的斗争，完成减租减息的准备工作。"[②]

---

① 建国以来毛泽东军事文稿（上卷）[M]. 北京：军事科学出版社，中央文献出版社，2009：148.
② 毛泽东. 毛泽东选集（第4卷）[M]. 北京：人民出版社，1991：1429.

1950年6月，毛泽东在中共七届三中全会上又强调："必须坚决地肃清一切危害人民的土匪、特务、恶霸及其他反革命分子。"同时，在清剿土匪的问题上："必须实行镇压与宽大相结合的政策，即首恶必办，胁从者不问，立功者受奖的政策，不可偏废"。①

遵照党中央和毛主席的指示，从1949年5月开始，各地区先后抽调了大约39个军144个师的兵力，大约150万人，在地方党委一元化领导下，在地方武装、民兵和广大人民群众的密切协助下，结合民主改革、减租退押、镇反清霸、抗美援朝等中心工作，展开了大规模的剿匪斗争。剿匪斗争的胜利，稳定了社会秩序，巩固了新生的人民政权，为恢复国民经济创造了必要的条件。

（二）解决西藏问题

1949年底到1950年初，全国大陆除西藏外基本上都获得了解放。西藏自古以来就是中国领土神圣不可侵犯的重要组成部分，但其独特的地理位置、历史原因、宗教信仰等诸多因素，造成了历代中央政府在管理西藏和处理西藏问题时的复杂性和多变性。

对于解放西藏等民族地区问题，毛泽东高度重视，将其作为我们党的一个重大的斗争任务和当时的总任务之一。他说"进军及经营西藏是我党光荣而艰苦的任务"②，提出了进军西藏宜早不宜迟的战略构想，并指示要尽一切可能争取西藏的和平解放。但是，西藏地方当局中的反动势力，在帝国主义怂恿支持下，不但拒绝谈判，反而害死斡旋和平的格达活佛，在昌都及其周围地区部署兵力，企图凭借金沙江天险和高原特殊艰苦的自然条件，阻止解放军渡江西进。这样，为了敲开和平谈判的大门，只能断然采取军事行动了③。

根据中共中央和毛泽东的指示，确定由第二野战军第十八军担负入藏任

---

① 中共中央文献研究室. 毛泽东文集（第6卷）[M]. 北京：人民出版社，1999：72.
② 中共中央文献研究室. 毛泽东文集（第6卷）[M]. 北京：人民出版社，1999：37.
③ 逄先知，金冲及. 毛泽东传（1893—1949年）[M]. 北京：中央文献出版社，1996.

务。在中共西南局、西南军区的直接指挥下，以十八军为主力担负进军西藏、经营西藏的任务，由新疆军区第二军骑兵支队、青海第一军骑兵支队、云南第十四军126团负责配合。昌都为从西南入藏的必经之地。1950年10月6日起，人民解放军进藏部队从南北两线分别渡过金沙江执行解放昌都的作战任务。10月19日，昌都解放。昌都战役打开了和平谈判的大门，为促进西藏和平解放创造了必要条件。1951年5月23日，经过近一个月的谈判，中央人民政府和西藏地方政府签订了《中央人民政府和西藏地方政府关于和平解放西藏办法的协议》，即"十七条协议"。至此，西藏获得和平解放，揭开了历史的新篇章。

由于自然环境恶劣、交通不便、技术装备落后，西藏和平解放也付出了很大代价。进藏的路途，既险又苦。从昌都到拉萨，走了一年，在食物严重匮乏的条件下，战士们主要靠野菜充饥，一人一年要挖400公斤野菜。进军西藏的战士平均每人负重40公斤，爬雪山、涉冰河，风餐露宿异常艰苦。当时内地尚无通向西藏的公路，部队官兵一边修路，一边剿匪。为了打通进藏之路，战士们夜以继日地用绳索拴着身子在悬崖上开路，在冰河上架桥，硬是用最原始的工具，打通昆仑山、唐古拉山、二郎山、雀儿山等10多座高山，跨越了金沙江、澜沧江、怒江等天险急流，完成了川藏公路这一世界公路史上的空前壮举。这条被后人称为高原"幸福路"的公路沿途，平均每公里就有一名官兵长眠于此。

西藏和平解放后，逐步建立了承担西藏领导工作的责任机关，有步骤地解决西藏地方行政建制和各项改革问题，部署入藏部队进驻国防要点和交通要道，从而改变西藏地区有边无防的历史。在抓生产和建设的同时，针对分裂分子的破坏活动，采取有理有利有节的措施，沉重打击了以两司曹为代表的反动势力，为西藏的和平与发展赢得了稳定安宁的环境。毛泽东还提出了许多至今看来仍然具有深远影响和意义的认识和策略性意见，如对西藏的对外立场的指示："西藏是中国领土，西藏问题是中国内政问题"[①]，"任何外

[①] 中共中央文献研究室. 毛泽东文集（第6卷）[M]. 北京：人民出版社，1999：102.

国对此无置喙的余地。"① 对西藏地位的评价："西藏是个了不起的地方，占全国面积的八分之一。我同达赖说过，不要以为西藏落后，地方小，西藏地方可不小。西藏如果不参加祖国的大家庭，这个家庭的事便不好办了，西藏在祖国大家庭里占有很重要的地位"等等②。

但是，树欲静而风不止，以达赖为代表的西藏上层和国外势力一直通过各种方式抵制改革。为了争取包括达赖在内的西藏上层，毛泽东和中央做出西藏六年不改革的方针，然而藏独分子以为这是中央软弱可欺，企图永远不改。1959年3月10日，十四世达赖集团发动有预谋的武装叛乱，3月17日离开拉萨叛逃印度。十四世达赖叛逃后，印度故意制造舆论压力干涉西藏事务，印度政界、媒体都试图通过利用各种手段煽动印度国内反华情绪，进而在国际上制造攻击中国政府的舆论气氛。以毛泽东为核心的党中央充分估计形势，一方面通过各种方式努力挽救达赖，并控制西藏局势，一方面通过有理有据的舆论宣传粉碎印度干涉中国内政的图谋，不但很快平息了叛乱，还取得了国际社会理解和广泛支持。

（三）抗美援朝战争

1950年6月25日，朝鲜战争突然爆发。27日，美国总统杜鲁门公开宣布武装援助南朝鲜，并公然派遣第七舰队开进台湾海峡，侵略我国领土台湾，阻滞了我国解放台湾的战略部署。9月15日，美军以优势兵力在仁川登陆，并于10月悍然越过"三八线"，大举进犯朝鲜北方，把侵略战争的战火烧到鸭绿江边。危急关头，朝鲜劳动党和政府请求中国政府出兵支援。战局极为严峻，如果听任形势发展，不但朝鲜将被美国控制，中国也会处于美国南北夹击之下，国家安全就会从根本上失去保障。

当时，新中国的经济刚刚开始恢复，物资相当匮乏，财政非常困难，中美两国国力相差悬殊。1950年，美国钢产量是8772万吨，工农业总产值

---

① 毛泽东西藏工作文选[M]. 北京：中央文献出版社，中国藏学出版社，2001：34.
② 中共中央文献研究室. 毛泽东文集（第7卷）[M]. 北京：人民出版社，1999：6.

2800亿美元。而当年中国钢产量只有60万吨，工农业总产值只有100亿美元。在军事装备方面，美国拥有包括原子弹在内的大量先进武器和现代化的后勤保障，中国人民解放军的装备水平远远落后于军事强国，海军、空军尚处于初创阶段。

经过多方反复权衡，毛泽东认为，对当时的新中国来说，抗美援朝无论对中国、对朝鲜，还是对东方、对世界都是极为有利的。他说："总之，我们认为应当参战，必须参战，参战利益极大，不参战损害极大。"①

1950年10月2日，毛泽东起草给斯大林的电报，准备告之中国决定"用志愿军名义派一部分军队至朝鲜境内和美国及其走狗李承晚的军队作战，援助朝鲜同志。"②这是毛泽东第一次明确表示要出兵朝鲜。志愿军入朝作战，所面临的是新的敌人、新的战场、新的战争，毛泽东分析了全面情况，为志愿军制定了一条以"稳当可靠"和"力争"为基本特征的战争指导路线。10月8日，毛泽东发布关于组成中国人民志愿军的命令，提出："为了援助朝鲜人民解放战争，反对美帝国主义及其走狗们的进攻，借以保卫朝鲜人民、中国人民及东方各国人民的利益，着将东北边防军改为中国人民志愿军，迅即向朝鲜境内出动，协同朝鲜同志向侵略者作战并争取光荣的胜利。"③10月19日，中国人民志愿军在司令员兼政治委员彭德怀的率领下进入朝鲜战场。在冰天雪地的朝鲜，衣被单薄、粮弹缺乏的志愿军将士同朝鲜军民密切配合，先后取得两水洞、云山城、清川江、长津湖等重大战役的胜利。在此基础上，又构筑起铜墙铁壁般的纵深防御阵地，主动实施多次进攻，粉碎了"绞杀战"，抵御了"细菌战"，血战上甘岭，打出了必胜的士气。

1950年9月5日，毛泽东在《朝鲜战局与我们的方针》一文中，明确地将中国革命与朝鲜战争联系起来，他说："中国革命是带有世界性质的。中国革命在东方第一次教育了世界人民，朝鲜战争是第二次教育了世界人民。"④1951年10月，也就是入朝作战一周年的时候，毛泽东在全国政协第

---

① 毛泽东. 毛泽东外交文选[M]. 北京：中央文献出版社，1994：144.
② 毛泽东. 建国以来毛泽东文稿（第1册）[M]. 北京：中央文献出版社，1991：539.
③ 毛泽东. 建国以来毛泽东文稿（第1册）[M]. 北京：中央文献出版社，1991：543.
④ 中共中央文献研究室. 毛泽东文集（第6卷）[M]. 北京：人民出版社，1999：93.

三次会议的开幕词中专门提到朝鲜战争,他指出:第一,这场战争是保家卫国,如果不是美国军队占领我国的台湾,侵略朝鲜民主主义人民共和国和打到我国的东北边疆,中国人民是不会和美国军队作战的。第二,既然美国侵略者向我们进攻,我们就不能不举起反侵略的大旗,这是以正义的战争反对非正义的战争。第三,朝鲜问题应予和平解决,只要美国政府愿意在公平合理的基础上解决问题,朝鲜的停战谈判是可能成功的。[①]

2020年10月23日,习近平总书记在纪念中国人民志愿军抗美援朝出国作战70周年大会上的讲话指出:"抗美援朝战争,抵御了帝国主义侵略扩张,捍卫了新中国安全,保卫了中国人民和平生活,稳定了朝鲜半岛局势,维护了亚洲和世界和平。……抗美援朝战争,是在交战双方力量极其悬殊条件下进行的一场现代化战争。……经过艰苦卓绝的战斗,中朝军队打败了武装到牙齿的对手,打破了美军不可战胜的神话,迫使不可一世的侵略者于1953年7月27日在停战协定上签字。"[②]

抗美援朝战争伟大胜利,是中国人民站起来后屹立于世界东方的宣言书,是中华民族走向伟大复兴的重要里程碑,对中国和世界都有着重大而深远的意义。抗美援朝战争中,志愿军英雄辈出,被称为"最可爱的人",据不完全统计共歼敌(包括毙、伤、俘)超过百万(其中美军39.7万余人,南朝鲜军66.7万余人,英、法等其他国家军队2.9万余人),涌现出30多万名英雄功臣和近6000个功臣集体,自身作战减员36.6万余人,有19.7万多名英雄儿女献出了宝贵生命[③]。同时,这场中华儿女以非凡胆识、巨大牺牲和大无畏英雄主义精神换来的胜利,也使全党和全国上下都深刻地认识到了中国在科技、工业、国防等领域与世界强国的巨大差距。狠下决心发展尖端技术和武器装备,实现国防和军队装备现代化,成为全党、全军和全国人民的共识。

---

① 中共中央文献研究室. 毛泽东文集(第6卷)[M]. 北京:人民出版社,1999:182-186.
② 习近平. 在纪念中国人民志愿军抗美援朝出国作战70周年大会上的讲话. 新华网,2020-10-23.
③ 军事科学院军事历史研究所. 抗美援朝战争史(下卷)[M]. 北京:军事科学出版社,2011:504.

第3节 新中国成立初期的综合国力

国民党给新中国留下的是一个全面崩溃的烂摊子，生产萎缩，交通梗阻，民生困苦，失业众多。特别是国民党政府长期滥发纸币，造成物价飞涨、投机猖獗、市场混乱。新中国成立之时，国民经济濒于崩溃，工业基础极其薄弱，形势异常严峻。国家总产值中现代工业仅占10%，90%的人口生活在生产方式与古代没有多大区别的农村。正如毛泽东在中共七届二中全会上所指出的："我们还有百分之九十的经济生活停留在古代。"①

1949年，中国粮食平均亩产142斤，低于世界平均水平8斤②。钢铁产量只有41万吨，原油产量只有12万吨③。劳动生产率水平相对较低，工业生产显著落后。纵向看，1949年中华人民共和国成立时，中国人均国民收入仅为66.1元，工农业总产值只有466亿元。到1949年中华人民共和国成立时，在工农业总产值中，农业总产值的比重占70%，工业总产值比重占30%，而重工业总产值占工农业总产值的比重仅为7.9%④。横向看，1820～1950年间，世界GDP增加为7.68倍，世界人均GDP增加为3.17倍；美国人均GDP增加到7.61倍，西欧人均GDP增加到3.73倍，日本人均GDP增加到2.88倍；而在中国，人均GDP却下降了，从1820年相当于世界平均水平的90%降低到1950年相当于世界平均水平的21%，中国在全球GDP中所占比例从1/3，降到了1/22⑤。

1949年3月5日～13日，中共七届二中全会在河北省平山县西柏坡召开。毛泽东在工作报告中正式提出"使中国稳步地由农业国转变为工业国，把中国建设成一个伟大的社会主义国家"的伟大战略构想⑥。1949年9月29

---

① 毛泽东. 毛泽东选集（第4卷）[M]. 北京：人民出版社，1991：1430.
② 国家统计局. 中国统计年鉴（1980）[M]. 北京：中国统计出版社，1981：Ⅳ-75.
③ 吴承明，董志凯. 中华人民共和国经济史（第一卷）：1949—1952[M]. 北京：中国财政经济出版社：69.
④ 林毅夫. 中国的奇迹：发展战略与经济改革[M]. 上海：上海三联书店，上海人民出版社，1994：30.
⑤ 武力. 略论新中国60年经济发展与制度变迁的互动[J]. 中国经济史研究，2009（3）：14-23.
⑥ 毛泽东. 毛泽东选集（第4卷）[M]. 北京：人民出版社，1991：1428.

日，中国人民政治协商会议第一届全体会议通过《中国人民政治协商会议共同纲领》。当时具有临时宪法作用的《共同纲领》总纲第三条规定：中华人民共和国必须"稳步地变农业国为工业国"。第三十五条规定："应以有计划有步骤地恢复和发展重工业为重点，例如矿业、钢铁业……以创立国家工业化的基础。"①

1949年11月1日，中央人民政府重工业部成立。重工业部负责冶金、化学、机械、电机、国防和建筑材料等工业的生产与建设。1949年12月6日，毛泽东开始访苏之旅。1950年2月14日，中苏在莫斯科克里姆林宫签订了《中苏友好同盟互助条约》、《关于中国长春铁路、旅顺口及大连的协定》、《关于贷款给中华人民共和国的协定》。同时，还签订了由苏联帮助中国建设50个工程项目的协议，后来逐步增加到156项，即"156项工程"。"156项工程"是"一五"计划期间苏联援建中国的156个工业项目的总称，这一庞大的援建工程，旨在使中国建立比较完整的基础工业体系和国防工业体系的骨架，以奠定中国工业化的初步基础。

从1949年新中国成立到1952年这3年，我国整个国民经济得到全面恢复和初步发展。1952年，全国工农业总产值810亿元，比1949年增长73.8%，比新中国成立前最高水平的1936年增长20%。其中，工业总产值比1949年增长149.3%；钢产量比1949年增加7.54倍，比历史最高水平增加46.3%；生铁产量比1949年增加6.72倍，比历史最高水平增加7.2%；原油、水泥、电力、原煤等都超过历史最高产量。棉纱、棉布、食糖等主要轻工业产品也超过历史最高水平。1952年，我国农业总产值比1949年增长41.4%；粮、棉、大牲畜、生猪等主要农产品的产量，均超过新中国成立前的最高水平。按可比价格计算，1952年的国民收入比1949年增长64.5%。国家财政收入有了成倍增加，1952年比1950年增长181.7%，并且收大于支，连年结余。在财政总支出中，用于经济建设的支出逐年上升，社会文化事业支出不断增长。城乡人民收入逐年增长，生活普遍得到改善②。

---

① 中共中央文献研究室. 建国以来重要文献选编（第1册）[M]. 北京：中央文献出版社，1994：2，9.
② 张士义. 新中国——砥砺奋进的七十年[M]. 北京：东方出版社，2019：42-43.

在恢复国民经济的任务完成后，在过渡时期总路线的指引下，中国从1953年开始实施发展国民经济的第一个五年计划，这是实现由农业国向工业国转变的重要开端。1951年12月初，毛泽东在审阅修改《中共中央关于实行精兵简政、增产节约、反对贪污、反对浪费和反对官僚主义的决定》稿时写道："从1953年起，我们就要进入大规模经济建设了，准备以20年时间完成中国的工业化。完成工业化当然不只是重工业和国防工业，一切必要的轻工业都应建设起来。为了完成国家工业化，必须发展农业，并逐步完成农业社会化。但是首先重要并能带动轻工业和农业向前发展的是建设重工业和国防工业。"[1]

第一个五年计划的基本任务是"集中主要力量进行以苏联帮助我国设计的156个建设单位为中心的、由限额以上的694个建设单位组成的工业建设，建立我国的社会主义工业化的初步基础；发展部分集体所有制的农业生产合作社，并发展手工业生产合作社，建立对于农业和手工业的社会主义改造的初步基础；基本上把资本主义工商业分别地纳入各种形式的国家资本主义的轨道，建立对于私营工商业的社会主义改造的基础。"[2]

"一五"计划前二年，工业化建设取得很大成就。我国现代工业在工农业总产值中的比重，由1952年的26.7%上升到1955年的33.6%。1953年12月，鞍山钢铁公司三大工程投入生产，这是社会主义工业化起步具有代表性意义的胜利。我国不仅新建了许多工业企业，而且采用了当时比较先进的苏联技术装备。尤其是机械制造工业有了长足的发展，已经能够生产火车机车、大型机床、电机、现代采煤机械、地质钻探机械等大型设备，并成功制造了第一架军用飞机[3]。

经过全党、全国各族人民的共同努力，加上苏联等国家的支援，第一个五年计划于1956年底提前完成，到1957年底超额完成了计划所规定的各项指标，各领域的经济建设都取得了巨大成就。在发展生产力方面：5年内完

---

[1] 中共中央文献研究室. 毛泽东文集（第6卷）[M]. 北京：人民出版社，1999：207.
[2] 中华人民共和国发展国民经济的第一个五年计划（1953—1957）. 北京：人民出版社，1955：169.
[3] 张士义. 新中国——砥砺奋进的七十年[M]. 北京：东方出版社，2019：50-51.

成基本建设投资总额550亿元，其中国家对经济和文教部门的基本建设投资为493亿元，超过原定计划15.3%。在施工的一万多个建设单位中，限额以上的有921个，比原计划增加227个，到1957年底，全部建成投产的有428个，部分建成投产的有109个。这921个限额以上的建设项目，在很长时期内都是我国现代化工业的骨干，其中有许多都是我国过去没有的新工业，如飞机、汽车、发电设备、重型机械、新式机床、精密仪表、电解铝、无缝钢管、合金钢、塑料、无线电和有线电以及基本化工和国防军工企业等。这些新工业的建立，根本改变了解放前我国工业部门残缺不全的面貌，为我国建立独立完整的工业体系和国民经济及技术改造奠定了基础[①]。随着156项工程的建设和921项限额项目的投产，先后形成了以沈阳、鞍山为中心的东北工业基地；以京、津、唐为中心的华北工业区；以太原为中心的山西工业区；以武汉为中心的湖北工业区；以郑州为中心的郑、洛、汴工业区；以西安为中心的陕西工业区；以兰州为中心的甘肃工业区；以重庆为中心的川南工业区等，使旧中国工业密集于东南沿海的状况发生了很大变化。

"一五"计划的顺利实现，初步奠定了我国工业化的基础，在发展生产的基础上逐步提高了人民的物质和文化生活水平。我国初步建立了一个比较独立、完整的工业体系和国民经济体系，农业生产条件发生显著改变，生产水平有了很大提高，城乡商业和对外贸易都有很大增长，教育、科学、文化、卫生、体育事业有很大发展，主要工农业产品的产量在世界的位次都明显提高。

第4节 新中国成立初期的武器装备和国防工业

新中国成立初期，总体来说中国人民解放军步兵编制比较齐整，但兵种构成单一，特种部队很少。到1950年5月1日，解放军员额达到550万人，

---

① 武力. 中华人民共和国经济史（上册）[M]. 北京：中国经济出版社，1999：366.

其中步兵师大约有 200 个。全军炮兵有 4 个师，包括军属和师属炮兵团在内，共有 77 个炮兵团，装备有 60 毫米以上口径迫击炮等各种火炮 2 万～3 万门。装甲兵有 2 个战车师，2 个战车团，装备美、日式坦克 312 辆，水陆坦克 242 辆。工兵总计 9 个团。空军原有接收、缴获和起义的国民党军队飞机 113 架，另外东北还有一所 1946 年 3 月开办的航校，使用的是日式教练机。海军于 1949 年 4 月 23 日在江苏省泰州白马庙创立，先成立的是华东军区海军舰队，拥有起义、俘获的国民党舰只，征用的商轮、改装的渔轮、打捞的沉舰，以及从香港购买的超龄舰艇等，累计 223 艘，总排水量仅有 9.2 万吨，型制混乱复杂，有来自美、英、日、德、法、加、荷、澳等国的舰船，甚至还有辛亥革命前清朝海军烧煤的"楚"字号军舰、"永绩"号炮舰。舰艇主、辅机多达 355 种，机器磨损严重，而且没有配件。舰上火炮 30 多种，炮弹无后续供应。这些陈旧的杂牌舰艇在建国初期的近海作战中勉强可以执行任务，但最主要的功能还是用在海军官兵的训练上[①]。当时的陆海空部队装备仍可用"小米加步枪"来描述。

  当时国内几个兵工厂如沈阳兵工厂、太原兵工厂、重庆兵工厂等都只能生产少量机枪、步枪等轻武器，连迫击炮都造不好，更无法生产机械化装备，弹药年生产能力也仅能达到 1 万吨。相比之下，第二次世界大战期间美、苏、德等国的弹药年生产量都在 200 万吨以上。当时发达国家的军队已进入了机械化时代，如 1950 年美军平均 3 个人一辆机动车，苏军平均 10 人一辆机动车，而中国 550 万解放军中只有 1 万辆战争时期缴获来的汽车，平均 550 多人一辆机动车。新中国成立之初，人民解放军的武器装备品种繁杂、性能落后，国防工业基础也是极为薄弱的。当时，全国共有兵工企业 162 个，其中解放区建立的人民兵工单位 94 个，国民党政府遗留下来的兵工企业 68 个[②]。这些兵工企业只能进行枪炮等轻型武器的简单制造，以及飞机和舰艇等重型装备的简单维修，尚不具备从事复杂装备研制和生产的能力。

  强大的国防离不开强大的国防工业。寻求苏联援助，是当时最可靠、最

---

① 王亚志，沈志华，李丹慧. 新中国成立初期苏联与中国的军队装备[J]. 俄罗斯研究，2004（1）：15.
② 蒋宝琪. 中国国防经济分析[M]. 北京：国防大学出版社，1991：241.

快捷地发展国防工业的途径。早在1949年6月至8月刘少奇访苏期间，中国就已经向苏联领导人提出关于对中国国防工业的援建计划。1951年5月，毛泽东向徐向前交代去苏联谈判的任务："一是购买武器装备；二是多搞点技术项目，发展自己的兵工生产。帝国主义如此欺负我们，我们没有自己的兵工工业，不解决部队的武器装备问题，是不行的。要学习苏联，把先进技术拿到手，自力更生，建设一支强大的国防力量。"[1]

1951年6月20日，中央军委兵工委员会做出《关于兵工建设问题的决定》，要求根据抗美援朝战争的经验与加强国防的需要进行生产与逐步地改造生产，使之尽量满足战争的要求与适应作战的要求[2]。在朝鲜战争期间，中国向苏联购买了60个步兵师的武器装备（这些武器装备在1951年8月至1954年10月期间进口完毕并装备部队）和军事物资，同时与苏联签订了技术援助的协定。

苏联对中国的援建开始于1951年10月《中苏航空技术协定》的签订，苏联同意帮助中国装备6个飞机修理工厂。1951年10月18日，中国同苏联签订了《关于中国获得制造苏联型式枪炮、弹药特许和交付苏式枪炮、弹药的生产技术资料及必要时派苏联专家给予技术援助》的协定。苏联援建中国的"156项工程"，最后实施完成的有150个项目，其中军工企业就占了44个，包括航空工业12个、电子工业10个、兵器工业16个、航天工业2个、船舶工业4个[3]。

对于武器装备，毛泽东指出："为了保卫祖国免受帝国主义者的侵略，依靠我们过去和较为落后的国内敌人作战的装备和战术是不够的了，我们必须掌握最新的装备和随之而来的最新的战术。"[4]1956年，毛泽东进一步提出："我们的国防工业正在建立。自从盘古开天辟地以来，我们不晓得造飞机，造汽车，现在开始能造了。""抽出更多的资金，多开些工厂，多造些机器。经过一段时间，我们就不但会有很多的飞机和大炮，而且还可能有自己

---

[1] 中共中央文献研究室. 毛泽东年谱（1949—1976）（第1卷）[M]. 北京：中央文献出版社，2013：339.
[2] 周恩来军事文选（第4卷）[M]. 北京：人民出版社，1997：197.
[3] 薄一波. 若干重大决策与事件的历史回忆（上）[M]. 北京：中共中央党校出版社，1991：297.
[4] 建国以来毛泽东军事文稿（中卷）[M]. 北京：军事科学出版社，中央文献出版社，2009：108.

的原子弹。"①

1955年3月,党中央做出发展中国原子能事业和研制原子弹的决定,毛泽东说:"我们现在已经比过去强,以后还要比现在强,不但要有更多的飞机和大炮,而且还要有原子弹。在今天的世界上,我们要不受人家欺负,就不能没有这个东西。"②中国希望在研制核武器方面得到苏联的帮助,也初步得到了苏联的承诺。1956年,党中央做出研制导弹的决策。1957年,中苏在莫斯科签订了《中苏国防新技术协定》,根据协定内容,苏联为中国提供几种导弹样品和有关技术资料,派遣专家帮助中国进行仿制,并提供有关导弹研制、试验靶场的工程设计和重要设备以及原子弹的教学模型。

从1949年到1958年,苏联先后向中国派遣了约18 000名苏联专家,到中国工作的苏联军事专家至少7000人。截至1960年7月,在我国从事经济建设的1150名苏联专家当中,80%以上在国防企业或与国防工业相关的部委(如一机部、二机部)、企业和科研机构。我国还大量派遣党、政、军各方面的干部、技术人员及学生到苏联实习、考察。1950~1960年,苏联共接受38 000多名中国人前去学习或实习,1949~1966年,苏联的学院和研究机构共培养中国大学生、研究生和实习生11 000多人③。仅核工业领域先后就派遣了260多名干部和技术工人赴苏进行专业学习和参加工程设计工作④。1959年6月,苏联政府单方面撕毁双边协定,同年10月即全面停止对正在援建项目的技术设备的供应。1960年8月,苏联撤走所有在华专家,并带走了重要图纸资料,停止供应原子能研究所需设备和材料。毛泽东说:"要下决心,搞尖端技术。赫鲁晓夫不给我们尖端技术,极好!如果给了,这个账是很难还的。"⑤新中国领导人十分清楚,依靠购买来改善军队的武器装备,只是囿于客观制约的权宜之计,毛泽东指出:"一个国家的武器专靠外国是很危险

---

① 建国以来毛泽东军事文稿(中卷)[M].北京:军事科学出版社,中央文献出版社,2009:308.
② 中共中央文献研究室.毛泽东文集(第7卷)[M].北京:人民出版社,1999:27.
③ 沈志华.苏联专家在中国(1948—1960)[M].北京:新华出版社,2009:318.
④ 申晓勇.技术引进视角下我国国防工业发展研究(1949—1960)[J].军事历史研究,2013(1):121.
⑤ 建国以来毛泽东军事文稿(下卷)[M].北京:军事科学出版社,中央文献出版社,2009:100.

的。现在没有打世界大战，如果有事，就更不可靠了。"①

新中国工业化以"一五"计划作为起点。"一五"计划的发展重点是重工业，不仅包括国防工业，还包括为国防工业提供原材料的基础工业等。我国通过实施苏联援建的44个军工建设项目，以及在独立自主的基础上对一些老企业进行跨越式的调整和技术改造，先后建立了兵器、电子、船舶、航空、核等现代国防工业部门，不仅促进了武器装备生产水平的提高，而且带动了冶金、机械、化工、材料等一大批工业部门的进步和发展，并于"一五"计划末期即1956年开始创建导弹和航天工业。

第5节 新中国成立初期的教育、科技、人才情况

建国之初，教育事业极为落后。全国人口的90%以上是文盲或半文盲，有初中以上学历者仅有1%略多。解放前夕，高等院校在校学生仅有11.7万人，中等专业学校在校学生仅有22.9万人②。1949年，全国高校共205所，其中综合大学49所，工业院校28所，在校理工本科生共计37 304人，理工科研究生仅181人，所有在校专任教师（含各学科）16 059人，其中教授4785人，副教授2168人，讲师3742人③。新中国成立后，政府采取了坚决的措施，做出重大努力来改变教育事业落后的状况。在当时全面学习苏联经验的形势下，中央决定在"以培养工业建设人才和师资为重点，发展专门学院，整顿和加强综合性大学"的总方针指导下，参照苏联高等学校制度，对全国各高等学校进行大规模的院系调整。院系调整，是适应当时国防和科技、教育、经济、社会发展需求的全国性的资源调配和布局，培养了国家急需的大批人才。

1953年1月，党和政府提出"整顿巩固、重点发展、提高质量、稳步前进"的文教工作方针，强调教育工作的重点是高等教育，中心是培养人才，

---

① 中共中央文献研究室. 毛泽东年谱（1949—1976）（第6卷）[M]. 北京：中央文献出版社，2013：215.
② 当代中国丛书编辑委员会. 当代中国的科学技术事业[M]. 北京：当代中国出版社，1991：8-9.
③ 中国教育年鉴编辑部. 中国教育年鉴（1949—1981）[M]. 北京：中国大百科全书出版社，1999：973.

特别是培养高中级技术人才,并在全国范围进行了高等学校的院系调整;同时,打好普通教育的基础,整顿巩固中小学,积极做好扫盲工作;注重提高教学质量,给学生以"智、德、体、美"的全面教育。到1956年,全国在校学生由1952年的441.7万人上升到763.3万人。普通中小学教育、成人教育和工农群众的业余文化教育事业也都有了很大的发展[1]。

建国前夕,全国各地只有40多个研究所,每个研究所的研究人员都很少,研究人员合计不足1000人,国家建设所需专业人才缺口很大。"一五"计划期间全国各经济部门急需补充的专门人才100万人、熟练工人100万人,其中仅工业和交通运输业就需要增加技术人员39.5万人,而当时全国科研、教育、工程技术工业等方面的高级人才不到7万人,中国科学院所属机构至1952年也只有研究人员7200人[2]。专业人才短缺已成为社会经济各项事业发展的瓶颈。

1949年9月,全国政协会议通过了建立中国科学院的提案,并指定中共中央宣传部部长陆定一负责筹建工作。10月17日,中央任命郭沫若为中国科学院院长。11月1日,中国科学院正式成立,这时距新中国诞生刚刚一个月,不难看出党和政府对科学技术的高度重视。中国科学院成立后,立即开始着手接收旧有的研究机构,将原有的24个研究单位调整精简为17个,新增设4个,共设21个研究所。这些研究所很快制定了科学研究计划,完成了研究和技术人员的配置,并在有关部门的支持下在短期内迅速投入了研究工作。为了更好地发挥中国科学院作为全国最高学术机构的作用,1955年中国科学院成立学部,233名卓有成就的科学家当选为第一届学部委员。这是中国科学界的一件大事,正如郭沫若在学部成立大会上所说:"中国科学院各学部的成立,标志着我国科学事业发展中的一个新阶段的开始。"[3]

科技工作方面,中共中央强调:我国科学基础薄弱,而科学研究干部的成长和科学研究经验的积累,都需要相当长的时期,必须发奋努力急起直

---

[1] 张士义. 新中国——砥砺奋进的七十年[M]. 北京:东方出版社,2019:56.
[2] 中华人民共和国教育部. 共和国教育50年[M]. 北京:北京师范大学出版社,2000:593.
[3] 郭沫若. 在中国科学院学部成立大会上的报告[J]. 科学通报,1955(7).

追，否则就会由于科学落后而阻碍国家建设事业的发展。大力培养新生的科研力量，扩大科学研究工作的队伍，是发展我国科学研究事业的重要环节[①]。1950年8月18日至24日，中华全国自然科学工作者代表会议在北京清华大学礼堂召开，这是新中国科技工作者第一次盛大的聚会。这次会议基本上确定和提出了新中国成立后中国共产党的科技工作路线和方针，即提倡科学为人民服务、科学理论研究同国家建设实际相结合[②]。

1956年1月14日至20日，中共中央在北京召开了全国知识分子问题会议，会议明确了知识分子的地位。指出"我国知识分子的面貌六年来已经发生了根本变化，他们已经是社会主义建设事业中一支伟大的力量，他们中间的绝大多数已经成为国家工作人员，已经为社会主义服务，已经是工人阶级的一部分。"[③] 会议提出了解决知识分子问题的正确方针政策：应当改善对于他们的安排和使用，发挥其专长；对于所使用的知识分子要有充分的了解，给他们以信任和支持，尊重他们的独创精神；为他们创造必要的工作条件；改善生活条件，提高政治待遇，积极吸收符合党员条件的知识分子入党。在这次会议上，毛泽东和周恩来代表党中央向全党、全军和全国人民发出了"向科学进军"的伟大号召，要求急起直追，迅速赶上世界科学技术先进水平。

小结：破局

本章主题词：破局

在面对艰难困境的时候，敢于破局、善于破局，是一个战略家的自信，更体现了一个伟大战略家的独特思维方式和远见卓识。敢于破局、善于破

[①] 张士义. 新中国——砥砺奋进的七十年[M]. 北京：东方出版社，2019：57.
[②] 1950年全国自然科学工作者代表会议[C/OL]. http://tech.sina.com.cn/d/2006-05-17/2108942732.shtml.
[③] 周恩来. 关于知识分子问题的报告[M]//中共中央文献研究室编辑委员会. 周恩来选集. 北京：人民出版社，1997.

局，也是毛泽东多次在关键时刻领导中国革命走向胜利道路的重要法宝。这得益于毛泽东对唯物辩证法的深刻理解和熟练运用，并且融入他的斗争实践中。这使他非常善于利用综合分析多方面情况，利用各种矛盾，看透问题的本质，找到解决问题的办法，达成目的。在遇到困难的时候，他总会看到别人看不到的希望，那句著名的"星星之火，可以燎原"①，就是这种革命乐观主义和英雄主义的真实写照。在别人看到的都是对手的强大的时候，他却能看到其软弱的一面，对复杂矛盾做出科学的判断，对眼前的局势做出前瞻性分析，跳出局部范畴，用大视野大思路做出别人意想不到甚至想都不敢想的决策和部署。

在军阀割据时代，毛泽东从军阀与军阀之间的"几不管地带"，看到了中国革命发展的空间，并借此谋划开辟了农村革命根据地。遵义会议后，面对敌人的四面围堵，毛泽东以出其不意、攻其不备的决断，指挥红军四渡赤水，甩开了敌人的围追堵截。在抗日战争初期极其艰难的形势下，他看到的是反法西斯大背景下各种力量的对比和演变趋势，驳斥了亡国论和速胜论，提出了著名的持久战思想。转战陕北期间，毛泽东率领数百人同百倍于己的国民党部队在陕北捉迷藏时，竟敢于冒险同追捕他的国民党部队相向而行。1945年抗战胜利后国共双方争夺东北的斗争初期，四平战役失败、南满全部丢掉，我军退守哈尔滨和北满，形势极为不利。当时李富春、黄克诚给中央写了一份长篇报告，认为第二次世界大战以后苏联受了很大的伤害，不能马上支援我们，而国民党背后又有美国的支持，所以要忍让，积蓄力量等待时机。毛泽东看过报告后认为说的都是真实情况，但是有一个问题，就是对蒋介石的困难估计不足。毛泽东看到了蒋介石在恢复沦陷区、接管城市、处理伪军和日本战犯、遣返日本军人和家属等方面面临的困难，比共产党扩大根据地的困难更大，认为坚决斗争比退让要好得多，因此坚定地做出了继续作战的决策部署，为最终夺取辽沈战役的胜利和解放全中国奠定了基础②。新中国成立后，在风云变幻的世界格局中，他看到了新的世界格局正在孕育，

---

① 毛泽东. 毛泽东选集（第1卷）[M]. 北京：人民出版社，1991：97.
② 刘统. "和平民主新阶段"研究[J]. 党的文献，2002（4）：41-49.

思考新的世界划分方式，改变了传统利益格局中东西两大阵营的划分，创造出"三个世界"的理论，彻底打破了原有世界格局。抗美援朝，更是毛泽东敢于破局、善于破局的经典。在军事上没有必胜把握的极其不利的条件下，他从民族自立和国家长期战略安全的视角，深刻分析国际局势，看到了美国和"联合国军"在政治、军事等方面面临的问题和困难，坚决主张派兵赴朝作战，既维护了国家安全和主权，又为新中国的建设和发展创造了良好的地缘政治条件。

在美国使用原子弹轰炸日本之后，国际社会和国内一些舆论对原子弹会毁灭人类的担忧非常普遍，但是毛泽东一直不认为原子弹会使人类毁灭。20世纪60年代中期，他从《参考资料》中看到一条短消息，说在太平洋中试验核爆炸的基地比基尼岛周边，又重新发现了生物。大概因为这条信息可以支持他的原子弹不会使人类全部毁灭的论断，他指示把这条信息作为参考文件印发给中央会议[①]。这并不是毛泽东的盲目自信，而是他看到了一个拥有了核武器的世界的新格局和一个后发国家在这样一个世界格局中的破局之法。

多数新生事物，都是在基础匮乏、资源短缺的条件下诞生，在不断战胜困难和挑战的过程中发展起来的。新生的共和国是这样，"两弹一星"也是这样。搞"两弹一星"、创建航天事业，就是在这样的历史条件下进入开国领袖的战略视野和战略蓝图，与抗美援朝一样，成为新中国战胜困难和挑战、走上独立自主和现代化道路的破局之战。

在那个面临政治、经济、军事等各方面多重挑战和危机的历史时期，敢不敢打这场破局之战，最大的考验和困难是对局势的全面研判、对未来的深刻洞察、对目标的笃定坚持、对路径的正确选择、对成功的坚定信心。能否打赢这场破局之战，事关国运。打赢这场破局之战，破掉的不仅仅是新生的社会主义政权在错综复杂的国际斗争形势下的生存困局，更是古老的中华民族在积贫积弱一百多年后如何焕发新的青春、赢得更可靠更持久的安全空间和更广阔腾飞空间的发展困局。

---

① 建国以来毛泽东军事文稿（下卷）[M]. 北京：军事科学出版社，中央文献出版社，2009：279.

第 2 章
开国领袖的宏图：赶超与自强

以毛泽东为代表的开国领袖纵观中华民族和人类历史，具有全球视野，更有追求独立自主和中华民族要为人类做出重大贡献的坚定自信和伟大抱负。1935年，面对日本帝国主义发动全面侵华战争的猖狂野心和严峻形势，毛泽东代表中共中央发出号召并表达了坚定的决心："我们中华民族有同自己的敌人血战到底的气概，有在自力更生的基础上光复旧物的决心，有自立于世界民族之林的能力。"[①] 这悲壮豪迈的宣示概括出了伟大中华民族的禀赋血性。同年秋天，他在中央红军走完了长征最后一段行程即将到达陕北之前登上昆仑山的支脉岷山峰顶，纵望祖国的大好河山有感而作《念奴娇·昆仑》，其中最后两句"太平世界，环球同此凉热"，更是激扬着实现世界大同的远大理想。

建设富强、民主、文明的社会主义新中国，是毛泽东一生追求的目标和梦想。"我们的目的一定要达到，我们的目的一定能够达到"，1954年9月15日，毛泽东在第一届全国人民代表大会第一次会议开幕词中向全世界宣示了中国共产党继取得革命胜利和完成社会主义改造后确立的发展宏图。他在

---
① 毛泽东. 毛泽东选集（第1卷）[M]. 北京：人民出版社，1991：161.

《水调歌头·游泳》中那句"当惊世界殊",既是对当时新中国建设成就的感慨,又是为新中国的发展宏图树立的远大目标。新中国仅用了短短十几年的时间就建立起一个初步完整的航天科技工业体系,是开国领袖的宏图大略在实践中取得的代表性成就之一。

努力加快实现科技领域的赶超和自强,是实现这个发展宏图和远大目标的重要支柱,也是以毛泽东同志为核心的党的第一代中央领导集体研究制定新中国科技战略规划的核心要义。作为胸怀天下的大国领袖,毛泽东对于新中国科技战略规划的思考是深远和广阔的。马克思列宁主义理论的深厚造诣、革命斗争实践经验的丰富积累、中国优秀传统文化的长期积淀,使毛泽东关于新中国科技战略规划的思考超出了一般意义上的政治谋略和科技战略研究范畴,他提出的相关重要观点和思想方法,集中地反映在他的著作、讲话以及党和国家的重要文献中,具有十分鲜明的特色,也从一个侧面反映出毛泽东战略思想的时代特征和民族特点,展现了毛泽东鲜明的个性、风格与魅力。

毛泽东是伟大的哲学家、思想家,也是伟大的军事战略家和战争艺术大家,具有宽广的战略视野和非凡的洞察力、判断力、宏观创造性,战略决心坚定、目标明确。毛泽东也是历史学大师和历史规划大师,还是伟大的英雄主义与浪漫主义诗人,他善于从绵长的历史周期和宏大的时空关系中把握规律和趋势。正是毛泽东性格中彻底的革命性以及天马行空、纵横捭阖的独特创造性,才使得他在长期的革命和建设征程中看得远、看得深、看得透,能看得到常人看不到的未来。

能否实现新中国的发展宏图和远大目标,与能否在科技领域实现赶超和自强,是息息相关、相辅相成的,对于国家来讲是战略和战术两个层面的关系。毛泽东深谙战略与战术的辩证关系,他指出:"研究带全局性的战争指导规律,是战略学的任务。研究带局部性的战争指挥规律,是战役学和战术学的任务。"[①] 同时,毛泽东善于举重若轻,从哲学层面和方法论层面化繁为简,指出通向未来的道路,快速采取关键性行动求得突破,这就是战略的可

---

① 毛泽东. 毛泽东选集(第1卷)[M]. 北京:人民出版社,1991:175.

行性、操作性：即在研究制定战略时就考虑到战略的可行性和实施路径，也包括面临的困难和风险，对主要矛盾和解决矛盾的方法成竹在胸。毛泽东非常重视方法问题，他认为："我们不但要提出任务，而且要解决完成任务的方法问题。我们的任务是过河，但是没有桥或没有船就不能过。不解决桥或船的问题，过河就是一句空话。不解决方法问题，任务也只是瞎说一顿。"① 要做到这一点非同寻常，非常不易，必须对全局态势准确把握，又对各个环节、各个关键点的情况心中有数，必须具备从顶层到底层的"穿透力"。之所以能够做到这些，除了知识、智慧等个人资质之外，调查研究和群众路线是毛泽东的主要方法论。

如何围绕赶超和自强全面展开战略部署，如何使赶超和自强成为万众一心的奋斗目标，开国领袖的战略格局和思想方法是其中核心、关键的要素，也是最强大的驱动力。本章从四个方面对这个问题进行梳理、分析和探讨。

第1节 战略上藐视敌人、战术上重视敌人

毛泽东在长期革命斗争中，运用马列主义的立场、观点和方法，创新提出"战略上与战术上如何对敌"这一方法论的完整理念和体系。他指出："为了同敌人作斗争，我们在一个长时间内形成了一个概念，就是说，在战略上我们要藐视一切敌人，在战术上我们要重视一切敌人。"②

"世界什么问题最大？吃饭问题最大。什么力量最强？民众联合的力量最强。什么不要怕？天不要怕，鬼不要怕，死人不要怕，官僚不要怕，军阀不要怕，资本家不要怕。"③ 这"六不怕"出自毛泽东1919年7月14日撰写的《湘江评论创刊宣言》，那时他还只是一个刚刚经历过五四运动洗礼的26岁青年。1959年春天，为了让全党和全国人民树立信心，应对西藏叛乱、中苏关

---

① 毛泽东. 毛泽东选集（第1卷）[M]. 北京：人民出版社，1991：139.
② 中共中央文献研究室. 毛泽东文集（第7卷）[M]. 北京：人民出版社，1999：328.
③ 毛泽东. 毛泽东早期文稿[M]. 长沙：湖南出版社，1990：292.

系破裂、自然灾害等挑战和压力，毛泽东指示胡乔木、何其芳编选《不怕鬼的故事》，号召全党和全国人民振奋精神，不但"不怕鬼"，还要主动"打鬼"。毛泽东亲自修改序言，其中有一句是："难道我们越怕'鬼'，'鬼'就越喜爱我们，发出慈悲心，不害我们，而我们的事业就会忽然变得顺利起来，一切光昌流丽，春暖花开了吗？"[①] 1963年8月1日毛泽东在《杂言诗·八连颂》中写道："全军民，要自立。不怕压，不怕迫。不怕刀，不怕戟。不怕鬼，不怕魅。不怕帝，不怕贼。奇儿女，如松柏。上参天，傲霜雪。""军民团结如一人，试看天下谁能敌。"那时他已是年近古稀的老人。"不怕"二字，贯穿了毛泽东的一生，构成了战略上藐视敌人、战术上重视敌人的底层逻辑。

早在1936年，毛泽东在总结第二次国内革命战争的经验时就曾指出："我们的战略是'以一当十'，我们的战术是'以十当一'，这是我们制胜敌人的根本法则之一。"[②] 他又说："我们是以少胜多的——我们向整个中国统治者这样说。我们又是以多胜少的——我们向战场上作战的各个局部的敌人这样说。"[③] 毛泽东同志所说的战略上的"以一当十"和"以少胜多"，也就是在战略上藐视敌人；而战术上的"以十当一"和战场上作战的"以多胜少"，则是在战术上重视敌人。由此可见，战略上藐视敌人和战术上重视敌人的思想，是毛泽东指导革命战争一以贯之的根本战略战术思想。

毛泽东的这一指导思想，不但适用于革命的军事斗争，而且适用于我们做好一切革命工作，战胜我们前进道路上的各种困难。1948年1月，毛泽东在《关于目前党的政策中的几个重要问题》一文中指出："反对对敌人的力量估计过高。……全世界帝国主义和中国蒋介石反动集团的统治，已经腐烂，没有前途。我们有理由轻视它们，我们有把握、有信心战胜中国人民的一切内外敌人。但是在每一个局部上，在每一个具体斗争问题上（不论是军事的、政治的、经济的或思想的斗争），却又决不可轻视敌人，相反，应当

---

① 何其芳. 不怕鬼的故事（序）[M]. 北京：人民文学出版社，1961.
② 毛泽东. 毛泽东选集（第1卷）[M]. 北京：人民出版社，1991：225.
③ 毛泽东. 毛泽东选集（第1卷）[M]. 北京：人民出版社，1991：228.

重视敌人，集中全力作战，方能取得胜利。"[1]这充分反映了毛泽东毫不畏惧任何敌人和任何困难的革命气势。

毛泽东在始终强调战略上藐视敌人的同时，也反复强调要在战术上重视敌人。他把在战术上重视敌人作为促进帝国主义由强变弱，由大变小，由真老虎、铁老虎变为纸老虎、豆腐老虎的基本条件。在提到与美国的关系时，他指出："我们对美国的看法，可以说是可怕，但又不可怕。……可以这样说，战争如果打起来，在战争初期和表现形式上，它可能是铁老虎，可是到后来便会成为纸老虎。因为美帝国主义不得人心，人民反对它，它只能是在铁老虎的形式中包含纸老虎的实质。"[2]毛泽东还说："一切反动派都是纸老虎。……从长远的观点看问题，真正强大的力量不是属于反动派，而是属于人民。"[3]关于这个辩证的关系，在毛泽东历次关于不怕鬼的谈话和对《不怕鬼的故事》序言的修改中也有深刻的阐述，毛泽东号召不怕"鬼"，是因为怕"鬼"没用，越怕"鬼"越多；但是，只要战略上藐视，战术上重视，就一定能战胜各种各样的"鬼"；只有不怕"鬼"，才能打"鬼"；"打鬼"又要讲究方法，而且是一个长期的过程；在"打鬼"的同时，还要注意争取和改造"半人半鬼"的对象。

毛泽东"在战略上要藐视一切敌人，在战术上要重视一切敌人"这一思想也运用于核战略当中。早在美国的原子弹问世后不久的1946年8月6日，毛泽东在和美国记者安娜·路易斯·斯特朗的谈话中，针对美帝国主义的核讹诈，指出："原子弹是美国用来吓人的一只纸老虎，看样子可怕，实际上并不可怕。"[4]新中国成立后，他进一步明确指出，"原子弹并不比刀、枪厉害。"[5] "美帝国主义手里的原子弹、氢弹，是吓不倒一切不愿意做奴隶的人们的。"[6]毛泽东提出不要有丝毫畏惧，认为即便是爆发全面核大战，人类的

---

[1] 毛泽东. 毛泽东选集（第4卷）[M]. 北京：人民出版社，1991：1267-1268.
[2] 毛泽东. 毛泽东外交文选[M]. 北京：中央文献出版社，1994：206.
[3] 毛泽东. 毛泽东选集（第4卷）[M]. 北京：人民出版社，1991：1195.
[4] 毛泽东. 毛泽东选集（第4卷）[M]. 北京：人民出版社，1991：1194.
[5] 建国以来毛泽东军事文稿（中卷）[M]. 北京：军事科学出版社，中央文献出版社，2009：293.
[6] 毛泽东. 建国以来毛泽东文稿（第9册）[M]. 北京：中央文献出版社，1996：511-512.

繁衍生息也不会终止。"要设想一下，如果爆发战争要死多少人。全世界27亿人口，可能损失三分之一；再多一点，可能损失一半……再过多少年，又会有27亿，一定还要多。"① 为了佐证上述观点，他从生物进化论的角度论证生物不灭的规律："打起来，即使人都死光了，50万年以后又恢复原状，人还是会生长出来的……即使一个人也没有了，海里总还有单细胞的生物。"② 后来，罗瑞卿向毛泽东呈送香港《新闻天地》刊载的一篇题为《核子劫后生机未灭》的署名通讯，文中提出西太平洋比基尼岛和恩利威吐克环礁的美国"核子靶场"在封锁六年后万物复苏③。这进一步强化了毛泽东关于核武器不能灭绝生物的认识，为此他指示将此件作为参考资料转发给参加中央工作会议的同志和人大代表④。对于核战争，毛泽东还说："要打原子战争，那就打嘛。"⑤ "不是我们要打，是他们要打，一打就要摔原子弹、氢弹。"⑥ "我们有一句老话，小米加步枪。美国是飞机加原子弹。但是，如果飞机加原子弹的美国对中国发动侵略战争，那么，小米加步枪的中国一定会取得胜利。"⑦ 这充分表达了中国人民藐视原子弹以及战略上藐视敌人的英雄气概。

发展核武器是毛泽东应对帝国主义核威胁、"以核制核"的策略，只有掌握核武器，才能拥有核威慑，具备话语权。1957年，毛泽东在会见日本访华使团时说："美国既然有了（原子弹），苏联也有，就使得仗打不起来。假如只有一个国家有，它就可以拿来吓唬人家，它向哪个国家一显示，哪个国家就得跟它走。"⑧ 毛泽东以一贯幽默通俗的语言风格形容核武器的威慑作

---

① 毛泽东. 毛泽东外交文选[M]. 北京：中央文献出版社，1994：297.
② 建国以来毛泽东军事文稿（中卷）[M]. 北京：军事科学出版社，中央文献出版社，2009：382.
③ 香港《新闻天地》通讯说："就科学理论上而言，核子爆炸后的地区，因大量辐射尘的浸染，将寸草不生，动物灭绝。最近美国科学家一行，回到六年来被封锁的西太平洋比基尼岛和恩利威吐克环礁'核子靶场'时，却见杂花生树、好鸟飞鸣、鼠跳鱼跃、海藻飘浮，而莫不惊叹大自然在劫后复苏的伟大活力了。才知道所谓'核子爆炸后放射性永久存在，将使一切动植物的生机绝灭'的说法，未免过甚其辞。"
④ 建国以来毛泽东军事文稿（下卷）[M]. 北京：军事科学出版社，中央文献出版社，2009：279.
⑤ 建国以来毛泽东军事文稿（中卷）[M]. 北京：军事科学出版社，中央文献出版社，2009：382.
⑥ 建国以来毛泽东军事文稿（中卷）[M]. 北京：军事科学出版社，中央文献出版社，2009：365.
⑦ 乔有露，彭玉龙. 中国研制"两弹一星"战略决策的研究与思考[J]. 军事思想史研究，2017（6）：28-34.
⑧ 建国以来毛泽东军事文稿（中卷）[M]. 北京：军事科学出版社，中央文献出版社，2009：348.

用：“原子弹要有，搞起来也不会多，吓吓人，壮壮胆”。毛泽东还说：“如果有氢弹、导弹，仗可能就打不起来了，和平就更有把握了。”①

在战略上，毛泽东藐视核武器、不惧核战争，但另一方面，他对中国核力量的发展建设又给予了高度的重视。中国核力量的发展战略，在1964年10月17日发表的经毛泽东亲自审定的《中华人民共和国政府声明》中讲得再明白不过："保护自己，是任何一个主权国家不可剥夺的权利。保卫世界和平，是一切爱好和平的国家的共同职责。面临着日益增长的美国的核威胁，中国不能坐视不动。中国进行核试验，发展核武器，是被迫而为的。""中国发展核武器，是为了防御，为了保卫中国人民免受美国发动核战争的威胁。"②

"战略上藐视敌人、战术上重视敌人"是唯物辩证的关系。战略上藐视敌人，是一种非凡的胆略，是基于对真理和正义的坚定信仰、对人民基础和力量的信心、对时势和规律的深刻把握，而形成的一股无比自信的革命豪气。只有在战略上树立藐视敌人、战胜敌人的信心和决心，在战术上才会有正确的目标牵引和针对性的问题导向，围绕目标和问题去重视对敌人的研究分析，重视斗争的策略和方式方法，真正做到战术上重视敌人，客观、深入、全面地研究分析敌人，对敌我双方情况都做到心中有数，正确认识和正视双方的优劣，制定出符合战略意图的作战行动方案，最终实现战略目标。

20世纪50年代，航天科技工业在美苏这样的世界一流强国都尚是襁褓中的婴儿，谁也说不清它的成长过程中会遇到什么艰难险阻，甚至会不会半途夭折。所以说，创建航天事业是中国历史上特别是中国科技史上惊天动地的大事业，是一场大仗，更是一场硬仗。战略上藐视一切困难，坚信中国人民能够战胜一切困难；战术上又充分重视困难，做好充分论证和准备。开国领袖带领全党和全国人民坚定启航，开创了这一伟大事业。

---

① 中国核工业总公司. 毛泽东与中国原子能事业[M]. 北京：中国原子能出版社，1993：11.
② 中华人民共和国政府声明[N]. 人民日报，1964-10-17（1）.

第 2 节 坚持独立自主与开放学习

毛泽东一贯强调，我们的方针要放在自己力量的基础上，找出适合我国情况的前进道路。1935 年，毛泽东在《论反对日本帝国主义的策略》中就曾明确而高度概括地提出"自力更生"的思想①。同时，毛泽东认为："每个民族都有它的长处"②，"我们的方针是一切民族、一切国家的长处都要学"③，"在技术方面，我看大部分先要照办，因为那些我们现在还没有，还不懂，学了比较有利。"④毛泽东还进一步指出："不但在第一个五年计划期间要向人家学习，就是在几十个五年计划之后，还应向人家学习，一万年都要学习嘛！这有什么不好呢？"⑤1955 年底到 1956 年初，他对工农业进行了深入的调查研究后，认为我国过去是殖民地、半殖民地，历来受人欺负，工农业不发达，科学技术水平低，除了地大物博、人口众多、历史悠久等之外，很多地方不如人家。要使中国变成富强的国家需要 50 年到 100 年时间⑥。

毛泽东一贯主张，强调自力更生为主，绝不是盲目排外、搞自我封闭，而是在坚持自力更生的原则基础上从实际出发、抓住时机、大胆学习和引进国外先进技术。对于向发达资本主义国家学习的问题，毛泽东说："外国资产阶级的一切腐败制度和思想作风，我们要坚决抵制和批判。但是，这并不妨碍我们去学习资本主义国家的先进的科学技术和企业管理方法中合乎科学的方面。"⑦"他们的技术科学，只要是对于我们有用的，我们也应当学习。"⑧"我们去学习资本主义国家的先进的科学技术和企业管理中合乎科学

---

① 毛泽东. 毛泽东选集（第 1 卷）[M]. 北京：人民出版社，1991：161.
② 毛泽东. 建国以来毛泽东文稿（第 6 册）[M]. 北京：中央文献出版社，1991：105.
③ 毛泽东. 建国以来毛泽东文稿（第 6 册）[M]. 北京：中央文献出版社，1991：357.
④ 中共中央文献研究室. 毛泽东文集（第 7 卷）[M]. 北京：人民出版社，1999：42.
⑤ 毛泽东. 建国以来毛泽东文稿（第 6 册）[M]. 北京：中央文献出版社，1991：357-358.
⑥ 梁柱. 毛泽东对社会主义发展阶段的探索[J]. 思想理论教育导刊，2003（12）：15-20.
⑦ 中共中央文献研究室. 毛泽东文集（第 7 卷）[M]. 北京：人民出版社，1999：43.
⑧ 建国以来毛泽东军事文稿（中卷）[M]. 北京：军事科学出版社，中央文献出版社，2009：323.

的方面。工业发达的企业，用人少，效率高，会做生意，这些都应当有原则地好好学过来，以利于改进我们的工作。"①

毛泽东十分重视对外开放。在对外经济关系方面，毛泽东在1949年3月5日召开的党的七届二中全会上提出："我们必须尽可能首先同社会主义国家和人民民主国家做生意，同时也要同资本主义国家做生意。"②他还说："中国人民愿意同世界各国人民友好合作，恢复和发展国际间的通商事业，以利发展生产和繁荣经济。"③对于党内有不少同志面对资本主义国家开放患有"恐资病"的问题，毛泽东明确指出："一切国家的好经验我们都要学，不管是社会主义国家的，还是资本主义国家的，这一点是肯定的。"④

同时，毛泽东主张学习、借鉴、引进外国的东西一定要结合中国的实际，不能盲目照搬，要一切从实际出发。他批评那种不顾中国国情照抄照搬的做法。他说："学习有两种态度，一种是教条主义态度，不管我国情况，适用的不适用的，一起搬来，这种态度不好。另一种态度，学习的时候用脑筋想一下，学那些和我国情况相适合的东西，即吸取对我们有益的经验，我们需要的是这样一种态度。"④对于资本主义的东西要采取一分为二的观点，毛泽东说："外国资产阶级的一切腐朽制度和思想作风，我们要坚决抵制和批判的。……对外国的科学、技术和文化，不加分析地一概排斥和不加分析地一概照搬，都不是马克思主义的态度，都是对我们的事业不利。"⑤

独立自主、开放学习，这是开国领袖长期革命斗争过程中形成的信念、积累的底气；建国以后，这是开国领袖带领全党和全国人民建设社会主义新中国的信念和底气；决策创建航天事业，这是中华民族坚定不移奔向腾飞之路的信念和底气。创建新中国的航天事业，为的是国家和民族的独立自主，所以也必须坚持科学技术发展道路的独立自主。而在一穷二白的基础上创建

---

① 中共中央文献研究室. 毛泽东文集（第7卷）[M]. 北京：人民出版社，1999：43.
② 毛泽东. 毛泽东选集（第4卷）[M]. 北京：人民出版社，1991：1435.
③ 毛泽东. 毛泽东选集（第4卷）[M]. 北京：人民出版社，1991：1466.
④ 中共中央文献研究室. 毛泽东文集（第7卷）[M]. 北京：人民出版社，1999：242.
⑤ 中共中央文献研究室. 毛泽东文集（第7卷）[M]. 北京：人民出版社，1999：43-44.

航天事业，又必须开放学习，通过开放学习实现更好、更坚实、更长远的独立自主。

第 3 节 坚持科学态度与科学精神

以毛泽东为代表的开国领袖虽然大都不是学习自然科学出身，但是普遍经过新文化运动和五四运动的洗礼，尤其是掌握了马克思主义的思想观点和方法，往往在许多重要方面拥有比同时代一般的自然科学工作者更加坚定的科学态度与科学精神。同时，长期的革命和斗争实践，使他们比一般人能更加深刻地体会科学精神对于追求国家富强和民族崛起的极端重要性。以下几个毛泽东一贯身体力行的思想、观点和作风，就是这种科学精神的生动体现。

第一，坚持实事求是的思想路线。在中国共产党内，毛泽东是最早提出思想路线问题的。他对思想路线最为重视并进行了马克思主义的科学论述。实事求是的思想路线是毛泽东思想的精髓所在，是活的灵魂。毛泽东在进行战略决策的过程中，总是注意把问题提到认识论和方法论的高度来解决，特别强调思想路线、思想方法、学习方法的重要性。他认为思想的本原在于认识论，在于思想方法的科学，在于思想路线的正确。在延安整风运动中，他把这种正确的思想路线精辟地概括为"实事求是"四个字。

第二，坚持实践观点。毛泽东强调，实践的观点是辩证唯物主义认识论的最基本的观点。认识来源于实践，在实践中发展，并受实践检验。只有人们的实践，才是人们对于外界认识的真理性标准。在主观和客观的关系上，他指出，任何人不可以无根据地胡思乱想，不可以超越客观情况所许可的条件去计划自己的行动，不要勉强地去做那些实在做不到的事情[①]。同时他又强调，要充分发挥人们的主观能动性。毛泽东始终坚持实践第一的基本观

---

① 李锦坤. 论毛泽东战略思想的特色[J]. 天津社会科学, 2003（3）: 5.

点，坚持人民群众是推动历史前进的基本动力，深深地扎根于实践之中，扎根于群众之中。

第三，坚持全局观念。把握全局、驾驭全局，是一个战略家的基本能力要求。进行战略决策，必须能把握全局；指导战略实施，必须能驾驭全局。毛泽东作为伟大的战略家，是善于把握和驾驭全局的典范。在论述中国革命战争的战略问题时，毛泽东指出："战略问题是研究战争全局的规律的东西。只要有战争，就有战争的全局。但是全局是由局部构成的，要把握全局，必须能够从各个局部之间的关系上，用心思去想，明白那些更高级的东西。"[①]毛泽东的战略全局观不仅要求对组成全局的各个局部都有深入细致的了解，更重要的是要求必须从各个局部的相互关系提炼出那些"更高级东西"，"提到较高的原则性上去解决。"[②]战略对全局起决定作用，对局部起主导作用，这是毛泽东战略思想全局性的一项重要内容。

第四，抓住主要矛盾和矛盾的主要方面。毛泽东对主要矛盾和矛盾的主要方面作了精辟的论述："在复杂的事物的发展过程中，有许多的矛盾存在，其中必有一种是主要的矛盾，由于它的存在和发展规定或影响着其他矛盾的存在和发展。"[③]"任何过程如果有多数矛盾存在的话，其中必定有一种主要的，起着领导的、决定的作用，其他则处于次要和服从的地位。因此，研究任何过程，如果是存在着两个以上矛盾的复杂过程的话，就要用全力找出它的主要矛盾。抓住了这个主要矛盾，一切问题就迎刃而解了。……万千的学问家和实行家，不懂得这种方法，结果如堕烟海，找不到中心，也就找不到解决矛盾的方法。"[④]他总是善于抓住决定或影响战略全局的主要矛盾，用全力找到它并切实解决它，以推动战略进程，实现战略目的。

第五，坚持向历史学习。毛泽东指出："指导一个伟大的革命运动的政党，如果没有革命理论，没有历史知识，没有对于实际运动的深刻的了解，

---

① 毛泽东. 毛泽东选集（第1卷）[M]. 北京：人民出版社，1991：175.
② 毛泽东. 毛泽东选集（第1卷）[M]. 北京：人民出版社，1991：177-178.
③ 毛泽东. 毛泽东选集（第1卷）[M]. 北京：人民出版社，1991：320.
④ 毛泽东. 毛泽东选集（第1卷）[M]. 北京：人民出版社，1991：322.

要取得胜利是不可能的。"①毛泽东强调向"革命理论"、"历史知识"、"实际运动"三个方面学习，他率先垂范，身体力行，是杰出的典范。而这三方面也正是毛泽东战略判断的科学根据和战略决策的科学基础。这三方面，不是彼此分离、互不相干的。毛泽东把三者融会贯通，浑然一体，并在此基础上加工创造，匠心独具，运用起来得心应手、挥洒自如、出神入化。毛泽东要求，对于国内和国际的各方面，包括政治、军事、经济、文化的任何一方面，都要系统地而不是零碎地收集材料，进行研究。"要依据马克思列宁主义的理论和方法，对敌友我三方的经济、财政、政治、军事、文化、党务各方面的动态进行详细的调查和研究的工作，然后引出应有的和必要的结论。""对于近百年的中国史，……应先作经济史、政治史、军事史、文化史几个部分的分析研究，然后才有可能作综合的研究。"②

第六，解放思想，勇于创造。战略决策就是要根据新形势、新要求，确定新目标、新任务，拿出新思路、新方案，制定新计划、新措施，以解决新矛盾、新问题。由此决定了战略决策必须带有一定的创造性。毛泽东具有勇于开拓创新、大胆进行创造的宏大气魄和精神③，提倡破除迷信，解放思想，把坚持原则同独创精神结合起来。毛泽东思想中有一个重要的基础和前提，就是必须坚持中国共产党对中国革命和建设事业的领导，这是成功的根本战略保证。离开了这一条，一切就无从谈起。而党必须根据时代要求和人民的愿望不断加强自身建设，成为坚强有力的先锋队，最重要的就是善于把马克思主义普遍真理同中国实际结合起来，独立自主地、创造性地解决中国的问题。

第七，尊重科学，学习新知。毛泽东一生在学习和研究哲学、政治、历史、军事、经济等社会科学的同时，一生也在不断地学习和钻研自然科学。他在青少年时代就用心阅读《物种起源》、《天演论》等著作。早在1913年，20岁的毛泽东就曾在《讲堂录》笔记中对中西医学提出了自己的见解："医

---

① 毛泽东. 毛泽东选集（第2卷）[M]. 北京：人民出版社，1991：533.
② 毛泽东. 毛泽东选集（第3卷）[M]. 北京：人民出版社，1991：802.
③ 李锦坤. 论毛泽东战略思想的特色[J]. 天津社会科学，2003（3）：10.

道中西，各有所长。中言气脉，西言实验。然言气脉者，理太微妙，常人难识，故常失之虚。言实验者，求专质而气则离矣，故常失其本，则二者又各有所偏矣。"①这是迄今为止所发现的毛泽东对中西医学方面的最早论述。投身革命运动后，他深感自己自然科学知识不足对钻研革命理论的制约。在延安期间，他经常在百忙中阅读社会科学和自然科学书籍。1936年10月22日，毛泽东委托当时在西安从事统一战线工作的叶剑英、刘鼎，请他们帮助购买一批"经过选择真正是通俗的而又有价值的"社会科学和自然科学书籍②。在毛泽东的哲学、政治、军事著作中，我们可以看到自然科学知识对促进马克思主义中国化的作用。比如，《矛盾论》就运用了自然科学成果来论证辩证法的基本原理，通过机械运动、电磁运动、化学运动、生物运动和社会运动来论证矛盾的普遍性，同时又根据事物不同形式进行科学分类的思想，深入探讨矛盾的特殊性。50年代到60年代，毛泽东在领导制定国民经济发展五年计划、农业发展纲要、十二年科技规划等过程中，常常通宵达旦学习阅读农业、土壤、机械、物理、化学、水文、气象等自然科学书籍，而且要求全党同志都加强学习。1951年4月的一天，毛泽东邀请周世钊和蒋竹如到中南海作客时说："我很想请两三年假学习自然科学，可惜，可能不容许我有这样长的假期。"③

毛泽东一直紧密关注世界科技动向，1959年1月，苏联发射一枚火箭，第二天毛泽东就向有关人员索要了若干关于火箭、人造卫星和宇宙飞船方面的科技资料。毛泽东公开承认自己缺乏自然科学知识，1962年他在七千人大会上说："我注意得较多的是制度方面的问题，生产关系方面的问题。至于生产力方面，我的知识很少。"④所以，毛泽东一生都在从繁忙的工作中挤出时间来学习和了解自然科学、技术科学发展情况。直到逝世前几年，视力很差，卧床不起，每天还用心阅读印成大字的自然科学书籍。1975年下半年，因白内障双眼近乎失明的状态下，终日重病卧床但嗜书如命的毛泽东仍请人

---

① 中央文献研究室，湖南省委《早期文稿》编辑组. 毛泽东早期文稿[M]. 长沙：湖南人民出版社，2008.
② 毛泽东书信选集[M]. 北京：人民出版社，1983：80.
③ 毛泽东的读书生活[M]. 北京：中央文献出版社，2003：4.
④ 中共中央文献研究室. 毛泽东文集（第8卷）[M]. 北京：人民出版社，1999：303.

给他读《土壤学》专著①。

毛泽东不但关注具体门类科学的发展，还非常重视研究和发展哲学，特别关注自然辩证法的研究。1963年12月16日，他在听取中央科学小组关于新的科学技术十年规划时，关心《自然辩证法研究通讯》的复刊情况，并要求给予支持。毛泽东不但自己乐于学习和了解自然科学和技术，支持科技事业发展，而且非常愿意与科学家探讨，并经常通过自己融会贯通自然科学、社会学和哲学等领域的思想，引导科学家们深入研究新问题，攀登科技新高峰。

毛泽东对物质的无限可分性问题所持有的想法和怀有的兴趣由来已久。1955年1月主持会议研究原子能发展问题时，曾问钱三强："质子、中子是由什么组成的？"这个问题已经超出了当时的科学认识。毛泽东不但提出了这个问题，还给出了自己的见解："质子、中子、电子还应该是可分的，一分为二，对立统一嘛！现在实验室上虽然还没证实，将来实验条件发展了，将会证明是可分的。""你们信不信？你们不信，反正我信。"②半年以后，美国第一次发现"反质子"，一年以后，又发现了"反中子"，证明了毛泽东的正确预见。

关于"基本粒子"可分问题，毛泽东与日本物理学家坂田昌一和我国著名物理学家周培源等都进行过讨论。毛泽东强调"基本粒子"可分的思想，来自物理学家，反过来又影响物理学家去认真探索，先后提出"层子"、"夸克"等学说，并使"基本粒子"有更深层次的结构在物理学界得到公认。毛泽东还多次与杨振宁、李政道等科学家针对基本粒子、对称等物理学问题进行过很专业很深刻的讨论，并把社会进化的变革、动态思想与自然科学对照起来、结合起来思考，给了科学家很多启示。1977年在夏威夷召开的第七届粒子物理学讨论会上，诺贝尔物理学奖获得者格拉肖提议把构成物质的所有这些假设的组成部分命名为"毛粒子"，以纪念已故的毛主席。

1955年，钱学森冲破美国的重重阻挠回国之后，先后受到毛泽东的六次

---

① 叶永烈. 毛泽东的秘书们[M]. 上海：上海人民出版社，2005：381.
② 梁柱. 毛泽东发展科学技术的若干思想论析[J]. 中国特色社会主义研究，2012（2）：5-13.

接见。钱学森说:"每一次都给我指明了继续前进的方向,每一次都给我增添了攀登高峰的力量。我之所以有今天,都是毛主席、共产党给的。"[1] 1964年2月6日,是毛泽东第四次接见钱学森。在中南海菊香书屋毛泽东同钱学森、李四光、竺可桢谈话两小时,就农业、地质、核武器等问题进行广泛的交谈。谈到钱学森搞导弹运载工具时,毛泽东说:你们搞了一个一千公里的,将来再搞个两千公里的,也就差不多了。总要搞防御,挖山洞,钻进去,在地下就不怕它了。钱学森说:我们正在遵照主席的指示,先组织一个小型的科学技术人员小组,准备研究一下防弹道式导弹的方法、技术途径。第三个五年计划期间,由于技术条件不够还不能开展设计工作。毛泽东说:"有矛必有盾。搞少数人,专门研究这个问题,五年不行,十年,十年不行,十五年,总要搞出来的。"[2]

在创建中国航天事业的过程中,无论是决策还是实施,毛泽东都是一贯讲求科学态度的。正是因为如此,虽然有苏联撕毁合约的影响、具体型号研制过程中的困难甚至反复,也有像曙光飞船下马这样的重大调整,但这都是科学技术发展过程中因为认识水平和能力不够造成的问题,而且都得到了及时的纠正,没有造成难以挽回的重大损失。

第4节　发挥先进文化力量

文化是一个国家的软实力,一个国家的领袖身上应该集中体现这个国家和民族的优秀文化,一个大国的领袖还应该能兼收并蓄人类社会创造的一切先进文化,一个强国的领袖更应该能够领导人民创造出全人类认同的先进文化。以毛泽东、周恩来为代表的老一辈无产阶级革命家身上,融合了来自西方的代表人类社会最高理想的马克思主义的先进理论、文化和以家国情怀为核心的东方优秀传统文化,形成了一种有别于西方资本主义国家和其他社会

---

① 吕成冬. 毛泽东六次接见钱学森[J]. 百年潮, 2014(12): 23-26.
② 中共中央文献研究室. 毛泽东年谱(1949—1976)[M]. 北京: 中央文献出版社, 2013: 4852.

主义国家领导人的独特文化特质，为他们的强国思想注入了一种更加深厚绵长的文化张力。

毛泽东一生酷爱读书，阅读了大量的中国古代典籍，知识非常渊博，对中国历史了如指掌，对中国传统哲学相当熟悉。毛泽东又很会读书，不但能融会贯通，而且能批判地加以吸收。他的讲话、文章、哲学著作和军事著作，或者辩证地融合了马克思主义和中国传统哲学思想的精华；或者用马列主义观点对中国古代哲学遗产，从理论内容上给予彻底的改造，赋予全新的内容；或者从哲学高度总结历史的经验教训，以指导现实的革命斗争；或者借用古代典籍和民间故事来说明深刻的哲理；或者运用我国哲学传统的表述形式，来提炼和概括革命斗争中的辩证法思想。周恩来说过："毛泽东思想的特点，就是把普遍真理具体化，运用到中国的土壤上。"[1]

（一）民族自信与自强的特质

中华民族自古以来就具有坚定的自强意识和坚忍不拔的性格。从愚公移山、夸父逐日、精卫填海等远古神话，到卧薪尝胆、背水一战等历朝历代帝王将相和文人士大夫的历史典故，已经渗透到每个中国人的骨子里。中华民族是具有大历史观的民族，经历过五千年历史文化积淀，见过太多世事变迁、沧海桑田，所以在遇到艰难困苦时总能够看到并坚信时与势都在自己和正义这一边，"吃得苦、耐得烦、霸得蛮"（湖南人性格特点），从而百折不挠、坚忍不拔，这是一种比一般强者更强烈、更坚定、更强大的自信。中华民族还是特别注重并身体力行"君子和而不同"的民族，这是一种自强与自信相融合的博大胸怀。这种融合使中国人非常善于发挥自己的优势和学习借鉴别人的长处，灵活机动地处理各种问题，不走极端。例如，在战争中既坚持既定作战目标，又灵活机动，在无法确保取胜的情况下注意保存实力，打得过就打，打不过就走，不做无谓牺牲。又如，中国人擅长从实用角度发展科学技术，逐步建立科学技术和工业体系，逐步向现代科学技

---

[1] 周恩来选集（上卷）[M]. 北京：人民出版社，1997：336.

术接近。

毛泽东是强烈民族自信力的杰出代表，非常强调民族自信心的重要性，坚信"人是最可宝贵的，在共产党的领导下，什么人间奇迹都能创造出来"，"中华民族有自立于世界民族之林的能力"，"中国人不比别人差"。毛泽东特别强调主观能动性，善于在宏大的时空格局中观察客观世界，并激发人的主观能动性和英雄主义、乐观主义精神。

"作为政治家，毛泽东是诗人政治家，作为诗人，他是政治家身份的诗人。"① 吟诵毛泽东诗词，最突出与鲜明的印象是，毛泽东以如椽巨笔塑造了博大、崇高、刚强、壮美的中国共产主义者的形象，一股磅礴气势油然而生。"丈夫何事足萦怀，要将宇宙看秭米"②，表达了青年毛泽东立志高远，视茫茫宇宙，不过秭米，当今之世，继大任者，舍我其谁。"飞起玉龙三百万，搅得周天寒彻。夏日消溶，江河横溢，人或为鱼鳖"③，这是毛泽东对未来的看法，他认为新中国将诞生，新中国将对世界产生巨大冲击。1962年，毛泽东曾经说过："从现在起，五十年内外到一百年内外，是世界上社会制度彻底变化的伟大时代，是一个翻天覆地的时代，是过去任何一个历史时代都不能比拟的。处在这样一个时代，我们必须准备进行同过去时代的斗争形式有着许多不同特点的伟大的斗争。"④ "背负青天朝下看，都是人间城郭"⑤，是他对国际政治形势寓言式的解析。毛泽东的诗词艺术表达了社会历史过程的发展趋势，蕴涵了辩证的历史唯物主义观点，反映了时代在进步，新事物总是要扬弃和超越旧事物。"往事越千年，魏武挥鞭，东临碣石有遗篇。萧瑟秋风今又是，换了人间"⑥，这一阕《浪淘沙·北戴河》，在动态的历史过程中表达了新中国的成立和成就是中国社会的巨大进步。"东临碣石有遗篇"是指曹操在建安十二年北征乌桓途中观海时写的《观沧海》，

---

① 陈晋. 毛泽东文化性格[M]. 北京：中国青年出版社，1991：284.
② 吴正裕. 毛泽东诗词全编鉴赏——《七古·送纵宇一郎东行》[M]. 北京：人民文学出版社，2017：781.
③ 吴正裕. 毛泽东诗词全编鉴赏——《念奴娇·昆仑》[M]. 北京：人民文学出版社，2017：351.
④ 中共中央文献研究室. 毛泽东文集（第8卷）[M]. 北京：人民出版社，1999.
⑤ 吴正裕. 毛泽东诗词全编鉴赏——《念奴娇·鸟儿问答》[M]. 北京：人民文学出版社，2017：750.
⑥ 吴正裕. 毛泽东诗词全编鉴赏——《浪淘沙·北戴河》[M]. 北京：人民文学出版社，2017：458.

这首诗本身就是一首政治哲理诗。曹操在诗中热情地讴歌了社会的发展变化，字里行间流露着致力于改革社会和国家统一的胸襟。毛泽东高度评价曹操的这首诗，说它"气魄雄伟，慷慨悲凉"、"大手笔"。而他的《浪淘沙·北戴河》中最后一句"萧瑟秋风今又是，换了人间"——同为"萧瑟秋风"，但时代发生了巨变，人民当家作主了。毛泽东这里表达的文化精神和盖世豪情显然又远远高出作为中国历史上杰出政治家兼杰出诗人的曹操。

毛泽东身上有股"虎气"。新中国成立后，这股"虎气"，对内表现为勇敢地向自我挑战，不停地与现代化建设事业中的困难、各种阻挠革命和建设事业发展的保守势力作斗争，对外则表现为勇敢地面对来自国外反动势力的挑战。每一次交锋，其勇士般刚毅果敢的性格都淋漓尽致地展示出来。1945年，在重庆谈判的43天里，毛泽东与蒋介石前后谈了10次。当得知蒋介石不吸烟时，平时一天要抽50支烟的毛泽东与蒋介石会谈时竟然没有抽过一支烟，令蒋介石及其下属大吃一惊，惊叹毛泽东超人的意志和顽强的毅力。游泳是毛泽东向自我和大自然挑战的一种方式。他63岁时还能畅游长江，高歌"万里长江横渡，极目楚天舒。不管风吹浪打，胜似闲庭信步"。1975年除夕，美国前总统尼克松的女儿朱莉和女婿戴维在中南海见到了毛泽东，令两个年轻人吃惊的是，82岁高龄的毛泽东说起话来，依然飞动着活跃的思维、强烈的意志，迸发出灵魂的火花，出人意料，令人震惊。走出毛泽东的书房，他们禁不住吐出一句话："十里之外就能够呼吸到毛泽东的个性。"①

（二）与时俱进的现代意识

从鸦片战争到新中国成立的100多年里，几乎所有大大小小的帝国主义国家都侵略过中国，强迫中国签订一系列屈辱的不平等条约。新中国的开创者大都经历过清末的朝代更迭和五四运动，新中国成立前又曾与美苏英法等大国强国合作抗击法西斯，建国后更是通过抗美援朝战争深刻地感受到现代

---

① 胡哲峰，孙彦. 毛泽东谈毛泽东[M]. 北京：中共中央党校出版社，2008：61.

化，特别是科学技术现代化的极端重要性。1963年9月，毛泽东在分析鸦片战争那段历史时曾明确指出：造成这种结局的根本原因，"一是社会制度腐败，二是经济技术落后"，我们"如果不在今后几十年内，争取彻底改变我国经济和技术远远落后于帝国主义国家的状况，挨打是不可能避免的。"①

作为一个在科学技术上处于后发地位的大国的领袖，毛泽东的强国理想里首先不会缺席的就是那种在思想和行动上都与时俱进的现代意识。1956年，当生产资料的社会主义改造即将完成、党的工作重心逐步转移到经济建设上来的时候，毛泽东号召全党努力学习科学知识，团结起来"向自然开战"、"向现代科学进军"。当年9月召开的中共八大的第二次预备会议上，他提出了一个富有远见的思想："我们对新的科学技术还不懂，还要作很大的努力。现在的中央委员会是一个政治中央，还不是科学中央，将来，中央委员会就是一个科学委员会了。"② 1963年，毛泽东进一步从认识论的角度，把科学实验列为人类社会三大革命实践之一，指明科学实验主要是指自然科学③，而且详尽阐明了发展科学技术的正确方针、原则、途径和依靠力量。第一，发展中国的科学技术，必须坚持"自力更生为主，争取外援为辅"的方针，确保我国在国防和经济建设上完全主动，不受制于人。第二，倡导学习与创新相结合的原则，发扬民族的独创精神，走中国自己发展科学技术的道路。他说："我们不能走世界各国技术发展的老路，跟在别人后面一步一步地爬行。我们必须打破常规，尽量采用先进技术，在一个不太长的历史时期内，把我国建设成为一个社会主义的现代化的强国。"④ 第三，集中力量协同攻关，首先在关系到工业和国防现代化的某些尖端科技领域取得突破，以带动科技事业的全面振兴，实现中国科学技术的跨越式发展。在以毛泽东为核心的党中央领导下，中国从20世纪50年代中期起，集中全国的科技力量协同攻关，经过10多年的奋斗，以"两弹一星"工程为代表的尖端科技相继取得突破。这一事实雄辩地证明，只要发展战略得当、措施得力，科

---

① 毛泽东著作选读（下）[M]. 北京：人民出版社，1986：848-849.
② 龚育之. 毛泽东的读书生活[M]. 北京：三联书店，1986：109.
③ 中共中央文献研究室. 毛泽东文集（第8卷）[M]. 北京：人民出版社，1999：320，352.
④ 毛泽东著作选读（下）[M]. 北京：人民出版社，1986：849.

技落后的发展中国家完全有可能分领域地、分局部地、分步骤地实现赶超发达国家的目标，逐渐积累起来，使自己由落后国家变为先进国家[1]。

（三）现代化科学素养

毛泽东和党中央继承和发展了马克思的"科学技术是生产力"、生产力的提高"来源于智力劳动特别是自然科学的发展"等思想，结合我国的具体国情，从宏观上确立了发展科技的主导思想，制定了发展科技的理论框架，在微观上阐释了发展科技的切入角度、切入方法、操作步骤等相关问题，从而初步形成了比较完整的发展科技的思想，丰富和发展了马克思主义的科技观，为新中国的科技现代化奠定了坚实基础，推动了我国科技事业的发展。这些成就，不但建立在以毛泽东为核心的党中央高超的领导艺术和强大的组织动员能力上，也建立在那一代领导集体颇具特点的现代化科学素养上。这种科学素养，一方面反映在虚心向科技专家请教学习，广揽人才，善于发挥科技人才专业价值；另一方面又不同于一般自然科技工作者的治学，而是把科学技术和经济社会发展融为一体，从一个更大的经济社会系统的视角来审视和组织实施科学技术活动，是一种富有哲理、融入经济学和社会学意味的现代化科学素养。

1953年12月，在修改《党的过渡时期总路线宣传与学习提纲》时，毛泽东提出了"在技术上兴起一个革命"的思想，把"在技术上兴起一个革命"的思想与生产工具的改造革新、工农业产品的增长、提高人民生活水平、巩固政权、防止复辟等相联系，这就明确了我国科技发展的目的。1956年1月，在知识分子问题会议上，毛泽东正式提出了"技术革命"的概念。他强调指出：要进行技术革命，文化革命，革技术落后的命，革没有文化、愚昧无知的命。同时，号召全党努力学习科学知识，同党外知识分子团结一致，为迅速赶上世界科学先进水平而奋斗。同年3月，周恩来、聂荣臻等领导人组织一批科学专家共同努力，编制了《1956～1967年科学技术发展远景规划

---

[1] 高峻. 党的三代领导人的科技战略思想[J]. 当代中国史研究，2002（5）：4-12.

纲要》。

1963年12月16日，毛泽东在听取聂荣臻代表中央科学小组汇报十年规划时明确指出："科学技术这一仗，一定要打，而且必须打好。过去我们打的是上层建筑的仗，是建立人民政府、人民军队。建立这些上层建筑干什么呢？就是要搞生产。搞上层建筑与生产关系的目的就是为了解放生产力。现在生产关系是改变了，就要提高生产力。不搞科学技术，生产力无法提高。"①毛泽东的讲话，事实上已经包含了"科学技术也是生产力"的命题。在这里，他把科学技术与生产力的发展，与社会主义建设事业的兴旺发达紧密联系起来。对于科技在发展生产力中的作用，对于发展生产力在革命和建设中的任务，做了明确的、较高的估计。通过建国以来的艰辛探索，以毛泽东同志为核心的党的第一代中央领导集体逐渐形成了依靠科学技术发展社会生产力的明确认识，并对科技发展与社会主义现代化建设紧密联系在一起给予了高度的关注。同时，由党中央的高层领导人亲自挂帅，领导科学技术发展工作，从国家层面集中一切可能的力量，调动各种资源开展科学研究，这使得新中国在很短的时间内就建立起了比较完整的基础科学研究体系，取得了许多重大科技成果，科技进步在经济建设中的作用日益显著。

与一般科技工作者不同的是，毛泽东的现代化科学素养，又与他鲜明的浪漫主义色彩融合在一起，展现出一种别样的魅力。例如，七律《送瘟神》中著名的"坐地日行八万里，巡天遥看一千河"，既包含了地球自转和宇宙运行的科学原理，又用浪漫主义的笔法写出了对世事变迁的感慨，以及改造旧世界、为人民创造新生活的豪情。又如，1958年4月的一天，毛泽东问卫士张仙朋，我们是住在天上还是地上，张仙朋认为是住在地上，毛泽东却说：不一定，我们可能是住在天上②。他认为我们从地球上看别的星球，它们在天上。如果别的星球上也有人，我们对于他们来讲就是在天上。整个宇宙，到处都是在天上，又是在地上。他还说，神仙是住在天上的，如果别的星球上也有人，他们也会把我们当作神仙。这段轶事，看似轻松的聊天和调

---

① 中共中央文献研究室. 毛泽东文集（第8卷）[M]. 北京：人民出版社，1999：351.
② 李颖，程美东. 与毛泽东一起感受历史（第2册）[M]. 武汉：湖北人民出版社，2005.

侃，实际却包含着深厚的科学道理和哲理，体现了一个伟大的思想家对于宇宙空间等科学问题的独到理解。

（四）传统文化底蕴

众所周知，毛泽东的传统文化底蕴非常深厚，对诸子百家基本上采用了兼容并蓄的态度，同时又各有取舍。从他的"虎气"中多少可以体会到法家思想的影响，从他的"猴气"中则显现出道家思想的印迹，从他罕见的历史责任感并特别注重意志作用来看，又明显是汲取了儒家思想的养分。但无论是法家、道家还是儒家的思想遗产，毛泽东的取舍都基于其深厚的个性基调——注重反映底层人民的意志、高扬群体事业、既崇尚实用又极具理想主义的墨家精神。墨家在先秦是与儒家并列的两大显学之一。"非命"（反对天命神授的等级制度）、"节用"（重视节约和生产劳动）、"勤生薄死"（推崇实践、富有牺牲精神）、"兼爱"、"交利"（人格平等、互爱互助、互惠互利）、"尚同"（平均主义的社会理想）等等，是墨家思想的主要内容。后来在独尊儒家的文化气氛下，墨家在经史子集中逐渐式微，但墨家的理想却通过历代底层的农民起义反复呈现出来。毛泽东对墨家思想不但颇有研究，而且给予高度评价。1939年2月，他读完陈伯达写的《墨子的哲学思想》一文后，给陈伯达写信说："在中国找出赫拉克利特来了"，文章标题"似改为'古代辩证唯物论大家——墨子的哲学思想'或'墨子的唯物哲学'较好"①。更重要的是，他对历代农民起义史实的谙熟，反映了他这方面的浓厚旨趣。1939年4月24日，在抗大生产运动初步总结大会上的讲话中，他径直评论说：历史上的禹王，他是做官的，但也耕田。墨子是一个劳动者，他不做官，但他是比孔子高明的圣人，孔子不耕地，墨子自己动手做桌子椅子。由此，毛泽东进一步发挥说：马克思主义千条万条，中心的一条就是不劳动不得吃②。

---

① 毛泽东书信选集[M]. 北京：人民出版社，1983.
② 陈晋. 毛泽东文化性格[M]. 北京：中国青年出版社，1991.

（五）永不服输的战斗精神

毛泽东的一生都在战斗。这里所说的战斗，不是一般的斗争，也不同于一般的奋斗，而是那种爱憎分明、立场坚定、永不退却的抗争和一往无前、舍我其谁的气概。

"老子不信邪！"是毛泽东多次说过一句话。这句看似通俗的话，却道出了毛泽东永不服输的战斗精神。1947年8月，毛泽东率领中央机关900多人，指挥西北部队2万多人，在陕北与胡宗南的30万大军兜圈子，有力地支援了全国其他战场的斗争，鼓舞了全党全军的士气。在最困难的时候，毛泽东说："不过黄河！放心跟我走，老子不信邪！"毛泽东用"不信邪"的精神战胜了国民党反动派。抗战结束后，国民党蒋介石不顾全国人民要和平、要民主的迫切愿望，积极准备内战。1946年夏，国民党军队大举进攻中原解放区，挑起内战。这时，国民党的实力占居绝对优势地位，单从军队数量上说，国民党军队的总兵力约430万人，其中正规军约200万人；人民解放军的总兵力只127万人，其中野战军61万人。双方总兵力之比是3.4∶1[①]。武器装备差距更大。党内外许多人对能否战胜国民党集团存在怀疑和顾虑。毛泽东说："蒋先生总以为'天无二日，民无二王'，我不信邪，偏要出两个太阳给他看看。"[②] 经过三年多的奋战，终于战胜了貌似强大的国民党蒋介石，在新中国的天空升起了一轮鲜艳的朝阳。

毛泽东靠"不信邪"的精神成功应对了世界头号强国美国的挑战。1950年6月，朝鲜战争爆发，战火很快烧到了鸭绿江边。出不出兵，敢不敢与世界头等军事强国较量，是考验中国共产党和中国人民的一道难题。毛泽东深思熟虑，断然决策，抗美援朝，保家卫国。中朝两国人民并肩作战，终于迫使美国"第一次在没有取得胜利的停战协定上签字"。"全世界对中国刮目相看，中国的国际威望空前提高。"[③] 毛泽东靠"不信邪"的精神顶住了苏联

---

① 中共中央党史研究室. 中国共产党历史（第一卷）（下）[M]. 北京：中共党史出版社，2011：710.
② 斯图尔特·施拉姆. 毛泽东[M]. 北京：红旗出版社，1987：205.
③ 胡绳. 中国共产党的七十年[M]. 北京：中共党史出版社，1991：304.

"老大哥"的压力。1958年，赫鲁晓夫提出要在中国建立海军联合基地和长波电台，并进而以建立联合舰队的形式破坏中国主权，遭到毛泽东的断然拒绝，并讽刺苏联是"把俄国的民族主义扩大到了中国的海岸"。1960年，赫鲁晓夫再次对中国施加压力，突然照会中国，片面决定立即召回在华工作的全部苏联专家，废除两国经济技术合作的各项协议，并逼中国还债。在民族尊严和国家主权问题上，毛泽东从来不让步，谁也休想让他低头弯腰。60年代，中苏论战开始，毛泽东以悠闲的语调告诉带来苏共中央信件的苏联人说："别着急，笔墨之战是死不了人的。起码有四件事我可以保证，不管你们怎么批评我们，天照样下雨，女人照样生孩子，草木照样生长，鱼照样在河里游。"①"不管风吹浪打，胜似闲庭信步"的气度溢于言表。

永不服输的战斗精神，已经深深地融入毛泽东的一言一行甚至日常生活，并且经常不经意间在他的诗词中显露出这种精神所特有的魅力。"更喜岷山千里雪，三军过后尽开颜"，一个"更"字，表达的是主动迎接挑战的豪情。"梅花欢喜漫天雪，冻死苍蝇未足奇"，借傲雪之梅喻己，视敌为将死之蝇虫。"更无豪杰怕熊罴"，敌人虽猛如熊罴，豪杰焉惧？"到中流击水，浪遏飞舟"，表露的是永立潮头的雄心。"山，刺破青天锷未残。天欲堕，赖以拄其间"，展现的是顶天立地的气概。"宜将剩勇追穷寇"，宣示的是誓取最后胜利的坚定信念。"可上九天揽月，可下五洋捉鳖，谈笑凯歌还"，"要扫除一切害人虫，全无敌"，"世上无难事，只要肯登攀"，天不怕、地不怕，敢于反抗、敢于挑战、敢于争先的气势激荡于胸、跃然纸上。明知征途有艰险，越是艰险越向前，这就是开国领袖带领中国共产党人和全国人民铸造的永不服输的战斗精神。这种战斗精神又传递给中国航天事业的创建者和继承者，激励着一代又一代航天人接续努力，竖立起一个又一个民族科技丰碑。

（六）刚柔相济的斗争艺术

共产党人作为一个群体，其理想和信念，决定了在任何时候都敢于战

---

① 中共中央文献研究室. 毛泽东传（1893—1976）[M]. 北京：中央文献出版社，2010：2236.

斗、勇于战斗。毛泽东作为党的主要缔造者和领导人，其见识和胆识，决定了能在生死攸关时果敢决策，敢于在风口浪尖上勇往直前，压倒一切敌人而不被任何敌人所压倒，这也是以毛泽东为代表的中国共产党人的风骨、风格、作风和精神。

毛泽东的战斗精神，不是江湖草莽的好勇斗狠。与之相辅相成的，是其刚柔相济的斗争艺术。"有理、有利、有节"，"机动灵活的战略战术"，"不要四面出击"，这些耳熟能详的话语和思想，经常在他的著作、讲话中出现。

毛泽东的一生经历了五四运动、党的创建、大革命时期、土地革命、抗日战争、解放战争、社会主义改造和社会主义建设等多个历史时期。毛泽东不仅善于分析判断形势，审时度势果敢做出决策、下定决心，指引全党全军的努力方向，而且具有坚强的毅力和持久的恒心，善于采取灵活机动的战略战术，同时也重视积小胜为大胜的量变积累。秋收起义、反"围剿"、四渡赤水、万里长征、抗日游击战、三大战役、抗美援朝，不同时期都有惊心动魄又叹为观止的经典案例，堪称毛泽东斗争艺术的神来之笔。其中，毛泽东在抗日战争期间提出的持久战思想，可以说是集中体现他斗争艺术的一件代表作。

在全面抗战初期，毛泽东针对国民党投降派所谓"中国武器不如人，战必败"的言论，指出："武器是战争的重要的因素。但不是决定的因素，决定的因素是人不是物，力量对比不但是军力和经济力的对比，而且是人力和人心的对比。军力和经济力是要人去掌握的。"①毛泽东说："不管敌人武器多么好，多么强，因为他们是反对革命，是不利于人民的，不可能得到胜利。"还说到："力量小的，同人民联系的，强；力量大的，反人民的，弱。"

1935年，毛泽东发表《论反对日本帝国主义的策略》，指出日本的侵略绝不限于东北，必将侵略全中国，并最早提出了持久战思想。从1938年5月开始，毛泽东决定把为什么是持久战和怎样进行持久战的问题进行透彻的分析，以指导全民抗战。他连续用了八天九夜的时间，一个问题接一个问题地

---

① 毛泽东. 毛泽东选集（第2卷）[M]. 北京：人民出版社，1991：469.

分析，一层一层地推理，终于形成了五万多字的《论持久战》。《论持久战》共21个问题，其中前9个问题主要说明抗日战争为什么是持久战，为什么最后胜利是中国的，批判了"亡国论"和"速胜论"；后12个问题主要说明怎样进行持久战和怎样争取最后胜利，着重论述了人民战争的战略战术。

抗日战争总的战略方针是持久战。怎样具体地进行持久战呢？毛泽东提出了"防御中的进攻、持久中的速决、内线中的外线"，他说："国内革命势力没有聚积到足以突破内外敌人的主要阵地以前，国际革命势力没有打破和钳制大部分国际反动势力之前，我们的革命战争依然是持久的。从这一点出发，规定我们长期作战的战略方针，是战略指导的重要方针之一。"① 另一方面，我们在不利的情况下应持积极的态度，在战略的防御战之中，采取战役和战斗的进攻战；在战略的持久战中，采取战役和战斗的速决战；在战略的内线作战中，采取战役和战斗的外线作战。这充分展现了毛泽东对马克思主义认识论和方法论的纯熟运用和创造性发展，也展现了他作为一个伟大战略家的高超斗争艺术。

作为思想家和哲学家，毛泽东之所以能提出持久战的战略战术，除了对历史规律和当时的国内外形势深刻把握之外，还得益于他深刻理解量变和质变的关系。量变是事物的常态，又是质变的准备；质变是量变的积累效应。建国以后，毛泽东出于共产党领袖对国家、民族的历史责任感，想迅速改变中国贫穷落后的面貌。"多少事，从来急；天地转，光阴迫"，"高天滚滚寒流急"，"一万年太久，只争朝夕"，从这些诗词中可以深刻地体会到他的迫切心情。

创建新中国的航天事业，也是一场持久战。经济落后、国力不济、科技工业基础薄弱、人才短缺、物资匮乏，加上数不清的技术难题，又夹杂面临着风云变幻的国际斗争，使这场持久战的战局更加复杂。开国领袖在革命斗争中锤炼出来驾驭复杂局势的雄才大略，使他们能够处变不惊、运筹帷幄，处理好量变与质变的关系，解决了一个个决策难题，渡过了一道道斗争难关，为这场科技持久战的最后胜利奠定了坚实基础，创造了有利环境，提供

---

① 毛泽东. 毛泽东选集（第1卷）[M]. 北京：人民出版社，1991：234.

了强力保障。

小结：布势

本章主题词：布势

时势造英雄，真正的英雄又必然是塑造时势的大师。

所谓塑造时势，并不是凭空想象出一个时势，而是通过对历史和现实的深刻分析和研究，科学预见未来的大趋势，并塑造一个能够顺应趋势、引领潮流的时代大环境。

无论是顺应时势还是塑造时势，落到战略上就是要布势。布势，目的就是要布必胜之势，手段就是要布有利之势。所谓必胜之势，就是夯实达到战略目标的人力、财力、物力、技术等物质基础；所谓有利之势，就是创造有利于贯彻战略决策和实施战略行动的环境和条件，首当其冲的就是内部一定要统一思想、统一意志、统一行动，向外部展示出坚强的精神和力量，用确信的精神和力量影响和争取友好力量，营造有利的环境。

毛泽东的强国思想，造就了新中国从战乱和贫困中崛起、实现自立自强的时势，以毛泽东为代表的中国共产党人塑造的这个时势，确保了新中国的国家安全、主权独立，并且能够在敌人的封锁中保持经济自给自足，也使中国有渠道、有能力团结一切可以团结的力量，利用一切可以利用的资源，学习一切先进的知识和思想。所有这一切，都为全党统一思想认识，下定决心发展导弹核武器、火箭卫星等尖端技术，为全国、全军和各族人民齐心协力支持尖端技术的发展，为全世界爱好和平的国家和人民支持新中国的各项建设和发展事业，布好了有利之势、必胜之势。

凡是开创性的事业，一定会面临各种条件和资源的匮乏，也一定会遇到各种问题和质疑，甚至会产生信心的动摇。布必胜之势和有利之势，目的就是从客观和主观两个方面消除这些重大问题和隐患。

第 3 章
新中国航天事业创建的战略抉择

新中国成立后，基本的国防工业相当薄弱。航天技术与国防具有极强的关联，毛泽东和中央领导集体从一开始就把航天技术与国防工业紧密连接在一起。这种抓住尖端技术的龙头，从而一举扭转被动局面的战略思想，很快转化为国家意志。党中央紧紧抓住国防尖端科技不放松，"向科学进军"，"两弹一星"事业推动了我国科学技术人才的培养和壮大，有力地促进了我国现代化事业的发展。实践证明，原子弹、导弹、卫星等国防尖端武器和航天器的研制，其意义远远超过中国拥有这些尖端技术本身，更重要的是，这一战略壮举彻底改变了世界政治、军事、安全格局，极大振奋了中国人民乃至第三世界人民的自信心、增强了凝聚力，推动着整个国家的科技和国民经济的发展。中国的科技队伍经过持续艰苦奋斗，努力跟上世界第三次科技革命的浪潮，逐步在高科技领域占有了一席之地，确立了我国的国际地位。

毛泽东对航天事业创建的思考、研判和决策，本身也是中国现代化进程的重要一环，对我国今天的高科技发展仍然具有重大的借鉴和指导意义。党中央关于创建导弹和航天事业的底层逻辑，是一种把高科技发展作为国力增强和国际地位提高的根本途径的战略思想，同时相信，航天事业在高科技领域能够起到高屋建瓴的作用，并最终能惠及社会经济发展的各个领域。

1955年11月，解放军副总参谋长兼哈尔滨军事工程学院院长陈赓受彭德怀和聂荣臻委托，与刚从美国归来不久的导弹专家钱学森在哈尔滨会见，就研制导弹问题向他征询意见，并引见了军事工程学院火箭技术专业的任新民等教授。陈赓问钱学森："钱先生，您看我们能不能自己造出火箭、导弹来？"钱学森马上回答："有什么不能的，外国人能造出来的，我们中国同样能造出来，难道我们中国人比外国人矮一截不成。"陈赓大将一句："好，我就要你这句话。"[①] 开国大将与科学巨匠的心底在这一刻为同一个坚定的信念而共鸣：中国人一定要造出导弹，中国人一定能造出导弹。

随后任新民等三位教授联名提出了发展中国导弹事业的建议[②]。1956年2月，在叶剑英和周恩来的推动下，钱学森向国务院提交了《建立我国国防航空工业的意见书》，对如何发展我国的导弹航天技术，从组织、科研、设计、试验到生产等方面提出了组织国家规模高科技工程的总体思路和实施方案[③]。3月14日，周恩来主持中央军委会议，在听取了钱学森关于中国发展导弹技术的设想后决定，由周恩来、聂荣臻、钱学森等筹备组建导弹航空科学研究机构。4月13日，中华人民共和国航空工业委员会成立（简称航委），统一领导中国的航空和导弹事业，聂荣臻任主任，黄克诚、赵尔陆任副主任，钱学森等为委员。1958年10月16日，国防部航空工业委员会改组为国防科学技术委员会（简称国防科委），聂荣臻任主任，陈赓、刘亚楼、张爱萍、方毅任副主任。国防科委的成立，标志着在中共中央、国务院、中央军委的领导下，第一次有了统一管理国防科技发展工作的机构，加强了对国防科技工作的集中统一领导，有利于国防科技重大决策和一系列方针政策的贯彻执行，从而加速了国防科技事业的发展。

1956年5月10日，聂荣臻提出组建国防科技"主力兵团"的思想，并向

---

① 穆欣. 陈赓传[M]. 北京：人民出版社，2010.
② 沈志华. 苏联专家在中国（1948—1960）[M]. 北京：新华出版社，2009.
③ 赵少奎. 钱学森与现代科学技术[M]. 北京：人民出版社，2001：77-107.

国务院、中央军委写出了《建立中国导弹研究工作的初步意见》。5月26日上午，周恩来召集军工部门领导和有关科学家参加的第71次军委会议，通过了聂荣臻5月10日的报告，并确定由航委负责组建国防部导弹管理局（国防部第五局）和导弹研究院（国防部第五研究院，简称五院）[①]。1956年10月8日，新中国第一个导弹研究机构——国防部第五研究院正式成立，钱学森为首任院长，全面负责我国导弹、航天工程的实施，开始了我国导弹、航天事业的创建历程。1965年，在五院的基础上，成立了第七机械工业部（1982年更名为航天工业部，目前分成航天科技和航天科工两个集团公司），统筹协调、管理我国的导弹与火箭研究、设计、试制、生产和基本建设工作。

本章择取中国航天事业创建过程中的若干重要事件，进行剖析和总结，探讨新中国航天事业创建的经验和教训，以发掘其中的战略思想对今天的借鉴价值。

第1节 优先发展导弹

1956年3月，我国开始制定第一个国家层面的科学技术发展远景规划（"十二年科技规划"），导弹与飞机的关系作为重大决策问题被提了出来。就飞机与导弹发展顺序问题，有三种意见：一是主张全力投入飞机的研制；二是导弹与飞机的研制同时进行，但主要放在导弹方面；三是前5年先发展导弹，5年后导弹有了一定的基础再研制飞机。

钱学森主张迎头赶上，认为先发展导弹更适合科技发展趋势和我国国情。集中体现钱学森观点的，是其发表于1958年第二期的《现代武器》的一篇文章《人造卫星的发射和军事航空的前途》。文中指出，"在军用上，飞机的效能已经接近末期，导弹可以代替飞机来完成各种军事任务"。进而得出结论："我认为不能再走别的国家的老路，由飞机到导弹，而应该直接研究

[①] 中国宇航学会. 辉煌的中国航天[J]. 航天杂志，1999（增刊）.

导弹"。据任新民回忆：钱学森认为"飞机的重要性自不待言，而导弹是一种新的具有巨大威胁力的武器"。"飞机与导弹各有优点，在战争中是相辅相成的，可以说是缺一不可。飞机的机动性好，但导弹的优点是速度快、杀伤力大、作用距离远，无论是从攻击或防御的角度看，都是一个重要的战术技术性能。"钱学森用深入浅出的语言和生动形象的比喻，说明导弹的制导技术、发动机技术等，在短期内是能够突破的[①]。

钱学森在1956年2月提出了《建立我国国防航空工业意见书》（这个意见书中所说的国防航空工业实际为导弹工业，当时为保密起见，用国防航空工业的名词）。钱学森分析了当时我国航空工业的现状后指出："我国现在航空工业是十分薄弱的，我们在最近才从飞机修理阶段转入飞机生产阶段，有了飞机工厂和喷射式推进机厂。但是这两个工厂现在完全依靠苏联供给的图纸。自己还不能够设计新型飞机，更不能做出为设计用的工程及科学资料。至于飞弹火箭，我们是完全没有。"在这个意见书中，他还重点分析了航空材料和风洞建设与国际水平的差距。这是他建议优先发展导弹的其中一个理由。同时，他认为，飞机非常重要，而导弹确是一种新的有巨大威慑力的武器，其作用在第二次世界大战末期已现端倪，飞机与导弹各有优缺点，在战争中是相辅相成的。而且，最重要的是他还指出，导弹虽然是一种新型武器，但攻克火箭导弹技术并不见得比飞机更难，因为导弹是无人驾驶的一次性武器，而飞机则有人驾驶，且要求多次使用，这在发动机、结构、材料、电子技术和飞行安全等问题上都有许多特殊的要求。

为了更为突出地体现科学规划"迎头赶上"的总方针，《1956～1967年科学技术发展远景规划纲要》从12项重点科技任务中特别提出6项"紧急措施"，予以优先发展。当时，对外公布的为无线电、半导体、自动化、计算机这4项，原子弹、导弹由国防科技系统负责，没有对外公布。结果是，该规划纲要（草案）虽规定飞机和导弹同时发展，但导弹被科学规划委员会列为"紧急措施"，受到更高程度的重视。1961年1月至2月，中央军委第六

---

① 钱学森. 人造卫星的发射和军事航空的用途[J]. 现代武器，1958（2）.

次扩大会议于广州召开。会议通过的《国防建设工作纲要》提出了国防建设十大原则,第一条就是"应以原子弹、导弹为主,而以导弹为第一,并大力抓携带导弹的新式飞机、舰艇以及无线电电子技术的研究和制造",实际上确立了优先发展导弹的战略。几十年后国防科技发展的历程,充分证明了当时在十分薄弱的工业基础上确定这一技术发展战略是非常明智和正确的。

应该说,我国优先发展导弹的战略决策和实施经历了比较复杂的演变过程,是多方面因素综合作用而形成的结果。飞机与导弹发展谁先谁后之争,本是一个学术、技术问题,但作为科技项目进入国家决策层面就变成事关全局的政治问题,需要非常审慎地对待。导弹和飞机的关系,先搞导弹还是先搞飞机,导弹怎么搞,这样一些在美苏看来根本不是问题的问题,却是当年中央制定"十二年科技规划"时面临的一个重大的战略决策难题。很多史料和学者认为,中国先搞导弹是不沿袭苏联、美国走过的先搞飞机再搞导弹的老路。如果深入分析当时的历史背景,就会发现不能这么肤浅地用"新路与老路"这样简单的标准来理解这个问题。这实际上是一个鱼和熊掌不能兼得的取舍问题,是任何战略决策都会碰到的基本问题。

虽然德国早在二战期间就搞出了导弹,美苏在战后也先后初步掌握了导弹技术,但是导弹作为武器的实战效能和威力在当时并没有显现出来,作为战略威慑的洲际导弹技术在国外也没有突破,所以当时对于导弹究竟能不能成为一项重要的国防技术,一般人并没有明确的认识,许多人甚至不知道导弹是怎么回事。而飞机早在一战、二战期间就已经在战争中大展神威,当时原子弹的投送工具也是轰炸机。从人们的认识、现实需求的紧迫性、技术成熟度几个方面综合考虑,应该说先搞飞机是顺理成章、毋庸置疑的选择,所以苏联方面的建议也是这样。更应该注意的是,在刚刚经历过抗美援朝战争之后,中国人民志愿军缺乏制空权的惨重代价,记忆犹新。建设强大的空军,当时已经成为上至中央领导、高级将领,下至普通指战员和老百姓的共同心声和梦想,所以如果当年决策先搞飞机,也不能说是错误的决策。

回顾历史,即便当时决策先搞飞机,国际形势的发展也可能会在一段历史时期的演化后促使中央决策优先加快搞导弹，因为打破美国的核讹诈已经成为最大的战略安全需求。朝鲜战争期间，美国就曾威胁使用核武器。朝鲜战争结束后，美国政府仍多次对中国方面发出核威胁。1955年，艾森豪威尔在一次记者招待会上表示：如果远东发生战争，美国当然会使用某些小型战术核武器。1958年9月，当中国人民解放军炮击金门时，美国再次无视《联合国宪章》的明文规定，向台海地区大量增兵，干涉中国内部事务，甚至将可以发射核炮弹的榴弹炮运抵金门岛。之后，20世纪60年代，美国又多次进行针对中国的核战争演习[①]。整个20世纪50至60年代，美国的核武器威胁就像一片阴云，始终笼罩在中国人民头顶。要不受人欺负，就必须拥有现代化的武器装备。中国这样一个东方大国，靠购买武器来支撑国防是不可能的，而且也摆脱不了受制于人的被动局面。聂荣臻回忆说："帝国主义敢于欺负我们，就是因为我们落后。"不大力发展科学技术，"我们就将永远被人家欺负"，"赶上和超过我们的对手，这就是中国人民的唯一出路。"[②] 毛泽东、周恩来等中央领导人认为："这是一个大的政治战略，中国如果没有原子弹等尖端武器，人家瞧不起你。"[③]

鉴于当时的国际环境和安全形势，在综合国力和整体科技实力远远落后于美苏、武器装备与美苏存在巨大代差的情况下，用最短的时间搞出最具战略威慑力的尖端武器，打破美国的核讹诈，为新中国的建设和发展争取一个可靠可信的战略安全保障，这成为党中央考虑这个战略决策问题的基本出发点。

把钱学森的意见和当时的国情、国际形势综合起来看，实际上促使中央下定决心的最重要的原因，应该是搞导弹能够最快地掌握大国竞争的战略手段并积累未来成为强国所需要的战略力量。在1903年美国莱特兄弟发明飞机之前，西方国家发展航空工业所需要的科学技术早就积累了上百年，后来更是遇到一战、二战两次巨大的需求牵引，极大地激发了飞机和无线电、雷达

---

① 刘戟锋, 刘艳琼, 谢海燕. 两弹一星工程与大科学[M]. 济南: 山东教育出版社, 2004: 36.
② 聂荣臻. 聂荣臻元帅回忆录[M]. 北京: 解放军出版社, 2005: 609.
③ 孙丽. 中国研发"两弹一星"的文化透视[M]. 北京: 经济科学出版社, 2011: 49.

等技术的创新，建立了军事航空工业的基本体系。而即便是在二战结束后，导弹技术在全世界范围内都积累不够，德国率先掌握的导弹技术也没有来得及在战争中展开使用，所以发展导弹，特别是中远程导弹对全世界来讲都是新的技术挑战，其实际效能还未得到有效证明。我国当时在导弹技术领域虽然还是空白，但是因为有了钱学森和任新民、屠守锷、黄纬禄、梁守槃、姚桐斌等在当时国际科技界都属于顶尖的人才，我们在导弹技术方面与美苏的差距实际上并没有飞机那么大。更重要的是，当时的国际环境下，尽快掌握导弹技术（当时最迫切的需求就是作为原子弹的远程投送运载工具），是打破封锁、遏制，特别是核威胁、核讹诈，确保国家安全、确立大国地位并具备强国基本条件的最便捷途径。所以，这个决策最优先考虑的是国家的最高战略目标，一旦这个目标是明确的，那么一切都是为这个目标服务。

直到今天，我们在众多关键领域仍然面临着与当年同样的战略决策难题，那就是在基础薄弱的情况下如何选择尖端和前沿科技领域的战略方向的问题。不同的历史阶段、不同的内外部环境、不同的政治和经济形势，都会影响到规划主攻方向的选择。

第 2 节　从仿制到自主研制

1956 年 10 月 8 日，国防部五院成立。根据两国签订的协议，苏联于 1957 年 12 月援助中国 2 枚 P-2 教学导弹，并于 1958 年 8 月派导弹专家陆续来华，具体指导中国开展仿制工作。9 月，国防部五院正式将 P-2 导弹在我国的仿制型号命名为"1059"，意为计划 1959 年 10 月完成研制和首次飞行试验，为建国 10 周年献礼。

在仿制 P-2 导弹过程中，由于中苏两国在导弹技术上存在巨大差距，即便有两国的协议，苏联的援助也是打了折扣的，苏联专家对于指导仿制工作的态度也不都是友好、开放和积极的，特别是在一些关键问题上不会完全交底。因此中央在积极争取苏联援助的同时，也做好了依靠自己力量仿制并逐步走上自主研制道路的准备。在仿制P-2导弹的同时，钱学森就为中国导弹的发展制定了一个"三步走"的策略，即先仿制，然后改进，最后自主研制。其中有一件事更加坚定了钱学森和广大科技人员自力更生的决心。国防部五院在翻译研究苏联提供的"P-2"导弹技术资料时发现缺少火箭发动机试车和试车台等最重要的核心内容，院领导和有关部门多次与苏方人员交涉，得到的回答却是："等你们把发动机搞成了，到我们苏联来试车。"苏联专家的傲慢深深地刺激了钱学森，他动员五院技术骨干"自力更生想办法，攻克和解决技术难题。"[1] 功夫不负有心人，1960年3月，五院自行设计的液体火箭发动机试车台研制成功。

正当中国仿制P-2导弹的工作进入最后阶段时，赫鲁晓夫下令停止对中国的全部援助。由于事先做好了自力更生仿制和自主研制的准备，"1059"导弹的仿制工作并没有停滞。历时4年，经历了从苏联援助到撤走全部专家的跌宕起伏，年轻的中国导弹研制队伍啃下了"1059"这块硬骨头。1960年6月，首枚"1059"导弹完成总装。军委领导同志十分高兴，决定于当年11月至12月间实施"1059"导弹试验发射，并成立了张爱萍为主任委员，孙继先、钱学森、王诤为副主任委员的试验委员会。重任在肩的聂荣臻冒着零下20多度的严寒亲赴现场组织指挥。导弹发射前，聂帅深情抚摸着墨绿色的弹体语重心长地叮嘱："这是一枚争气弹，一定要打好。"[2]

1960年11月5日，仿制P-2教学导弹的"1059"导弹首次发射试验成功。"1059"导弹试验成功后，聂荣臻元帅为这枚争气的导弹和争气的研制队伍发表了一段热情洋溢、振奋人心的讲话："在祖国的地平线上，飞起了我国自己制造的第一枚导弹，这是我国军事装备史上一个重要转折点。"[3] 同年12月，1059导弹又进行了两次发射试验，均获得成功。试验结果表明，导弹达到了设计规定的战术技术指标。

---

[1] 王缓平. "东风"起舞震寰宇[J]. 炎黄春秋，2019（8）：38-42.
[2] 聂力. 山高水长：回忆父亲聂荣臻[M]. 上海：上海文艺出版社，2006：272.
[3] 魏巍. 聂荣臻传[M]. 北京：当代中国出版社，1994：631.

1957年11月，毛泽东第二次赴苏联出席世界各国共产党和工人党莫斯科会议发表重要讲话时指出："世界上现在有两股风：东风，西风。中国有句成语，'不是东风压倒西风，就是西风压倒东风。'我认为目前形势的特点是东风压倒西风，也就是说，社会主义的力量对于帝国主义的力量占了压倒的优势。"[①] 1964年3月，总参谋部、国防科委把"1059"导弹正式命名为"东风一号"，取的就是"东风压倒西风"之意，也寄托了新中国和中华民族不会被任何艰难困苦吓倒，敢于依靠自己的力量巍然屹立于世界东方的雄心壮志。

在仿制 P-2 导弹过程中，科研人员发现"1059"导弹的推力和射程还有潜力可挖。五院一分院设计部曾利用"1059"导弹发动机的零部件进行提高承载能力的试验，证明加大推进剂的流量，提高燃烧室的压力，还可以提高发动机的推力。他们对导弹的总体方案与弹体结构进行深入分析后认为，在"1059"导弹基础上进行一些改进设计，可以将导弹射程由550千米提高到1000千米左右。为了"大干快上"，一些人主张直接设计射程达1500至2000千米的中程导弹，而不是射程只有1000千米之内的中近程导弹。而另一些人则认为，在苏联决定撤走全部专家、停止提供技术资料和关键设备的情况下，不应急于求成，而应稳扎稳打，采用"小步快走"的方式推进自行设计工作。这就提出了一个问题，自行设计的第一步究竟该怎么走？是迈大步，还是迈小步？

后来经过充分讨论，多数人认为，研究、设计、试制、试验所需的一些配套设施才刚刚开始兴建，加上科研人员不足，且缺乏独立研制经验，没有预先研究基础，先设计一个中近程的导弹比较现实。于是，国防部五院建议先充分利用 P-2 导弹的仿制成果，尽快研制出一个射程达1000千米的中近程导弹。聂荣臻元帅批准了这一建议。根据中央的决定，国防部五院科研人员于1960年7月提出了中近程导弹东风二号的总体设计方案。1960年8月，国防部五院召开方案论证会，批准了中近程导弹的总体设计方案。9月成立了

---

① 中共中央文献研究室. 毛泽东文集（第7卷）[M]. 北京：人民出版社，1999：321.

以副院长林爽为主任委员的中近程导弹设计委员会。

苏联撕毁协议撤走专家之后，出现了是不是还要搞"两弹"的争论。1961年夏天，正值三年困难时期，国防工业委员会召开工作会议，会上关于"两弹"的争论达到了高潮。主张"两弹"下马的同志认为，在没有苏联援助的情况下，依靠我国自己的工业基础和科技力量，很难造出"两弹"。聂荣臻坚决反对"两弹"下马，他经过耐心细致的调查研究，更加坚定了继续研制"两弹"的信心和决心。1961年8月20日，他向中央呈送了《关于导弹、原子弹应坚持攻关的报告》，毛泽东、周恩来等中央领导对"两弹"不下马的意见给予了坚定的支持，毛泽东明确指示："要下决心搞尖端技术，尖端不能放松，更不能下马。"①

1962年春节，东风二号导弹完成自主研制。1962年3月21日上午9时许，东风二号导弹进行首次飞行试验。然而，点火起飞后没过几秒弹体就出现较大的摆动和滚动，之后发动机舱起火，火苗从尾舱内蹿出，随后发动机熄火。69秒后，导弹坠毁在距发射台不到1千米处，地面被炸出一个深4米、直径22米的大弹坑。

钱学森连夜赶到现场调查分析失败原因。聂荣臻元帅也打来电话，告诉钱学森："要认真总结经验教训，但不要追究责任。因为是试验就有失败的可能。"②这次试验失败表明：当初搞仿制练兵是必要的。如果直接搞自行设计，遇到的挫折可能会更多。第一次自行设计迈小步是正确的，如果直接搞中程导弹，遇到的困难可能会更大。经过现场调查研究和分析，钱学森认为失败的原因主要有两条：一是急于求成。被"东风一号"的成功冲昏了头脑，没有认识到仿制"东风一号"和自主研制"东风二号"在技术上的本质区别。二是试验不全。"东风二号"运往靶场之前没有进行全面的试验。三是发动机隐患。5台发动机的前2台在试验时都失败了，第3台和第4台都成功了，因此在装配第5台发动机时没有进行更多的试验，事实证明第5台发动机燃烧不稳定、推动力不足。

---

① 刘纪原. 中国航天事业发展的哲学思想[M]. 北京：中国宇航出版社，2016：29.
② 聂力. 山高水长：回忆父亲聂荣臻[M]. 上海：上海文艺出版社，2006：275.

找到了失败的原因，钱学森鼓励大家不要气馁，更不要放弃。在总结经验教训的过程中，国防部五院提出了建立总体设计部和型号"两总"队伍的有力措施，制定了严格的科研管理流程和制度。在后续工作中，钱学森还发现了一个非常严重的技术问题，即导弹弹性振动问题，并带领大家经过反复试验找到了加固导弹的方法，通过改进导弹姿态控制系统自动适应导弹发射时的弹性振动问题，避免了更大的隐患。为了确保成功，钱学森还制定了一个原则：把一切问题都消灭在地面上，不能带着任何疑点上天[①]。这个原则已经成为航天型号研制试验的一个基本原则。

1964年5月25日，改进研制的东风二号导弹再次运抵酒泉导弹试验发射基地。6月29日，我国自行设计的中近程导弹再次进行发射试验，获得了成功。将军和科学家们激动地紧紧拥抱在一起，钱学森高兴地说："如果说两年前我们还是小学生的话，现在至少是中学生了。"[②]

7月，国防部五院又进行了两次同型号的导弹发射试验，均获成功。

自主研制导弹的道路终于走通了。

第3节 "两弹"结合试验

1964年10月16日，我国首次核试验成功，即首枚原子弹爆炸成功，标志着我国核武器技术从无到有，打破了超级大国的核垄断和核讹诈政策；1967年6月17日，第一颗氢弹空爆试验成功，标志着我国已经掌握现代先进核武器技术，具有可与超级大国对峙的核力量。

我国首次核试验成功后，很多人认为中国的核武器其实是"有弹无枪"，没有运载工具，打不到对方，还不具有真正的军事效能。时任美国国防部长的麦克纳马拉甚至断言，中国虽然有了原子弹，但在五年之内不会有运载工具，并至少在十年之后才能掌握导弹核武器。麦克纳马拉这样认为的

---

① 叶永烈. 钱学森[M]. 上海：上海交通大学出版社，2010：295.
② 聂力. 山高水长：回忆父亲聂荣臻[M]. 上海：上海文艺出版社，2006：276.

理由是，美国从第一颗原子弹爆炸到发射有核弹头的导弹花了12年时间。其实，对于核武器的运载工具，我国最高领导层早有深谋远虑，已经提前做出了战略选择。中央15人专门委员会1962年11月成立之初，主要是为了加强对原子能工业建设和核武器研制工作的领导，同时对于导弹研究工作也给予了高度的重视。1963年8月下旬，周恩来总理提出，二机部应该加快发展我国核武器，尽可能缩短从研究试验到军事装备的过程。9月，聂荣臻副总理在听取二机部部长刘杰等汇报时，明确指出："我们装备部队的核武器，应该以导弹为运载工具作为我们的发展方向。飞机很难在现代战争条件下作为运载核武器的有效工具。"[①] 12月5日，周总理主持中央专委会议，刘杰向会议汇报了第一颗原子弹"两年规划"执行情况和下一步的工作安排。会议确定：核武器的研究方向，应以导弹弹头为主，空投弹为辅[②]。1964年2月，聂荣臻又进一步要求二机部核武器研究院，抓紧时间开展用于导弹的小当量核弹头的研究设计，尽快与当时国防部五院协商拟定"两弹"结合（指原子弹头与导弹结合）的方案。于是，研制小当量核弹头，争取早日与导弹结合进行飞行试验，便成为我国首次核试验成功后的紧迫任务。"两弹"结合如何搞，也就成为了这个任务能否顺利完成的重要问题。

  由于核武器的巨大威力和破坏性，一旦偏离目标就可能造成极为惨重的损失。所以，虽然多个国家在研制过程中都进行过多次核试验，但是核弹头和导弹结合的核试验却只有靠近北极的苏联、美国才敢做。1962年5月6日，美军SSBN-608"伊桑·艾伦"号战略导弹核潜艇执行了一次试射任务，发射了一枚带有核弹头的"北极星A1"弹道导弹。经过12.5分钟1900公里的飞行后，核弹头在约翰斯顿环礁附近的3000米高空成功起爆，当量约为60万吨，这是美国进行的唯一一次"两弹"结合核试验，而且是在海上进行的。中国敢于在开展原子弹试验和自主研制导弹发射试验之前就决策开展"两弹"结合的研究和试验，而且是在本土进行，可以说是冒了很大的风险。

  1964年6月29日，第一发改进设计后的东风二号甲中近程地地导弹飞行

---

① 李鹰翔. 核导弹武器化成功的重要标志[J]. 中国核工业，2016（10）：52.
② 李鹰翔. 核导弹武器化成功的重要标志[J]. 中国核工业，2016（10）：53.

试验获得成功。以后连续进行多次试验均获成功,这也为进行"两弹"结合试验在技术上增强了信心和勇气。同时,中央在组织管理上为"两弹"结合试验创造了一系列有利条件。1964年11月23日,中央决定成立第七机械工业部,统一管理导弹工业的科研、设计、试制、生产和基本建设工作,加速导弹工业的发展。1965年3月2日,中共中央决定:"中共中央15人专门委员会"今后改称"中共中央专门委员会"(简称中央专委),成员由15人调整扩大到21人,国务院总理周恩来继续担任主任①。除了管原子能工业、核武器研制外,还要管导弹。专委会上,周恩来做出一系列重要指示:抓紧组建解放军第二炮兵,"两弹"结合试验要从东风二号抓起,中央专门委员会的工作重点转移到战略导弹和人造卫星上来等。

中央高度重视"两弹"结合试验的安全问题。1965年12月底和1966年3月11日,周恩来两次主持中央专委会议研究试验方案。美国和苏联的"两弹"结合核试验分别射向北极进行试验,弹道下面主要是海洋,风险小。我国不具备这种条件,导弹的发射点、路径、爆点都在本土及其上空,一旦出现问题,后果不堪设想。在"两弹"结合试验的准备过程中,周恩来一再指示要"绝对保证安全",指示七机部要保证导弹正常飞行,二机部要做到即使导弹掉下来也不发生核爆炸。根据周恩来的指示,二机部组织对核装置和引爆控制系统进行了一系列试验,并对引爆系统和自毁系统的可靠性多次进行论证,得出了可以保证安全可靠的结论。七机部组织有关单位保质保量按计划完成导弹生产任务,并进行了弹体自毁试验,证明安全系统工作可靠。1966年6月,周恩来出访罗马尼亚、阿尔巴尼亚、巴基斯坦等国返回北京途中,在西北综合导弹试验基地停留,观看了中近程地地导弹发射试验,检查了"两弹"结合试验的有关准备情况。回北京后,他又检查了核弹头准备工作。9月25日,周恩来主持中央专委会议,原则同意国防科委的安排:在10月初进行"两弹"结合自毁试验,10月中旬进行飞行"冷"试验(不装核燃料),并根据这两项试验的情况,再决定进行飞行"热"试验(装核燃料)

---

① 增加的委员人选有余秋里、王净、邱创成、方强、王秉璋、袁宝华、吕东(接替王鹤寿)。此后,中共中央专门委员会组成人员虽然有变化,但其作为中央领导国防尖端事业最高决策机构的性质并未改变。

的时间。10月7日，西北综合导弹试验基地进行"两弹"结合安全自毁试验达到了预期目的。10月8日，周恩来主持中央专委会议，听取"两弹"结合安全自毁试验的结果以及"冷"、"热"飞行试验的准备情况和10月份符合试验条件的良好天气日期预报的汇报，再次强调一切工作都要百分之百地保证没有问题，保证在各种异常状态下不发生核爆炸，确定了飞行"冷"试验的时间安排在10月15日前后，试验的详细结果要在两三天内报来，报请毛泽东主席最后下决心[①]。10月13日，第一次飞行"冷"试验成功。10月15日，周恩来指示，如气象许可，再进行第二次"冷"试。10月16日，第二次飞行"冷"试验成功。

1966年10月20日，周恩来召集专门会议，与聂荣臻、叶剑英、杨成武等一起听取了发射区和弹着区试验准备情况的详细汇报，并与到会的有关部门负责人和专家对试验的准备情况和安全问题再次进行了全面检查。周恩来特别强调要保证万无一失，并委托年近七旬的聂荣臻抱病亲赴发射现场，主持这次具有很高风险和重大意义的特殊试验。这一方面是加强对这次重大试验的统一领导指挥，坚定工程全线的决心和信心，同时也是主动为一线科技专家减轻压力和承担责任。10月26日，试验队伍党委研究确定27日9时为发射时间，报经周恩来总理和毛泽东主席批准。

1966年10月27日，核导弹腾空而起，按程序上升、转弯、向西飞行。头体分离后，核弹头按预定弹道飞向弹着区上空，射程894千米，在距地面569米的空中爆炸。弹着区遥测设备收到无线电信号，立即按程序启动，测得爆炸威力为1.2万吨TNT当量，与理论设计值基本一致，证明试验取得了圆满成功。周总理在审阅新华社发表的新闻公报清样时，把原稿"准确击中"改为"精确击中"，一字之改，反映了这次试验水平之高。原子弹与导弹"两弹"结合试验成功，标志着我国已经掌握导弹核武器技术，解决了所谓"有弹无枪"的问题，形成可以自卫反击的核战斗力。

中国的"两弹"结合试验，肩负着保障国家战略安全的重大历史使命，

---

① 中共中央文献研究室. 周恩来年谱（1949—1976）（下）[M]. 北京：中央文献出版社，2007：75.

又是在本土进行,经过反复优化选择的飞行弹道下方仍难以完全避开人口密集的城镇,必须采用有力措施确保成功和绝对安全。敢于决策进行这样一次全世界绝无仅有的高风险试验,体现了以毛泽东为核心的党中央的果敢和智慧,更体现了党中央对我国科技专家队伍的绝对信任。正是这种信任,使参与任务的所有科技人员既感到任务使命光荣,又倍感压力和责任重大,工作更加周到细致。另外还有两个特别重要的保障条件,一是中央安排对飞行弹道所经地方的人员提前做了全部疏散工作,为广大科技人员减轻了压力;二是与此次试验相关部队的指战员、民兵和地方群众都动员起来为这次试验保驾护航,为广大科技人员增添了信心。这次重大试验的成功,实际上凝聚了上至国家领导,下至科技人员、解放军战士和广大人民群众的决心、信心、智慧和艰苦付出。

从1964年10月16日第一颗原子弹爆炸成功,到1966年10月27日"两弹"结合试验成功,仅仅相隔了2年零11天的时间。事后,聂荣臻在给毛泽东、周恩来等的报告中说:"在自己国土上用导弹进行核试验,并且一次就百分之百地成功,这在国际上是一个重大创举……从第一次核爆炸到小型化核弹头,美国用了十三年(1945~1958年),苏联用了六年(1949~1955年),我们只用了两年,比美国快六倍半,比苏联快三倍。"[①] 我国在核武器研制过程中共进行过45次核试验[②],但是从"两弹"结合试验以后,我国再也没做过带核弹头的弹道导弹飞行试验,后续的中程、中远程、洲际、潜射等各种弹道导弹试验都不携带核弹头。所以,这次"两弹"结合试验,既是第一次也是最后一次。"两弹"结合试验,为我国核导弹武器化打下了坚实基础,取得了核弹头研制定型的完整经验,是核导弹武器化成功的重要标志。在本土进行"两弹"结合试验,在世界范围内是首次,也成为我国在条件受限的情况下开展尖端武器技术试验的一大创举,更是确立中国国家战略安全基石的一大创举。在当时的国际形势下,美苏的核垄断和核讹诈已经成为我战略安全的最大威胁,如果不尽早掌握导弹核武器技术,不但将在当时

---

① 聂力. 山高水长: 回忆父亲聂荣臻[M]. 上海: 上海文艺出版社, 2006: 286.
② 李鹰翔. 核导弹武器化成功的重要标志[J]. 中国核工业, 2016 (10): 52-54.

陷于战略被动局面，而且也会给未来留下更多的安全隐患和不确定性，甚至造成无法挽回的损失和遗憾。所以，即便当时我国刚刚开始自主研制中近程导弹，尚不具备洲际导弹的研制能力，也要抓住时机尽早开展"两弹"结合试验，尽快形成战略威慑能力。20世纪60年代之后，国际舆论对大气层内核试验的反对态势，以及当今国际社会对发展核武器和导弹技术的相关限制，都充分证明了党中央这一战略决策的先见之明。"两弹"结合试验的成功及其国际反响，也坚定了我国以导弹作为运载工具发展核打击力量的决心和信心，而且后来的历史也证明这绝对是符合发展趋势和中国国情的正确道路。

第4节　中远程导弹的发展

1957年8月21日，苏联成功发射了世界上第一枚洲际导弹 P-7，射程8000公里。塔斯社于1957年8月27日报道说："这种火箭有可能发射到地球上任何地区。"10月4日，苏联又用 P-7 导弹改装的运载火箭把世界上第一颗人造地球卫星送入近地轨道。同年11月，毛泽东率领中国代表团到莫斯科参加十月社会主义革命40周年庆祝典礼并发表了著名的"东风压倒西风"的讲话。访问期间，苏方特地给毛泽东和中国代表团放映了三部苏联秘密军事影片，影片内容是原子弹、氢弹爆炸和核条件下的战斗演习，给他们留下了深刻的印象。

1958年1月10日，国防部第五研究院制定的《喷气技术十年（1958～1967）发展规划纲要》中，第一次提出要研制洲际导弹。5月17日，毛泽东在中共八大二次会议上提出："我们也要搞人造卫星"。6月21日，毛泽东又在中央军委扩大会议上充满信心地说："搞一点原子弹、氢弹、洲际导弹，我看有十年工夫完全可能。"[1]

---

[1] 中共中央文献研究室. 毛泽东军事文集（第6卷）[M]. 北京：中央文献出版社：1993：374.

从1959年开始，苏联先后中止了在核技术和导弹技术上对中国的援助。国防部五院重新考虑导弹发展规划问题。12月18日，五院党委常委会通过了《关于发展火箭研究设计的八年（1960～1967）规划草案》，提出后五年要完成远程导弹的研制。在五院提交的报告中指出，鉴于苏方不会再向中国提供试验设备和各种资料，五院决心自力更生地设计、制造出自己的导弹和试验设备，确定远期任务是发展洲际导弹。1960年12月21日，中央军委批复同意五院的报告。

1961年5月，国防部五院一分院在发动机发展方向讨论会上，提出研制大推力液体火箭发动机的意见：1963年研制出推力为75吨、比冲为240秒的单机，1965年实现四机并联，达到300吨的地面推力，作为洲际导弹的主发动机。1961年11月14日，钱学森亲自担任总设计师研制射程10 000公里的洲际导弹，使用液氧和煤油作为推进剂（类似于苏联的P-7导弹和美国的"宇宙神"导弹），该型号当时被命名为东风三号（注：并非后来命名的东风三号导弹）。但这时一分院正集中力量研制东风二号导弹，还无力开展对洲际导弹的全面研究。1963年4月，五院一分院技术副院长屠守锷代表一分院在国防部五院科技委第一次年会上发表了《地地导弹技术发展途径和步骤》的报告，提出从中近程导弹搞起，掌握技术、打好基础后，研制出自己的洲际导弹。同年，五院取消了东风三号洲际导弹的研制计划。1964年1月15日，国防部五院下发了《1963～1980年导弹技术发展规划（草案）》，确定70年代（1971～1980年）的主要任务是研制洲际导弹。此后，一分院成立了洲际导弹论证小组，开始进行方案论证工作，各分系统研制单位也相继成立了方案论证小组，开展前期工作。

1964年秋，总参谋部要求国防部五院尽快研制出一型远程战略导弹，以适应国际形势突变的需要。国防部五院按照上述要求提出了两个方案：第一方案是将东风三号导弹稍加修改作为第一级，再用东风三号导弹单管发动机作为第二级，组成一个中远程的两级导弹；第二方案是直接发展远程洲际导弹，即设计一种大直径的两级导弹，装上不同重量的弹头，兼顾远程和洲际两种射程。

1965年2月，中央专委第十次会议上，提出争取在1975年以前研制出洲际导弹的工作目标。会后，周恩来委派国防工办副主任赵尔陆到七机部发动群众，进行方案大讨论。大家就需要与可能、任务与条件的关系展开了热烈的讨论，认识到既要积极奋进，又要量力而行；既要努力赶超世界先进水平，又要打好基础，循序渐进。经过广泛深入、几上几下的讨论，特别是充分考虑了实战要求，考虑了跟踪世界先进水平的可能性和国家经济状况的实际能力，在这个基础上确定了中国战略导弹的发展方向和技术途径。例如在固体动力导弹和液体动力导弹的选择问题上，分析了固、液两类导弹的优缺点。当时美、苏第二代导弹都由液体燃料转向了用固体燃料的动力装置，以获得较好的作战机动性能，由此可见，导弹的固体化是一个发展趋势，但是当时国内对新型的固体推进技术的研究才刚刚起步，还要突破许多技术关键才能正式进行型号研制。除了应该抓紧这项工作的研究外，更应该充分利用已经取得的研究成果，用液体推进技术来突破中程和远程导弹的技术关键，待固体推进剂研制有所突破后，再逐步实现导弹的固体化。因而在规划中确定用可贮存推进剂替代不可贮存的推进剂，用并联几个发动机获得大推力，用多级的串联方式增加射程等发展方向和技术途径，并积极开发研制惯性制导平台和数字计算机以更新控制系统主要仪器，争取用8年时间研制出4个新型号，完成第一代战略武器的试验阶段任务。

一院发动群众讨论地地导弹发展规划时，明确东风四号导弹采用第一方案，同时拟定了中远程导弹射程、精度等战术技术指标。同年3月，中央专委原则批准了中远程导弹方案，要求东风四号导弹于1969年开始飞行试验，1971年定型。之后，七机部确定由任新民主持这项研制工作。从此，中远程导弹作为一个独立的导弹型号正式开始研制。1970年1月30日，东风四号试射成功，并为1970年4月24日长征一号运载火箭发射东方红一号卫星的成功奠定了基础（长征一号运载火箭是在东风四号导弹技术基础上增加一级固体发动机改装而成的）。

1965年3月，中央决策研制洲际战略导弹，命名为东风五号。1971年9月，东风五号导弹首次飞行试验取得了基本成功。多年的研制攻关，特别是为发射东方红一号卫星和返回式卫星逐步建立起来的远程测控能力,为洲际导弹全程飞行试验的成功提供了有力的保障。1980年5月18日,我国向太平洋预定海域发射远程导弹试验获得了圆满成功。导弹在高空中顺利完成了级间分离、发动机关机和头体分离等一系列程序,精确地按预定轨道飞完全程,在预定区域准确入海。发射、测控、回收等系统都圆满地完成任务。这次发射试验的圆满成功,成为继原子弹、氢弹、导弹核武器、人造卫星之后,我国在尖端科学技术领域取得的又一项重要成就。

东风五号是中国第一种洲际地地弹道导弹,是我国航天科技工业前15年发展的集大成者,也代表着新中国成立后前30年科技工业的最高水平。东风五号洲际战略核导弹集中了国家冶金、化工、电子、精密制造等方面的众多新成就[1]。更重要的两点是:第一,东风五号的每一个零件都是中国人自己设计、制造的,是完全自主可控的;第二,中国航天特色的系统工程理论和方法体系得以完整地建立起来。在东风五号基础上研制而成的长征二号丙运载火箭则是长征运载火箭家族中的核心型号之一,被誉为"金牌火箭"。后续在其基础之上陆续发展的系列型号,在相当长的一段时间内,支撑着中国航天事业的持续发展。

东风五号洲际导弹首次全程飞行试验取得圆满成功,各项性能得到了全面验证。从写入八年四弹规划到完成全程飞行,历时15年,使我国成为世界上继美、苏之后第三个研制成功洲际地地弹道导弹的国家,为我国构建了第一代战略威慑体系,是我国国家安全的重要基石和大国地位的象征,也为改革开放提供了战略安全保证。

第5节 从探空火箭到东方红一号卫星

从1958年毛泽东提出"我们也要搞人造卫星",到1970年东方红一号卫

---

[1] 中国航天科技集团. 四十年前的今天,东风五号洲际导弹飞向太平洋, 2020-05-18.

星发射成功，历时12年。在发展这一航天领域世界前沿技术的过程中，在党中央的决策和领导下，工程全线在各种困难和不确定性中曲折前进，动态调配资源、统筹协调部门关系，群策群力地储备技术和人才队伍，最终到达胜利的彼岸。

1957年10月4日，苏联成功地发射了人类历史上的第一颗人造地球卫星，在国际上引起强烈反响。11月2日，毛泽东率代表团访问苏联时发表讲话："苏联发射第一个人造地球卫星不是一个简单的事件，人类进一步征服自然界的新纪元从此开始了。"[①] 11月4日，苏联为庆祝十月革命40周年发射了第二颗卫星，并且卫星上还携带了一只试验狗"莱卡"。1958年5月17日，毛泽东在党的八大二次会议上坚定地发出了"我们也要搞人造卫星"的号召，向世界表达了中华民族自立于世界民族之林的勇气和决心[②]。

1958年5月29日，中央召开航空工业委员会（当时为保密起见，仍将航天称为航空），钱学森提议将发射探空火箭和人造卫星的计划交由中科院力学研究所和国防部五院协作完成，这一提议获得聂荣臻批准[③]。中科院认为，我国卫星事业的发展应该分为三步，第一步是研制探空卫星，第二步是研制小型卫星，最后再发射大卫星。

为了实现"上天"目标，中国科学院决定将人造卫星的研制列为1958年的第一项重点任务（代号581），并成立了以钱学森为组长，赵九章、卫一清为副组长的领导小组，负责筹建3个设计院以便推进此项工作[④]。1958年底，根据《国防新技术协定》赴苏考察两个多月的中国科学院高空大气物理代表团回国。赵九章、卫一清、杨嘉墀、钱骥等科学家在考察过程中深刻地认识到发射人造卫星是一项技术很复杂、综合性很强的大工程，需要有较高的科学技术水平和强大的工业基础作后盾，而且必须坚持从小到大、由低到高、循序渐进的方针。为此，他们向上级领导建议从长计议，从基础抓起，应先

---

① 毛泽东. 建国以来毛泽东文稿（第6册）[M]. 北京：中央文献出版社，1991：612.
② 航天工业部征文办公室. 航天事业三十年[M]. 北京：中国宇航出版社，1986.
③ 杨丫男. 中国科学院力学研究所的建立与初期研究工作（1956—1966年）[D]. 中国科学技术大学，2009：33.
④ 刘纪原. 中国航天事业发展的哲学思想[M]. 北京：中国宇航出版社，2016.

从探空火箭搞起。

1959年1月,中国科学院副院长张劲夫传达了时任中共中央委员会总书记邓小平关于暂停研制工作的指示:"卫星明年不放,与国力不相称。"[①] 中国科学院党组讨论后作出决定:纠正在基本条件不具备的情况下急于搞人造卫星的偏向;调整任务,收缩机构,停止大型运载火箭和人造卫星的研制,集中力量搞探空火箭,以探空火箭练兵,进行高空物理探测;同时开展人造卫星有关单项技术研究,以及测量、试验设备的研制,为发展中国航天器技术和地面测控技术做准备。

根据中国科学院的"缩短战线,突出重点"的指示,上海机电设计院(现航天科技集团五院所属北京空间机电研究所)决定1959年重点抓好探空火箭五号(T-5)等项目的研制工作。

在研制T-5过程中,上海机电设计院意识到在技术储备不足、国家投资有限的情况下,要使探空火箭在短期内搞出成效,必须从技术难度比较小的无控制火箭入手。为此,他们于1959年8月向国家科委和中国科学院上报计划任务书时将无控制探空火箭列作1960年度的中心任务。为谨慎起见,他们决定在发射实用性探空七号气象火箭(代号T-7)前,研制一款试验用的探空七号模型火箭(代号T-7M)。

1960年2月19日,T-7M在位于上海市南汇县的简易发射场进行了首次飞行试验并获得基本成功。1960年5月28日,毛泽东主席亲临上海新技术展览会尖端技术展览室观看了T-7M,认为这是一项"了不起"的技术成果。当得知这枚火箭的射程高度为8公里时,毛泽东说"不算太低,亦不算高",鼓励科研人员"要从8公里到20公里、200公里地搞上去。"[②]

T-7的首次飞行试验于1960年7月1日在安徽广德探空火箭发射基地进行,但遭遇失败。9月13日,又在该基地进行了第二次发射,取得成功。不过,12月底进行的另一次飞行试验又出现了故障。1961年,T-7又连续进行了5次飞行试验,除最初的一次外,均获成功。

---

① 刘纪原. 中国航天事业发展的哲学思想[M]. 北京:中国宇航出版社,2016:41.
② 李大耀. 中国探空火箭40年(1958—1997)[M]. 北京:中国宇航出版社,1998.

1964年12月21日，第三届全国人民代表大会第一次会议在北京人民大会堂隆重开幕，赵九章参加了这次会议。周恩来总理在作政府工作报告时发出了"向科学进军"的号召。听完政府工作报告后，赵九章连夜起草了一份关于尽快全面规划中国人造卫星发展的建议书，并于12月28日当面递交给了周恩来总理。赵九章在建议书中写道：发射人造卫星和发射洲际导弹有着十分密切的关系。首先，两者的运载工具相同；其次，两者进入轨道前的导航方式基本一致。掌握了人造卫星精确进入轨道的技术，就不难控制洲际导弹打靶时的落点精度。进行洲际导弹试射时，要解决两个复杂的问题：一是向远离国土的太平洋打靶需要有强大的海军配合行动；二是需要解决导弹重返大气层问题。无论这两个问题解决与否，都可以发射卫星，并把发射洲际导弹所需的重要技术条件逐步建立起来。赵九章论述完发射卫星对国防建设、工业生产、科技发展所具有的意义之后，大声疾呼："从现在起，抓这一工作，已是时候了。"[1]

赵九章的建议引起了中央领导的高度重视，周恩来总理1965年1月批示有关部门尽快提出具体方案。2月聂荣臻元帅明确表示"只要力量上有可能，就要积极去搞"，并指示张爱萍邀请钱学森、张劲夫等有关同志及部门商讨此事。4月下旬，国防科委汇总各方面的意见后，形成了《关于研制发射人造卫星的方案报告》，提出在1970年至1971年间发射中国第一颗人造地球卫星的设想。报告建议：卫星工程总体和卫星本体由中国科学院负责；运载火箭由七机部负责；地面观测、跟踪、遥测等系统由四机部（即电子工业部）为主、中国科学院配合。1965年5月4日至5日召开的中央专委第12次会议讨论了这份报告，并做出了研制和发射人造地球卫星的决定。由此，中国科学院研制人造地球卫星工作再次上马，其代号为"651"[2]。

1965年7月，受国防科委的委托，中国科学院草拟了《关于发展我国人造卫星工作的规划方案建议》；10月20日至11月30日，中国科学院受国防科委的委托，在北京组织召开了中国第一颗人造地球卫星总体方案论证会。会

---

[1] 刘纪原. 中国航天事业发展的哲学思想[M]. 北京：中国宇航出版社，2016：66.
[2] 刘纪原. 中国航天事业发展的哲学思想[M]. 北京：中国宇航出版社，2016：67.

上，钱骥发表了《关于我国第一颗人造卫星的总体设计方案初步意见》，会议最后确定，第一颗人造地球卫星命名为东方红一号，其直径为1米级，重量约为100千克，并做到"上得去，抓得住，听得到，看得见。"①

由于中国科学院当时的管理体制不适应系统工程的需要，第一颗人造卫星的研制工作进程受到一些影响；同时，由于卫星研制工作分散到很多部门，工作不好协调，质量和进度难以保障；特别是"文化大革命"发动以后，很多工作受到干扰。1968年2月20日，国家决定把分散在各部门的卫星研究、设计、试制、生产和试验机构统一组织起来，成立了由钱学森为第一任院长的中国空间技术研究院，归属国防科委领导。自此，中国的运载火箭和卫星研制工作统一归口国防科委领导和组织管理，从组织和管理体制上确保了任务的顺利实施。

在周恩来总理的亲自过问下，基于东风四号导弹技术研制的长征一号火箭的地面试验工作在1969年9月上旬顺利完成。之后，为了不使科研生产发生"卡壳"现象，国务院还为长征一号火箭的关键短线项目开具了特别公函，持有这种"路条"，任何人都不得阻拦，从而保证了研制工作在动乱中也能比较顺利地推进。

1970年1月30日，东风四号导弹飞行试验终于获得成功。这表明：东风四号导弹的设计方案是正确的，成功发射东方红一号卫星的基础已经奠定。4月8日，长征一号火箭在技术阵地完成第一次总检查。之后，东方红一号卫星与长征一号火箭顺利对接，并参加了运载火箭的第二和第三次总检查测试。4月14日晚，周恩来总理和李先念、李德生、余秋里等领导在人民大会堂，听取了刚从发射中心返回北京的钱学森、李福泽、杨国宇、任新民、戚发轫等15位专家和基地领导关于火箭卫星在发射场测试情况的汇报。4月16日，中央政治局批准火箭、卫星进入发射阵地。4月20日，周恩来亲自给国防科委副主任罗舜初打电话，对卫星发射工作提出了16字要求："安全可靠，万无一失，准确入轨，及时预报。"② 4月24日凌晨，毛泽东主席批准卫

---

① 刘纪原. 中国航天事业发展的哲学思想[M]. 北京：中国宇航出版社，2016：68.
② 刘纪原. 中国航天事业发展的哲学思想[M]. 北京：中国宇航出版社，2016：73.

星在当天实施发射。

东方红一号卫星于1970年4月24日入轨后,在环绕地球运行时星上电源系统和各种仪器工作正常、性能稳定,实现了"看得见、听得到、抓得住"的要求。卫星的质量为173千克,比苏联、美国、法国、日本这4个国家第一颗卫星质量的总和还大,在跟踪测轨技术、信号传送方式、热控制技术等方面也优于这4个国家的第一颗卫星。星上各种仪器的实际工作时间超过了设计指标,《东方红》乐音装置和短波发射机连续工作了28天,取得了大量的工程遥测参数,为后来的卫星设计和研制工作提供了依据和经验。

1970年5月1日,毛泽东在天安门城楼上专门接见了钱学森等参加研制和发射东方红一号卫星的代表。东方红一号卫星研制成功的重要意义,不仅仅是它开启了中国人进入空间、利用空间的序幕,也在于它牵引和带动了洲际导弹和航天测控技术的发展,并使中国的航天科技工业和系统工程的理论方法形成了一个基本完整的体系。

第6节 从曙光飞船到返回式卫星

曙光飞船和返回式卫星的研制,是中国航天事业创建过程中的两个典型案例。

1966年3月,人造卫星研制工作刚刚启动不久,国防科委就把宇宙飞船的研制规划提上日程。1970年7月14日,中国第一颗卫星上天之后不到三个月,毛泽东、周恩来和中央军委办事组批准了一项关于中国第一艘载人宇宙飞船曙光一号的重大计划,毛泽东在这份绝密文件的首页作了批示:"即着手载人飞船的研制工作,并开始选拔、训练宇航员"[①]。这是早期中国载人航天工程见诸文字的最高批示。当时摆在中国人面前的主要问题有两个,一个是技术,另一个是资金投入。宇航员的选拔与训练、飞船生命保障系统的

---

① 叶永烈. 钱学森[M]. 上海:上海交通大学出版社,2010:357.

医学要求与工程设计研制、地面模拟实验设备的建立等,时间紧迫,责任重大。1971年5月15日,"宇航员训练筹备组"宣布成立,当时的代号是"714"办公室①。

1971年4月,80多家单位的400多位航天专家云集北京,对发展我国载人航天技术问题进行了深入讨论,进一步明确了我国的载人航天工程的发展设想。时任国防科委副主任的钱学森将载人飞船命名为曙光一号。中国最初的计划是经过半年时间的准备工作,对选拔出来的20名宇航员进行训练,集中时间为1971年11月。曙光一号载人飞船第一次上天将乘坐两名宇航员,拟用基于东风五号技术的火箭发射,升空时间为1973年。

但是,在那个经济困难的时期,国家拿不出更多的经费来支持和发展载人航天事业。最后,毛泽东拍板定案:"载人航天的事暂停一下,先处理地球上的事,地球外的事往后放放。"② 1975年3月,国防科委正式宣布曙光一号载人飞船工程计划暂停。由于根据国情与科技实力及时调整了战略部署,纠正了发展路线,避免了产生更大的失误。曙光一号飞船的研究虽然暂停,但是近10年的研究工作也为国家培养了一批从事飞船设计的科技人员,他们中的大部分都在20年以后重新启动的载人航天计划中,特别是在制定我国载人航天发展规划,神舟号飞船、空间实验室和空间站等重大项目的技术经济可行性论证,以及新一代研制队伍的培养等重要工作中发挥了关键作用。

东方红一号卫星派生出来的第二个系列卫星,是返回式遥感卫星。1966年初,七机部第八设计院在总工程师王希季主持下,开始对返回式卫星总体方案进行探讨,1967年9月进入方案设计阶段,1970年3月进入初样研制阶段,1973年1月转入正样研制阶段。

1974年11月5日,由远程导弹改进而成的长征二号火箭在酒泉发射中心首次发射返回式遥感卫星。当卫星发射区进入准备脱落地面测试插头时,发生了断电的意外情况,这是由于在脱落插头时,电压降低过大造成的。在此紧急关头,试验队采取了用锌银电池作为插头脱落电源,使故障得到了及

---

① 叶永烈. 钱学森[M]. 上海:上海交通大学出版社,2010:358.
② 朱增良. 飞天梦圆[M]. 北京:华艺出版社,2003.

时、有效的处理。此后，发射中心指挥员下令重新组织发射。可是，火箭起飞后即出现失稳，且摇摆越来越大，20秒后火箭启动自毁程序，连同卫星一起凌空爆炸。

为了查找原因，参试人员把散落在发射架不远处的火箭和卫星碎片全部收集起来，逐一进行检查，发现有一根连接在俯仰速率陀螺通道上的导线，虽然外皮是完整的，但里面的铜丝却是断的。经过充分的理论分析和模拟试验，技术人员最终断定，这根导线在生产时有暗伤，火箭点火起飞后导线受到剧烈振动而发生断路，运载火箭稳定系统未接到该通道的输出信号，导致火箭失稳。由于一根导线的暗伤而损失了运载火箭和卫星，使得中国的第一颗返回式遥感卫星上天时间被推迟，其教训是惨痛的。

1975年11月26日，经毛泽东主席批准，长征二号火箭在酒泉发射中心进行了返回式遥感卫星尖兵一号的第二次发射，卫星被准确送入预定轨道，发射试验获得圆满成功。但这颗预定在天上运行三天后再返回的卫星，却在运行不到一天时就出现了气压下降过快的故障。这意味着如不提前回收，卫星很有可能会失去控制。钱学森根据测控中心对数据进行的分析，做出了无须提前回收的正确决定。最后，这颗卫星绕地球飞行47圈后，于11月29日按预定计划返回地面。不过，落点偏离目标区400多千米。

1976年12月7日，长征二号火箭再次将返回式遥感卫星送入预定轨道。12月10日12时许，返回舱乘降落伞在四川中部地区徐徐降落。这次，返回舱终于按预定时间、预定地点、完整无损地返回地面。这表明中国已经掌握了技术难度极大的卫星返回技术，并为后来的载人航天事业的发展扫除了一道障碍。

曙光飞船和返回式卫星都是在东方红一号卫星的基础上提出的航天计划，同样历经十年磨砺，结局却大相径庭，一个中途暂停，一个历经艰难终获成功。曙光飞船留下的是一种欲射大雕无弯弓的遗憾，返回式卫星带来的是一种而今迈步从头越的豪迈。两个案例无论是从技术上，还是组织管理上，都为后人留下了宝贵的经验和教训。这些经验和教训是弥足珍贵的财富，对航天科技战略规划的研究、论证和重大工程的实施，都具有重要的借鉴意义。

第 7 节　新中国航天事业创建为什么能够成功

"两弹一星"工程的成功和中国航天事业的创建发展震惊了当时世界。

1960 年，美联社就曾评价道，"如果中国人在两年内爆炸他们的核装置，正如专家们所预言的那样，亚洲的力量对比将根本改变。"①至 1964 年，东风二号中近程导弹发射试验成功、中国第一颗原子弹爆炸成功等一系列国防尖端技术迅猛发展，为中国航天和原子能事业发展奠定了基础，也令时任美国国务院官员们感到震惊，表示"无论如何不会相信赤色中国的工业能力已接近于必须制造卫星和火箭的程度了"②；日本亚非团结委员会理事长坂本德松评价道，"正在为反对美帝国主义核威胁政策进行着斗争的亚洲、非洲和拉丁美洲人民和全世界人民，通过中国核试验成功，受到无限鼓舞"③；巴基斯坦《黎明报》表示，"大多数亚洲国家对中国拥有核力量并没有感到不安，相反，对一个亚洲伙伴的伟大成就感到自豪"，"中国核导弹使得那些倾向于瞧不起中国并认为它在现代技术方面处于劣势和落后的人对中国的先进水平有了深刻的印象"④；法国《解放了的巴黎人报》也赞叹道，"中国从极其平庸的条件出发，善于在最短的时期内，适应它的时代要求，这是一个惊人的变化。"⑤

1970 年"东方红一号"人造卫星成功发射后，法新社评价称，"在原子和空间方面的成就，最雄辩地证明了一个国家达到的工艺水平之高"⑥；新加坡《民报》当时报道说，"中国成功地发射了第一颗人造地球卫星，从天

---

① 美担心我在两年内发射人造卫星和拥有原子弹[N]. 参考消息，1960-01-19（引自美联社华盛顿 3 日电）.
② 美担心我在两年内发射人造卫星和拥有原子弹[N]. 参考消息，1960-01-19（引自美军东京远东广播网 13 日广播）.
③ 亚非朋友热烈欢呼我人造卫星发射成功[N]. 参考消息，1970-04-29（引自东方通讯社东京二十六日电）.
④ 邓嫒. 两弹一星与大国地位[J]. 科学大观园，2019（Z1）：26-27.
⑤ 陈娟. 1956 年—1977 年："两弹一星"与大国地位[N]. 国际先驱导报，2016-10-17.
⑥ 法新社报道：《在毛泽东的领导下中国已成为核和空间大国》[N]. 参考消息，1976-09-13（引自法新社巴黎九月十日电）.

外飞来的音波（乐曲《东方红》），不但震荡了举世的人心，也使美、苏两国闻之相顾失色。"①澳大利亚《堪培拉时报》更是认为，"此次发射毫无疑问地提升了中国在国内外的声誉，也是对中国大国地位的一次令人印象深刻的提醒"，文章同时引用了时任美国国防部部长梅尔文·莱尔德的预测观点，"此次发射增加了中国在1973年首次洲际弹道导弹发射的可能性。"② 1975年中国第一颗返回式卫星发射成功后，新加坡《联合早报》公开评价道，"这一成就的重要性在于，从此中国拥有了自己的战略侦察手段，可以为中国的战略导弹确定目标，并能监视别国的军事部署和调动情况，还能检查中国自己军事目标的伪装情况，军事上的价值无法替代"③；美国《新闻周刊》援引美国专家观点，认为，"（卫星）软着落成功表明，中国已制成经受得住重返大气层时高热的耐热合金，并且制成在卫星着落之前减慢下降速度的可靠工具，因此中国的空间技术可能已超过日本和欧洲国家"④；共同社的报道也称，"从1975年7月至1976年12月，中国在一年半的时间里连续发射了5颗卫星。这一情况表明中国正在把巨大的力量集中在这方面，而且已经达到发射实用卫星的程度"⑤。

六十多年沧海桑田，回首新中国航天事业创建的峥嵘历程，不禁深思：新中国成立后，面对帝国主义封锁包围和国内百废待兴的复杂局面，尤其是国内技术落后、基础薄弱的困难局面，新中国航天事业白手起家，在短短十几年里就取得了举世瞩目、载入史册的伟大成就，挺起了民族脊梁，它的创建为什么能够成功？这个问题的答案，可以从内外两个方面来寻找。站在航天系统内部来看，得益于战略决策的科学性和战略实施的坚定性；站在航天系统外部来看，得益于国家科技战略的整体布局和各领域取得的巨大进步。

---

① 新加坡《民报》发表文章说：中国卫星上天使美苏相顾失色[N]. 参考消息，1970-05-01（引自新加坡《民报》二十七日特稿）.
② All well with China's first satellite[N]. The Canberra Time, 1970-04-27（1）.（https://trove.nla.gov.au/newspaper/article/107921957）.
③ 中国侦察卫星大显神通（上）[N]. 参考消息，1998-04-03（引自新加坡《联合早报》3月24日文章）.
④ 美《新闻周刊》文章：《中国的空间计划》[N]. 参考消息，1976-03-06（引自美《新闻周刊》3月1日文章）.
⑤ 外电评我又发射一颗人造地球卫星[N]. 参考消息，1976-12-10（引自共同社北京十二月八日电）.

也就是说，航天需求的带动作用和国家科技进步的支撑作用形成了良性互动，二者相辅相成。离开国家科技的整体进步，航天的发展就是无源之水；没有航天尖端技术发展需求的牵引，国家科技的发展也会缺少一大类远大目标，难以凝聚起足够的力量和资源。

（一）向科学进军，确定国家现代化的战略基调和战略布局

旧中国的科学技术十分落后。新中国成立以后，尽快把中国由一个落后的农业国建设成为先进的工业国，实现中国的工业化和现代化，实现中华民族的伟大复兴，是摆在以毛泽东为核心的党中央面前的重要任务。为改变旧中国科学技术十分落后的状况，党中央充分认识到科学技术的"火车头"作用，高度重视科学技术对国家发展的支撑作用，把科技进步作为现代化建设发展的关键因素之一。1949年10月31日，毛泽东亲自将中国科学院印信颁发给院长郭沫若。第二天，中国科学院正式成立。1954年第一次全国人民代表大会提出要实现工业、农业、交通运输业和国防现代化的任务。1955年初，毛泽东表示："过去几年，其他事情很多，还来不及抓这件事，这件事总是要抓的。现在到时候了，该抓了。"[①] 1955年他在《关于农业合作化问题》的报告中写道："中国只有在社会经济制度方面彻底地完成社会主义改造，又在技术方面，在一切能够使用机器操作的部门和地方，统统使用机器操作，才能使社会经济面貌全部改观。"[②] 1956年8月30日，在中共八大预备会议的第一次全体会议上，当谈到建设一个伟大的社会主义国家的目标时，毛泽东提出要在五六十年内赶上和超过美国的设想。他说："你有那么多人，你有那么一块大地方，资源那么丰富，又听说搞了社会主义，据说是有优越性，结果你搞了五六十年还不能超过美国，你像个什么样子呢？那就要从地球上开除你的球籍！假如我们再有五十年、六十年，就完全应该赶过它。这是一种责任。所以，超过美国，不仅有可能，而且完全有必要，完全

---

① 薄一波. 若干重大决策与事件的历史回忆（上）[M]. 北京：中共中央党校出版社，1991：449.
② 毛泽东. 建国以来毛泽东文稿（第5册）[M]. 北京：中央文献出版社，1991：256.

应该。如果不是这样，那我们中华民族就对不起全世界各民族，我们对人类的贡献就不大。"①

1956年1月，中国共产党在北京召开全国知识分子问题会议，周恩来代表党中央做了《关于知识分子问题的报告》。该报告是中国共产党在社会主义时期关于知识分子问题的一个历史性的重要文献，也是加强科学技术力量的一个政策性的号召。报告的最后部分正式提出了"向科学进军"的号召。这一号召极大地鼓舞了广大科学技术人员，很快，全国掀起了向科学进军的热潮。

1956年1月，毛泽东在最高国务会议上指出："我国人民应该有一个远大的规划，要在几十年内，努力改变我国在经济上和科学文化上的落后状况，迅速达到世界上的先进水平。"② 1956年4月，国务院成立国家科学规划委员会，同年11月，聂荣臻被任命为主任。经过半年努力，由国家调集600多名科学家和近百名苏联专家参加编制的我国第一个科学技术发展规划，即"十二年科技规划"（1956~1967年）于12月正式完成。这是我国科学技术事业走上大规模发展道路的重要标志。1961年，中共中央制定了被誉为是中国"科技宪法"的《科学十四条》，着重阐述了党的知识分子政策和科技政策。1963年，中共中央又制定了第二个科技发展长远规划，即"十年科技规划"（1963~1972年）。

（二）面向战略需求，制定和实施中长期战略规划

《1956—1967年科学技术发展远景规划纲要》（即"十二年科技规划"）和中国航天的《地地导弹发展规划》（即"八年四弹"规划）这两个重要科技战略规划的编制，是一个有紧密关联关系的过程。"十二年科技规划"提出了"重点发展，迎头赶上"和"以任务带学科"的方针，确定了以发展原子能、火箭和喷气技术、电子计算机、半导体、自动化、精密机械、仪器仪

---

① 中共中央文献研究室. 毛泽东传（1949—1976）（上）[M]. 北京：中央文献出版社，2003：523.
② 中共中央文献研究室. 毛泽东文集（第7卷）[M]. 北京：人民出版社，1999：2.

表等新兴技术为主的57项重点任务①。"十二年科技规划"的出台，使得中国科技事业有了一个阶段性发展纲领，更具指导意义的是，以保障这一发展规划的实施为依据，形成了一个比较完备的科学技术体制，并由此对中国科学技术的发展产生了深远影响②。

有了规划，确定了目标之后，组建领导机构、研究机构，组织科学技术队伍，就成了当务之急。为了从组织领导上保证中国火箭和喷气技术发展规划的实现，1956年4月，国家成立了航空工业委员会（简称航委），负责领导中国导弹和航空事业的发展建设。5月，周恩来总理主持中央军委会议，讨论了聂荣臻主任代表航委提出的《建立中国导弹研究工作的初步意见》，确定由航委负责组建国防部导弹管理局（国防部第五局）和导弹研究院（国防部第五研究院）。为筹建这两个机构，利用了两座疗养所、一所医院的旧址，从有关部门抽调了30多名技术专家，接收了当年分配的100余名应届大学毕业生。这支为数不多的队伍，就是中国最早建立导弹技术的骨干力量。

"十二年科技规划"实际上在1963年就基本实施完成了。科技规划不仅是一种管理模式，更重要的是一种发展战略的实施模式。作为分配科技资源、组织科技活动的重要形式，科技规划是科技发展方针和政策的客观表现和具体化，体现了科技工作主体对科技发展战略、目标和布局，科技资源配置以及工作实施的调控管理，核心是配合一个时期经济社会发展需要而确定的国家重点科技项目。

《地地导弹发展规划》（"八年四弹"规划）是1965年在聂荣臻、钱学森的领导下制定的，规划要求在八年时间内研制出中近程弹道导弹——东风二号、中程导弹——东风三号、中远程弹道导弹——东风四号、洲际导弹——东风五号共四型导弹，并要求每个型号的射程比前一型号翻一番以上。"八年四弹"规划中的中近程导弹是为满足国家战略需求而提出的③，是为解决原子弹研制成功后远程投送问题，即解决"有弹无枪"问题。

---

① 航天工业部征文办公室. 航天事业三十年[M]. 北京：中国宇航出版社，1986.
② 胡维佳. "十二年科技规划"的制定、作用及其启示[J]. 中国科学院院刊，2006（3）.
③ 刘纪原. 中国航天事业发展的哲学思想[M]. 北京：中国宇航出版社，2016.

实践证明，"八年四弹"规划是切实可行的，既考虑了我国国防建设的需要，也考虑了我国航天技术的长远发展；既考虑了技术上的可行，又考虑了经济承受能力。经过艰苦奋斗，"四弹"的规划目标全部成功实现，其研制成果还衍生出了长征一号、长征二号运载火箭，促进和带动了我国人造地球卫星技术的发展。

"十二年科技规划"和"八年四弹"规划的正确制定与坚定执行，为航天事业的持续发展奠定了坚实的基础。也正因为有从国情出发，发挥举国体制、长远规划的战略政策，航天发展才拥有了坚实的战略定力。通过60年代前期的工作，中国在独立研制导弹、火箭的道路上，已经前进了一大步。液体动力火箭的自行设计，已经走完了一个型号研制的全过程，适应第一代火箭研制的物质条件已经建设起来，与火箭技术配套的全国协作网已经形成，组织大规模火箭系统工程研制的领导和管理经验不断丰富。

（三）优先发展尖端科技，坚守战略重点

为了改变我国科技薄弱的状况，党中央在规划和实施经济建设与科技发展宏伟蓝图的过程中，根据国际形势和国内情况，审时度势，确立了优先发展尖端科技的战略决策。所谓"优先发展"就是从国家建设急需和世界科技已有成果出发，根据国力（主要是资金和人力）有限的客观实际，集中力量解决重要问题。如果摊子铺得过大，难免顾此失彼，捉襟见肘，反而会贻误发展时机。因此，党中央多次强调要集中力量，以尖端科技为突破口，以原子弹、导弹等迫切急需的国防武器装备为切入点，来带动各项科技事业共同进步。

1955年1月，毛泽东主持召开中共中央书记处扩大会议，做出发展中国原子能事业、研制核武器的重大决策。1956年3月，中共中央又做出发展中国导弹事业的重大决策[1]。"十二年科技规划"本着"重点发展，迎头赶上"的方针，提出有全局性意义的12项重点任务，在人力、物力上优先予以保

---

[1] 当代中国丛书编辑部. 中国人民解放军（上册）[M]. 北京：当代中国出版社，1994：506.

证。对某些特别重要而在我国却很薄弱、甚至还是空白的学科，采取了紧急措施，如发展计算机技术、半导体技术、无线电电子学、自动化和远距离操纵技术四项紧急措施，加上当时没有公开的发展原子弹和导弹研究的两项绝密任务，共六项紧急措施，构成我国发展尖端科技的关键性措施。在毛泽东和党中央的领导下，中国从20世纪50年代中期起，集中全国的科技力量协同攻关，经过10多年的奋斗，原子能、航天器等尖端科技的研制相继取得突破。1964年10月16日成功地爆炸了中国第一颗原子弹，1966年10月27日，导弹与原子弹"两弹"结合飞行试验圆满成功，1967年6月17日成功地爆炸了中国第一颗氢弹，1970年4月24日成功地发射了中国第一颗人造地球卫星[①]，在这些重大的高科技领域，赶上了世界先进水平，取得了令西方发达国家惊讶的重大成就。

党中央制定优先发展尖端科技的战略决策，抓住了当时科技发展的龙头。尖端科技是科学发展中的带头学科或领先学科及其在技术领域的应用，其特点是多学科、多门类科技最新成就的高度综合和集成。因此，发展尖端科技有利于抢占科技发展的制高点，带动我国的基础学科和传统科技体系化发展，提高我国的整体科技水平。这一战略决策直接促成了"两弹一星"的科研成果，促进了我国核工业和航天工业的跨越发展和长足进步，带动了大批新型原材料、仪器仪表和大型设备的发展，同时也推动了新兴学科的建立和发展，从而深刻地影响了中国当代科技事业的历史进程及其发展模式。

（四）立足国情，制定发展尖端科技的工作指导方针

工作指导方针是决策、指导和实施战略规划的遵循和路径。在中国航天事业创建的过程中，从上到下坚定地贯彻几方面的重要指导方针，确保了中央重大战略决策和部署能够全面落到实处。

---

① 国家科委调研室. 解放和发展科技生产力的历程[J]. 当代中国史研究，1994（4）.

（1）"自力更生为主，争取外援为辅"的方针

自力更生和争取外援两条腿走路，唯有这样，我国在国防和经济建设的核心能力方面才不会受制于人，也不会被一时难以自主掌握的关键技术影响发展和建设的步伐。1956年5月，在酝酿成立导弹研究院即国防部第五研究院时，聂荣臻就向中共中央提出，中国的导弹研究应采取"自力更生为主，力争外援和利用资本主义国家已有的科学成果"的方针，当即得到毛泽东的肯定，予以批准[①]。1958年6月，毛泽东在国务院副总理李富春向中共中央政治局报送的关于第二个五年计划要点的报告上批示道："自力更生为主，争取外援为辅，破除迷信，独立自主地干工业、干农业、干技术革命和文化革命，打倒奴隶思想，埋葬教条主义，认真学习外国的好经验，也一定研究外国的坏经验——引以为戒，这就是我们的路线。"[②] 根据毛泽东和中央的指示，我国在开创原子能事业和导弹事业的初期，都是既积极争取苏联的援助，努力学习其先进的科学技术，又不是无限期地依赖苏联专家，而是非常注重自力更生，充分发挥我国科技人员的积极性，培养自己的设计和设备制造能力，自己动手制造有关的精密设备、元件。由于把立足点放在自力更生的基础上，当1959年6月苏联政府单方面撕毁了关于援助中国的协定、1960年8月撤走全部专家时，我国的原子能事业和导弹事业并没有因此停滞或陷入无法自主发展的困境。

（2）"百花齐放，百家争鸣"的方针

1956年4月，毛泽东在最高国务会议第七次会议上指出："在中华人民共和国宪法范围之内，各种学术思想，正确的、错误的，让他们去说，不去干涉他们。李森科、非李森科，我们也搞不清，有那么多的学说，那么多的自然科学学派，就是社会科学学派，这一派、那一派，让他们去谈。"[③] 在刊物上，报纸上可以发表各种意见。以毛泽东为核心的党中央认真而深刻地总结

---

① 马泉山. 新中国工业经济史（1966—1978）[M]. 北京：经济管理出版社，1998：307.
② 毛泽东. 建国以来毛泽东文稿（第7册）[M]. 北京：中央文献出版社，1991：273.
③ 中共中央文献研究室. 毛泽东年谱（1949—1976）[M]. 北京：中央文献出版社，2013：1241.

了我国和苏联在领导科学文化工作中的正反两方面经验教训，明确提出"百花齐放、百家争鸣"是发展我国科学和文化事业的指导方针。

自然科学不同学派、不同理论的辩论和争鸣，是自然科学发展非常重要的内在动力。由于认识自然的复杂性，自然科学不同观点、不同学派之间的学术争论是经常发生的，科学上的是非真伪并不是可以轻易做出判断的。毛泽东指出，"为了判断正确的东西和错误的东西，常常需要有考验的时间。历史上新的正确的东西，在开始的时候常常得不到多数人的承认，只能在斗争中曲折地发展。正确的东西，好的东西，人们一开始常常不承认它们是香花，反而把它们看作毒草。哥白尼关于太阳系的学说，达尔文的进化论，都曾经被看作是错误的东西，都曾经经历艰苦的斗争。我国历史上也有许多这样的事例。"①这种事例在40年代的苏联和50年代的中国也曾出现。苏联曾在遗传学上强制推行米丘林学派，压制和批判摩尔根学派，还给一些科学理论扣上"资产阶级"帽子大加批判。我国也曾跟着苏联去批摩尔根学派，甚至给它贴上"反动"的标签。我国还一度把中医当成"封建医学"，提出要加以取缔，把西医看作"资本主义医学"提出要进行改造。

这种做法严重妨碍了科学技术的发展。之所以会出现这种不良倾向和粗暴做法，有的是因为对某种事物或某种学术观点存在不同认识，或者认知水平达不到；也有很多情况下是由于要维护各种显性的或者隐性的利益，不愿意做出改变，甚至企图用粗暴的手段阻碍先进技术和先进生产力的发展。这种情况下，必须在顶层对认识进行统一，必要时要从根本上做出结构性的调整，推出权威性的重大措施。

鉴于这种情况，毛泽东于1956年提出把"百花齐放，百家争鸣"作为促进科学进步的方针和发展科学的必由之路。他提倡科学上不同的学派可以自由争论，反对用行政力量强制推行一种学派而压制另一种学派。科学中的是非问题，应当通过科学界的自由讨论去解决，通过科学的实践去解决。他还亲自关心遗传学的百家争鸣问题，对行政干预学派争论的错误进行批判，鼓

---

① 毛泽东著作选读（下）[M]. 北京：人民出版社，1986：784.

励受到压制的遗传学家坚持真理,从而推动了百家争鸣方针的贯彻执行。

航天是贯彻"百花齐放,百家争鸣"方针比较坚定和彻底的领域,这也得益于周恩来、聂荣臻、钱学森等关键人物的领导艺术、能力水平和人格魅力。由于坚定贯彻"百花齐放,百家争鸣"方针,航天系统在各个层面都为科技人员创造了自由讨论的氛围和技术民主的传统,使科技人员可以在宽松的环境下自由地发表自己的见解,通过充分讨论发扬技术民主,保证科学决策,避免了外行领导内行、唯权唯上等不良风气的滋生和蔓延。

(3)"集中力量,大力协同,重点突破"的方针

国防尖端科学技术特别是航天事业是高度综合和复杂的系统工程,即便是在发达国家也需要多部门、多学科、多领域紧密配合、大力协同。建国初期我国技术力量和工业基础薄弱,人才短缺,因此更需要集中力量、协同攻关,才能确保在短时间内实现重点突破。社会主义集中力量办大事的制度优越性为协同攻关提供了有力保障。毛泽东特别看重这一点。他说:"只有完成了由生产资料的私人所有制到社会主义所有制的过渡,才有利于社会生产力的迅速向前发展,才能利于技术上起一个革命。"[①]周恩来、聂荣臻等领导人长期追随毛泽东转战南北,深得毛泽东的军事思想的精髓,在领导中国的科技工作时,他们能够有机地、巧妙地将毛泽东的军事思想运用于中国的国防科技事业,提出并坚持"集中力量,大力协同,重点突破"的方针。

值得注意的是,所谓集中力量,不仅仅是集中科技人员的力量,而是集中全党、全国和各行各业的力量;大力协同,也不仅仅是科技人员的大力协同,而是全党、全国和各行各业的大力协同。一是核工业系统、航天工业系统和中国科学院之间的协同,主要体现在科研技术上紧密地协调配合、通力协作。二是全国范围的协同。在科研方面,参与攻关的国防研究机构、中国科学院、工业部门、高等院校和地方研究机构大力协同,互相支援。特别是地方有关科研部门在协助国防科研部门突破以导弹、原子弹为代表的尖端武器技术难关方面做出了重要贡献。"两弹一星"成功的背后,既有科技人员

---

① 毛泽东著作选读(下)[M]. 北京:人民出版社,1986:705.

的贡献，也有广大解放军指战员、各行业技术工人、行政管理干部职工、民兵和各级政府、老百姓的贡献。

（4）"尽力而为、量力而行"的方针

新中国成立时国力贫弱、一穷二白、百废待兴，国家不可能在航天上有更大的投入。与世界航天大国相比，中国在航天科技工业上的投入是相当少的，始终坚持了"尽力而为、量力而行"的方针，走出了一条投入少、产出高、见效快的中国特色尖端科技发展之路。

发展航天，质量为本。按照整体性能优化的理念和原则，在型号研制、生产与试验过程中，中国航天队伍采取了许多切实有效的办法，因陋就简，土法上马，立足当时的条件，研制出了能够满足需要的航天产品。在研制东方红一号卫星的初期，就是在没有良好空调和防尘设备的总装车间，装配调试出一个正样卫星。为了节省经费，缩短时间，在一些型号研制过程中，采取用较低的技术达到应用要求的措施，如多级火箭的热分离、潜地导弹的冷发射、高空发动机点火技术以及许多产品试验过程中采取的"一次试验，多方收效"的做法等[①]。

第8节　前进途中的曲折与教训

放眼世界，航天这种综合性高技术的发展一直都面临着发展需求和科技工业基础之间的矛盾，中国航天事业创建的初期这个矛盾尤其突出。同时，任何国家、组织和个人，不管能力多强，对于尖端（前沿）科技和新兴工业的客观规律的认识都不可能是完全清楚的，判断和决策也不可能是完全正确的，出现各种各样的偏差甚至失误和错误都是难以完全避免的，这也是任何时代都会存在的历史局限。

---

① 李成智. 中国航天技术发展史稿（下）[M]. 济南：山东教育出版社，2002：893.

中国航天事业的创建和发展过程中，领导者和组织者们非常重视科学技术的创新发展，但是某种程度上也会因为急于求成而一定程度上忽视科学技术发展的自身规律，有时期望通过群众运动来革新技术；敢想敢干，但有时难免片面夸大人的主观能动性，在某些项目或某种程度上出现长官意志左右技术决策的情况，以致一些正确的观点不能坚持，好的政策不够稳定，有的甚至走了弯路；过于强调现实需求，致使科技工作者的创造性被限定在"任务"的范围内，唯此为大，助长功利主义；片面强调纪律性，对科技人员限制过多，人才难以合理流动，对人才的正当利益诉求尊重不够，抑制了积极性和创造性；机械坚持自力更生，对全球开放合作的认识和体会不够，对外合作的制度和机制偏于僵化，不利于利用全球资源和科技成果等等。

同时，由于对科学、技术和工程各方面规律认识的欠缺和经验的缺乏，在一些具体任务实施过程中，也走了一些弯路，有的甚至造成了损失。这些曲折和教训，与成功一样，一直都是中国航天事业和航天人的重要财富。其中，风暴一号火箭在研制过程上的冒进是一个非常典型的案例。

上海是我国的老工业基地，工业基础条件比较好，人才优势比较突出，而且20世纪60年代就已经有了探空火箭和防空导弹的抓总研制经验。所以，1969年8月14日，中央指示：上海不仅可以搞导弹，也可以搞火箭和卫星，还可以搞洲际导弹。并于同年10月31日向上海下达了"701工程"任务，研制风暴一号火箭和长空一号卫星[1]。上海很快就初步形成了大型运载火箭的设计、生产和试验力量，仅用了4个月时间就完成了第一台发动机试车，仅用了11个月就完成了整发热试车及火箭总装出厂。

这个堪称奇迹的进度背后，却隐藏着重大的问题。1972年8月10日，风暴一号火箭首次发射获得了基本成功，为正式发射卫星打下了基础。但是，由于当时处在"文革"期间，科研工作受到严重干扰，片面追求工程进度，导致很多试验不尊重客观规律，质量控制不严，对关键产品地面试验不充分，强调客观原因和外部原因多，听不得不同意见。技术上吃不透，原因找不准，故障不能准确定位，措施针对性不强等问题不断冒出，终于造成1973

---

[1] 游本凤. 与钱学森密切相关的"风暴一号"火箭[M]//钱学森研究（第2辑），2016：37-46.

年9月和1974年7月两次飞行试验均未成功[①]。在1975年连续两次成功后，又产生了骄傲和轻敌情绪，结果导致1976年、1979年又出现了两次飞行试验失败。

利用一枚火箭发射三颗卫星，当时在国际上除了苏联和美国外，还没有第三个国家进行过这样的尝试。1979年7月28日，风暴一号火箭首次一箭发射实践二号、实践二号甲、实践二号乙3颗空间物理探测卫星，滑行段飞行中游动发动机推力下降，导致火箭因飞行姿态失稳在空中自毁[②]。直到1981年9月20日第11次发射时，才成功实现一箭三星发射，这也是它最后的辉煌。

风暴一号在中国酒泉卫星发射中心进行了11次飞行发射，取得了7次成功[③]。后来国家对火箭的研制发射任务作了重大调整，取消风暴一号火箭型号，统一以长征来命名。

中国航天事业创建的经验表明：任何伟大的事业都不可能是一帆风顺的。前进道路上的曲折和教训，是规律，是学费，也是财富。但是，不管有多少艰难险阻，在战略上，必须有明确的目标和坚定的信心，同时要有大无畏的精神、高瞻远瞩的视野和不达目标决不罢休的雄心；在战术上，必须坚持实事求是的科学态度，对于科学技术问题，必须尊重科学规律，敢于质疑任何不合理的认识和要求，而且一定要有打持久战的思想准备，坚持一点一滴地量变积累，逐步夯实发展的基础。

小结：定向

本章主题词：定向

定向，就是确定战略方向和重点任务。战略之于组织，犹如大脑之于人

[①] 游本凤. 与钱学森密切相关的"风暴一号"火箭[M]//钱学森研究（第2辑），2016：43.
[②] 游本凤. 与钱学森密切相关的"风暴一号"火箭[M]//钱学森研究（第2辑），2016：44-45.
[③] 《世界航天运载器大全》编委会. 世界航天运载器大全[M]. 北京：中国宇航出版社，2007：90.

体。决策层的领导力体现在战略方向的正确性上，同时也影响着执行的效果。如果选择了一个错误的战略方向，那么执行力越强，偏离正确轨道也就越远，造成的损失也就越大。作为战略性的尖端科技，航天科技的发展和进步离不开持续的科技创新。科技创新理论告诉我们，科技创新首先要解决创新什么的问题，即创新的方向的选择问题；其次是如何能够实现创新，即创新的发展路线问题。就像人们去旅行，首先要有一个目的地，然后再确定一条到达目的地的线路。中国在科技和工业基础十分薄弱的情况下，用几十年时间迈入航天大国之列，并向航天强国阔步迈进，有两点很重要：一是高瞻远瞩的国家战略规划；二是分步实施的计划。为这两点保驾护航的，是在大多数战略方向的选择上都没有出现大的失误，也没有造成不可弥补的损失。

"两弹一星"工程的实践证明，尖端科技事业是大国地位的重要支撑和综合国力的重要体现。只有在重要历史关头，准确把握时代前进的脉搏和科技发展的潮流，及时乃至超前作出关键性的正确抉择，才能始终在世界高科技领域占有一席之地。

在科技战略方向的选择和取舍这个问题上，中国航天早期的主要判断标准是：以解决我国自身需要为前提，区分轻重缓急，把有限的投资用在急用、实用的重点项目上，不能平均用力。唯有这样才能变总体的劣势为局部的优势，快速实现突破，满足紧迫需求。人造卫星的发展过程就面临过这样的选择：1958年，我国成立了"581组"筹备人造卫星的发展。当年中央拨出专款2亿元人民币，用于研制人造卫星。但是由于随后国家进入了三年困难时期，已有的人造卫星计划对国家来说已经是比较沉重的负担，加之以赵九章为团长的中国赴苏代表团考察后认识到，发展人造卫星所需要的技术复杂，中国当时的工业基础和科研力量都跟不上，而"两弹"的重要性大于卫星。因此我国在1959年果断做出了调整空间技术研究任务的决定，停止大型运载火箭和人造卫星的研究，先研制探空火箭，进行高空物理探测，同时筹建空间环境模拟实验室，研制地面跟踪测量设备。缩短战线的决定突出了重点，既保证了"两弹"研制的需求，又在人造卫星的研制方面取得了循序渐进的效果。

"缩短战线、突出重点",是中国航天选择技术发展战略的一条重要原则。航天工程是规模巨大的大科学工程,需要动用国家层面的资源,使其不仅在自身内部存在如何取舍的问题,也与其他工程之间存在资源分配的问题。尤其是在经济水平低下、工业基础薄弱的20世纪五六十年代,要研制"两弹一星",取舍两难的困境更加突出,如何集中有限资源,确定恰当的战略发展方向是一个严峻的现实问题。为此,周恩来曾说:"没有舍就没有得。"[①] 舍是为了得,舍了才能得。

随着航天系统研制的系列化和复杂化,单纯从需求出发,会暴露出很多不足。特别是如果没有清晰的技术路线的支持,研制计划非常容易受到周围环境的影响而夭折。例如,在早期航天项目计划执行的时候,由于受"大跃进"和"浮夸风"的影响,出现"与其仿制,不如自行设计"、"三年打到太平洋,五年放个小月亮"等不切实际的说法,甚至试图把导弹、火箭和卫星全面研制的计划"全线上马",不顾有限的资源,摊子铺得很大,到头来发现自己并不具备充足的资源;"欲速"的结果必然是"不达"。通过仿制"1059"导弹和自行设计中近程导弹所积累的经验教训,中国航天人逐渐意识到,导弹、火箭和卫星型号的立项,必须基于充分的前期预研和论证,必须确定技术创新的顶层设计并超前系统谋划部署,才能找到明确的方向和清晰的技术发展路线。

---

① 刘艳琼. "两弹一星"工程中管理层面的成功经验(上)[J]. 航天工业管理,2002(6):13-16.

第4章
中国航天事业创建的战略管理铁三角

在新中国航天事业创建的过程中,毛泽东是战略家,也是顶级的用人大师,周恩来、聂荣臻、钱学森是他亲自选定的中央和国家航天科技战略决策实施层面最核心的三个人物。三人的角色可以概括如下:周恩来是组织大师、协调大师、总后勤部长、大管家,也是创造性的战略规划"翻译家"、实干家。聂荣臻是科技总司令兼政委、总执行官、具体的规划组织者。钱学森是科技大家、航天科技总设计师、科技规划大师,科技总参谋长,也是科技前敌司令员。

周恩来、聂荣臻、钱学森的工作关系、个人关系都很密切。他们具有共同的使命和目标、登高望远的境界和格局。他们相互信任、相互支撑、相互补正、相互建言、相互感动,不仅有着共产党人真挚的革命友谊,更是政治家、军事家、科学家联袂开创新中国航天事业的典范,堪称中国航天事业初创时期战略管理的铁三角。

"两弹一星"工程不仅需要众多科学研究人员的参与,还需要成千上万的工程技术人员、行政管理人员。这些人员有着相同的目标，虽然来自不同的行业，受过不同的专业训练，有着不同的职业经验、不同的思维模式和处事方法，但是由于其目标的一致性，他们职业道德、行为准则、价值取向等也趋于一致，这样就形成的一个共同体，也就是学界所说的"同旨共同体"[①]。周恩来、聂荣臻、钱学森，就是这个有共同目标和一致行动的"共同体"的核心和灵魂。

第1节 总协调员和科技总后勤部长

对于一个领导集体来说，举重若轻和举轻若重，是一对不可或缺的辩证关系和匹配组合，毛泽东和周恩来就是这样一对最佳组合。中国共产党建立的历史功绩和崇高威望，既得益于毛泽东的高瞻远瞩、战略运筹、删繁就简、举重若轻；也得益于周恩来的事无巨细、举轻若重、殚精竭虑、夙夜在公。毛泽东思想培育了几代中国人，周恩来的作风影响了几代中国人。新中国不能没有毛泽东，也不能没有周恩来。毛泽东举重若轻的战略决策，为周恩来举轻若重的具体落实，解决和处理一个又一个具体的矛盾、困难和问题，创造了根本前提和条件；周恩来举轻若重的具体落实，则为毛泽东举重若轻的战略决策排除了琐碎事务的具体干扰。

周恩来是毛泽东的亲密战友，也是最默契的工作搭档。每当面临关键时刻与重大决策时，周恩来总是与毛泽东站在一边，给予坚定的支持。"总协调员"和"科技总后勤部长"这一角色，一是由周恩来的地位和职责决定的，二是非常好地发挥了周恩来能力上的优势和人格魅力。作为中央专委会主任，"两弹一星"工程的运筹、组织、管理者，周恩来以非凡的领导智慧为中国航天事业的创建和发展殚精竭虑，发挥了不可替代的作用，其中最突出的作用，主要体现在以下几个方面。

---

① 刘戟锋，刘艳琼，谢海燕. 两弹一星工程与大科学[M]. 济南：山东教育出版社，2004：125.

（一）高屋建瓴，为新中国的科技事业谋篇布局

自青年时期起，周恩来就意识到科学技术对国家与民族发展的重要性，指出共产主义将用先进的科学技术解放生产，实现人类的自由发展。新中国诞生后，周恩来作为大国总理直接奋斗在国家建设管理的第一线，更加深切地感受到经济建设对科学技术的依赖。他一直密切地关注着外部世界的发展和变化，他清楚地看到，新中国的科学技术水平非常落后，世界上已经取得的很多科学的最新成就，在中国还是空白；新中国在建设发展中遇到的许多科学技术问题不能独立解决，还离不开外援的帮助；甚至国内现有的技术力量，也还没有完全有效地利用。一个积贫积弱的国家如何尽快建立起完整的科学技术事业，是他作为政府总理面临的头等大事之一。

1956年1月14日，中共中央在中南海怀仁堂召开关于知识分子问题会议。周恩来代表中共中央作大会主题报告《关于知识分子问题的报告》。周恩来在报告中以较大篇幅详尽地阐述了中国的科学研究问题，并一针见血地指出了影响中国科学技术发展的两种倾向：一是缺乏民族自信心的依赖思想，认为中国在科学方面的落后不能马上改变，其结果是一辈子不能脱离依赖和模仿的状态；二是在理论工作和技术工作之间，在长远需要和目前需要之间，没有形成正确的分工和合作，以致在力量的分配上不能保持适当的比例。周恩来指出："在过去几年中间，我国的各种工作都在开始，我们在目前需要和技术工作方面多投一些力量，而对于长远需要和理论工作方面注意得比较少，这是难免的，也是可以理解的。但是到了现在，如果我们还不及时地加强对于长远需要和理论工作的注意，那么，我们就要犯很大的错误。没有一定的理论科学的研究作基础，技术上就不可能有根本性质的进步和革新。"①

也是在知识分子问题会议上，周恩来郑重宣布：在三个月内制定从1956年到1967年科技发展的远景规划。在规划制定过程中，周恩来立足国家当前需要，放眼未来的发展，及时妥善地解决了一些重要的方针性问题。当时，

---

① 周恩来. 周恩来选集（下卷）[M]. 人民出版社，1984：183.

为了使中国的科学技术工作密切结合社会主义建设的实际，有效地解决生产建设中的科学技术问题，规划小组曾提出"以任务带学科"的口号。周恩来听后，迟疑了一下，问道："那么，还有一些任务带不起来的学科怎么办？"他沉思片刻，接着又问："是不是再补充一个基础科学的规划？"[1]

周恩来的这一提问，让规划小组的成员们顿时茅塞顿开，立即对一些特别重要但是很薄弱，甚至还是空白的学科，如电子计算机技术、半导体技术、原子能技术、喷气和火箭技术、自动控制技术等采取了紧急措施。周恩来高瞻远瞩，仅仅一句反问，就点到了问题的要害，为中国在此后不太长的时间内依靠自己的力量突破这些重要尖端技术，创造了条件。

（二）求贤若渴，打造航天科技专家骨干队伍

周恩来深知人才对科学技术事业的极端重要性。新中国成立前夕，周恩来就千方百计号召并通过各种渠道精心安排海外的科学家和知识分子回国。从1949年8月到1955年11月，回国的知识分子多达1536人，仅从美国回国的就有1041人。许多从国外回来的专家后来成为"两弹一星"的带头人，如钱学森、赵忠尧、邓稼先、程开甲等。60年代初的困难时期，周恩来以慈母般的情怀，无微不至地关心爱护科学家和广大科技工作者，与他们同甘共苦，对他们的照顾体贴入微。1967年春，"文化大革命"影响航天工业和核工业，许多工厂和科研机构也先后发生了武斗、夺权，有的工厂、院、所的安全和生产一度受到严重干扰和破坏。周恩来命令七机部和科研院所的军管会负责人，采取切实措施，保护科技专家和干部的人身安全，并严肃提出："如果这些人发生意外，我要找你们。"钱学森曾回忆说："'文革'中，我们都是受保护的；如果没有周总理的保护，恐怕我这个人早就不在人世了。"[2]

这一批五六十年代回国的科学家和知识分子，构成了我国航天事业的科

---

[1] 罗小明. 周恩来：中国尖端技术发展的总设计师[J]. 党史博览，2013（10）：17-20.
[2] 周家鼎. 周恩来总理与"两弹一星"（下）[J]. 中国监察，2006（2）：56-58.

技专家队伍的班底。周恩来以这个班底为基础，进一步协调和调配各个领域和行业的人才资源，逐步打造出了一个航天科技专家的骨干队伍。

国防部五院创建初期，人才调集问题是最大的困难。当时第一个五年计划刚刚开始，全国各地、各行各业都极度缺乏科技人才，而搞国防尖端技术，又必须集中大批科技骨干力量。周恩来深知其中的难处，他请聂荣臻召集会议，抽调人才。1956年6月2日，聂荣臻邀请国务院秘书长习仲勋、副总参谋长兼军事工程学院院长陈赓、国防工业部部长赵尔陆、一机部部长黄敬、国家科学规划委员会副主任范长江、中国科学院副院长张劲夫、教育部副部长黄松龄、清华大学校长蒋南翔等中央各部委和高校领导33人开会，商量为国防部五院选调科技骨干的问题。本来，周恩来要到会讲话的，但会议即将开始时，毛泽东找他有事，他临走前留下话：中午请与会人员吃饭。他的良苦用心可见一斑。会上，聂荣臻首先讲了中国决心发展以"两弹"为主的尖端武器的计划，接着说了这次会议的目的是请各部门帮助解决急需人才的问题。陈赓大将当场表态哈军工支持4位专家，各个部委、科学院都表示回去商量一下，尽力支持。会后，哈军工的任新民、屠守锷、梁守槃、庄逢甘等专家很快到位，但是其他很多单位答应给的人迟迟不能到位。聂荣臻派人三番五次地催促，两个月过去了，人员仍是到不齐，钱学森很着急，周恩来请聂荣臻约钱学森到北戴河面谈，又对聂荣臻说："需要哪些人，提出名字，你写报告，我批！"后来，有些专家就是通过行政手段，聂荣臻写报告、由周恩来批准后硬调来的。终于，蔡金涛、黄纬禄、吴朔平、姚桐斌等数十位专家和科技人员调到了国防部五院，同时还接收了当年分配的100多名大学毕业生，形成了中国导弹、火箭事业的第一批骨干力量。

（三）宽严相济，为科技专家营造干事创业的良好环境

众所周知，周恩来对工作要求很严格细致，特别是对"两弹一星"这样的国防尖端科技事业。同时，他又深知在科技和工业基础薄弱的中国搞这样前无古人的尖端科技，失误和失败都是难免的，所以他又特别注意给科技专

家减压，宽严相济，为科技专家营造干事创业的良好环境。当年在准备和实施"两弹"结合试验过程中的两个事例很能说明这一点。

1966年10月8日，周恩来主持中央专委会议，听取张震寰关于"两弹"结合安全自毁试验的结果以及"冷"、"热"飞行试验的准备情况和10月份符合试验条件的好天气预报的汇报。周恩来指出，这次试验我国是在自己大陆上搞，不能出乱子。同时，他对试验准备的各项工作都提出了严格细致的要求[①]："冷"试弹要严格检查，详细记录，"热"试弹要做到一点差错没有才行；弹头的斜撞击、横撞击都要进行试验；由铁道部政治部派一名副主任负责专列火车站安全问题，在10月20日前准备好；要注意弹着区安全问题，"冷"弹试验时，弹体在被动阶段也会炸，人员要撤远一些；"热"弹头运输要用专车，由国防科委负责安排；试验由国防科委张震寰负责，10月10日到基地，两个基地都要看一下，冷试回京再汇报一次，报毛主席下决心；冷试时间在10月15日前后，冷试详细结果要在二三天内报来；这次试验二机部李觉和七机部钱学森参加。

10月20日，周恩来在人民大会堂听取张震寰汇报两次"冷"试的结果和热试的准备情况后说："各部门要认真总结过去成功的经验，要坚持领导、群众、专家三结合，做好检查，要比前两次检查得更好，不要时间来不及就急了，不要赶时间。事情还有万一，领导、专家要把一切所能想到的问题都想到，要有百分之百的保证，所谓百分之百，就是对检查结果，要把所能想到的问题都补上。临试时要沉着，要保证万无一失。"[②]"这次热试只许成功，不许失败，一定要百分之百地完成"，"从领导到每个人都要更加细心，保证地面上没问题，操作中不出问题，坚决消灭掉人为的差错。工作检查好了，要让部队好好休息，搞好伙食。"他还强调：要做到所有检查结果都没有问题，尽最大努力使试验获得成功。在该做的都做好了之后，也要敢于冒一定风险，无限风光在险峰啊，要沉着地打好这一仗[③]。

---

① 中共中央文献研究室. 周恩来年谱（1949—1976）（下）[J]. 北京：中央文献出版社，2007：75.
② 中共中央文献研究室. 周恩来年谱（1949—1976）（下）[J]. 北京：中央文献出版社，2007：80.
③ 中共中央文献研究室. 周恩来年谱（1949—1976）（下）[J]. 北京：中央文献出版社，2007：83.

（四）十六字方针，铸就航天质量文化的灵魂

"严肃认真，周到细致，稳妥可靠，万无一失"，这是周恩来总理提出的十六字方针，它已成为一代又一代航天人的座右铭，特别是对于航天质量工作，这个方针可以说是航天质量文化的总遵循，铸就了航天质量文化的灵魂。

在当年搞原子弹时，周恩来就提出来了这个十六字方针。据航天老专家谢光选院士回忆，"两弹"结合试验之前，周恩来又专门强调提出这个方针，要求试验工作要遵循这一方针。当时，谢光选作为"两弹"结合技术协调小组的组长，在总理讲到"万无一失"的要求时举手说："我做不到万无一失"，周恩来听后笑笑说："什么叫万无一失？只要你们把能想到的问题都想到了，能做到的都做到了，能够发现的问题都找到了，就是做到了万无一失。如果客观条件不具备，我们还没有认识到的问题，属于吃一堑长一智的问题，我这个总理还要做你们的勤务员，给你们搞协作。但如果你们的工作责任心不强，应该做到的没有做到，造成损失，我不答应，不严肃不认真，我不允许。"[①]

周恩来提出的十六字方针，从根本上清晰地阐述了工作态度、工作标准、工作目标、工作结果之间的辩证关系，有着非常深刻的理论意义和非常实用的指导意义。由于航天科技工作的综合性、复杂性、风险性和航天产品的特有属性，航天科技工作者和管理者都必须牢固树立严肃认真的工作态度，遵循周到细致的工作标准，制定稳妥可靠的工作目标，追求万无一失的工作效果。这四句话、十六个字是互相关联、辩证统一的总遵循，"严肃认真，周到细致，稳妥可靠"，是基于当前的认识水平和工作能力应该做到、必须做到，也是完全能够做到的。"万无一失"，是我们追求的结果，也是在做到"严肃认真，周到细致，稳妥可靠"的基础上自然而然获得的结果。不追求"万无一失"的结果，"严肃认真，周到细致，稳妥可靠"就缺乏内在的驱动力；不讲实际情况，机械地、过分地要求"万无一失"，就会陷于繁琐哲学和形式主义，影响实际工作效果，甚至难以推动工作。

---

① 李淑姮. 火箭元老们征天路上的那些事儿[N]. 中国航天报，2014-12-13.

（五）统筹协调，为科研生产保驾护航

在研制"两弹"过程中，周恩来作为中央专委会主任来组织协调各有关方面大力协同，密切配合，并根据需要在人力、物力、财力等方面及时进行调度，为科研生产保驾护航。周恩来作为"总调度"，举凡中央专委决定的事，哪怕是一个关键零部件的生产，都会当场拍板，由主管的部长负责，保质、保量、限时完成，中间他还要派人不断督促检查，因而工作效率极高。钱学森深有感触地说："周总理把组织人民军队、指挥革命战争的一套经验拿来用上了，当然很灵。他为我们创造了一套领导和研制'两弹'的工作方法。"[①]

在东方红一号卫星研制过程中，周恩来组织全国和军民各部门，研究出台了多项专门的措施和办法，为科研生产工作保驾护航。周恩来在很多场合和会议上都强调，只要"651"（东方红一号卫星工程代号）需要的，全国的人、财、物，不管是哪个地方、哪个单位的，一律放行，全面绿灯。这也是人们把我国第一颗人造卫星任务称为"天字第一号工程"的由来。

当时正值国民经济困难时期，"两弹一星"研制人员每餐只能吃到一个馒头，一毛钱的干菜汤，汤里只有几星油花，70%的科技人员都因营养不良出现了浮肿。为了和全国人民共渡难关，毛泽东停了肉，周恩来停了茶，邓小平停了烟……。1961年春节前夕，周恩来和聂荣臻、陈毅等邀请参加"两弹"任务的多位科技专家到人民大会堂开会，周恩来幽默地对科学家们说："你们今天的会议主题——就是吃肉！"[②]四张大圆桌上摆满了一寸见方、烧得油光晶亮香味扑鼻的红烧肉。

对于东方红一号卫星这样的重大科技工程，周恩来不但从资源上保障科研生产，从生活上关心科技专家，更从政治上为整个科研队伍提供保障。东方红一号研制的关键阶段正值"文化大革命"。在当时的政治环境下，各分

---

① 周家鼎，杨明伟. 军事秘书谈周恩来与中国国防尖端科技事业——周家鼎访谈录[J]. 党的文献，2006（3）：25-29.
② 苏在卿. 周恩来在"两弹"研制中的领导艺术[J]. 领导科学，1990（12）：11-13.

系统的仪器都镶嵌上一枚毛主席像章，有的像章还很大，导致卫星严重超重，并可能对散热带来许多想不到的技术问题。1969年10月下旬的一个晚上，孙家栋作为东方红一号技术负责人和钱学森的助手，与钱学森一同来到人民大会堂江苏厅向周恩来汇报。本着对事业负责的态度，孙家栋郑重地对总理说："从政治感情上来说，大家出于对毛主席的热爱，在卫星仪器上安装毛主席像章，是完全可以理解的。但是从技术角度讲，一是质量超限，二是卫星上天后会对运行质量产生影响。"这马上引起了总理的重视，总理说："政治挂帅的目标是要把工作做好，而不是要把政治挂帅庸俗化。搞卫星一定要讲科学，要有科学态度。"①总理的话让大家安了心，这个棘手的难题终于得到了圆满解决。

周公吐哺，天下归心。中国航天事业创建的成功，得益于、庆幸于拥有俯下身躯甘当总协调员、真心实意为科技人员甘当后勤部长的周公；中国航天和中国科技未来的辉煌，需要更多的各层级的当代周公。

第 2 节 科技总司令和政治委员

聂荣臻是无产阶级革命家、军事家，人民解放军杰出的方面军和大战役指挥员，又是唯一在西方发达国家接受过正规理工科高等教育的元戎级领导人（元帅）。在八一南昌起义、广州起义等我党早期领导的革命斗争中，一直到抗日战争、解放战争，他都长期在一线担任指挥。抗美援朝战争期间，他一直兼任代总参谋长，协助毛泽东和周恩来谋划和指挥作战，深切地感受到了武器装备现代化对于军队现代化的重大作用和意义。

在航天事业创建过程中，聂荣臻不但担任国务院副总理和军委副主席职务，而且一人身兼中央科学小组组长、国家科委主任、国防科委主任三个职务，在中共中央、中央军委的领导下，建立了对全国科技事业的集中统一的

---

① 王建蒙. 孙家栋与中国第一颗人造地球卫星[J]. 炎黄春秋, 2020 (4): 67-71.

领导机制。实践证明，这个机制对全国科技工作，从规划计划的制定、报批、检查，到科研任务的确定，科研人员、物资、经费的管理分配，组织全国大协作等等，都非常重要，决心下得快，步调一致，大大地提高了领导机关的工作效率，促进了全国科技事业的发展。在战略规划实施过程中和重大任务执行过程中，他个人实际上很好起到了科技总司令兼政治委员的统帅作用，既是全国科技工作全局的总指挥，指挥着一大批像钱学森这样的总设计师，又是航天科技工作全局的政治掌舵人，为钱学森这个前敌科技司令提供政治保障。

从以下几个方面，可以真切地体会到聂荣臻是如何履行这个科技总司令和政治委员职责的。

（一）统筹战略规划，狠抓战略重点

1955年7月，聂荣臻被中央指定为领导原子能事业的三人小组成员；1956年4月，任国防部航空工业委员会主任；同年11月，任国务院副总理，主管科学技术工作；1958年6月，任中央科学小组组长。此后不久，中央成立国防部科学技术委员会（简称国防科委）和中华人民共和国科学技术委员会（简称国家科委），聂荣臻兼任两委主任。

这些重要职务，体现了中央对聂荣臻把握科技发展全局领导能力的充分信任。在聂荣臻的领导下，我国科技事业蓬勃发展，不但产生了"两弹一星"这样举世瞩目的成果，更通过《1956～1967年科学技术发展远景规划纲要》《地地导弹发展规划》《1963～1972年科学技术发展规划纲要》等一系列战略规划的研究、决策和实施，为中国的科技和国防事业的发展奠定了坚实基础。在贯彻中央决策和重大战略部署时，聂荣臻总是想尽各种办法克服基础薄弱、人才稀缺等客观现实情况带来的重重困难，始终抓住尖端武器方向和"两弹一星"的目标不放，即便是在经过三年困难时期以后，面对上马下马的激烈争论和"文革"冲击时也坚定不移。聂荣臻的全局意识、大局观念、长远眼光，以及面对困难时的坚定意志和不懈坚持，不但有利于中央面对

争论时做出科学决策，而且为广大干部和科技人员做出了榜样，让他们吃了"定心丸"。他通过自己的身体力行，使统筹全国的科技战略规划布局、狠抓重点突破的战略方向和任务，成为全党、全国和各行业的共识和统一行动。

（二）完善研究机构，奠定发展基础

聂荣臻受命领导科技工作和研制"两弹"的任务以后，经反复考虑，他认为首先是要组建机构和组织队伍，这是科技事业发展的奠基性工作，否则一切无从谈起。1956年，聂荣臻提出了《关于建立中国导弹研究工作的初步意见》，建议在航委下面设立导弹管理局，统一管理导弹的研制工作；建立导弹研究院，以钱学森为院长，尽快开展导弹研制工作；建立自动控制、无线电定位等研究所，加速建立电子元器件研究所[1]。

聂荣臻深感全国科学技术工作的高度复杂性，迫切需要建立一个集中统一的强有力的组织领导机构。1958年10月，他向中央建议，将国务院科学规划委员会与技术委员会合并，组成中华人民共和国科学技术委员会（简称国家科委）。11月，中央批准了这个建议。国家科委由聂荣臻兼主任；副主任为韩光、刘西尧、张有萱、范长江、武衡，不久又增加了张劲夫（仍兼中国科学院的工作）。国家科委机关工作人员共200多人，设16个厅、局[2]。

聂荣臻在与各位副主任和有关负责人研究后，确定国家科委的基本任务是[3]：（1）深入研究科学技术方面的方针、政策，为中央决策提供依据；（2）制定和检查科学技术工作的规划、计划；（3）组织各有关单位对重大科技项目和科研任务的合作协调，鉴定和推广技术上的发明创造和科研成果；（4）加强对全国科技干部的培养和使用工作；（5）科技方面的计量、标准化工作的统一管理；（6）提供情报资料、化学试剂、仪器仪表等科研保障条件；（7）开展与外国的科技合作和交流活动。

---

[1] 周均伦. 聂荣臻年谱（上卷）[M]. 北京：人民出版社，1999：577.
[2] 聂荣臻. 聂荣臻回忆录[M]. 北京：解放军出版社，2007：624.
[3] 魏巍. 聂荣臻传[M]. 北京：当代中国出版社，1994：327.

1958年5月9日，鉴于培养科技干部的迫切需要，聂荣臻支持中国科学院创办中国科技大学，以解决国内各大学一时还难以培养的尖端性学科的科研人员，如核子物理、超音速空气动力学、超高频技术、地球化学、高空大气物理、射线生物学、半导体技术等专业的人才。为加速培养国防科研所需的人才，1961年1月以后，党中央和中央军委先后批准将北京航空学院、北京工业学院、哈尔滨工业大学、成都电讯工程学院、西北工业大学、南京航空学院、上海交通大学、太原机械学院、西安军事电信工程学院、南京炮兵工程学院、哈尔滨军事工程学院划归国防科委领导[①]。

在聂荣臻的领导下，经过艰苦繁杂而又持久的努力，从50年代中期起，中国的科技事业取得了巨大进展。在组建机构、组织队伍方面，到1962年，科研单位已由1956年时的381个发展到1296个；科研人员由9000多人发展到9.4万多人。以上还不包括国防系统的科研机构和科研人员。这些，都为中国科技事业的发展奠定了坚实的基础。

（三）尊重客观规律，推动科学管理

20世纪60年代初，聂荣臻在领导导弹、火箭等研制工作时，根据我国的实际情况和多年的实践经验，总结出了符合大规模科学研制工作规律的"科研三步棋"的战略管理思想[②]。其基本思想是：一方面，型号研制可以分为预先研究、研制和定型、定型后生产三个阶段；另一方面，从工作的连续性出发，至少要看"三步棋"，即在一定的计划时期内，研制工作要同时安排三个层次的型号，一是正在生产的型号，二是研制的新型号，三是需要预先研究的更新的型号。"三步棋"符合我国大规模科学技术研制工作的客观规律，用事实告诉管理者，组织科研生产，要像下棋一样，至少要看三步棋，不能走到哪里算哪里。安排工作既要有远见，又要分阶段、抓重点，循序渐进。

---

① 邵青. 论聂荣臻国防科技思想[J]. 军事历史研究，2005（1）：49-56.
② 聂荣臻. 聂荣臻回忆录（下）[M]. 北京：解放军出版社，1984：780.

"三步棋"的思想铸就了一个又一个成功：1964年6月东风二号导弹发射成功，1966年10月"两弹"结合试验成功，1966年12月东风三号导弹首飞成功，1970年1月东风四号导弹首飞成功，1971年9月远程运载火箭首次低弹道近程飞行试验成功等等。六十多年来，中国航天将这一经验发扬光大，逐渐形成了"探索一代、预研一代、研制一代、生产一代"四步走的技术发展路线，并通过老一辈航天人的实践、总结，逐步具体化为型号研制生产的各项程序性规定、标准，传之后人。不仅如此，"三步棋"还逐步推广到国防科技系统各部门、各单位，成为国防尖端武器研制生产共同遵循的准则。

（四）统筹科研协作，协调部门分工

全国大协作，全国一盘棋，是新中国发展尖端科技的必由之路，也是聂荣臻殚精竭虑的重大问题。1958年12月，聂荣臻在上海出席全国第一次地方科学技术工作会议时，反复强调全国一盘棋的思想，强调地方科研力量在完成本地区本部门的科研任务以后，要积极参加全国重大科研项目的协作攻关。例如喷气技术、空气动力学、高温合金、电子技术、高能燃料、人造卫星、若干重要的基础理论，以及在像长江三峡水利枢纽工程、黄河中上游地区水土保持等重大项目的科学研究方面，地方科研力量根据自己的特长和优势，力所能及地积极参与，但不要自己单独搞。因为这些项目不仅需要动员各门学科的力量，耗费巨大的人力物力，而且就其性质来说，不需要也不可能各地单独搞，应该全面协作才能取得成果[①]。这次会议调动了各地方的科研力量参与全国科技事业大协作的积极性，为各项科技事业特别是像"两弹一星"这样的尖端科技事业的发展营造了良好的氛围。

聂荣臻深感人才不足是阻碍中国科技事业发展的重要原因。解决的办法，除了加速培养人才而外，就是组织全国大协作。也就是加强国防科研系统、中国科学院、高等院校、中央产业部门的研究机构、地方研究机构的建设与相互协作。1958年，聂荣臻决定将中华全国自然科学专门协会、中华全

---

① 魏巍. 聂荣臻传[M]. 北京：当代中国出版社，1994：330.

国科学技术普及协会合并，组成中华人民共和国科学技术协会（简称科协），统一管理全国的科学技术普及宣传工作。中国科协的成立，是加强中国科学事业统一领导的又一项重要措施。他说："我国统一的科学研究工作系统，是由中国科学院、高等学校、中央各产业部门的研究机构和地方研究机构四个方面组成的。在这个系统中，中国科学院是全国学术领导和重点研究的中心，高等学校、中央各产业部门的研究机构（包括厂矿实验室）和地方所属的研究机构，是我国科学研究的广阔的基地。""科学研究工作必须有适当分工，但更重要的是必须强调协作。"①

（五）理性对待失败，坚持攻坚克难

作为久经沙场的元戎级指挥员，聂荣臻比谁都渴望用一个又一个胜利来回报中央的殷殷重托和广大科技人员的艰苦奋斗。但是，他也深知创业维艰、探索之难，特别是像搞尖端科技这样前所未有的事业，客观、理性、信心、坚持是指挥这样的宏大战役必须具备的素质。

在第一次全国地方科学工作会议上，聂荣臻就曾指出，科学技术就是要探索自然规律，运用这些规律来探索自然，它本身就是一个不断克服困难的过程，越是重大的科学技术问题，困难越大，暂时遭遇失败的可能性越大；即使遇到困难、暂时挫折，也要千方百计去克服它，切忌气馁，不要中途而废；失败乃成功之母，只要我们用科学的态度去分析、总结，困难是能解决的。同年，在全国科学技术规划会议上题为《努力攀登世界科学高峰》的讲话中，他又指出，做试验研究不要怕失败，失败了也不要后悔，不要气馁，还是要总结经验，坚持做下去。科学技术试验的失败，往往是以后成功的条件，只有坚持到底的人，才能最后成功。

1962年，我国第一枚自行设计的中近程导弹首飞试验失败，他对汇报失败原因的钱学森说："既然是试验，本身就有成功和失败两种可能，这次试验虽然失败了，我们总还是打上去了，积累了数据，找出来失败的原因，这

---

① 聂力. 山高水长：回忆父亲聂荣臻[M]. 上海：上海文艺出版社，2006：233.

就是很大的胜利。"①20年后的1982年10月,看到我国潜地导弹首次发射未获成功的报告后,他再次指出:"科学试验应该胜不骄、败不馁,重要的是总结经验,更好地进行技术检验,找出问题所在,以利再战,我们是一定会获得成功的。"②

(六)真诚尊重人才,关心爱护人才

1961年4月,聂荣臻主持拟定了《关于自然科学研究机构当前工作十四条的意见草案》(简称《科学十四条》)初稿③。《科学十四条》中有十条与人才相关。例如:第一条,研究机构的根本任务是"出成果、出人才"。第二条,保持科学研究工作的相对稳定。这主要是为了改变"大跃进"以后,在科研工作的任务、方向、人员、设备、制度等五个方面面临频繁变动带来的不利影响。第五条,科技人员要在工作中发扬敢想、敢说、敢干,但又要与严肃性、严格性、严密性结合的"三敢三严"精神。第六条,保证科技人员每周至少有5天时间搞科研工作。第七条,采取措施,着重培养青年科技人员,对有突出成就的科学家和优秀青年科技人员,要重点支持重点培养。第九条,在人力物力财力使用上,要贯彻"勤俭办科学"的精神。第十条,科学工作中提倡自由辩论,不戴帽子,允许保留意见,以贯彻"百花齐放,百家争鸣"繁荣科学的方针。第十一条,知识分子初步"红"的标准是,拥护中国共产党的领导,拥护社会主义,用自己的专门知识为社会主义服务,并强调"红"与"专"要统一。第十二条,要根据知识分子的特点进行细致的思想政治工作,各级政工和行政干部要特别强调为知识分子服务。第十四条,科研单位要在党委领导下,贯彻由科技专家负责的技术责任制,基层党组织只起保证作用④。

困难时期,为了保证"两弹一星"等重大科技工程的顺利推进,聂荣臻

---

① 魏巍. 聂荣臻传[M]. 北京:当代中国出版社,1994:274.
② 魏巍. 聂荣臻传[M]. 北京:当代中国出版社,1994:275.
③ 魏巍. 聂荣臻传[M]. 北京:当代中国出版社,1994:358.
④ 周均伦. 聂荣臻年谱[M]. 北京:人民出版社,1999.

亲自向海军及北京、济南、广州等大军区"化缘"了一批肉、鱼、黄豆等副食品，并向相关部门明确指示：这些食品只能供科技人员食用，其他人员不得享受。这些肉、鱼、黄豆因此被形象地称为"科技肉""科技鱼"和"科技豆"。在党中央的亲切关怀和大力支持下，在聂荣臻的亲自安排和督促下，"两弹一星"研制人员的伙食得到了改善。食堂开设了甲、乙两个售饭窗，其中甲窗前供应肉片炒菜、白米饭、汤，专供科技人员。有时候在这个窗口，每位科学家还能得到一个用羊油煎的小面饼；清炖黄豆也被加进了科研人员的菜盘子。虽然只有一汤匙，却温暖了科研人员的胃，更温暖了科研队伍的心。

聂荣臻元帅这个科技总司令和政治委员，通过抓全面规划和重点突破，确保了中央战略部署落地；通过抓大力协同和科学管理，保证了有限力量和资源发挥最大效益；通过抓基础建设和超前布局，积蓄持续发展的后劲；通过抓科研机构和人才队伍，巩固了航天事业的根基。钱学森说："我们的科学技术人员在今天回顾往事，都十分怀念那个时代，称之为中国科学技术的'黄金时代'，也十分尊敬和爱戴我们的领导人——聂老总。"[①]

当今世界科技竞争的激烈程度，不亚于几十年前的军事斗争。因此，科技战线的领导者，既要深谙政治军事斗争的奥妙，又要具备现代国际博弈和商业竞争的高超指挥艺术。深入研究聂荣臻元帅在航天事业创建过程中的组织、领导和指挥艺术，或许会为我们探寻新时代科技创新和超越之路提供一些有益的启示。

第3节 科技总参谋长和前敌科技司令

钱学森是第一代航天科技工作者的杰出代表。中国航天的创建和发展，"钱学森们"厥功至伟。这里说的"钱学森们"，是指以钱学森为代表老一代

---

① 聂荣臻同志和科技工作[M]. 北京：光明日报出版社，1995：130.

科学家,他们的教育和学术背景,在国内外科技界的地位,决定了他们的作用,钱学森是他们的总代表。钱学森实际上是聂荣臻在航天领域的科技总参谋长,同时他和这些老一代科学家一起,构建了新中国航天科技工业的一个实体的总设计师系统和一个前敌的科技司令部,钱学森是最重要的前敌科技司令。

钱学森的科技总参谋长作用体现在哪里?从关于导弹工业的意见书,到重要规划的研究制定过程,再到重大工程的实施过程,都体现出他对国际科技态势和趋势的掌握和认识,以及对技术路线和重大关键问题的把握能力、技术决策水平。

钱学森的前敌科技司令作用体现在哪里?他不但是科学上的导师,而且是工程技术方法的发明家,一手抓住科学理论的这个武器、一手抓住工程技术方法这个武器,保证科技号令畅通无阻。借助这两个武器,指挥各个战线和领域联合开展科技会战,建立起研究、设计、生产并重,研制、试验、应用全链条覆盖的航天科技工业体系、教育体系、工程技术方法体系。

钱学森作为中国第一个火箭、导弹研究机构——国防部第五研究院院长,是我国航天事业创建时期的技术总负责人、"两弹"结合和火箭卫星任务的总负责人,给予了中国人自己发展导弹武器和航天科技最大的信心和底气,也是广大航天工作者心中的一面旗帜、学习的楷模。

(一)为航天事业创建规划建言谋策、指向定调

1956年2月,钱学森起草了关于《建立我国国防航空工业的意见书》。意见书不仅对当时我国航空工业落后的现状进行了分析,指出了当前最重要的工作是如何"以最迅速的方法,建立起我国国防航空工业的三部分:研究、设计和生产",还提出了我国火箭、导弹事业的组织方案、发展计划和某些具体措施。

意见书提出,健全的国防航空工业,"除了制造工厂之外,还应该有一个强大的为设计服务的研究及试验单位,也应该有一个做长远及基本研究的

单位。自然，这几个部门应该有一个统一领导的机构，做全面规划及安排的工作"。意见书受到中央的高度重视和充分肯定，1956年10月，党中央决定成立主管研制导弹的国防部第五研究院，并任命钱学森为院长。一年后五院成立一、二分院，钱学森又兼任了一分院的院长。万事开头难，千头万绪的组建工作被他处理得井井有条。

钱学森作为一位知识渊博的科学家，早年在美国读研究生时就奠定了深厚的数理基础，又在20世纪40年代初的第二次世界大战期间亲自参与过美国早期的导弹研制工程。由这样一位既有丰富的理论知识、又有一定实践经验的科学家在技术上领导新中国的火箭导弹事业再合适不过了。钱学森在决策重大技术方案时高屋建瓴、有胆有识。由于他作风民主、善于倾听别人的意见，又勇于承担责任，树立了很高的威望，哪里遇到技术难题，都希望他给予指点。在20世纪60年代发动群众讨论"八年四弹规划"时，他综合大家意见，决定以中程导弹东风三号为基本型，加一级构成中远程导弹，再加一旋转稳定的固体火箭发动机构成长征一号运载火箭用以发射我国第一批人造卫星，洲际导弹则兼顾发射返回式卫星。实践证明，这一技术途径是非常高明而且高效的。

钱学森是一位具有很强前瞻性的科学家，对新技术的发展非常敏感。自1958年5月毛主席宣布我们也要搞人造卫星之后，钱学森便一直在思考我国卫星事业的发展问题。到1964年，我们自己独立设计和研制的中近程导弹试验成功，中程导弹的研制也取得重大进展以后，钱学森认为发射人造卫星已经有了比较可靠的基础，于是在赵九章提出建议的基础上，在1965年1月，他正式向国家提出报告，建议早日制定我国人造卫星的研究计划并列入国家任务。聂荣臻很重视钱学森的建议，指出"只要力量上有可能，就要积极去搞。"[①] 1968年2月，国务院、中央军委批准国防科委组建空间技术研究院，担负卫星研制任务，并任命钱学森兼任空间技术研究院首任院长。20世纪70年代中期，当"八年四弹规划"即将完成时，钱学森又开始谋划战略导弹的

---

① 魏巍. 聂荣臻传[M]. 北京：当代中国出版社，1994：324.

技术更新换代。他纵观国际上战略导弹攻防技术的进展，分析预测未来的发展趋势，不失时机地提出了开始研制第二代战略导弹的建议，并明确了以提高生存能力、突防能力和打击能力为第二代战略导弹研制工作的重点。这一计划也在之后付诸实施。

（二）全方位指导科技研究与探索

（1）高度重视预先研究。对预先研究高度重视是中国航天的突出特点。论及预先研究，钱学森曾指出，一般的工业生产主要包括试制与生产两个阶段，但对像航天这样现代大规模的科学技术研制工作来讲，要加快技术发展的步伐，新型号还必须运用老产品所完全没有用过的某些新技术。虽然从科学理论上讲，某项新技术可以实现，但如何实现，制造出什么样的部件、什么样的仪器，最后能达到什么样的性能还不得而知。因此，在新型号的正式设计之前，需要进行预先研究与试验，从失败到成功，最后做出性能满意的部件或仪器的试样。通过预先研究，运用了前所未知的新技术的型号设计才有把握，新型号才可能在提高性能的同时具有更高的可靠性。

（2）建立科技委等机构和制度。早在20世纪60年代初期，国防部五院开始自行设计导弹时，每逢星期天下午，钱学森就把各个型号的技术负责人请到自家的小客厅讨论问题。大家在无拘无束中畅所欲言，思想的火花在碰撞中闪光，敞开的心扉在交流中融合。如果意见一致，钱学森就拍板定案；如果意见尚有分歧，就暂不决定，留作下次再讨论。很多发展规划和技术途径，就在这个小小的客厅里产生了初稿，很多重大技术问题就在这个春风化雨的和谐气氛里迎刃而解。大家把这类星期日讨论会，亲切地称为"神仙会"[1]。经聂荣臻批准，1962年2月2日，国防部五院科学技术委员会成立，钱学森任主任委员，副主任委员有任新民、庄逢甘、吴朔平、屠守锷、梁守槃、蔡金涛等6人。科技委下设16个专业组，重要的专业组组长都由科技委

---

[1] 张劲夫. 让科学精神永放光芒——读《钱学森手稿》有感[J]. 复杂系统与复杂性科学，2006（2）：77-81.

副主任兼任。专业组根据型号任务的需要，制定本专业的科研规划，安排预先研究项目。聘请149名院内外各专业的专家学者为科技委委员。科技委经常把大家汇聚在一起，讨论、制定航天技术近、中、长期发展规划和预先研究专题。科技委的建立，使党政领导耳聪目明，科学决策、民主决策有了有效的途径和平台，并一直延续到今天。

（3）培养专门人才，规划与筹办工程力学研究班等举措。1956年，钱学森身兼导弹研究院院长和中科院力学研究所所长，着手开展火箭导弹武器的研发以及与国防工程密切联系的工程力学研究，面向全国高校招收优质"准毕业生"和科研工作人员，成立了中国第一个工程力学人才培养机构，开创了中国工程力学人才培养先河。为了尽快培养出兼具工程理论背景和较强实践能力的工程力学人才，以钱学森为首的力学发展领导小组在"十二年科技规划"会上提出两条建议：一是在若干大学设立力学专业；二是创办工程力学研究班。从1957~1958年重点工科院校毕业生、青年力学教师以及部分相关科研院所的青年科技人员中，挑选优秀人才加以培训，以适应国家急需。

（4）重视基础理论和工程实践相结合。重视基础理论，强调理论指导工程，是哥廷根学派的传统。钱学森将这一传统与其技术科学思想相结合，并落实到人才培养中去。工程力学班尚未开办，他就明确提出工程力学研究班的学生必须来自技术科学的各个领域，必须具有坚实的理论基础，最好能够具备一定的工程实践经验，强调研究内容要结合我国的重大工程问题。首届毕业班对学生学员强调必须是"一般科学理论基础较好或力学方面成绩较优异者"，研发单位的委培学员选拔条件必须达到"大学理工科毕业，并具有一定科学理论和实际工作知识"，高校教师学员必须具备"已担任力学方面教学工作，有科学理论基础较好"的教学经历。1957级学员来自清华大学15人、上海交大15人、哈尔滨工业大学9人，三所优秀高校学员占学生学员的69.6%，力学班学员质量可见一斑。这种要求在1958年、1959年工程力学研究班的招生条件中表现得更为明显。1958年力学班招生条件更注重生源的工科基础，要求生源来自各高等工业院校"机械、动力、航空、造船、土木、水利、电机、无线电等专业",对重要工业部门设计单位或技术研究单位的招生条件,从"大学毕业程度以上人员"变为"高等学校本科毕业水平的工程技术及设计人员"。同时,钱学森坚持要求力学班的生源就必须在本科时期修一定的工程课程作为基础,以及必须经历过专业的工程实践训练。

(三)创立和发展工程控制论与系统工程理论方法

钱学森在美国火箭小组的研究中就已经发现自动控制技术对导弹制导技术的重要性,在赴欧考察后,他更是在《迈向新高度》中专门撰写了一章内容阐明了自动控制调节系统对于导弹制导的重要性。可以说,在维纳的《控制论》问世之前,钱学森就已经对工程的自动化控制有了一定的研究。1948年,钱学森受维纳《控制论》的启发,将控制原理应用于火箭的制导技术,进而推广到整个工程技术领域,以统观全局的方法,从系统的角度来解决工程技术中的控制问题。经过5年的钻研,完成了《工程控制论》创作。《工程控制论》的诞生,既是钱学森关于火箭制导技术的研究成果,也是钱学森在技术科学领域的大胆尝试。早在1947年,钱学森就已经意识到技术科学这个基础科学与应用科学交叉结合的新兴研究领域的重要性。这一年,他在访问浙江大学、上海交通大学和清华大学时,在向师生们做的题为《工程与工程科学》的报告中,第一次谈到了他对工程科学(Engineering Science)的理解:"纯科学家与从事实用工作的工程师间密切合作的需要,产生了一个新的行业——工程研究家或工程科学家。他们成为纯粹科学和工程之间的桥梁。他们是将基础科学知识应用于工程问题的那些人。"[1]

1962年,钱学森提出在计划和技术管理部门试用计划评审技术,即美国率先采用的Program Evaluation and Review Technique(PERT)。美国海军特种计划局在研制"北极星"导弹核潜艇武器系统时,于1958年底探索出来了这种新型的管理方法,该方法把构成任务目标的所有事项,按技术和组织上的各种时序联系和逻辑联系,组成统一的计划流程图,然后运用数学方法对各

---

[1] 钱学森. 工程和工程科学[J]. 力学进展, 2010, 39 (6): 1-7.

环节进行分析预测，寻求资源利用的最优方案。计划评审技术在工程的计划管理和时间控制上特别有效，已成为现代管理中应用最广的技术之一。

钱学森不仅在中国的导弹航天事业中做出了卓越的贡献，同时在与"两弹一星"关系密切的航空与空军武器技术，舰船与海军武器技术，无线电、雷达技术，电子技术，光学技术，激光和光电技术，中国科学院基础研究及应用研究，教育及人才培养等众多领域都有许多精辟的论述，对推动这些领域的发展曾发挥了重要作用。他运用并发展了20世纪40年代他在喷气推进工作中获得的经验，提出了航天系统工程的思想并付诸实践。他认为，国防科学技术所涉及的"两弹一星"、导弹核潜艇等工作，都是大规模的科学技术工作，技术复杂，涉及面宽，参与的人多，协调性强，所以组织工作非常重要，要按系统、分层次，把各个环节严密地组织起来。从中国航天计划开始实施的时候起，他就和广大干部、科技人员在周恩来和聂荣臻的领导下，把当时苏联航空技术发展中的总体设计部与我国行政组织管理的实际结合起来，创立和发展了航天系统工程的组织管理方法。钱学森的系统工程理论方法，是一个贯穿科学、技术、工程不同阶段，横跨组织、管理、协调、保障的完整体系。在这个体系中，最重要的是科学严谨的决策体系、严密高效的组织体系、产学研结合的技术创新体系、追求质量第一的产品研制体系，以及一系列的规章制度、标准规范、方法工具，一同构造了支撑航天事业不断发展壮大的坚实根基。

（四）开创中国航天的一系列"第一"

2009年11月6日，也就是在钱学森追悼会的当天，新华社发表了一篇6000余字的悼词《钱学森同志的生平》，用11个"第一"总结了钱学森在我国国防工业和航天事业中的卓越贡献[①]：

1956年，参与筹备组建中国导弹航空科学研究领导机构航空工业委员会，受命负责组建中国第一个火箭、导弹研究机构——国防部第五研究院，

---

① 奚启新. 钱学森传[M]. 北京：人民出版社，2011.

并兼任院长。

1956年，设立空气动力研究室，组建了中国第一个空气动力学专业研究机构。

1960年2月，指导设计的中国第一枚液体探空火箭发射成功。

1960年11月，协助聂荣臻成功组织了中国第一枚近程地地导弹发射试验。

1964年6月，作为发射场最高技术负责人，同现场总指挥张爱萍一起组织指挥了中国第一枚改进后的中近程地地导弹飞行试验。

1966年10月，作为技术总负责人，协助聂荣臻组织实施了中国首次导弹与原子弹"两弹"结合试验。

1970年4月，牵头组织实施了中国第一颗人造地球卫星发射任务。

1971年3月，组织完成"实践一号"卫星发射试验，首次获得中国空间环境探测数据，为中国研制应用卫星、通信卫星积累了经验。

1972年至1976年，领导设计制造了中国第一艘核动力潜艇。

1972年至1976年，指挥成功发射了中国第一颗返回式卫星。

1980年5月、1982年10月、1984年4月参与组织领导了中国洲际导弹第一次全程飞行、潜艇水下发射导弹和地球静止轨道试验通信卫星发射任务。

钱学森的科技成就，已经成为20世纪中国科技界的一面旗帜、一座丰碑。人们在赞叹、仰慕、崇敬的同时，也在深刻地思索，21世纪我国应如何才能够诞生若干可与钱学森比肩的科技大师，为中国科学技术的发展开创一个新的纪元。

第4节　铁三角是如何炼成的

所谓铁三角，是指有分工、有秩序、有领导关系但是又在人格上平等的紧密关系，包含了政治领导、行政支撑、技术负责三者的有机结合，是一种充分发挥集体领导优势的管理体制，即在合理的分工和必要的流程秩序下相互信任、相互配合、相互支持的关系。周恩来、聂荣臻、钱学森三人之间，既有基于职位的显性的领导关系，又有面向专业业务的隐性的同道或同志关系，以及与之相配套的决策机制和领导责任分工，其根本是对战略规划的共同理解和认识。尽管周恩来、聂荣臻与钱学森各有其职权范围，但三人并非简单的上下级"串行关系"或"并列而行"，而是"互相依靠"、"互相协调"。

正是周恩来、聂荣臻、钱学森"铁三角"的身体力行，为航天系统上上下下做出了表率，使这种"铁三角"逐步演化为一种有效的管理机制，并通过人员设置、决策机制、执行过程的规范制度化，使这种管理机制为航天的发展提供了持续的动力。人员设置上，担任某一机构党委（组）书记的人，同时也是该机构行政副职（有时直接由行政主官兼任党委书记）；而行政主官和主管科研的副职，同时又是党委成员。决策机制上，由于行政和技术领导就是党委（组）成员，所以有利于贯彻"党委领导下的首长分工负责"，即集体领导下的责任制。在当时的条件下，作技术决策时，包括党委、行政和技术专家在内的领导都要参与，技术专家决断，党委批准。执行过程中，研究所一级的党组织在所内起领导核心的作用。它的主要任务是贯彻执行党的方针政策和上级指示，研究和决定所内各方面工作中的重大问题，进行全所的思想政治工作。对于学术工作，应该组织科技工作者的民主讨论，通过行政领导和学术领导组织做出决定，动员科技工作者去努力实现。即政治"指导"与"辅导"，技术"实施"与"执行"，行政"计划"与"支撑"。三个方面有机统一，在党的统一领导下，形成实质意义上的有效领导。

这种管理机制在当时的历史条件下相当程度地保证了技术上的民主集中制。技术民主是航天科技领域的一个优良传统，在工程技术问题上，秉承谦虚、谨慎、开放、平等的态度，提倡畅所欲言，不分年龄、地位、学术成就等，也无论持有怎样的技术观点，所有人都可以发表意见，参与讨论，从而集思广益。聂荣臻在《科学十四条》中明确提出规定：研究所由党委全面领导，贯彻技术责任制，学术工作由行政和学术领导组织（主要是指科技专家）做出决定，研究室、工程组一级基层党组织只起保证作用。在技术民主的基础上，建立技术责任制，表现为技术上的民主集中制和技术专家负责制。民主集中制的实现方式是：每周固定时间，集中所有总师或部门带头科技专家，讨论重要问题，所有人都可畅所欲言，意见一致的，当即形成决策，意见不一致的，若急需定夺，由组织者决定，各部、室主任和总师分别实施，如果无须马上做出决定，则留待下次讨论解决。技术专家负责制是保证技术上的决策由内行全权负责、免于其他因素不合理干扰的一项制度。

因为部门中党委和行政领导权力很大，如果这些领导提出了不符合科学原理的意见或建议，往往会对其他领导和工作人员造成很大压力和影响。由中央下令确立技术专家负责制，就是把技术上的最终决定权交给真正懂技术的专家。1967年5月24日某型导弹试射前，操作人员忘记开通气阀，造成导弹箱内真空，弹体内凹。在场负责人都建议暂缓试验。钱学森有不同看法，他结合自己在美国做圆柱壳体研究的经验认为，点火发射后，箱体内要充气，弹体内压力会升高，壳体就会恢复原来的形状，所以他主张发射照常进行。但行政主官、党委负责人不敢决定，只好将情况上报聂荣臻。聂荣臻表示："这是一个技术问题。既然技术上由钱学森负责，他说可以发射，我同意。"[①]最终导弹发射圆满成功。

战略管理铁三角，不但打造了一批保障国家战略安全的武器装备，促进了学科体系建设，而且为新中国打造出了一个由高等院校、科研院所、企业（工业和产业部门）组成的科学、技术、工程的"铁三角"。据不完全统计，从20世纪50年代中期起，在全党全国重视科学技术研究工作的气氛鼓舞下，国务院各产业部门纷纷积极地组建科学技术研究机构。到1962年，仅北京地区，直属国务院各部委局的重点科研单位就有：钢铁、有色金属、矿山、有色冶金、电器、机械、农业机械化、水利水电、煤炭、石油、化学工业、建筑、建筑材料、地质、纺织、农业、林业、铁道、交通、邮电、医学等领域的20多个研究院。

表4-1所列的部分参与"两弹一星"工程的中科院研究所（院）和表4-2

---

① 涂元季. 人民科学家钱学森[M]. 上海：上海交通大学出版社，2002：67.

所列的参与"两弹一星"工程的部分高等院校及其专业设置情况,从一个侧面展示了这个"铁三角"为我国科技事业发展做出的奠基性贡献。

表4-1 部分参与"两弹一星"工程的中科院研究所(院)[①]

机构名称	成立年份	首任所长	结构与功能	备注
近代物理研究所	1950	吴有训	原子弹、氢弹理论设计和研究	1953年10月6日更名为"物理研究所"
应用物理研究所	1950	严济慈	设有光谱学、应用光学、结晶学、磁学、金属物理5个研究室及光学仪器厂	1958年6月23日改名为"原子能研究所",其光学部分后来分立为仪器馆,并建立长春光学精密机械研究所
电子学研究所	1952	顾德欢	电子设备和仪器研制,参与人造卫星地面组	60年代中后期陈芳允率领的主要研究力量归军事部门领导,专门参与人造地球卫星工作
力学研究所	1956	钱学森	弹性力学组、塑性力学组、空气和流体动力学组、自动控制理论组	中国科学技术大学成立后,钱学森兼任力学系主任
自动化研究所	1956	钱伟长	自动控制、数字信号处理、卫星控制系统设计	在导弹控制、卫星测控任务中发挥作用
数学研究所(数学与系统科学研究所)	1952	苏步青	纯粹数学与应用数学	在系统分析、运筹学等领域的研究成果对"两弹一星"研制中的定量化管理和评估有帮助
计算技术研究所	1956	华罗庚	从事计算方法和计算机科学研究	为"两弹一星"研制中大量复杂计算提供高性能计算机
长春光学精密机械研究所	1952	王大珩	光学研究与光学仪器研制	1968年划归国防科委第十五研究院
"651"设计院(卫星设计院)	1965	赵九章	人造卫星和运载火箭设计研制	1968年划归国防科委第五研究院
大连化学物理研究所	1949	屈伯川	液体和固体推进剂研制	1949年底中国科学院成立时直接将该所收于麾下
上海有机化学研究所	1950	庄长恭	离子交换树脂、氟油的研制和小规模生产	配合协助制备原子弹燃料的离子扩散膜的研制

---

① 刘昱东,曾华锋."两弹一星"中的学科建设问题初探[J]. 工程研究——跨学科视野中的工程,2011,3(4):365-374.

表4-2 参与"两弹一星"工程的部分高等院校及其专业设置情况①

高等院校	学科门类	备注
北京大学	技术物理、放射化学、数学力学、电子技术、光学、精密仪器	综合性院校
清华大学	工程物理、放射化学、数学力学、电子技术、光学、精密仪器	综合性工科院校
浙江大学	核物理理论、精密仪器仪表	综合性工科院校
军事工程学院（现国防科技大学）	导弹、核物理等相关专业	军工院校，定位于培养工程师
北京航空学院（现北京航空航天大学）	航空、导弹、火箭	属一机部
南京航空学院（现南京航空航天大学）	航空、火箭	属一机部
北京工业学院（现北京理工大学）	导弹、火箭	属一机部
哈尔滨工业大学	导弹、火箭	属一机部
西北工业大学	航空、火箭	属一机部
复旦大学	放射化学、数学力学、电子技术、光学、精密仪器、核物理	综合性院校
中南矿冶学院（现中南大学）	矿冶	由武汉大学矿冶工程系、湖南大学矿冶系、广西大学矿冶系、南昌大学采矿系合并而成
中国科学技术大学	核子物理、放射性化学、超音速空气动力学、超高频技术、地球化学、高空大气物理、射线、生物、半导体等	1958年建立，定位于培养高尖端科学人才，直属中科院
兰州大学	放射化学、数学力学、电子技术、光学、精密仪器、核物理	属教育部
成都电讯工程学院（现电子科技大学）	电子技术、火箭	属一机部

这种相互信任、相互配合、相互支持的铁三角关系，是中国航天事业初创时期的一大特色和优势，也是我国国防尖端科技事业发展初期的宝贵经验，应该好好总结，并使之进一步发扬光大。2016年5月30日，习近平总书记在全国科技创新大会、两院院士大会、中国科协第九次全国代表大会上发

---

① 刘昱东，曾华锋."两弹一星"中的学科建设问题初探[J]. 工程研究——跨学科视野中的工程，2011，3（4）：365-374.

表题为《为建设世界科技强国而奋斗》的讲话,其中有一段就是对继承和发扬这种宝贵经验提出了明确的要求:"在基础研究领域,包括一些应用科技领域,要尊重科学研究灵感瞬间性、方式随意性、路径不确定性的特点,允许科学家自由畅想、大胆假设、认真求证。不要以出成果的名义干涉科学家的研究,不要用死板的制度约束科学家的研究活动。很多科学研究要着眼长远,不能急功近利,欲速则不达。要让领衔科技专家有职有权,有更大的技术路线决策权、更大的经费支配权、更大的资源调动权,防止瞎指挥、乱指挥。要建立相应责任制和问责制度,切实解决不同程度存在的一哄而起、搞大拼盘等问题。政府科技管理部门要抓战略、抓规划、抓政策、抓服务,发挥国家战略科技力量建制化优势"。这是打造新时代科技战略管理团队要解决的首要问题。

小结:执行

本章主题词:执行

一个组织的领导层不仅仅是战略规划的决策者,更应该是战略规划的第一执行者,而且应该是最坚定的执行者。

一个好的战略规划,研究论证和决策部署至关重要,执行同样至关重要。没有执行,再好的战略规划也是水中月、镜中花。一般理解,执行是下级和执行层的事,但是领导层应该是战略规划的第一执行者,而且应该是最坚定的执行者。领导层不但应该从政治、经济、组织三个方面对战略规划的实施给予全方位支持,而且要一以贯之,同时通过有力的制度安排和工作机制,确保三个方面的部门齐心协力,互相之间紧密团结、高度信任、深度融合。

以"两弹一星"、"八年四弹"为代表中国航天事业早期战略规划为例,毛泽东代表党中央,是最高决策者,实际上也是第一执行者团队的首脑。

毛泽东不但知人善任，为周恩来、聂荣臻、钱学森这个"铁三角"创造了政治、经济、组织三个方面的最高保障条件，而且决策成立中央专委会这样的专门机构，为战略规划的科学决策和高效实施奠定了顶层的制度基础。在战略规划实施过程中的关键节点，毛泽东更是运用他深邃的战略思想和高超的领导艺术，做出重要的决策安排。例如，1964年9月16、17日，周恩来主持召开中央专委第9次会议，慎重研究第一颗原子弹爆炸试验的时机，提出两个方案，一个是早试，安排在10月份；另一个是晚试，1965年四五月份与空投航弹连续试验，并考虑和三线基地建设、导弹及核弹头生产相衔接，这样比较稳妥。会后，罗瑞卿向毛泽东递交请示报告，周恩来也专门致信请示。9月22日，毛泽东同周恩来、刘少奇研究第一颗原子弹爆炸试验时机选择问题时说："原子弹是吓人的，不一定用。既然是吓人的，就早响。"[①] 1964年10月16日第一颗原子弹爆炸成功后，许多外国政客讥讽中国"有弹无枪"。时任美国国防部部长麦克纳马拉说，中国虽有原子弹，但在5年之内不会有运载工具，10年内不会有导弹核武器。但是毛泽东相信中国人民的志气和科技工作者的创造力，在已经先于原子弹爆炸前的1964年6月29日成功试射的东风二号中近程导弹基础上，决策研制《地地导弹"八年四弹"规划》的首弹——东风二号甲，并于1966年10月27日成功实施"两弹"结合试验，而且是世界上首次在本土进行真刀真枪的"两弹"结合试验。

正是毛泽东这样的领导艺术和知人善任，才把周恩来、聂荣臻、钱学森这三位各具特色的杰出人才打造成中国航天战略规划管理的"铁三角"，而毛泽东就是这个"铁三角"的灵魂，相当于一个高超的编剧兼导演，领导了一个高超的创作团队，共同创作了一部气势恢宏的大剧。同样，周恩来、聂荣臻既是战略规划的领导者，也是战略规划最坚定的执行者。

当然，领导层作为第一执行者，其决策也是在科学家参与和支持下做出的，科学家的智慧起了极为重要的作用[②]。其中，导弹和卫星方面的钱学森，原子弹方面的钱三强，作用尤为突出。他们提出的建议、拟定的规划以及关

---

① 聂力. 山高水长：回忆父亲聂荣臻[M]. 上海：上海文艺出版社，2006：261.
② 科学界的觉醒和责任[N]. 光明日报，2003-02-28.

于"两弹一星"可行性的判断,为国家领导人的决策提供了科学依据。

领导层是战略规划的第一执行者,其深远意义超出了"两弹一星"事业本身,因为它创造了一种决策模式①:在有关国家民族命运的重大决策中,政治精英和科学精英协力同行,政治谋略和科学知识融合升华,民主意识和科学精神交相辉映,不仅保证了决策正确,而且大大提高了可操作性,缩短了从决策到实施的过程,放大了战略实施的效果和作用。

---

① 苗东升."两弹一星"事业对中国社会发展的影响[J]. 中国工程科学,2004(7):14-20.

第 5 章
行胜于言的中国航天创始科研团队

中国航天事业创建初期人才奇缺,党中央一开始就意识到要走唯才是用、能力比资历重要的任人、用人之道。从45岁任院长的钱学森,到钱学森列出的30多位年富力强的专家名单,再到组织选拔的归国留学生和优秀大学毕业生,以及从全国各条战线抽调的能工巧匠和军队的领导干部,他们都是当时科技人才、技能人才、管理人才的优秀代表。唯才是举的用人法则,造就了中国航天事业人才辈出的局面。在航天事业创建初期,靠的是以钱学森等为代表的第一代航天人的知识、经验、忠诚和敬业精神;在航天事业成长期,涌现出了以孙家栋、王永志等为代表的一大批中青年航天科技英才。这一大批科学家和工程技术专家,组成了行胜于言的航天创始科研团队。

这个团队的行胜于言,主要体现在这样一种特质:自信而不自大、自谦而不自卑、自强而不自满、自立而不自负。这个融合现代科学精神和东方家国情怀的团队,正是因为拥有这样一种特质,所以能够为中国航天事业创立一种学术平等、技术民主的基本工作作风,并以非凡的战略眼光、探索精神和创造力,为中国航天事业的发展做出了开创性的贡献。

第1节 群英荟萃、大家云集

中国航天事业的创始科研团队荟聚了留美、留欧、留苏归国的一大批顶尖科技专家，以及一部分新中国培养的大学生、中专生、技能人才和解放军指战员，这是一个群英荟萃、大家云集，又能凝心聚力、大力协同的人才团体。其最杰出的代表，就是全国人民熟知的"两弹一星功勋奖章"获得者，也被称为"两弹一星"功勋科学家或"两弹一星"元勋。

1999年9月18日，中共中央、国务院、中央军委决定，对在"两弹一星"研制中作出突出贡献的23位科技专家予以表彰，并授予或追授"两弹一星功勋奖章"（表5-1）。这23人中，有20人是从美、英、德、法、苏等国留学归来的学者，其中一些人在归国前已取得很大成就，广受尊重。其中，有12位主要侧重在航天科技工业，先后在航天部门工作过的有9位。除钱骥外，姚桐斌、黄纬禄、屠守锷、钱学森、杨嘉墀、任新民、王希季等7人于1946年到1957年间自西方国家回国，孙家栋1958年从苏联回国。作为第一代航天人的代表，他们本着"热爱祖国、为国争光"的坚定信念，将个人事业与航天事业紧密地联系在一起，为祖国的强大与繁荣而奋斗不止。

表5-1 "两弹一星功勋奖章"获得者教育和工作背景[①]

姓名	出生年份	国内大学教育	留学时间及国家	1949年前工作机构	1949年后工作机构
赵九章	1907	清华大学	1935年德国	中央研究院	中国科学院
王淦昌	1907	清华大学	1930年德国	浙江大学	中国科学院
郭永怀	1909	北京大学	1940年美国	1956年回国	中国科学院
钱学森	1911	上海交大	1935年美国	1955年回国	中国科学院
钱三强	1912	清华大学	1936年法国	清华、北平研究院	中国科学院
王大珩	1915	清华大学	1938年英国	大连大学	中国科学院
彭桓武	1915	清华大学	1938年英国	清华大学	中国科学院
任新民	1915	兵工学校	1945年美国	1949年回国	国防科研系统

---

① 樊洪业. "两弹一星"人才的教育背景与启示[J]. 民主与科学，2005（4）：37-39.

续表

姓名	出生年份	国内大学教育	留学时间及国家	1949年前工作机构	1949年后工作机构
陈芳允	1916	清华大学	1945年英国（工作）	中央研究院	中国科学院
黄纬禄	1916	中央大学	1943年英国	资源委员会	国防科研系统
钱骥	1917	中央大学	无	中央研究院	中国科学院
吴自良	1917	北洋大学	1943年美国	1950年回国	中国科学院
屠守锷	1917	西南联大	1941年美国	清华大学	北京航空学院
程开甲	1918	浙江大学	1940年英国	1950年回国	南京大学
杨嘉墀	1919	上海交大	1947年美国	1956年回国	中国科学院
王希季	1921	西南联大	1948年美国	1950年回国	上海交大
姚桐斌	1922	上海交大	1947年英国	1957年回国	国防科研系统
陈能宽	1923	唐山交大	1947年美国	1955年回国	中国科学院
邓稼先	1924	西南联大	1948年美国	1950年回国	中国科学院
朱光亚	1924	西南联大	1946年美国	1950年回国	吉林大学
于敏	1926	北京大学	无	北大研究生	中国科学院
周光召	1929	清华大学	1957年苏联	北大研究生	北京大学
孙家栋	1929	1951~1958年苏联莫斯科茹科夫斯基空军工程学院			国防科研系统

表5-1中列出了23位"两弹一星功勋奖章"获得者的姓名、出生年份、早年就读的大学、出国留学的年份和国家、1949年以前归国后的供职机构，以及他们在1949年以后至从事"两弹一星"研制之前的供职机构或系统。（表中文字仅为概要，如郭永怀1940年留学之初是到加拿大，一年后转至美国。）

据统计，23位"两弹一星"元勋都出生、求学于中华民族苦难深重的时期，年龄最大的1907年出生，最小的1929年出生[①]，他们这批人在童年和青少年时代都经历了军阀混战、日本侵华战争，饱经了民族灾难和社会磨难。而且，他们之中绝大部分人出生于知识分子家庭，深受爱国主义思想和五四新文化运动的影响，面对多灾多难、战火不断、内忧外患的旧中国，他们自觉地把科学救国、科学强国确立为自己的人生梦想。在科学救国、科学强国

---

① 马建光."两弹一星"元勋成长启示[J].中国核工业，2015（2）：60.

梦想的牵引下，他们不惜离别亲人，远涉重洋，刻苦求学。而当他们获得科学知识和学位之后，又毅然放弃国外优厚的工作生活待遇，突破各种艰险甚至迫害，回归故土，报效祖国。

从学历学位看，"两弹一星"23位元勋中，本科学历3人，约占13%；硕士研究生6人，约占26%；博士研究生14人，约占61%[①]。他们全部毕业于国内外名牌大学，在人生最宝贵的青春年华，受到了系统正规的尖端科学的教育，为后来承担"两弹一星"的研制任务积累了深厚的专业理论知识基础。由此可见，高水平的高等教育对科技英才的成长至关重要，研究生教育是培养杰出科技人才的有效方式，留学培养人才是一条十分重要的途径。这样一批学历高、理论基础扎实、掌握最前沿知识和技术的科技英才，使我国研制"两弹一星"一开始就处在一个高起点，从而在较短的时间内取得成功。同时在他们的努力下，很快为我国培养了一批年轻有为的国防科技人才。

从就读学校看，23位"两弹一星"元勋在本科期间全部就读于国内一流高校[②]。其中7人毕业于清华大学物理系，其他大学依次为西南联大、上海交通大学、浙江大学、中央大学、北京大学等。23位元勋中只有于敏和钱骥没有留学或国外工作经历。从有留学或国外工作经历的21位元勋的留学国来看，美、英、法、德、苏是他们的主要留学地。其中去美国者最多，达10人，近半数；其次是英国，有6人；到德国留学的2人；到苏联留学的2人，即周光召和孙家栋，都是新中国成立以后派出的；去法国的有钱三强1人。在西方国家工作而未获得学位者仅陈芳允1人。这是因为陈芳允到英国后，直接进入了A. C. Cossor无线电厂研究室，没有在大学注册读书。另外，新中国成立后到苏联留学的周光召没有获得学位，是因为他在学习期间被调回国内参加原子弹研制的缘故。而通观他们就读的各名牌大学，有两个明显的特征：一是名师荟萃，群星灿烂。如清华大学，全面抗战之前，仅物理系就集中了叶企孙、吴有训、周培源、任之恭、赵忠尧、萨本栋、顾毓琇、庄前鼎、刘仙洲等一批师从于世界大师的海归学者。国外如哈佛大学、加州理

---

① 马建光."两弹一星"元勋是这样炼成的[J]. 中国人才，2013（23）：60-61.
② 马建光."两弹一星"元勋成长启示[J]. 中国核工业，2015（2）：61.

工、柏林大学、巴黎大学、爱丁堡大学等名校无一不是靠名师支撑，而且这些大学往往是诺贝尔奖获得者的聚集地。二是名校文化底蕴深厚。正如清华大学校歌唱的那样："东西文化，荟萃一堂"，这既是清华大学的办学特色，又是她的文化底蕴。这样的文化背景，恰好为"两弹一星"元勋奠定了中华优良传统文化和现代科学精神的根基[1]。

从主修专业看，23位"两弹一星"元勋高等教育主修核物理、空气动力学、应用光学、电子学、无线电学、工程力学、航空工程、动力与燃料、气象学、航天技术等专业[2]。这些专业都是后来"两弹一星"研制所需的主干专业，而且结构合理，形成了以钱学森为帅才的导弹火箭专业人才方阵、以钱三强为帅才的原子弹专业人方阵和以钱学森、赵九章为帅才的卫星专业人才方阵。这种多专业多学科人才的相互渗透、相互融合、相互协作，优势互补为"两弹一星"的研制、试验、发射、遥测、回收做好了理论和技术上的基础性准备。

为快速培养急需的专业技术人才，党中央决定采用岗位锻炼和教育并重的人才培养模式。首先建立当时的新型科技机构，通过岗位吸纳和培养各种专业人才。新中国一大批新型科技机构迅速建立，吸引长期滞留海外的科技人才争相归来，其中许多人成为"两弹一星"事业的开拓者和奠基者。如20世纪50年代中期，第一个导弹研究机构——国防部第五研究院的成立，在很短的时间内形成一支以钱学森、任新民、屠守锷、黄纬禄、梁守槃等人为代表的技术专家队伍和指挥队伍；原子能研究设计院聚集了一批以钱三强、王淦昌、朱光亚、邓稼先等为代表的核领域高水平科学家。

在党中央的统一领导和战略规划下，这个创始科研团队还为新中国高等教育事业的发展做出了突出贡献，这里举例说明。

1958年7月，清华大学在与中国科学院及北京大学密切配合的情况下，将学校现有各系及专业加以调整，包括增设自动控制系（培养自动控制及远程控制、计算机专业干部），将无线电工程系改称无线电电子学系（设无线

---

[1] 马建光."两弹一星"元勋成长启示[J]. 中国核工业，2015（2）：61.
[2] 马建光."两弹一星"元勋成长启示[J]. 中国核工业，2015（2）：62.

电技术、电真空技术、无线电物理、电子学物理、半导体等5个专业)①。复旦大学在1958年将全校专业由19个增加到27个，新建专业包括原子核物理、放射化学、高分子化学、生物物理、生物化学等8个，1960年又新设无线电物理、电子物理等4个专业②。南京大学在全国"大跃进"的形势下，也"迅速上马"了一批新专业，先后筹建了计算数学、生物化学和放射地质学等专业，增设了技术物理专修科③。

1958年6月8日，中国科学技术大学筹备委员会召开第一次会议，确立了校名并通过了建校方案和本年度招生简章，决定设置12个系。之后赵九章又建议设立应用地球物理系。1958年7月28日，学校筹备处召开的第1次系主任会议决定增设该系。在中国科学技术大学所设的13个系41个专业中，很多与"两弹一星"密切相关，如一系、八系与原子弹有关，七系与导弹有关，十三系与人造卫星有关。尤其是"两弹一星"研制的三大领军人物中④，钱学森与赵九章分别是七系、十三系的系主任，而钱三强因为公务繁忙没有任职，由赵忠尧代替他担任了一系的系主任。23名"两弹一星"元勋中，有11位曾在中国科学技术大学任教，除赵九章、郭永怀、钱学森三位系主任外，还有钱三强、彭桓武、陈芳允、程开甲、杨嘉墀、陈能宽、于敏、周光召等分别执教。

第2节 开创开拓、筑路筑基

以"两弹一星"元勋为代表的科技专家们，为我国航天事业做出了开创性的贡献。"两弹一星"作为尖端科技的典型代表，其特点是它的创新研制需要从现代科学前沿取得理论支持，反过来又带动基础学科理论的发展。原

---

① 清华大学关于各系及专业调整的议决事项：1957—1958年度校务行政会第7次扩大会议记录[M]//清华大学校史研究室. 清华大学史料选编（第六卷第一分册）. 北京：清华大学出版社，2007：549-550.
② 复旦大学校志编写组. 复旦大学志（第二卷）[M]. 上海：复旦大学出版社，1995：205.
③ 王德滋. 南京大学百年史[M]. 南京：南京大学出版社，2002：341.
④ 樊洪业. "两弹一星"人才的教育背景与启示[J]. 民主与科学，2005（4）：39.

子弹和氢弹的研制有力地推动了我国原子物理、基本粒子为代表的物理学等自然科学的研究，而导弹和人造地球卫星的研制能力为我国的航天事业的发展打下了坚实的基础，对更广泛领域的科学技术研究起了重要的牵引和推动作用。

从23名"两弹一星功勋奖章"获得者，到航天科技主要领域的开拓者，航天事业创始科研团队成员的所学专业涵盖了空气动力学、动力能源、自动控制、空间物理、工程力学、化学、气象学、通信、材料、应用光学、热力学等多个领域。在新中国成立伊始，这些学科大多基础薄弱，有些领域甚至一片空白，这样一批科技英才，为新中国众多学科的建设和发展作出了开创性的贡献。概括起来讲，这一批科技专家为新中国的科技事业起到了开创开拓、筑路筑基的重大作用。所谓开创开拓，就是创学科、拓专业；所谓筑路筑基，就是筑创新之路、筑强国之基。

这个创始科研团队的开创性贡献，主要体现在以下几个方面。一是他们的学识和意见建议对中央的战略研究和决策起到了重要的支撑作用，他们的实践和经验对战略的执行和实施起到重要的保障作用。二是他们探索和实践了完整的科研院所布局结构、专业结构、人才培养模式，奠定了我国航天科技工业体系的基本结构。军工集团（原相关工业部）和中国科学院的院所结构在1965年前后基本确定，后来随着发展需要对隶属关系进行了一些调整和增减，但是总体上的布局结构对比60年代基本没有大的变化；军事院校、专门院校、综合院校按照分工和专长培养人才，研究院所设置研究生教育专业针对性培养人才的培养体系基本没有变化。三是建立了研究、设计、生产并重，研制、试验、应用全链条的航天工程技术体系。四是建立了航天工程科技的方法论，即系统工程理论，不但是航天工程的基本方法论，也成为其他科技、工业和经济工程的基本方法论。五是为中国航天的发展构建了包括材料、力学、电子元器件、测试计量、空气动力、环境试验等在内完整的基础研究设施和条件保障体系。六是建立了国防和经济社会科技发展所需的航天装备体系的基本框架，包括地地导弹、地空导弹、空空导弹、海防导弹、探空火箭、运载火箭、遥感卫星、通信卫星、导航卫星、科学实验卫星、载人航天器等。七是创立了中国宇航学会和力学、空气动力、核科学、自动化、光学、仪器仪表等一系列专业领域国家级学会，倡导和组织建设了一批对提高我国科技教育、基础研究、技术研发、科学普及等方面水平都具有重要意义的学术组织和机构。

（一）开创开拓的代表

航天是众多科技领域成果的集大成者，航天科技人才（尤其是领军人才）首先应该是善于学习并能够洞察众多科技领域最新发展趋势的研究者，是敢于应用这些成果的实践者，是勇于率先探索更多未知领域的引领者。大部分获得"两弹一星功勋奖章"的科学家，不但是航天重大工程的卓越的科技领军人才，而且是我国相关重点专业和学科的开拓者、创始人。他们一方面在重大工程一线带队攻关，一方面在学术研究、学科建设和人才培养的一线辛勤耕耘，两条战线都做出重要的开创性贡献。以下着重介绍几位在专业技术学科领域具有代表性的科学家的成就，来展示他们在相关学科和专业领域的突出贡献。

（1）液体动力技术的创建人任新民

任新民[①]（1915年12月5日～2017年2月12日），1940年毕业于重庆军政部兵工学校大学部，后获美国密歇根大学研究院硕士学位和博士学位。

任新民是新中国第一代航天专家，液体火箭发动机技术专家。1980年当选为中国科学院院士（学部委员）。集第一代液体运载火箭、第一代通信卫星、中国第一代气象卫星工程的总设计师于一身，在第一代通信卫星——中国试验通信卫星工程中担任总设计师和技术总指挥，被航天人亲切地称为"总总师"。这个"总总师"的称号，既是对任新民技术职务及其在航天重大工程中领导作用的一种形象概括，又包含了广大科技人员对这位航天四老（任新民、屠守锷、黄纬禄、梁守槃）之首的科学家在液体火箭发动机专业

---

① "两弹一星"元勋[J]. 科学新闻，中科院学部成立60周年特刊.

领域和系统工程两个方面突出贡献的充分肯定。

任新民回国后，先参与哈尔滨军事工程学院的成立工作，并负责讲授固体火箭课程，后被钱学森选中，调任国防部五院下属的六室主任。任新民到任后的第一个任务，就是仿制从苏联引进的P-2导弹。1960年11月，中国仿制的第一枚近程导弹东风一号发射成功。1年后，任新民被任命为东风二号导弹总设计师。1964年6月东风二号导弹试飞成功，标志着中国具备了独立研制导弹的能力。此后，任新民全面负责东风三号导弹研制工作，仅用了10年，中国就拥有了完全独立知识产权的中程导弹。

任新民作为长征一号火箭的技术总负责人，攻克了发动机研制过程中的大量设计难题，以及诸多材料与工艺方面的关键技术，提出了火箭整流罩分离"两个半罩先纵向解锁，然后水平方向快速平抛"的新方案，以及在火箭二三级之间涂抹二氧化钼，防止火箭发生"冷焊"影响分离的技术途径。在长征三号火箭研制中，任新民力主研制氢氧发动机，并领导攻克了低温推进剂储存等一系列关键技术，把长征三号运载火箭打造成为中国航天的"金牌火箭"。

1979年，任新民与钱学森、张震寰等一起发起成立中国宇航学会。1980年，中国宇航学会加入了国际宇航联合会。

（2）卫星测控技术的创建人陈芳允

陈芳允[1]（1916年4月3日～2000年4月29日），中国卫星测量、控制技术的奠基人之一。

1934年，陈芳允考入清华大学，1938年初进入西南联合大学学习，毕业后先后在清华无线电研究所和成都航空委员会无线电厂工作。1945年初，陈芳允到英国A. C. Cossor无线电厂研究室工作，先在伦敦实验室做彩色电视接收机的线路工作，后转至曼彻斯特工厂雷达研究室，参加海用雷达的研制工作。1948年5月，陈芳允回到上海，在中央研究院生理生化所工作。1950年

---

[1] "两弹一星"元勋[J]. 科学新闻，中科院学部成立60周年特刊.

3月，中央研究院和北平研究院并入中国科学院，并在上海成立分院，陈芳允在生理生化研究所任技术负责人。1953年，陈芳允调到北京主持中国科学院电子学研究所筹备工作。1954年并入物理研究所，组建成电子研究室，陈芳允任该研究室主任。1956年，陈芳允参加国家12年长期科学规划制定工作，并参加了新电子所的筹备工作。

1957年，苏联发射第一颗人造卫星时，他即对卫星进行了无线电多普勒频率测量，并和天文台的工作人员一起，计算出了卫星的轨道参数，该方法成为以后我国发射人造卫星所采用的跟踪测轨的主要技术之一；1963年研制出国际领先的纳秒脉冲采样示波器；1965年，陈芳允开始参加空间技术工作，担任卫星测量、控制的总体技术负责人，制定了中国第一颗人造卫星——东方红一号的测控方案，以多普勒测量为主，并在卫星入轨点附近的地面观测站设置雷达和光学设备加以双重保证，为我国第一颗人造卫星的准确测量、预报作出了重要贡献；1967年，陈芳允调到国防科委第26基地，从事卫星地面测控网的研制和建设工作。1970年，陈芳允研究了美国阿波罗登月飞船所用的微波统一测控系统后，针对通信卫星的测控要求设计了新的微波统一系统。两套统一测控系统研制成功，为中国通信卫星发射成功起了重要作用，与通信卫星一起获得了国家科技进步特等奖，陈芳允是主要获奖者之一。

陈芳允还参加了我国回收型遥感卫星的测控系统方案的设计和制定工作，为我国十几颗遥感卫星的成功回收作出了重大贡献；1976年，调国防科委测量通信总体所任副所长。他还极具前瞻性和预见性地提出了双星定位系统、遥感小卫星群对地观测系统和小卫星移动通信系统等方案，为我国航天事业的持续发展起到了重要的引领作用。

1985年陈芳允获国家科技进步奖特等奖。1986年，他与王大珩、王淦昌、杨嘉墀联名向中央提出发展高技术（即863计划）的建议。

（3）自动化技术的创建人杨嘉墀

杨嘉墀[①]（1919年7月16日～2006年6月11日），1941年毕业于上海交通大学，1949年获美国哈佛大学博士学位。

杨嘉墀之所以能够获得"两弹一星功勋奖章"，不仅仅是因为他在"两弹一星"和一系列航天重大工程中的突出贡献，也因为他在自动化等专业领域的重要成就和开创性贡献。杨嘉墀不仅是我国著名的航天科技专家，更是著名的仪器仪表与自动化专家、我国自动检测学的奠基者，同时也是中国自动化学科、自动化学会、仪器仪表学会的创建人之一。

根据国家科技发展的需要，杨嘉墀经历了多次"转行"，从电机到应用物理再到自动化技术和航天，在仪器仪表、自动化、信息技术等领域都取得了非凡的科技成就。

1945年，杨嘉墀研制出中国第一台载波电话样机。1947年，他跨洋求学，先后在美国哈佛大学取得了工程科学与应用物理系硕士和哲学博士学位。杨嘉墀不但理工基础扎实，而且动手能力极强，善于融会贯通又虚心好学。1950年，他发明了"杨氏仪器"（即高速电子模拟机和自动快速记录吸收光谱仪），并在美国申请了专利，投入生产。1956年，杨嘉墀回国，带回了示波器、电压表、真空管等一些国内紧缺的科研设备，并与航天结缘。1960年前后，杨嘉墀指导原子弹爆炸试验所需的检测技术及设备等重大科研项目，为我国核试验的成功做出重要贡献；1965年参与我国第一颗人造地球卫星研制规划的制定，领导并参加了我国第一颗人造地球卫星姿态控制和测量分系统的研制；1966年参与制定了我国人造卫星十年发展计划，在我国第一代返回式卫星姿态控制方案论证和设计中，提出一系列先进可行的设计思想，领导研制的返回式卫星姿态系统及数据分析指标达到了当时国际先进水平。

1985年杨嘉墀参与的返回式卫星和东方红一号卫星获国家科技进步特等奖。1986年，他与王大珩、王淦昌、陈芳允联名合向中央提出发展高技术

---

① "两弹一星"元勋[J]. 科学新闻，中科院学部成立60周年特刊.

（即863计划）的建议。

（4）为多个学科的创建和发展做出突出贡献的物理学家赵九章

赵九章[①]（1907年10月15日～1968年10月26日），1933年毕业于清华大学物理系，1938年10月获德国柏林大学博士学位。曾任中国科学院地球物理研究所与应用地球物理研究所所长、研究员，中国科学院卫星设计院院长，中国气象学会理事长，中国地球物理学会理事长。

赵九章是中国人造卫星事业的倡导者和奠基人之一。在他的领导下，我国开创了利用气象火箭和探空火箭进行高空探测的研究。他对中国卫星系列发展规划和具体探测方案的制定，对中国第一颗人造地球卫星、返回式卫星等总体方案的确定和关键技术的研制，都起到了重要作用。

在他的领导下，我国还完成了核爆炸试验的地震观测和冲击波传播规律以及有关弹头再入大气层时的物理现象等研究课题。赵九章对大气科学、地球物理学和空间科学的发展贡献重大，是倡导和开拓我国地球科学数学物理化和新技术化的先驱。在气团分析、信风带热力学、大气长波斜压不稳定、大气准定常活动中心、有关带电粒子和外层空间磁场的物理机制等方面，都做出了很多奠基性的研究成果。先后创立了多个地球科学研究机构，并开辟了许多新研究领域，如气球探空、臭氧观测、海浪观测、云雾物理观测、探空火箭和人造地球卫星等。赵九章还培养了一大批优秀的科学家，对中国地球科学的发展产生了深远的影响。1985年获国家科技进步奖特等奖。

赵九章的学术贡献涉及物理学、地球科学、空间技术等多个领域，而且大部分都是开创性的，这为研究和思考航天科技人才的知识结构、培养方式等问题提供了很重要的启示。

---

① "两弹一星"元勋[J]. 科学新闻, 中科院学部成立60周年特刊.

(5) 航天材料与工艺技术的奠基者姚桐斌

姚桐斌(1922年9月3日~1968年6月8日),中国航天材料与工艺技术的奠基者,优秀的火箭材料及工艺技术专家。作为中国第一代航天材料工艺专家和技术领路人,他一直从事导弹与航天材料、工艺技术的组织领导、研究和试验工作,在现代冶金学有关金属和合金黏性、流动性等研究中成绩卓著。

1946年,姚桐斌赴英留学。他在英国伯明翰大学用三年时间取得了博士学位,一年后又获得伦敦帝国理工学院博士学位,之后开始在英国伦敦大学从事研究和讲学工作。1953年秋天,姚桐斌赴联邦德国慕尼黑大学,仅仅三个月,他就熟练掌握了德语。在联邦德国的四年中,他专心致志研究金属液体理论,并取得突破性进展,他的研究成果,引起了西方学术界的重视。1956年,他在瑞士加入了中国共产党。

1957年底,姚桐斌一回国,北京钢铁学院、清华大学和中科院沈阳金属研究所都希望他能去工作。聂荣臻元帅通过国务院专家局,指名要姚桐斌到成立不久的导弹研究院(即国防部五院)工作,负责筹建一个研究所。1962年,中国唯一的航天材料及工艺研究所(现在的中国运载火箭技术研究院航天材料工艺研究所)成立,姚桐斌被任命为所长。在没有任何资料可借鉴的情况下,姚桐斌带领航天材料工艺研究所的同志,争分夺秒,经过反复分析试验,只用了不到2个月时间,就研制出了航天急需的高温钎焊合金。火箭发动机中的燃料在燃烧过程中,会产生3000℃以上的高温,容易烧坏零部件,引起事故,姚桐斌把这个问题列入研究课题,在一片质疑声中坚持研究,将新研制的材料和工艺用于新型号的火箭上,不仅让火箭发动机在高温状态下能正常工作,还提高了推力,增加了导弹射程。他领导研究的钛合金高压容器在我国航天产品上得到广泛的应用,对减轻火箭结构重量起到了重要作用。他主持了液体火箭发动机材料的振动疲劳破坏问题的研究,并将其成果应用到火箭型号的研制工作上,对火箭部件的设计、选材和制造起了指导性作用。

姚桐斌很有远见地提出了材料先行的思路。1962年至1964年期间,姚桐斌带领开展的研究课题包括新型不锈钢、钛合金、高强铝合金等500多项，其中预先研究项目占了约一半①。这些项目，有的很快在导弹和火箭研制中得到应用，有的在以后研制的很多新型号上取得了可喜的成就，几乎每一个课题都填补了我国的空白，而且许多技术转为民用后，为国民经济建设创造了巨大的经济效益。因为他对航天创建特别是在材料与工艺技术领域做出的重大贡献，1999年被追授"两弹一星功勋奖章"。

（二）筑路筑基的先锋

"两弹一星"功勋科学家是中国航天科技群英谱中的杰出代表，除了这些科学家之外，还有一大批科学家在自己的岗位和专业领域中同样做出了开创性的贡献。他们在专业和学科上的成就，是中国航天事业创建路上不可或缺的关键性铺路石。以下仅举其中几个代表性的例子。

（1）航天空气动力学的奠基者庄逢甘

庄逢甘（1925年2月11日～2010年11月8日），江苏常州人，中国航天事业奠基者之一、中国航天空气动力学开拓者，中国科学院院士。1947年，上海交通大学毕业后留校任教，后到美国加州理工学院，师从国际著名流体力学家李普曼（H. W. Liepmann）教授，致力于航空工程和数学专业研究，开始了力学领域最艰巨的湍流难题的研究工作。1950年，在湍流统计理论的论文中，以其杰出才华和独到见解，获得加州理工学院博士学位，后受聘担任加州理工学院研究学者。

新中国成立后，他听从祖国召唤，毅然放弃在美国获得的荣誉、地位和优裕的工作、生活条件，于1950年回国，受聘担任母校上海交通大学数学系副教授。1953年，哈尔滨军事工程学院成立，被调到哈尔滨军事工程学院任空军工程系教授，主讲空气动力学。1957年2月，他受命担任五院下属的空气动力研究室主任。1957年8月，他领导起草了第一份中国航天空气动力学

---

① 杜文林. 论"两弹一星"精神的时代内涵[J]. 中国纪念馆研究，2015（2）.

试验基地的设备建设规划。此后的5年时间，他一直在第一线主持和领导设备建设，建成了从低速到高超声速共9座风洞试验设备，完成了北京基地工程项目的建设，满足了火箭、导弹技术发展配套试验项目的基本需求。在他的正确决策和指导下，还先后建成了2m激波风洞和200m自由飞弹道靶等一系列重要地面模拟设备。

20世纪60年代中后期，庄逢甘领导并亲自参加我国各类航天飞行器型号空气动力问题的研究与关键技术攻关，为解决有翼飞行器气动布局和性能预测、大型运载火箭跨声速抖振、再入飞行的安全返回、各种卫星的气动问题做出了重要贡献。80年代，庄逢甘参与创建了中国空气动力学会，并担任会长。2002~2010年，庄逢甘担任中国科协副主席。

（2）航天自动控制和航天CAD技术的重要创始人梁思礼

梁思礼（1924年8月24日~2016年4月14日），近代著名启蒙思想家梁启超之子，1945年获得美国普渡大学学士学位，1949年获得辛辛那提大学博士学位。他是导弹控制专家，火箭控制专家，中国导弹控制系统研制创始人之一。

1956年，梁思礼参加了国务院组织的"十二年科技规划"起草工作，负责起草中国运载火箭研制的长远规划。1959年，梁思礼作为仿制苏联P-2导弹控制系统技术负责人之一，成功解决了超差代料问题，研制出了具有替代性的合格的国产燃料、材料和元器件。随后，梁思礼参加了我国第一枚自行设计的东风二号及其改进型导弹的研制，担任控制系统副主任设计师、主任设计师，领导研制成功了具有中国特色的导弹全惯性制导系统。他总结研制规律提出，"质量和可靠性是设计出来的，不是统计出来的；是生产出来的，不是检验出来的；是管理出来的，不是试验出来的"。梁思礼作为主任设计师，参加了东风二号甲导弹和核弹头"两弹"结合飞行试验，采用双补偿和横向坐标转换装置，排除了地形的干扰，制导精度也得到极大的提高。梁思礼在结束"两弹"结合工作后，又转战研制东风五号，采用先进的惯性平台——计算机制导技术，完成了关机方程和导引方程的推导，以及小型化国产集成电路计算机的研制。1976年至1978年，梁思礼担任长征三号控制系统技术负责人，后来又集中力量研制远程导弹和长征二号，并参加了1980年向太平洋发射远程运载火箭的首飞试验，获得1985年国家科技进步特等奖。

梁思礼还是航天CAD（计算机辅助设计）技术的倡导者和奠基人。20世纪80年代初，他就倡导研究计算机辅助设计在航天领域的应用和推广，并提出把可靠性的工作由硬件拓展到软件，为航天器集成设计与制造能力的建设和提升做出开创性的贡献。同时，他倡导的软件工程化工作，对载人航天等一系列重大工程的研制和发展起到重要的基础性作用。

（3）航天测控通信技术的重要开拓者张履谦

张履谦，出生于1926年3月1日，湖南长沙人，雷达与电子技术专家，中国航天科技集团科技委顾问。1951年毕业于清华大学电机工程系，分配至军委通信部工作。1995年当选为中国工程院院士。

1951年，张履谦参加抗美援朝，奉命到前线去解决雷达抗干扰问题，前方雷达站上没有器材，他通过剪罐头盒做电容器，用麻绳做成联动装置，快速而同步改变雷达发射与接收频率，从而解决了抗干扰问题。在抗美援朝的雷达抗干扰任务完成后，回国之后接着研制了一项变手动为联动的快速调频抗干扰系统，不仅节省了调试的时间，还提高了雷达抗干扰的准确度和成功率。这套抗干扰系统随后交给前方部队使用，达到了很好的抗干扰效果。时至今日，快速调频等抗干扰措施仍然是现代雷达抗干扰的基本手段。

张履谦在抗美援朝期间为部队解决了雷达抗干扰问题，为中国电子对抗事业做出了开创性贡献。1956年，他参加了国务院组织的"十二年科技规划"编制工作。1957年，张履谦投身航天事业，主持研制成功我国第一代地空导弹制导雷达，具有抗干扰性能，批量装备部队，多次成功击落美国U-2高空侦察机。他又领导完成了其改进型号的方案设计，是20世纪60年代国防科研系统科技干部标兵。

20世纪70年代末，张履谦领衔研制我国通信卫星工程中的微波统一测控雷达系统和超远程引导雷达。在高端仪器缺乏、器材无法引进等困难条件下，他与同事自力更生，研制出了全部国产化的设备。他还参加了我国气象观测卫星、通信广播卫星、对地观测卫星、导航定位卫星、数据中继卫星等研制，是中国第一代卫星导航系统的策划者之一。1984年，他和国内专家一道，提出在我国建立双星定位系统（即北斗一号卫星导航系统）的建议，得到了中央批准和实现，揭开了我国建立北斗卫星导航系统的序幕。他还是最早向国家提出载人航天及空间站工程建议的科学家之一。张履谦为我国的雷达技术、电子对抗技术、空间技术等领域都作出了显著成绩和重大贡献，聂荣臻元帅曾赞誉他是"国防科研战线上优秀技术指挥员的代表"。

（4）固体动力技术的奠基人杨南生

中国第一枚探空火箭、第一台固体火箭发动机、第一颗东方红人造卫星、第一发潜地导弹……这些一个又一个的"第一"，都跟杨南生有着密切联系，但是他的事迹却鲜为人知。

杨南生（1921年12月29日～2013年3月5日），出生于缅甸仰光市一个华侨之家，出生后不久随母回国，1943年从西南联大毕业，1947年考取庚子赔款公费留学，赴英国曼彻斯特大学深造，1950年获得英国曼彻斯特大学博士学位后回到祖国。先后在重工业部汽车实验室、长春第一汽车制造厂工作。1956年9月，杨南生奉命调到刚成立的中国科学院力学研究所从事高温塑性力学研究。1958年秋，中科院遵照毛泽东主席"我们也要搞人造卫星"的指示，组建卫星研制机构，杨南生被委任为当时刚成立的1001设计院负责人之一，负责运载火箭的设计。1958年11月，该院南迁上海组成中国科学院上海机电设计院，杨南生任副院长。几年中，他与王希季等一道率领广大科技人员和生产工人，先后研制成T5探空火箭模样弹和T7M、T7、T7A探空火箭，与导弹研制部门并行地开创了我国的火箭事业。

1964年8月，杨南生再次接受调动，到国防部第五研究院第四分院（今航天科技集团第四研究院）任副院长，担任固体火箭发动机研制的技术领导工作。1991年5月，他兼任航空航天部科技委顾问。在这20余年中，他南北转战，埋头苦干，不计任何个人名利得失，领导研制成功10余种用于武器的固体火箭发动机；以及"长征一号"运载火箭第三级发动机、返回式卫星回收制动发动机、通讯卫星远地点发动机等多种航天固体火箭发动机；还开展了大量固体火箭推进技术预研课题和几种大型试验发动机的研制，为我国固体火箭事业的创建和发展作出了突出的贡献，也为研制第二代固体火箭打下了坚实的技术基础。1978年荣获全国科学大会先进个人奖；1984年荣立航天工业部一等功；1985年被国际宇航科学院选聘为院士。

1978年，杨南生接受了西北工业大学的邀请，开设了塑性力学、弹塑性断裂力学等课程，先后被批准为硕士、博士研究生导师和博士后工作站导师，以弹塑性断裂力学研究为方向，培养了近20名硕士、博士生和博士后。

钱学森曾评价说，"杨南生是有真才实学的。"他专注于基础理论研究和科学方法创新，非常善于运用基础理论解决工程实践难题，从而推动了固体发动机技术的创新和发展。他的同事、原四院副院长阮崇智回忆起创业的那段激情澎湃的倥偬岁月时说："杨南生对四院的贡献是根本性的。他从不居功，不突出自己，总是把年轻人推到前面，他的为人是我终生效仿的榜样。"①

（5）无线电与惯性技术的重要开拓者郝复俭

郝复俭（1911年4月14日～1975年9月17日），无线电与惯性器件技术专家，我国无线电与惯性器件技术的主要开拓者之一。1933年9月考入清华大学电机工程系，1938年毕业，获工学学士学位。1945年4月，赴美国哈佛大学研究生院攻读无线电工程专业，1946年8月获硕士学位，1947年回国，任当时的资源委员会专家。1952年9月至1957年10月，在总参通信部电子科学技术研究院任职。随着电子科学技术研究院并入国防部第五研究院，开始从事导弹与航天技术工作。1975年9月，积劳成疾，因病逝世，享年64岁。

郝复俭于1938年开始从事无线电仪器仪表的设计、制造和使用维护工作，为我国早期的无线电与电信技术的发展付出了辛勤的劳动。新中国成立后，他满腔热情地投身于祖国的通信事业。1956年，郝复俭参加了国务院组

---

① 杨成，高一鸣. 这四位老人，不简单[N]. 中国航天报，2020-05-07.

织的"十二年科技规划"起草工作。调入国防部五院后,他一直担任惯性器件研究所的技术领导工作,是我国导弹与航天惯性器件技术的主要创建者之一。在仿制从苏联引进的 P-2 液体近程弹道导弹时,在郝复俭的领导和主持下,仿制成功了 P-2 导弹的惯性仪表,保证了我国近程导弹的仿制成功,并为自主研制惯性仪表奠定了基础。在我国第一个自行设计的中近程液体弹道导弹的研制中,他主管惯性仪表的研制。这一导弹的控制系统与 P-2 导弹的控制系统比较,完全自行设计的 19 项,改进设计的 46 项,在我国当时的科技水平和工业技术基础下,郝复俭毫不气馁、身先士卒,带领有关科技人员刻苦攻关,靠着奋发图强、艰苦奋斗的精神和干劲,圆满地完成了自行设计的任务。在后续的中程、中远程、远程液体弹道导弹和我国发射第一颗人造地球卫星的长征一号运载火箭的研制中,他作为惯性技术设计部的主任、研究所所长,一直主持惯性器件的攻关、研制、试验、调试和生产工作,长期在一线艰苦奉献,不计名利,抱病工作,是惯性器件研制单位的重要创建者之一。

1985 年,在他去世 10 年后,因在导弹和火箭惯性器件研制中的突出贡献,作为"液体地地战略武器及运载火箭"科技成果的第四获奖人,和钱学森、屠守锷、姚桐斌、梁思礼、庄逢甘、李绪鄂共 7 位著名科学家一起,荣获国家科学技术进步奖特等奖。

第 3 节 举国体制的典范和中坚

对于"两弹一星"的成功,举国体制是举世公认的经验。"两弹一星"以及之后的载人航天和探月工程等令国人引以为傲的重大项目,都是在"举国之力"搞科研的体制下完成的。回顾"两弹一星"工程的发展历程,由于实施集中统一领导,集中力量办大事,坚持科研、生产、使用相结合,同时加强统筹规划和科学管理,避免分散和重复,大大提高了科技投资的综合效益,加速了国防科技的发展。

从"原子弹、导弹研制成功"到"卫星上天",每一项工程、每一个装置的研究制造都有众多的科研单位和人员参与。以首次核爆炸实验为例,参与单位26个,参与成员上万人,实验项目包括核科学、力学、光学等,进场技术物资达50多种1100多吨,后勤保障物资32 000多吨,动用车皮1100多节、汽车1200多辆,行驶里程相当于环绕地球463圈[①]。"两弹一星"的研制过程是一个不断创新的过程,其中重要的是国家高层决策者、管理层、科学家发挥各自优势,共同推动了体制创新和科技创新的结合。在管理体制上的创新就是中国共产党倡导的技术民主集中制,这是"两弹一星"科技管理的重要经验。在这一过程中,广泛运用系统工程、并行工程和矩阵式管理等现代管理理论与方法,设计、试验和工程部门之间紧密配合、协同攻关,大大提高了整体效益,走出一条投入少、效益高的发展尖端科技的路子[②]。

历史经验表明:任何国家,要想建立基本架构齐全、独立自主的航天科技工业,都必然也必须采取举国体制来汇聚资源和力量,概莫能外。当然,不同国家的举国体制,其形式和内涵有所不同,但都是应该基于国情和家底,目标和途径相协调的。美国模式、苏联(俄罗斯)模式、欧洲模式、中国模式,都是成功的模式,又各有特点。中国模式最大的特点也是最大的创造,就是能够使当时一个长期处于农业社会的国家,在几乎为零的现代科技工业基础上,用较少的投资,在短时期内建立起基本的尖端科技工业体系,并完成了对国家战略安全和现代化建设至关重要的重大科技工程,实现了质量、效率与效益的统筹协调。这种体制的成功,党政军的团结协作、步调一致是起到决定性作用的。而且这种团结协作、步调一致,是基于制度设计和机制保障的。最关键的就是集中统一领导的制度设计和机制保障。中央设立专门委员会,受党中央和毛泽东主席委托,由周恩来以党中央副主席、国务院总理和中央军委副主席的身份负责中央专委工作,由聂荣臻以国务院副总理和中央军委副主席身份同时主管国家科委和国防科委,从制度和机制上确保了党政军一体、军民一体、军地一体,保障了科研、生产、试验,以及航

---

① 解放军总装备部政治部. 两弹一星:共和国的丰碑[M]. 北京:九州出版社,2000.
② 王素莉. 两弹一星决策与历史经验[J]. 中共党史研究,2001(4):57.

天发射基地建设、测控网体系建设等各项任务的顺利实施。

除了顶层的制度设计和机制保障，创始科研团队在举国体制中的作用不容忽视，因为他们是这个体制中科技战略的参谋和执行者，又是这个体制中战役、战术的决策者和执行者，在具体的工作中，这个团队依靠其对事业的忠诚、学识、胆识、品格，以及执行力、领导力、创造力，以身作则、知行合一，成为这个体制中战略实施的中坚力量、科技创新的领军人物和团结协作的典范。也正是这样一种体制，才能把原本属于不同行业和专业领域的科技专家，围绕同一个事业和目标紧密团结在一起，创造出一个又一个科技丰碑。

举国体制，是一架由一个个零件组装在一起的机器，是一幢由一块块砖瓦垒起的大厦。各行各业的单位和科研人员、干部职工，就是这样一个个零件、一块块砖瓦，他们随时听候中央调遣，国家需要的就是"我要干的"，国家"需要我到哪里就到哪里"，召之即来、来之能战、战之必胜。这已经成为一种强大的文化基因，深深地植入航天事业创建者的思想深处。

在此，各举两位著名科学家和两个典型单位的例子，供读者体会这种文化基因的力量，以及创始科研团队在这种体制中的典范和中坚作用。

（一）创新奋斗的专家典范

（1）为国防和航天持续"发光"的功勋科学家王大珩

王大珩[①]（1915年2月26日～2011年7月21日），"两弹一星"功勋科学家，我国光学事业的奠基人之一，对国防领域大型光学观测设备的研制，以及对我国光学事业和计量科学的发展发挥了重要作用。他的一生，是为我国的光学科技事业奠基、育人的一生，也是为国防和航天持续"发光"的一生。

王大珩1936年毕业于清华大学物理系，1938年赴英国帝国理工学院留

---

① "两弹一星"元勋[J]. 科学新闻，中科院学部成立60周年特刊.

学，攻读应用光学专业。1941年转入英国谢菲尔德大学，在著名玻璃学家特纳（W. E. S. Turner）教授指导下进行光学玻璃的研究。1942年，受聘于伯明翰玻璃公司，专攻光学玻璃研究，同年加入留英工程师学会，1945年获得英国科学仪器协会"第一届青年仪器发展奖（Bowen奖）"。1948年，王大珩满怀科技强国的梦想回到祖国，此时，应用光学在我国几乎还是一片空白。1951年，经钱三强推荐，中国科学院任命王大珩负责筹建仪器馆的工作，新中国的光学事业从此起步。王大珩在我国光学领域的贡献是开创性的，也是系统性的，他对航天技术的发展的作用也是基础性的、持续性的。他创办的长春光学精密机械与应用物理研究所、长春光机学院（现长春理工大学）等学术教育机构，已经成为中国应用光学研究及光学仪器制造的重要科研基地。这些机构，不但参与了大量航天重大工程的研制，为中国航天事业的发展做出了卓越贡献，而且为航天光学遥感领域输出了大量的优秀人才，为中国的光学事业培养了一代又一代优秀的科技人才。他于1986年和王淦昌、陈芳允、杨嘉墀联名，根据世界科学技术发展的最新态势和我国国民经济、国防建设的迫切需要，提出发展高技术的建议（即863计划）；与王淦昌联名倡议促成了激光核聚变重大装备的建设；同时，他还提倡并组织学部委员主动为国家重大科技问题提供专题咨询；1992年，他与其他5位学部委员倡议并最终促成中国工程院的成立。他的这些倡议对中国科技发展的贡献和深远意义，已经远远超出了那些具体的科技成果，成为更长久、更持续、更有力的创新源动力。2000年，王大珩作为重要推动者，促成了地球空间双星探测计划的实施。2006年前后，王大珩亲自起草了《我国空间科学卫星系列建议书》，建议国家补齐空间科学在航天强国建设中的短板。在他和一批科学家的呼吁和支持下，2011年中国科学院党组决策实施以空间科学为主要目标的战略性科技先导专项。

1952年中国科学院仪器馆在长春成立，他被任命为馆长。仪器馆之后发展成为长春光学精密机械研究所，成为国际知名的从事应用光学和光学工程的研究开发基地。为建立光学设计基础能力，王大珩在中国科学院仪器馆领导组建了光学设计组，培养出不少国内很有成就的光学科学家，逐步建立起光学设计、像素理论和像质评价、光学加工和光学检验、光学玻璃配方、光学薄膜技术、光度和光学计量、精密刻划和光栅刻划等技术基础。王大珩领导中国科学院仪器馆研制出我国第一台电子显微镜、第一台激光器。从20世纪60年代开始，王大珩和他领导的长春光机所转向以国防光学技术及工程研究为主攻方向，先后在红外微光夜视、核爆与靶场光测设备、高空与空间侦察摄影、空间光学测试等诸多领域做出了重要贡献。他参加了中国第一次核爆试验，指导改装了高速摄影机用于火球发光动态观测；他为建立国防光学工程的学科基础，最早在国内领导大气光学和目标光学特性的研究；他在太阳模拟器和空间侦察照相机的研制中提出了先进的技术方案。1980年5月，中国向南太平洋发射远程运载火箭，王大珩带领长春光机所研制的电影经纬仪和船体变形测量系统两项光学工程设备，出色地完成了火箭再入段的跟踪测量任务，独立解决了远洋航天测量的平稳跟踪、定位、标定、校正的抗干扰等技术难题，在测量船的光学测量布局和船体摇摆及挠曲与实时修正方面均有重要创造。

从英国回国后，王大珩和光学家龚祖同共同建议在大学设置光学仪器专业。1952年，浙江大学组建了光学仪器系；1953年，北京工业学院设立光学仪器专业；随后，清华大学、南开大学等先后办起了光学仪器专业，如今，全国已有上百所高校设立了此类专业。1958年，为了给新中国培养光学精密机械仪器专业人才，王大珩领导创建了长春光学精密机械学院，任长春光机所所长兼长春光机学院院长，并在百忙之中坚持给学生主讲普通物理、理论物理等课程。1980年以后，王大珩在指导研究生上投入了很多精力，他十分强调理论水平与实践能力并重，要求研究生课题必须有创新之处，他培养的研究生中，许多人成为我国光学界的领军人才。现在，这所大学已经成为向兵器和航天等领域输送光学专业人才的重要基地。1978年王大珩受中国科学院委托筹办哈尔滨科学技术大学（1995年更名为哈尔滨理工大学），兼任校长，带领全校通过大刀阔斧的改革，引进师资、调整专业，倡导建立了技术物理系，培养了一批优秀毕业生。

王大珩是中国光学学会、中国计量测试学会、中国仪器仪表学会的主要创办者之一。1979年至1992年，他当选为国际计量委员会委员，连任三届达13年之久。王大珩多次呼吁加强计量的基础研究，在他的倡导下，由中国计量科学研究院和北京大学等单位联合成立了"计量测试高技术联合实验室"。

（2）时刻听从党召唤的惯性导航技术专家陆元九

陆元九，1920年1月9日出生于今安徽省滁州市。1941年毕业于重庆中央大学航空工程系，1949年获美国麻省理工学院博士学位，是世界上首位仪器工程学（即惯性导航专业）博士，1956年回国。1980年当选为中国科学院院士（学部委员），1985年当选为国际宇航科学院院士，1994年当选中国工程院院士。

陆元九主要从事惯性器件及惯性导航研究和航天工程控制问题的研究，参加筹建中国科学院自动化所和中国科技大学自动化系的工作，曾任中国科学院自动化研究所副所长和中国科技大学校务委员会委员、自动化系副主任，参加我国早期的工业自动化、探空火箭、人造地球卫星及一些装备型号控制系统的研制和开发，是我国陀螺、惯性导航及自动控制专家，我国自动化科学技术开拓者之一，为我国的控制技术特别是惯性技术的发展及其在运载火箭方面的应用做出了突出贡献。

陆元九生于旧中国，在战乱中辗转求学，后远渡重洋深造。新中国成立后，他冲破重重阻力回到祖国怀抱，开拓自动化事业，并在年近花甲时重返科研一线，全力投身航天事业。在他身上，既有一名优秀科学家的深厚学术素养，更有一名优秀共产党员时刻听从党召唤的高度自觉性、坚定执行力和无穷创造力。

陆元九大学主修发动机和空气动力学，自学了飞机结构设计，并选择了飞行力学作为毕业论文题目。赴美留学麻省理工学院后，一心想要"学点新东西"的陆元九没有选择"驾轻就熟"的发动机专业，而是师从国际著名自动控制专家德雷伯教授学习仪器学专业，成为他的第一个博士（也是世界上第一个惯性导航专业博士）并参加仪器学教研室的工作。获得博士学位后被麻省理工学院聘为副研究员、研究工程师，成为导师的同事，在导师的科研小组继续从事研究工作。为了避开回国障碍，陆元九主动离开麻省理工学院涉密岗位，调往土木系一个研究室，后来又离开大学，到福特汽车公司科学实验室工作。其间，他参与了多项先进科技项目的探索，其中包括世界上第一辆气垫式汽车的研制。

回国后，陆元九被分配到中国科学院参与筹建自动化研究所，为我国自动化研究与发展作出了开拓性贡献。1958年，毛泽东主席发出"我们也要搞人造卫星"的号召，中国科学院自动化研究所的任务由原来的工业自动化转向探空火箭、卫星方面。陆元九大胆提出进行人造卫星自动控制的研究，而且要用控制手段回收（这是世界上首次提出"回收卫星"的概念），并亲自绘制了运载火箭结构图和我国第一个探空火箭仪器舱模型。当时新组建的上海机电设计院负责我国早期卫星和运载火箭的探索研制，根据组织安排，陆元九和杨嘉墀每个月乘空军任务飞机往返于京沪，不辞辛劳地参与指导火箭控制技术的研制工作。20世纪60年代初，陆元九负责中国科学技术大学多项工作，并编撰《陀螺及惯性导航原理（上册）》等专著。这本专著一改过去以力学的观点和方法进行论述的思路，采用自动控制的观点和方法对陀螺及惯性导航原理进行了论述，是我国惯性技术方面最早的著作之一，对我国惯性技术的发展起到了重要的推动作用。陆元九提倡"元件为主，测试设备先行"的研制方针，对我国惯性技术的发展起到了重要推动作用。1965年，陆元九主持组建了我国首个液浮惯性技术研究室并兼任主任，支持开展了我国单自由度液浮陀螺、液浮摆式加速度表和液浮陀螺稳定平台的研制。

1978年，已近花甲之年的陆元九重回科研一线，被调往北京控制器件研究所任所长，正式全身心投入航天事业。他积极参加航天型号方案的论证工作，根据国外惯性技术的发展趋势和国内的技术基础对新一代运载火箭惯性制导方案的论证进行了指导，即确定采用以新型支承技术为基础的单自由度陀螺构成平台系统方案。陆元九一直倡导要跟踪世界尖端技术，在他的领导下，我国先后开展了静压液浮支承技术等预先研究课题以及各种测试设备的研制工作。在陆元九的极力主张下，国家批准建立了惯性仪表测试中心，为我国惯性仪表研制打下了坚实的基础。陆元九参加中国科学院早期探空火箭、人造卫星以及一些战术导弹的控制研制工作，参加多种导弹卫星的论证方案、飞行试验数据分析等工作；主持开展了飞行器自动控制相关的大量技术攻关，惯性器件及测试设备的研制，稳定系统研制，惯性制导系统研究，液压、气动执行机构和红外光学敏感技术研究等。陆元九作为航天自动化科学技术的开拓者之一，在长征三号乙运载火箭、人造卫星控制研究和惯性技术领域等多方面取得了重大突破，并培养了一大批航天科技领军人才，是航天科研院所研究生培养制度的奠基者之一。2005 年，85 岁高龄的他经过充分深入调研，针对航天科研一线科技队伍新老交替后，青年人才队伍的科学作风培养这一重大问题，提出饱含真知灼见的建议报告，并在航天科技集团党组支持下，亲自示范，亲力亲为，推动这项意义重大的人才培训工程，培养了一大批航天科技人才，促使他们成长为作风优良的航天工作者。他还是中国自动化学会、中国惯性技术学会的创立者之一，为我国航天事业和科技事业发展奉献了终生。

2021 年，在建党百年的重要历史节点，101 岁的陆元九因其学术成就、对国家科技发展和航天事业的突出贡献，尤其是无怨无悔、淡泊名利、甘为人梯、甘作幕后英雄的崇高风范，荣获首批"七一勋章"。

（二）爱国奉献的体制中坚

（1）百年老厂的六十载航天报国路

航天科技集团八院 149 厂是一个百年老厂，其前身是爱国主义实业家胡厥文（后曾任全国人大常委会副委员长）于 1921 年在上海创立的上海新民机器厂。这个百年老厂的前 40 年一直在践行胡厥文先生"振兴实业、强国利民"的思想。早期从生产简单的纺织机、冲压机、蒸汽机、柴油机等起步，到仿制国外机器把外国产品挤出国内市场，闯出了一条实业报国的新路。

1937年七七事变后，工厂西迁至重庆等地，制造手榴弹、地雷、水雷、穿甲弹、迫击炮弹，用实业支持抗战救国。解放后，工厂完成公私合营，迈向新生。1961年7月，新民机器厂划归上海机电二局，开始承担防务装备产品的研制和生产任务，从此正式纳入航天体系。1980年经七机部批复与新中华机器厂合并，改称新中华机器厂，代号国营149厂，开始承担运载火箭的研制、生产和总装任务，并承担防务装备地面设备的技术抓总和研制生产任务，从那时起踏上了为发展航天事业添砖加瓦、默默奉献的新征程，也为胡厥文先生"振兴实业、强国利民"的思想找到了更高、更大的舞台。

60年来，这个工厂为防务装备和CZ-4、CZ-2D、CZ-6等长征系列运载火箭研制做出了卓越的贡献，而其在支援三线建设过程中展现的精神风貌更加令人钦佩[①]。

1964年9月9日，国务院国防工业办公室召开国防工业会议，确定在黔北地区组建一个研制生产地空导弹基地（即061基地）的计划，由国防部五院主抓，上海市负责包建。上海机电二局是负责包建061基地的主体单位，几乎承担了黔北地空导弹研制生产后方战略基地绝大部分的包建任务。在那个年代，广大航天职工以国为重，舍弃小家，坚决响应党中央的号召，毅然承担起国家赋予他们建设三线国防的重任。按照分工，上海机电二局下属有两家单位为全迁单位，其中一家就是新民机器厂，当时包建一家导弹发射架和地面设备厂，即3655厂。新民厂先后共派出支内职工近700人，除少数有具体困难的职工未去，几乎全厂职工都告别亲人，义无反顾地奔赴贵州三线。

按照上级要求，新民厂选派最好的干部输送到三线，配备了全套领导班子，从厂党委书记、厂长、总工程师及车间、科室领导直至生产组长都配备齐全。各工种配套、平均技术水平均高于老厂。为保证按时完成支内援建任务，各级党政领导还认真做好深入细致的思想政治工作，层层动员，干部、党员积极带头，对支内职工的住房、生活实际困难等，还组织专门班子帮助解决。大批职工积极响应党的号召，舍弃上海的小家，奔赴贵州支援建设。

---

① 上海航天设备制造总厂有限公司. 追梦——奋进中的航天总厂[M]. 上海：上海人民出版社，2021：31.

不少职工还说服动员家属，举家搬迁三线，立志艰苦创业，报效祖国，涌现出许多感人的事例。

由于贵州省遵义地区地形复杂，光是选址这一项工作就费尽周折，费劲初步选好点之后，经过进一步勘探测量，发现地下竟是空的，不能使用，只好重新换个地方。该厂的选址就换了4个地方——马前坝、杨柳坪、桐梓、沙湾。几经反复，新民机器厂于1968年6月到贵州遵义县高坪区沙湾公社大石坝附近筹建3655厂，拟定年产地面发射架60台套，预计总人数1495人（干部及保障人员数374人、工人数1121人）。新民机器厂972人中抽调556人参与建设。

这群从繁华的上海大都市来到贫瘠的黔北山区的年轻航天人，充满着理想和追求，一心要为祖国造导弹而来到三线，没有抱怨生活艰苦。他们从通路、通水、通电、平整场地（即"三通一平"）做起，争分夺秒，抓紧施工。他们住在自己临时搭建的条件简陋的简易房、干打垒、帐篷和草房里，洗个澡都要走一个多小时的山路。虽然风餐露宿、苦征恶战，建设者当时的精神状态始终是朝气蓬勃、奋发昂然的[①]。

百年老厂的六十年航天报国路，将继续坚定地走下去，无私奉献的建设者的精神也将永远传承下去。

（2）南征北战的航天"造心"人

航天科技集团四院被誉为中国航天固体火箭发动机的摇篮，是我国历史最久、规模最大、实力最强的固体火箭发动机专业研究院。主要承担我国各型战略、战术导弹武器和宇航运载火箭固体发动机的研发、设计制造与生产试验任务。航天人把发动机比作导弹和火箭的"心脏"，四院的干部职工就是航天的"造心"人。从1957年开始，这群航天"造心"人根据国家的号召和需要，南征北战，边建设边研制，为一系列航天重大型号贡献了一台台关键设备[②]。

---

① 上海航天设备制造总厂有限公司. 追梦——奋进中的航天总厂[M]. 上海：上海人民出版社，2021：31.
② 李成智. 中国航天技术发展史稿（上）[M]. 济南：山东教育出版社，2002：76-87，184-197.

1956年国防部五院成立后，国家就做出了发展我国固体燃料火箭发动机的战略决策。钱学森在五院党委扩大会议上传达聂荣臻元帅指示："世界各国搞洲际导弹均从液体发动机开始，但美苏的许多导弹都在逐渐转向用固体发动机，这是趋势和方向，我们一定要下决心搞固体导弹！"1957年，在"老五院"第十研究室基础上改制的五院一分院六室即固体火箭推进剂研究室，在北京丰台区卢沟桥畔的东山沟一带建起了一批简陋实验室，开始了我国对复合固体推进剂的早期探索。

1958年7月，在国防部五院一分院全体职工参加的"庆祝献礼大会"上，第一根钢笔大小的复合聚硫固体推进剂药条被成功点燃，照亮了中国航天固体动力事业的前进之路。固体药芯试制成功后，研究人员"乘胜追击"。1959年3月至1961年12月，六室分批组织队伍前往西安，与当时全国独有的火药研究单位——二机部五局三所开展协作，并在西安市郊的五机部845厂建成了一条复合固体推进剂中型装药生产线，进行复合推进剂的扩大试制生产，先后完成了多种型号发动机的研制工作。

某大直径发动机研制是我国第一型真正意义上具备工程化应用基础的固体发动机，研制过程异常艰难。没有交通设备，没有试车台，研制人员就手拉肩扛、越河过沟，把发动机抬进附近的山沟里，土法上马自制试车台，以山崖做推力座，以废弃的山神庙做测试房，进行地面试车。经试车考核，该发动机结构可靠、工作稳定，是中国固体发动机史上的第一座里程碑，为后续研制中、大型发动机打下了坚实基础。这也意味着组建固体发动机专业研究机构的条件成熟了。鉴于当时复杂的国际局势和我国国防工业的布局考虑，选址定在了大西南隐秘的山区。

1962年7月1日，国防科委批准五院集合在西安协作人员和二机部五局三所部分领导及骨干，在四川省泸州市远郊高坝成立固体火箭发动机研究所，代号中国人民解放军总字750部队，中国航天固体动力事业迈出了历史性一步，这一天也被确立为四院的建院纪念日。1963年12月3日，国防部批准固体发动机研究所改称国防部五院四分院——即固体发动机研究设计院。

1964年11月，中央决定以国防部五院为基础组建第七机械工业部，四分院改称第七机械工业部第四研究院。在泸州建院后，经研制实践发现，西南潮湿的环境并不适合固体发动机的研制和生产。1965年秋开始，按照毛泽东"一切要抢在战争前面"的指示，四院人听党话、跟党走，党叫去哪就去哪，背起行囊再出发，开始了北上迁往内蒙古呼和浩特市郊的战备转移。1600多名职工家属、上千吨生产生活物资、3000多公里的行程，在当时的交通运输条件下，整个搬迁工作仅历时40多天就全部完成。

从60年代末开始，中苏边境局势紧张，四院又开启了陕西秦岭北麓终南山下20余年艰苦的"三线"建设时代。面对艰苦工作生活环境和条件，四院人不等不靠，自己动手踏山开路，扛水泥沙石、搬仪器设备，住席棚、饮溪水，在蓝田建成了固体发动机的第二基地，代号063基地。

随着固体动力技术的发展进步，秦岭深处的063基地各厂所站，钻沟太深、布点分散、偏僻，逐步暴露出越来越多的问题。已建项目不能适应新技术发展需要；研制条件无法满足型号任务批产需求；而且交通不便，信息闭塞，吸引稳定人才难，山洪等地质灾害威胁大，企业生产经营和职工生活面临很大困难。

按照国家大规模"三线调迁"的总体安排，1984年起，国家陆续批复四院蓝田基地各单位迁往西安。1989年，四院开始分批从蓝田基地向西安市东郊田王搬迁，42所则迁往湖北襄樊市。

之后，随着国家航天管理机构和体制机制调整，四院相继更名为（航空）航天工业部第四研究院和中国航天工业总公司第四研究院。1999年7月1日，航天工业总公司拆分为航天科技和航天科工两大集团公司，四院更名为中国航天科技集团公司第四研究院。四院内蒙古指挥部则划归航天科工集团公司，成为中国航天科工集团公司第六研究院。到2000年左右三线调迁二期工程彻底竣工，四院实现了全部搬迁。

就是在这样南征北战的艰苦环境下，四院的"造心"人完成了长征一号火箭第三级固体发动机，"东风"、"巨浪"、"红旗"等战略战术导弹固体发动机，以及新型宇航型号固体发动机等一系列重大研制任务，为航天事业的发展做出了一个又一个开创性的贡献。

上述这样的事例在中国航天创建阶段还有许多。

举国体制最大的优势是围绕战略目标高效地协调、配置各种资源。"两弹"结合试验阶段，在中央专委的领导下，发挥举国体制优势，实施全国大会战，数以十万计的工程兵、铁道兵部队和建筑工人队伍从四面八方开进，形成继解放大西北以后最大规模的军事集结，开始了导弹、原子弹研制试验基地和工业企业建设的巨大工程。在新疆、甘肃分别建立了核武器试验场和导弹发射基地，同时在全国各地建立了大量的遥测遥控站，以及专业工厂和试验设施。为研制东方红一号卫星和长征一号火箭，26个部委、20个省区市、900多家单位抽调精兵强将参加集中攻关，新建了卫星总装厂和卫星零部件与仪器制造厂[①]。

举国体制中，人是最宝贵的资源，特别是科技人员。据统计，在"两弹一星"工程研制中，当时除了由国防领域科研生产单位和解放军指战员组成的百万大军之外，仅中科院一个大单位就先后投入了40多个单位、1.7万多名科研人员参与"两弹一星"的研制工作。这些科技人员，是在科技战役一线作战的骨干力量，王大珩、陆元九这样的科学家就是其中极具代表性的典范和中坚。他们是科技报国、无私奉献、百折不挠的典范，也是严谨治学、追求真理、甘当人梯的典范；他们是脚踏实地、刻苦攻关、开山铺路的中坚，更是登高望远、谋划未来、引领创新的中坚。也正是像王大珩、陆元九这样的一批顶尖科学家时刻以国家和民族的事业为重，为科技工作者做出了表率和榜样，感召着一代又一代科技工作者和干部职工，前赴后继、开拓奋斗，为祖国航天事业和国防科技的发展和壮大接续努力。仅在三线建设过程中，全国就有400万工人、干部、知识分子、解放军官兵响应党中央的号召，奔赴祖国各地的三线地区，在深山峡谷、大漠荒野中，用血汗和生命建起了1100多个大中型工矿企业、科研单位。

当今时代，我国要加快建成航天强国、科技强国必须探索和实践科技创新的新型举国体制，建立适应社会主义市场经济的激励机制。同时，所有有

---

① "两弹一星"精神：惊天动地的壮歌[N]. 解放军报，2021-06-03.

志于这项伟大事业的单位和个人，都应该向当年航天创始科研团队的科学家、广大科技人员以及参与航天创建和发展的各行各业先进单位学习，坚守科技报国的初心、担当科技强国的使命，用实际行动争当新型举国体制的典范和中坚。

第4节 航天精神的主力创造者与忠实践行者

爱因斯坦在谈及居里夫人时曾经说过：第一流的人物对于时代和历史进程的意义，在其道德品质方面，也许比单纯的才智成就方面还要大[①]。

伟大的事业孕育伟大的精神。航天精神是如何创造出来的？是在党中央领导下，全国人民齐心协力、军民一体，通过艰苦卓绝的奋斗共同创造的。其中，以钱学森为代表的创始科研团队和航天科技大军，是航天精神的主力创造者和忠实践行者。之所以这样说，不但是因为他们在科学技术上的贡献，更是因为这批科技专家把中华优秀传统文化精神与现代科学思想在这个伟大的创业征程中有机地融为一体，塑造出一种航天事业创建者特有的爱国精神、道德品质和家国情怀，为航天精神的形成和发展铸造了不朽的灵魂。航天精神培育出的忠诚爱国、无私奉献、自主创新、大力协同、勇于攀登等精髓要义，在不同的时期与当时的时代背景和战略任务相结合，结出更加丰富的精神硕果，发出更加有力的时代强音。对党、国家、民族和事业绝对忠诚，为国、为民、为公无私奉献，为实现独立自主敢于面对一切艰难困苦，为达到共同目标舍小家、顾大家，舍小我、成大我，齐心协力、勇攀高峰、严谨求实、勇于创新，这些优秀品质，在中国航天的创始科研团队里已经内化于心、外化于行，并成为在这个时代强音中的主旋律，在航天报国、科技报国的征程中一路引吭高歌。

1986年，航天工业部将"自力更生，艰苦奋斗，大力协同，无私奉献，

---

① 赵中立，许良英. 纪念爱因斯坦译文集[M]. 上海：上海科学技术出版社，1979：37.

严谨务实，勇于攀登"定为航天传统精神，激励航天科技工作者继承优良传统，不断推进航天事业发展。航天传统精神集中概括了中国航天事业发展中形成的精神成果，突出体现了航天人的爱国奉献和艰苦拼搏的精神风貌，为中国航天文化的形成奠定了基础。1999年9月18日，中共中央、国务院、中央军委隆重表彰了在研制"两弹一星"事业中做出突出贡献的23名科技专家，授予其"两弹一星功勋奖章"。时任国家主席江泽民在讲话中概括了"两弹一星"精神，指出其核心内涵即"热爱祖国，无私奉献，自力更生，艰苦奋斗，大力协同，勇于攀登"。这是参与研制"两弹一星"的优秀中华儿女共同创造的宝贵精神财富，它高度概括了中国人在独立自主研发"两弹一星"过程中体现出的优秀品质，深刻揭示了"两弹一星"成功的历史经验，集中体现了"两弹一星"精神的丰富内涵。2003年11月7日，在中共中央、国务院、中央军委召开的庆祝我国首次载人航天飞行圆满成功大会上，时任国家主席胡锦涛指出，伟大的事业孕育伟大的精神，在长期的奋斗中，我国航天工作者不仅创造了非凡的业绩，而且铸就了"特别能吃苦、特别能战斗、特别能攻关、特别能奉献"的载人航天精神。

  2020年4月23日，在第五个"中国航天日"和东方红一号卫星成功发射50周年到来之际，习近平总书记给孙家栋、王希季等11位参与"东方红一号"任务的老科学家回信指出，"当年，你们发愤图强、埋头苦干，创造了令全国各族人民自豪的非凡成就，彰显了中华民族自强不息的伟大精神。老一代航天人的功勋已经牢牢铭刻在新中国史册上。不管条件如何变化，自力更生、艰苦奋斗的志气不能丢。新时代的航天工作者要以老一代航天人为榜样，大力弘扬'两弹一星'精神，敢于战胜一切艰难险阻，勇于攀登航天科技高峰，让中国人探索太空的脚步迈得更稳更远，早日实现建设航天强国的伟大梦想。"[①]2020年7月31日，习近平总书记出席北斗三号全球卫星导航系统建成暨开通仪式，指出北斗全球卫星导航系统孕育了"自主创新、开放融合、万众一心、追求卓越"的新时代北斗精神。2020年12月17日，习近平

---

① 习近平给参与"东方红一号"任务的老科学家的回信. 新华社通讯，2020-04-24.

代表党中央、国务院和中央军委祝贺探月工程嫦娥五号任务取得圆满成功,并指出"嫦娥五号任务是发挥新型举国体制优势攻坚克难取得的又一重大成就……。希望你们大力弘扬追逐梦想、勇于探索、协同攻坚、合作共赢的探月精神,一步一个脚印开启星际探测新征程,为建设航天强国、实现中华民族伟大复兴再立新功,为人类和平利用太空、推动构建人类命运共同体作出更大的开拓性贡献!"①

"两弹一星"精神是中国航天事业创建成功的精神支柱,也是航天精神谱系的总根基。20世纪50年代中期,新中国第一代中央领导集体果断做出研制原子弹和导弹的重大决策。此后10余年里,党中央领导大批爱国科技专家以及广大科技人员、解放军指战员、工人和群众,依靠自己的智慧和力量,最终独立自主地研发成功了"两弹一星",显著缩小了当时中国与世界尖端军事科技水平之间的差距,创造了中国科学技术发展史上的奇迹。"两弹一星"事业的成就包括物质和精神两个方面,即研发"两弹一星"不但使中国拥有了具有战略威慑力的导弹核武器,进入了太空时代,而且还塑造了对中国崛起具有深远影响和重大意义的"两弹一星"精神,成为中国共产党和中华民族精神谱系中具有突出特色的组成部分。

"两弹一星"精神是一种跨时代传承、经久不衰的精神,其四个方面的主要特征是航天创始科研团队的集体特质,并成为航天人永远的精神内核。

其一是爱国奉献。"两弹一星"事业的成功很大程度上要归功于成千上万科技人员及职工队伍的爱国奉献。由于大部分经历过旧中国的苦难,他们对创造一个独立自主、民主自由的强大新中国充满希望和信心,参与研制"两弹一星"的领军科学家及其他所有科技人员都以能为国家强盛而奉献为无上光荣,强烈的爱国信念支撑着他们全身心地投入国防尖端科技事业。强大的精神力量对处于困境中的人们战胜困难至关重要,在这种精神的感召下,中国科技队伍的凝聚力和创造力在"两弹一星"研发期间得到了空前的提升。

其二是艰苦奋斗。创业维艰,中国共产党领导中国人民创建新中国后,

---

① 习近平总书记代表党中央、国务院和中央军委祝贺探月工程嫦娥五号任务取得圆满成功的贺电. 新华社通讯,2020-12-17.

航天创始科研团队在党的领导下创建的航天事业，是经过艰苦卓绝的奋斗取得的划时代的伟大胜利成果。航天创始科研团队的艰苦奋斗，是一笔宝贵的精神财富，更是一部生动的教科书。从这部教科书里，我们最应该学习的，是他们在几乎白手起家的情况下敢于挑战科技前沿的气概，为了达到胜利目标善于创造条件的智慧；我们最应该继承的，是他们不怕任何敌人的封锁，坚持自力更生、勇于战胜困难的信心、决心和恒心；我们最应该弘扬的，是他们在逆境中也不放弃的信仰，在困境中仍然坚守的信念。新时代的航天科技工作者，应该把这部教科书续写下去。

其三是自主创新。研制"两弹一星"对于被严密封锁的中国人民而言无疑是艰苦卓绝的开创性工作，是中华民族科技发展史上开天辟地的大事。如果没有独立自主的创新精神，在苏联毁约停援之后，中国的原子能和导弹事业就会停滞甚至中止。是否敢于在没有外援的情况下继续开展尖端科技的研发，不论是对中央的战略决策，还是对全国人民的信心，这个团队的态度和精神状态都是非常关键的。创始科研团队自主创新的强烈意识、强大能力和必胜信心无疑都起到了定海神针和定心丸的作用。

其四是团结协作。从当时中国整体的人才状况来看，航天创始科研团队是一个群英荟萃、大家云集的"超豪华"团队，每个人都是精英中的精英，但是这个团队又是一个能够精诚团结、大力协同的团队，没有文人相轻之类的传统陋习。更难能可贵的是，这个团队还非常善于带队伍、育新才和充分发动群众、依靠群众，通过集体的力量战胜困难，共同实现国家的战略目标。这种精神在今天也是应该大力提倡和发扬的。

民族伟大复兴首先是民族精神的伟大复兴，任何民族的发展都离不开精神力量的支撑，尤其是在社会转型的关键时期。如今，具有新的时代特征的"两弹一星"精神对中华民族复兴伟业尤为重要，已融入社会主义核心价值体系中，成为中华民族伟大复兴的动力源泉之一。可以这么说，新中国的成立，使中国在历经近代以来一百多年的落后挨打、饱受屈辱之后获得了制度和道路自信；取得抗美援朝战争胜利，使中国在面对强敌和强权时获得了政治和军事自信；"两弹一星"研制成功，使中国在赶超世界先进科技的征途中获得了智慧和力量自信；而获得这种智慧和力量自信，最核心、最根本的还是靠人才和文化的自信。航天创始科研团队，就是这样一个优秀人才团队，他们不但有赶超世界先进科技的自信，更为实现中华民族伟大复兴的伟大事业增添了无穷的自信。这个自信，就来自航天精神和传统的力量，来自中国共产党人的红色精神谱系。这个力量，能够在任何时代和环境中都让每个航天人在自己的岗位上坚定信念、踏实做事，把每个人的智慧、能力充分发挥出来，融入集体中，实现一次又一次从量变积累到质变升华的提升，逐步迈近航天强国的宏伟目标。

习近平总书记在党史学习教育动员大会上讲话强调，我们党之所以历经百年而风华正茂、饱经磨难而生生不息，就是凭着那么一股革命加拼命的强大精神。在一百年的非凡奋斗历程中，一代又一代中国共产党人铸就了井冈山精神、长征精神、遵义会议精神、延安精神、西柏坡精神、红岩精神、抗美援朝精神、"两弹一星"精神、特区精神、抗洪精神、抗震救灾精神、抗疫精神等伟大精神谱系。一代代航天人接过创始科研团队的旗帜，为这个精神谱系的构建增添了绚丽夺目的光彩，也将继续为这个精神谱系的进一步丰富和升华做出新的贡献。

小结：创造

本章主题词：创造

参与中国航天事业创建的老一辈科技专家团队，是中国航天事业的创始科研团队，也是中国航天科技战略规划执行层的中坚力量。这个科技专家团队，不但具有深厚的科学素养、扎实的理论功底、忘我的奉献精神，坚定、自觉地执行中央的战略决策部署。更为难能可贵的是，这个团队具有主动的创造精神和非常强大的创造力。正是因为他们创造性地执行了中央的战略决策和部署，并通过创造力弥补短板，放大长板，才创造出了具有中国特色的航天工程技术体系和管理理论方法，形成了中国航天在世界航天界的特色和比较优势。

创造性地执行上级的决策部署，这样的品质在中国共产党的优秀干部身上十分常见，革命和战争年代这样的故事数不胜数，毛泽东自己就是这种品质的典型代表，秋收起义、开辟井冈山根据地、反"围剿"、四渡赤水等，都是闪耀着他非凡创造力的经典案例。在毛泽东成为党的最高领袖以后，他把这种品质和风格通过自己的领导艺术和生动的革命斗争实践，潜移默化地熏陶和训练了各级领导干部和高级将领，直至各级指战员。新中国成立初期的高级领导干部和管理人员都是从战争中走过来的，他们深受这样的熏陶和锻炼，养成了创造性执行决策和命令的思维方式，同时又特别尊重科技人员的意见。科技专家本来就是崇尚思想和学术自由、追求创新和创造的主体，而且中国航天事业创建时期的科技专家团队，大部分是从欧美留学归来的成名学者，眼界开阔、思维开放，这为他们创造性地执行中央的战略规划和决策部署奠定了思想基础。更为重要的是，毛泽东、周恩来、聂荣臻和钱学森等人的科学精神、领导艺术和人格魅力，为这些科技专家更好地发挥创造性营造了良好的氛围，提供了坚定的支持。

毛泽东同志在《反对本本主义》中深刻指出："盲目地表面上完全无异议地执行上级的指示，这不是真正在执行上级的指示，这是反对上级指示或者对上级指示怠工的最妙方法。"① 盲目服从，不但会助长官僚主义和形式主义，更是消磨人的创造力的最佳借口。当今世界，科技发展日新月异、竞争日益激烈，科技领域的大部分重大战略规划实施都需要调动全国乃至世界的资源和力量，这里人的要素是第一位的。在总体目标和基本路线确定以后，如何激发人的创造性和创造力是根本性的首要问题，科技体制改革、制度设计、机制安排、项目管理、评价考核、激励奖惩等工作，都应该回归到这个根本性的首要问题，围绕这个根本性的首要问题开展。

---

① 毛泽东. 毛泽东选集（第1卷）[M]. 北京：人民出版社，1991：111.

第6章
新中国航天科技战略规划的回顾与启示

战略研究，谋在深远。诚如法国著名战略学家博弗尔所言，"当历史的风吹起，虽能压倒人类的意志，但预知风暴的来临，设法加以驾驭，并使其终能替人类服务，则还是在人力范围之内。战略研究的意义即在于此"[①]。新中国成立以来，根据不同历史时期经济社会发展的需要，我国制定了一系列具有中国特色的科技战略规划。本章重点回顾了对新中国科技发展和中国航天事业创建产生深远影响的两个科技规划，即《1956~1967年科学技术发展远景规划纲要》和《1963~1972年科学技术发展规划纲要》，研究这两个科技规划取得的成效和特点，并进一步探讨它们对中国航天事业创新和发展所产生的深远影响。

第1节 重温新中国的科技战略规划

新中国成立以来，党中央着眼于国家科技事业整体和长远

---
① 钮先钟. 战略研究入门[M]. 上海：文汇出版社，2018.

发展，深刻洞察、把握世界科技发展的重大发展趋势，分析研判我国科技现状，先后9次组织制定了全国性的科技规划①（表6-1），每次规划的背景、目标、内容和实施方式虽有不同，但其宗旨却一以贯之，科学技术创新与发展逐步被确定为国家发展战略。

表6-1　新中国成立以来实施的9次科技规划②

	名称	制定时间
1	1956~1967年科学技术发展远景规划纲要	1956年
2	1963~1972年科学技术发展规划纲要	1962年
3	1978~1985年全国科学技术发展规划纲要	1978年
4	1986~2000年科学技术发展规划	1982年
5	中华人民共和国科学技术发展十年规划和"八五"计划纲要（1991~1995~2000）	1991年
6	全国科技发展"九五"计划和到2010年远景目标纲要	1995年
7	国民经济和社会发展第十个五年计划科技教育发展专项规划（科技发展规划）	2001年
8	国家中长期科学和技术发展规划纲要（2006~2020）	2005年
9	国家中长期科学和技术发展规划（2021~2035）	2020年

实践证明，《1956~1967年科学技术发展远景规划纲要》与《1963~1972年科学技术发展规划纲要》的制定和实施，都很好地反映了当时中国经济社会发展的需求和战略预期，规划确立的指导思想和为实现规划所制定的一些措施，对中国科技发展模式演进产生了深远的影响，也为改革开放后我国科技规划的制定积累了宝贵的经验③。在这些战略科技规划的有力引领下，我国科技事业取得了伟大的历史成就，在当时有效地促进了我国科学技术的进步，缩短了与世界先进科学技术之间的差距，为显著提升我国综合国力、逐步建设科技大国奠定了坚实基础。特别是在国防尖端科技方面取得的伟大成就令举世瞩目，"两弹一星"等大国重器的试验成功，不但有力地打破了当时美、苏等超级大国的垄断威胁和讹诈，也大大提升了中国的国际地

---

① 正式表述时，有的名称为规划纲要。
② 樊春良. 新中国70年科技规划的创立与发展——不同时期科技规划的比较[J]. 科技导报，2019，37（18）：31-42.
③ 戴显红，侯强. 新中国70年科技发展战略的政策跃迁[J]. 邓小平研究，2019（4）：70-79.

位；更为重要和可贵的是抓住了关键的历史时机[①]，在一穷二白的基础上，引领和带动了我国尖端技术发展和科技现代化体系的建设。本节结合新中国航天事业创建的历史，对推动新中国科技发展的最先两次科技战略规划进行回顾与思考。

（一）高瞻远瞩，编制《1956～1967年科学技术发展远景规划纲要》

新中国成立时我国的科学技术发展水平同世界先进科学技术水平之间存在着巨大的差距。党中央清醒地认识到，中国科技事业的发展必须采取有计划、有步骤的思路和方针，进行有组织、有系统的规划和建设。当时，我国开展规划工作的思想主要来源之一是借鉴苏联的科技规划经验，即：依据国民经济建设的总体需要，再以各门学科发展的必要性为基础，找出学科发展的方向和生长点[②][③]。这一规划思路和原则为新中国开展战略规划工作提供了重要的借鉴。

在我国社会主义建设的第一个五年计划（1953～1957年）即将完成之时，党中央决策在第二、第三个五年计划内更大规模地开展经济建设，并制定了相当宏伟的目标。完成这样一个宏伟的目标和建设任务，必须要有强大的科学技术力量予以保障和支撑，这对我国当时还很薄弱的科学技术工作提出了非常高的要求。在这一背景下，1956年3月，国务院组织制定了我国第一个国家科学技术发展长远规划[④]，即"十二年科技规划"。"十二年科技规划"的制定是一项创举[⑤]。作为国家首个总体的、综合性的科学技术发展长

[①] 杨文利，张蒙. 毛泽东与新中国第一个科技发展规划[C]//当代中国研究所，湖南省社会科学院，中共长沙市委，中华人民共和国国史学会. 毛泽东与中国社会主义建设规律的探索：第六届国史学术年会论文集，2006：7.

[②] 胡维佳. 从"有计划开展科学技术工作"到第一个科技规划[M]//胡维佳. 中国科技规划、计划与政策研究. 济南：山东教育出版社，2005.

[③] 武衡. 科技战线五十年[M]. 北京：科学技术文献出版社，1994.

[④] 张钧. 当代中国的航天事业[M]. 北京：中国社会科学出版社，1986：5.

[⑤] 聂荣臻. 聂荣臻元帅回忆录[M]. 北京：解放军出版社，2005.

远规划,"十二年科技规划"目标合理、重点突出、任务明确,为新中国科学技术的发展做出了巨大贡献,产生了深远的影响[1]。

(1)规划编制过程

1949年10月,新中国成立之初,国内经济萧条、百废待兴。以美国为首的西方国家通过经济封锁、政治孤立、军事包围等方式全力打压中国。如何让国家安全得到保障,如何尽快恢复国民经济建设和发展,如何尽快使国家走上正轨,成为当时急需解决的问题。同时,面对世界新兴科技浪潮的冲击和挑战,我国也必须迅速发展科学技术,努力追赶世界先进技术水平。

为此,党中央和毛泽东在党的七届二中全会上深刻提出,在革命胜利以后,要迅速地恢复和发展生产,使中国稳步地由农业国转变为工业国,把中国建设成一个伟大的社会主义国家[2],并决定把推广和发展科学技术作为国家建设的一项重要内容写入《中国人民政治协商会议共同纲领》。中共中央在《关于编制一九五三年计划及五年建设计划纲要的指示》中明确指出,工业化的速度首先决定于重工业的发展,必须以发展重工业为大规模建设的重点,要:"首先保证重工业和国防工业的基本建设,特别是确保那些对国家起决定作用的,能迅速增强国家工业基础与国防力量的主要工程的完成。"[3]

针对当时科技落后的实际情况,毛泽东提出了"技术革命"的思想,指出:"在技术上起一个革命,把在我国绝大部分社会经济中使用简单的落后的工具农具去工作的情况,改变为使用各类机器直至最先进的机器去工作的情况,借以达到大规模地出产各种工业和农业产品。"[4]开展技术革命,除了要迅速改变中国的贫困面貌,也是为了要赶超英美等"帝国主义者"[5]。

1952年9月,基于对中国现实国情、国际环境以及世界科技发展态势的

---

[1] 吴明瑜. 科技政策研究三十年——吴明瑜口述自传[M]. 长沙:湖南教育出版社,2015.
[2] 柳建辉,刘晶芳,陈雪薇,等."新民主主义社会论及其争论问题研究"笔谈[J]. 党史研究与教学,2011(2):4-23.
[3] 中共中央文献研究室. 建国以来重要文献选编(第3册)[M]. 北京:中央文献出版社,2011.
[4] 中共中央文献研究室. 毛泽东文集(第6卷)[M]. 北京:人民出版社,1999;316.
[5] 朱云河,张太原. 技术革命与超英赶美——毛泽东所理解的技术革命及其发动原因[J]. 史学月刊,2012(10):78-83.

认知，毛泽东在中央书记处会议上提出，要用10到15年的时间基本完成向社会主义的过渡。1953年2月，他进一步强调过渡时期的总任务：在10到15年或更多一点时间内，基本上完成国家工业化及对农业、手工业、资本主义工商业的生产资料所有制的社会主义改造。

按照这一要求，1954年，国家计划委员会（简称国家计委）组织各部门制定《国民经济十五年计划（1953~1967年）》，这是"十二年科技规划"的缘起，编制我国第一个科学发展远景规划就此开始酝酿。在当时，国家统一瞄准15年后（即1967年）中国科技应达到的目标和水平，启动各项规划的编制工作。1954年8月，《编制十五年远景计划的参考资料》由国家计委向中央各部下发①，请各部委参考，结合各自实际情况，编制15年发展远景计划。

1955年6月，中科院组织各部门开展中长期规划编制工作。9月，规划工作正式启动。1956年2月，"中国科学院十五年发展远景计划"初稿形成。同年3月，中国科学院正式提出了《中国科学院十二年需要进行的重大科学研究项目》（自然科学与技术科学部分），共计53项，为国家制定"十二年科技规划"奠定了基础，后来，大部分任务被纳入了"十二年科技规划"。据统计，在后来正式印发的"十二年科技规划"的重大任务中，以中科院作为"主要负责单位的"的有8项，以中科院作为"联合负责单位"的有15项，两项合并占总项数的40.4%；另有中科院作为"主要协作单位"参加的有27项，三项合并占任务总项数的87.7%②。

1955年11月，各部门陆续启动远景规划的编制工作，为"十二年科技规划"的制定奠定了良好的基础。

1956年1月14日，周恩来代表中共中央在关于知识分子问题的会议上作主旨报告，发出"向科学进军"的号召，强调"科学是关系我们的国防、经济和文化各方面的有决定性的因素"③，要求国家计委会同各有关部门在三个月内完成《1956~1967年科学技术发展远景规划》（即"十二年科技规

---

① 郭金海. 实践"计划科学"：1955—1956年中国科学院两个长期规划的制订与影响[J]. 自然科学史研究，2019，38（2）：140-164.
② 樊洪业. 中国科学院编年史（1949—1999）[M]. 上海：上海科技教育出版社，1999：66.
③ 周恩来. 周恩来选集（下）[M]. 北京：人民出版社，1984：181.

划")的制定,并提出了我国科技发展的远景目标和指导思想,必须按照可能和需要,"尽快把世界科学的最先进成果介绍到中国的科学、国防、生产和教育等部门,把中国科学界所最短缺而又是国家建设所最急需的门类尽可能迅速地补足起来,使12年后,中国这些门类的科学和技术水平可以接近苏联和其他大国。"①②此时,"十二年科技规划"的编制工作正式启动。

1956年1月25日,在最高国务会议上,毛泽东深刻指出,我国人民应该有一个远大的规划。

1956年12月,第一个五年计划已提前完成。为迅速提升我国科技能力,力争国家部分重要和急需部门尽快达到或赶超世界先进水平,经中共中央、国务院批准,在聂荣臻、陈毅等的具体领导下,600余名专家和科技人员讨论和研究了半年,"十二年科技规划"终于编制发布。规划共提出重大科技攻关任务57项,研究课题600多个。

自1953年国家启动第一个五年计划并同步谋划科学技术十五年发展远景计划起,到1956年"十二年科技规划"编制出台,先后历时3年。规划名称也调整为《1956～1967年科学技术发展远景规划纲要》。

作为新中国成立以来我国首个科学技术发展远景规划,"十二年科技规划"是我国科学技术事业发展史上的重要纲领之一,标志着我国科学技术事业开始走上一条国家统一领导、远景规划和近期计划相结合的发展道路。曾参与规划制定的专家说:"经过十二年规划,可以说,在当时世界科学技术的各个先进领域里面,我们都开始踏进了门槛,虽然在很多领域我们的工作做得不多,但是我们有人从事工作,我们和人家差距虽然很大,但是我们开始起步了。"③"十二年科技规划"引领中国科技发展,取得了巨大的成果。1958年之后,一系列重大科研成果相继问世,例如:第一座研究型核反应堆和加速器、第一台大型电子计算机试制成功,第一枚试验型探空火箭、第一枚气象火箭(T-7型)发射成功,第一台红宝石激光器研制成功,等等。

---

① 中共中央文献研究室. 建国以来重要文献选编(第8册)[M]. 北京:中央文献出版社,1994:39.
② 钱斌. 新中国科技管理体制的形成[J]. 当代中国史研究,2010,17(3):44-51,125-126.
③ 吴明瑜. 科技政策研究三十年——吴明瑜口述自传[M]. 长沙:湖南教育出版社,2015.

"十二年科技规划"的实施，有效解决了我国"二五"、"三五"时期经济建设和国防建设中急需解决的一批重大科技问题。实际上，"十二年科技规划"中涉及的任务在1963年就基本上提前完成了，填补了一批中国科学研究的重要空白，加强了重要的基础学科，发展了原子能、喷气和火箭技术、半导体、自动化、计算机等前沿（尖端）科学技术，为我国科学技术和国家各项建设事业的继续发展奠定了良好的基础[1]。

（2）规划内容

根据当时我国社会和经济建设的总体需要，立足我国科学技术力量的实际，并参考当时科学技术先进国家，特别是苏联发展科学技术的经验，首先明确了"十二年科技规划"制定的总方针。根据这些方针，"十二年科技规划"从重要科学技术任务、科学研究机构和人员、国际合作等若干方面对中国科学技术发展进行了规划（表6-2）。

表6-2 实现"十二年科技规划"总方针需要注意的几个方面[2]

1	应该根据国民经济发展的需要和科学发展的方向，确定国家的重要科学技术任务，把各个科学部门的力量汇合在统一的目标下。在所确定的各项重要任务中应挑出更重要的和更急需的任务作为重点，在这些重点上，集中必要的力量，大力开展研究，并带动其他有关部门的发展
2	在进行科学研究时，应该首先掌握世界现有的先进科学成就，尽量避免重复研究国外早已解决了的问题。在这一方面，由于有苏联和其他兄弟国家的帮助，我们是有便利的条件可以运用的。在学习、掌握和利用国外的成就时，应该特别注意结合我国资源情况和技术要求，总结我国的经验，取长补短，发挥创造性和实事求是精神，防止简单的一味抄袭和盲目的模仿
3	必须及时地积极地积累自己的科学储备。科学储备的主要内容是科学理论的储备，既包括基础科学理论，也包括技术科学和其他应用科学理论。科学理论的泉源是生产实践，但理论既经形成就对生产实践的发展有重大指导作用。根据最近几十年来科学技术的发展趋势来看，技术上带有根本性质的进步和革新，必须以一定的科学理论作为基础。因此，要想在今后逐步作到依靠自己的力量解决本国建设中不断出现的科学技术问题，从根本上摆脱目前的依赖地位，就必须建立起我国自己的科学理论储备，大力加强和充实理论研究的力量，克服忽视理论研究的近视的倾向

"十二年科技规划"的第二章明确了1956～1967年我国重要科学技术任

---

[1] 薄一波. 若干重大决策与事件的回顾（上）[M]. 北京：中共中央党校出版社，1991.
[2] 中华人民共和国科学技术部. 1956～1967年科学技术发展远景规划纲要（修正草案）[OL]. http://www.most.gov.cn/ztzl/gjzcqgy/zcqgylshg/200508/t20050831_24440.html.

务，从13个方面确定了57项重点任务（616个中心问题）（表6-3）。13个方面分别是自然条件及资源、矿冶、燃料和动力、机械制造、化学工业、土木建筑、运输和通信、新技术、国防科技、农业林业牧业、医药卫生、仪器计量和国家标准，以及若干基本理论问题与科学情报等。每个方面确定一项或多项任务，每项任务又有若干需要注意的中心问题。这些中心问题都是针对当时我国经济建设各个重要方面的需要，并对标当时国际先进水平，结合我国实际情况，提出解决问题的科学路径和当时几年的研究课题。可以说，这57项任务都是当时国家重要的、综合的、长期的重大任务，需要国家相关部门和单位协同配合完成。

表6-3　"十二年科技规划"[①]重点任务列表

序号	重点任务
1	中国自然区划和经济区划
2	测量制图新技术研究和我国基本地图的测绘
3	西藏高原和康滇横断山区的综合考察及其开发方案的研究
4	新疆、青海、甘肃、内蒙古地区的综合考察及其开发方案的研究
5	我国热带地区特种生物资源的综合研究和开发
6	我国重要河流水利资源的综合考察和综合利用的研究
7	中国海洋的综合调查及其开发方案
8	提高气象预报准确率，发展全国气象工作
9	我国矿产分布规律和矿产的预测
10	地球物理、地球化学和其他地质勘探方法的掌握及新方法的研究
11	高效率的采矿方法的研究
12	先进的选矿方法和共生矿物利用的研究
13	强化现有的并探索新的黑色金属的冶金过程
14	强化现有的并探索新的有色和轻金属的冶金过程
15	合金钢及特种合金系统的建立
16	钛冶金及其合金

---

① 中华人民共和国科学技术部. 1956~1967年科学技术发展远景规划纲要（修正草案）[OL]. http://www.most.gov.cn/ztzl/gjzcqgy/zcqgylshg/200508/t20050831_24440.html.

续表

序号	重点任务
17	发现并开发石油和天然气资源
18	扩大液体燃料及润滑剂来源
19	可燃矿物作为燃料及化工原料的综合利用
20	全国能源的合理利用和动力技术的研究
21	发电厂和电力网的合理配置与运行,全国统一动力系统的建立
22	掌握现有的并研究新的、更完善的工业、运输业各部门的机器器械,特别是大型机器器械的制造
23	掌握并研究高效率、高精密度和高材料利用率的材料加工过程
24	机器和工具使用期限的延长方法,特别是金属防腐问题的研究
25	稀有元素和分散元素的开采、提取和利用
26	改进现有的水泥、耐火材料、陶瓷和玻璃钢的性能并制造新型产品
27	矿物肥料、农业药剂和无机化学产品的生产过程的研究
28	有机化学产品和高分子化合物的生产过程的研究及其应用范围的扩大
29	轻工业新技术的建立
30	区域规划、城市建设和建筑创作问题的综合研究
31	建筑工业化问题的综合研究
32	大型水工建筑物和水利枢纽的建设问题
33	中国地震活动性及其灾害防御的研究
34	建立统一的、更完善的通讯系统和广播系统
35	运输装备新技术的研究和综合发展运输问题
36	原子能的和平利用
37	喷气和火箭技术的建立
38	无线电电子学的研究和新的应用
39	生产过程的机械化和自动化
40	半导体技术的建立
41	计算技术的建立
42	改进电和超声波的技术并扩大其应用范围
43	国防上的一些问题(略)
44	农业机械化、电气化和农业机械的制造问题
45	提高农作物单位面积年产量
46	荒地开发问题

续表

序号	重点任务
47	扩大森林资源及森林的合理经营与合理利用
48	提高畜牧业、水产业和养蚕业的产量和质量问题
49	防治我国人民主要疾病的综合措施的研究
50	掌握生产现有的和研究新的抗生素、药物和医学器材
51	总结和发扬中医的理论和经验
52	劳动卫生、劳动保护的综合措施及防治主要职业病和职业中毒的研究
53	环境卫生、人民营养和体育活动的研究
54	掌握现有的并建立新型的、更完善的控制仪表、精密仪器和化学试剂
55	统一的计量系统、计量技术和国家标准规格的建立
56	现代自然科学中若干基本理论问题的研究
57	科学技术情报的建立

"十二年科技规划"的第三章明确了任务的重点部分，主要根据国家建设的迫切需要和科学技术发展的远景，聚焦"对整个国家的生产技术基础有根本性影响的重大、复杂的科学问题"，在上述57项任务基础上，论证提出了包括原子能的和平利用、无线电电子学中的新技术、喷气技术、生产过程自动化和精密仪器、主要疾病治疗、自然科学若干重要理论问题等在内的需要优先发展的12项重点任务作为任务的重点部分（表6-4）。

表6-4 "十二年科技规划"任务的重点部分[①]

1	原子能的和平利用
2	无线电电子学中的新技术（指超高频技术、半导体技术、电子计算机、电子仪器和遥远控制）
3	喷气技术
4	生产过程自动化和精密仪器
5	石油及其他特别缺乏的资源的勘探，矿物原料基地的探寻和确定
6	结合我国资源情况建立合金系统并寻求新的冶金过程
7	综合利用燃料，发展重有机合成
8	新型动力机械和大型机械

① 中华人民共和国科学技术部. 1956~1967年科学技术发展远景规划纲要（修正草案）[OL]. http://www.most.gov.cn/ztzl/gjzcqgy/zcqgylshg/200508/t20050831_24440.html.

续表

9	黄河、长江综合开发的重大科学技术问题
10	农业的化学化、机械化、电气化的重大科学问题
11	危害我国人民健康最大的几种主要疾病的防治和消灭
12	自然科学中若干重要的基本理论问题

"十二年科技规划"的第四章围绕基础科学的发展方向，对数学、力学、天文学、物理学、化学、生物学、地质学、地理学等8个基础学科未来10年的重点任务和方向进行了系统规划。为填补我国在一些急需的尖端科学领域里的空白，规划还提出了1956年的4项紧急措施。值得一提的是，这4项"紧急措施"与力学学科规划充分吸收和融合了钱学森的技术科学思想，这使其既体现了科学规划制定的方针与原则，也符合世界科学技术的发展趋势，并且十分适合当时的中国国情[①]。

此外，为了组织落实和实现制定的目标和各项任务，"十二年科技规划"的第五至八章分别对科学技术工作体制、科学研究机构的合理设置、科技干部的使用培养及国际合作、科学研究事业良好环境条件的创造、规划的组织管理程序、年度科学技术的制定等做出了一般性的规定，对其中的一些重要紧急的任务，也给出了比较具体的措施。

作为新中国第一个科技战略规划，"十二年科技规划"是以毛泽东为核心的党的第一代中央领导集体做出的对新中国社会经济发展和国家安全有着重大意义的战略决策，它明确了科技事业在我国国家建设和发展中的战略地位，勾勒了国家科技发展的宏伟蓝图，指明了科技事业发展的路径和指导方针。第一次使新中国科技活动进入国家战略规划，推动了中国现代科学体系的建立，极大地促进了科技事业的发展，缩短了与先进国家的距离[②]，是我国科技战略规划工作的成功实践。

---

① 姜玉平. 技术科学思想与"十二年科学规划"——以四项"紧急措施"与力学学科规划为中心的探讨[J]. 当代中国史研究，2017，24（3）：94-103，127.
② 杨文利，张蒙. 毛泽东与新中国第一个科技发展规划[C]//当代中国研究所，湖南省社会科学院，中共长沙市委，中华人民共和国史学会. 毛泽东与中国社会主义建设规律的探索：第六届国史学术年会论文集，2006：7.

（二）调整巩固，制定《1963～1972年科学技术发展规划纲要》

（1）规划编制过程

《1963～1972年科学技术发展规划纲要》（简称"十年科技规划"）是1963年在"十二年科技规划"所确定的主要任务基本完成的基础上制定的第二个国家级的科技规划①。"十年科技规划"的实施虽然被"文化大革命"打断，但是这个规划是在我国经历了"反右运动"、"大跃进"、苏联单方面撕毁援助合同、三年困难时期等曲折后，中国科技工作的一个新的起点，规划中所确立的方针、目标、任务和一些措施为引领我国科技事业在波折中发展发挥了重要的历史作用，对我国科技发展模式产生了重要影响②。

聂荣臻后来提及"十年科技规划"的制定及实施时，也指出："当时制定新的十年科学规划，总的目标就是要赶上六十年代世界先进的科学技术水平。国防方面在继续突破尖端武器的同时，强调了常规武器在补缺配套的基础上，逐步赶上外国同类武器的先进水平。民用方面强调了要使农业、工业现代化，建立自己的先进工业体系，填补重点基础学科、基础技术的空白。在这十年中，进一步建立起强大的又红又专的科学技术队伍来。由于有了比较符合当时实际情况的正确政策，有了恰当的规划和有力的措施，我国科学技术的进展，直到'文化大革命'以前，是比较顺利的，成果也是明显的。"③

20世纪60年代初期，我国科技发展不仅面临着以美国为首的资本主义国家的技术封锁，还面临着苏联的诸多限制。当时的国际形势对我国科技发展非常不利，尤其是苏联停止对我国的一切援助，我国经济建设和科技工作都受到了一定影响。苏联专家撤走后，中苏关系迅速恶化。1961年，美国染指越南，中国为保卫国家安全，与美国发生激烈的战略对抗。正是在这样的国

---

① 中共中央文献研究室. 中央科学小组、国家科委党组关于一九六三—一九七二年科学技术发展规划的报告[M]//建国以来重要文献选编（第17册）. 北京：中央文献出版社，1997.
② 杨丽凡. 影响深远的《1963—1972年科学技术规划纲要》[J]. 自然科学史研究，2003（S1）：70-80.
③ 聂荣臻. 聂荣臻回忆录[M]. 北京：解放军出版社，1986.

际形势下，鉴于"十二年科技计划"已提前完成，迫切需要重新思考和部署我国的科技发展问题。

1962年2至3月，国家科委在广州召开了全国科学规划会议，简称"广州会议"，共有453名代表参加了会议，包括来自中国科学院、大学和各部门的科学家310名，以及有关部门负责科研的领导干部。会上集体讨论了规划的制定方针和方法，统一了思想认识，安排部署了制定"十年科技规划"的工作[①]。会议提出了"自力更生、迎头赶上"的方针，以尽快赶上世界先进水平为目标，要求充实我国基础工业和基础理论，重点抓农业以及有关吃、穿、用的科技问题和国防尖端问题。

经过一年多的紧张工作，"十年科技规划"编制完毕。"规划的制订，实行了领导、专家、群众三结合的方法，直接参与制订规划的科学技术专家约一万多人，众多研究机构、高等学校、企业的广大科学技术工作者提供了材料和意见，有关部门的领导干部分别主持了各专业规划的编制工作。"[②]直到"文化大革命"前，"十年科技规划"的实施都是相对比较顺利的，涌现出一大批科研成果，如第一颗原子弹成功爆炸、第一次"两弹"结合试验成功、人工合成牛胰岛素结晶的研制达到世界领先地位、大庆油田顺利建成等，为我国科技事业的发展打下了新的基础。

（2）规划内容

总体上看，"十年科技规划"仍然坚持实施科技发展赶超战略，探索适合中国自身发展的科技道路，明确了未来10年中国科技的总体要求、发展目标、基本方针以及重点任务等。

"十年科技规划"的总体要求是：动员和组织全国的科学技术力量，自力更生地解决我国社会主义建设中的关键科学技术问题，迅速壮大又红又专的科学技术队伍，在重要的急需的方面，掌握20世纪60年代的科学技术，

---

① 廖心文.1962年广州会议的前前后后[J].党的文献，2002（2）：13-21.
② 中共中央文献研究室.中央科学小组、国家科委党组关于一九六三——九七二年科学技术发展规划的报告[M]//建国以来重要文献选编（第17册）.北京：中央文献出版社，1997：490-515.

力求在接近和赶上世界先进科学技术水平的道路上,实现"大跃进"。发展我国科学技术的基本方针是:自力更生,迎头赶上。"十年科技规划"的目标和各项任务、各方面的力量安排的原则见表6-5和表6-6[1]。

表6-5 "十年科技规划"制定的目标[2]

1	为农业增产提供各方面的科学技术成果,系统地解决实现农业技术改革中的科学技术问题
2	重点掌握20世纪60年代工业科学技术,为建立一个完整的现代工业体系,为发展新兴工业、提高现有工业的技术水平,提供科学技术成果
3	切实保证国防尖端技术的初步过关
4	加强我国资源的综合考察,加强资源的保护和综合利用的研究,为国家建设提供必要的资源根据
5	在保护和增进人民健康、防治主要疾病和计划生育等方面的重要科学技术问题上,作出显著成绩
6	加速发展基础科学和技术科学,充实科学理论的储备,加强科学调查和实验资料的积累,建立和加强重要的和空白薄弱的部门
7	大力培养人才,充实现代化实验装备,在各个重要的科学技术领域,形成研究中心,建立一支能够独立解决我国建设中科学技术问题的、又红又专的科学技术队伍

表6-6 "十年科技规划"安排的原则[2]

1. 集中力量打歼灭战	要迅速发展我国的科学技术,不仅要壮大我们的力量,而且一定要善于使用我们的力量。任务很重,力量有限,为了迎头赶上,就要"有先赶、有后赶,有所赶、有所不赶"
2. 全面安排,充实基础	主要是抓住两头:一是农业和有关解决吃穿用问题的科学技术问题,二是尖端技术。围绕着这两头,全面组织各个学科、各门技术的工作。在10年当中,前5年着重打基础,补全缺门,配套成龙,注意各项基础条件的建设
3. 学习国外成就和开展创造性研究相结合	吸收和利用国外的科学技术成就,在任何时候,对于任何一个国家都是需要的。我国要在较短的时间内赶上先进水平,也必须如此。引进国外先进技术,在今后10年中,更具有重要意义。我们越是强调自力更生,就越应该注意学习和掌握国外的先进科学技术成就
4. 专业研究和群众性科学实验活动相结合	为了实现国家科学技术规划,主要依靠专业科学研究机构、高等学校以及若干重要厂矿、农场的科学研究试验的力量。与此同时,应该大力开展群众性的科学实验活动

在此基础上,"十年科技规划"重点领域、方向及任务包括自然条件和资源的调查研究、农业科学技术、工业科学技术、医学科学技术、技术经

---

① 中华人民共和国经济大事记(专辑三)[J]. 计划经济研究,1983(26):1-95.
② 中华人民共和国科学技术部. 1963—1972年科学技术发展规划纲要[OL]. http://www.most.gov.cn/ztzl/gjzcqgy/zcqgylshg/200508/t20050831_24439.html.

济、技术科学、基础科学等 7 个方面（表6-7）。作为新中国成立后我国第二个科学技术发展远景规划，"十年科技规划"与"十二年科技规划"一脉相承，它的制定和实施为我国科学技术发展奠定了重要基础。

表6-7 "十年科技规划"重点领域、方向及任务[①]

重点领域	重点方向	重点任务
自然条件和资源的调查研究	土地生物资源的调查研究	制定农业区划的调查研究
		扩大农用地的调查研究
		草场资源的调查研究
		热带与亚热带地区山地和丘陵的调查研究
		干旱地区和沙漠的利用改造
		青藏高原地区的综合调查研究
	矿产资源的调查勘探与合理开发	加强基本地质研究，扩大矿产储量
		进行战略后方矿物原料、燃料基地的调查研究
		复杂共生矿的综合评价与开发利用研究
		研究重要矿种的合理开发、保护与综合利用
		提高地质勘探技术
	海洋调查	海洋调查
	水利资源及其综合开发利用	水利资源的调查研究
		中小河流综合开发利用的研究
		大河流综合开发利用的研究
	加强气象研究	提高天气预报准确度
		人工控制天气
		现代化气象探测技术的建立
	开展地震、地磁的研究	开展地震、地磁的研究
	提高测量制图方法与技术	提高测量制图方法与技术

---

① 中华人民共和国科学技术部. 1963—1972 年科学技术发展规划纲要[OL]. http://www.most.gov.cn/ztzl/gjzcqgy/zcqgylshg/200508/t20050831_24439.html.

续表

重点领域	重点方向	重点任务
农业科学技术	农业	作物合理轮栽，农牧结合、互相促进
		选育作物良种
		加强植物保护，防止主要病、虫、杂草等在田间和仓贮中所造成的损失
		加强抗拒气象灾害的研究工作
		低产土壤改造
		水土保持
		发展园艺和特产
	畜牧	合理利用、改良草原和南方山地丘陵地区
		饲料的增产和合理利用开发，发展饲料工业
		提高农畜、家禽、毛皮兽生产性能
		控制和消减畜禽主要疫病
		加强畜牧业机械的研究
	林业	经营保护好现有森林，提高现有林的生长量
		选育优良树种，提高速生用材林及木本粮油林的丰产培育技术
		加速荒山造林、提高水土保持林、固沙林和农田防护林的营造技术及其防护效益
		提高营林和木材采运生产机械化的水平
	水产	渔业资源的调查和保护
		改进养殖技术，扩大养殖种类和养殖面积
		研究水产业的技术改革
	热带作物	我国热带植物资源的综合开发和合理利用
		橡胶树良种选育、栽培和加工技术及其有关基础理论的研究
		热带木本油料、硬质纤维和药用植物为主的热带经济作物引种、选种、栽培与加工技术的研究
		加强热带生物学、地学等基础学科的研究
	农业机械化、电气化、水利化、化学化	农业机械化、电气化
		水利化
		化学化

续表

重点领域	重点方向	重点任务
农业科学技术	有关农业科学基础理论的研究和新技术在农业上的应用	研究动植物遗传变异的规律
		研究作物生长发育的规律
		研究动物生理生化的基本规律
		研究植物病原病理和农药的药理作用抗药性
		研究兽医医疗技术的理论基础
		研究森林的生物学特性
		调查和积累基本资料
		研究新技术在农业上的应用
工业科学技术	建立完整的原料和材料体系	发展合成材料，建立基本有机合成原料工业
		掌握油、气和碎煤造气技术，扩大合成氨原料来源
		健全合金钢系统，增加钢材规格
		发展氧气转炉炼钢等钢铁冶炼加工新技术
		加速发展有色、稀有金属工业
		木材的充分利用和节约代用
		发展新型、优质的硅酸盐材料及其制品
		利用各种含硫资源，增产硫酸
	合理开发和利用燃料动力资源	大力开发石油资源，发展采油和炼油新技术
		积极寻找天然气资源
		提高煤矿劳动生产率，合理使用煤炭
		改善电力的燃料动力构成，提高建设和运行技术水平
		发展燃烧技术，改进燃烧设备
	发展和采用新型、高效率的机械设备	发展新型、高效率的化工、石油设备
		选择、改进和创制适合我国情况的农业机械
		发展重型机械和精密机床
		发展新型的和特殊工作条件下使用的电工产品
		发展内燃机新品种
		发展无切削、少切削和特殊加工工艺
	提高轻工业科学技术水平	研究提高食品的保藏加工技术，改善人民的营养条件
		掌握化学纤维的生产技术，扩大纺织纤维原料来源
		发展塑料和合成洗涤剂等日用品的生产技术
		研究制浆造纸工艺技术，扩大造纸纤维原料来源
		轻工业设备的研究试制工作，必须加强

续表

重点领域	重点方向	重点任务
工业科学技术	提高建筑工程的质量，实现建筑工业化	发展建筑机械，实现建筑工业化
		研究掌握特种工程的设计施工技术
	运输业和通信事业的技术改造	铁路内燃化和电气化
		适当增加汽车品种，提高公路路面质量
		开发和整治航道、港口，提高造船技术
		发展多路通信技术
		发展超短波调频广播技术
	电子技术、仪器仪表和自动化	加速发展无线电电子工业
		加速发展仪器仪表工业
		提高工业生产过程的自动化水平
		应用和技术科学研究成果，发展工业生产新技术
医学科学技术	防治主要疾病	严重危害人民健康的传染性疾病防治问题的研究
		重大的疑难病症的研究
		放射医学等新学科的研究
	重大卫生学问题	工农业生产中劳动保护问题的研究
		研究工矿企业设计和城市建设中的卫生问题
		研究营养卫生、计划生育等问题
	中医中药	中医临床经验的研究
		中药的研究
		针灸疗法等特殊疗法的研究
	基础医学	人体正常及病理形态学的研究
		人体正常及病理生理学的研究
		医学生物化学及生物物理学的研究
		病原细菌学及免疫学的研究
	药物和医疗器械	药物和医疗器械
技术经济	合理利用土地的技术经济研究	
	农、林、牧、副、渔综合经营的技术经济分析	
	农业技术改革的技术经济研究	
	食物营养构成的技术经济研究	
	燃料动力的技术经济研究	

续表

重点领域	重点方向	重点任务
技术经济	原料、材料选择的技术经济研究	
	采用新工艺、新装备和发展产品品种的技术经济研究	
	建筑工业的技术经济研究	
	综合运输的技术经济研究	
	工业生产力的结构、布局和生产规模的技术经济研究	
	加强技术经济的理论和方法的研究	
技术科学	矿业学	
	冶金学	
	硅酸盐化学与物理学	
	化学工程学	
	燃料化学	
	润滑化学与物理学	
	腐蚀和防护技术	
	土木工程学及水利工程学	
	机械学	
	工程热物理学	
	电工学	
	电子学	
	半导体技术	
	自动化技术	
	计算机技术	
	应用光学及红外技术	
	应用声学	
基础科学	数学	
	物理学	
	力学	
	化学	
	生物学	
	地学	
	天文学	

（三）新中国科技战略规划取得的成效

作为"十二年科技规划"编制工作的主要领导人之一，在回顾"十二年科技规划"对我国科研事业发展所产生的积极推动作用时，聂荣臻从五个方面做了总结[①]：规划勾勒出了我国科学技术发展的蓝图，有了一个总的发展方向，展示了前景，鼓舞了人心；规划确定了我国科学技术发展的重要领域，并具体化为课题，从而统一了思想，统一了步伐，使技术攻关拥有明确的奋斗目标；通过制定规划，初步摸清了国际上当时先进科学技术的状况和我国自己的"家底"，了解了发展科研事业所必须具备的基本条件，如组建机构、组织队伍、建立必要的科研服务系统等；规划制定过程中科学家们对各种问题进行了广泛的探讨和争论，也促进了科技界"百家争鸣"的大好局面；通过制定和执行规划，还初步制定了若干科研工作政策，对党和国家如何领导好科研工作开始摸索和积累了一些经验。

作为国家科学技术中长期发展的顶层设计，"十二年科技规划"、"十年科技规划"的编制都是当时中国科技界和各有关部门极具勇气的尝试，为新中国的科技发展做出了巨大贡献，对中国科技界和科研模式产生了深远的影响。这一观点是当年制定规划的领导者和参与者，以及国内外相关的研究者比较一致的看法[②]。"十二年科技规划"、"十年科技规划"在指导新中国科技发展、提升我国科学技术水平、建立科研体系和探索我国科技管理体制等方面取得了历史性的成效，主要体现在以下几方面。

（1）制定"赶超型"科技发展战略，确立我国独立自主、开拓创新的科技发展道路

"改变我国在经济上和科学文化上的落后状况，迅速达到世界上的先进水平"[③]，"后来居上，理所应当。我国具有很多优越条件，我们应当更有信

---

① 聂荣臻. 聂荣臻回忆录（下）[M]. 北京：解放军出版社，1984：778-779.
② 胡维佳. "十二年科技规划"的制定、作用及其启示[J]. 中国科学院院刊，2006（3）：207-212.
③ 毛泽东. 毛泽东著作选读（下）[M]. 北京：人民出版社，1986：718.

心用不太长的时间，赶上和超过科学技术先进国家的水平。简单地说，我们必须用几十年时间，赶上和超过西方资产阶级用几百年时间才能达到的水平"①，这些是毛泽东针对建国初期我国科技发展实际和国际形势作出的重要战略判断，其中折射出深刻的科技"赶超"战略思想。

20世纪40年代中期至50年代，以原子能、自动化、计算机、半导体、导弹和航天等尖端科技为代表的新一代科技革命在当时世界少数发达国家也才刚刚露出头角、方兴未艾。1945年7月，美国成功爆炸了世界上第一颗原子弹；1945年8月6日，美国用B-29远程轰炸机运载"小男孩"原子弹轰炸广岛；1949年8月，苏联爆炸成功自己的第一颗原子弹；1952年，英国第一颗原子弹爆炸获得成功。1948年，美国应用数学家诺伯特·维纳（Norbert Wiener）出版自动化领域奠基性著作《控制论》，成为控制论诞生的标志；1954年，钱学森在美国出版《工程控制论》专著，创立工程自动控制学科。1946年2月，由美国军方定制的世界上第一台电子计算机"电子数字积分计算机"在美国宾夕法尼亚大学问世。1947年12月，美国贝尔实验室的威廉·肖克利（William Shockley）、约翰·巴丁（John Bardeen）和沃尔特·布拉顿（Walter Brattain）组成的研究小组研制出锗晶体管，晶体管的问世成为微电子革命的先声。1943年，德国火箭科学家冯·布劳恩领军研制出V2火箭，成为现代导弹的雏形。二战后，美国、苏联及英国竞相获取德国火箭技术和技术专家，美国从中获益最多，到20世纪50年代中期，导弹技术在美苏分别取得初步突破，1962年5月，美国首次进行了"两弹"结合试验。

以毛泽东为代表的开国领袖以战略家的雄阔视野和深谋远虑，从中国国情和世界发展格局的高度出发，敏锐跟踪世界前沿，谋划中国科技发展方向，果断决策瞄准尖端科技和世界一流，明确了我国科技必须通过学习、交流、追赶、创新，实现赶超和跨越，从而形成自身的技术优势，确保了国家战略安全，促进了经济社会全面发展，并由此使中国科学技术全面发展起来。"十二年科技规划"和"十年科技规划"的制定和实施在政治上保障了

---

① 毛泽东. 建国以来毛泽东文稿（第11册）[M]. 北京：中央文献出版社，1996：272.

我国科技事业的发展方向，提出的"赶超型"科技发展战略，客观上起到了推动国家科技整体布局和发展的提纲挈领性的作用。在规划牵引下，我国科技事业发展水平快速提升，并在一些重点项目上取得了举世瞩目的成就。至此，制定战略科技规划由此成为引领和推动我国科技工作开展的重要工具和手段。

在实施"赶超"战略的具体过程中，也不能盲目依赖国外的现成技术，单纯引入现成技术不过是重复已被证实的科学技术理论。想要发展符合中国国情的先进科技，就必须创造性地探索和开展针对中国国情的科研工作。毛泽东曾指出："在这十年，我们（因为苏联帮助）得到了一些进步，现在要自力更生。"[①] "一切都抄苏联，自己的创造性就很少……是一个缺点，缺乏创造性，缺乏独立自主的能力。这当然不是长久之计。"[②] 在向西方先进科技国家学习的问题上，毛泽东主张，学习外国先进科技的同时，不能忽视独创性，要具备"创造中国独特的新东西"的能力和水平。这种思想后来被历届党和国家领导人所继承并不断发扬。

（2）促使当时我国的科学技术水平大幅提升，大大缩小了同世界先进水平的差距，一系列重要学科建立起来

近代以来，世界上第一、第二次科技革命使得美、英等西方国家迅速崛起，由于种种原因，中国未能参与其中，导致落后。20世纪40年代起，以原子能、电子信息、航空航天为代表的第三次科技革命迅速兴起，以毛泽东同志为核心的党的第一代中央领导集体审时度势，敏锐地看到了第三次科技革命带来的契机，强调发展尖端科技，促使我国科学技术迅速发展，牢牢把握住了第三次科技革命创造的机遇，为推动我国科技发展奠定了坚实基础。"十二年科技规划"和"十年科技规划"的制定和实施，使得我国当时的科学技术水平大幅提升，"中国的科学技术水平已经从十分落后的状况，初步

---

① 毛泽东. 毛泽东文集（第8卷）[M]. 北京：人民出版社，1999：158.
② 毛泽东. 毛泽东文集（第8卷）[M]. 北京：人民出版社，1999：305.

达到国际上四十年代的水平"①，资源勘探、工业和农业科技、新兴技术、医学科学技术和基础科学研究等方向都发生了显著变化：建立了一批新专业、新学科，缩小了我国同世界先进水平的差距，并在部分领域达到世界先进水平；逐渐改善了我国科技和国民经济落后的局面，使我国科技、经济和社会面貌发生了巨大改变；调查并掌握了我国自然条件和自然资源的海量资料，基本摸清我国偏远地区自然条件特征和资源分布规律，填补了边疆地区综合调查研究的空白；建立了新兴科技门类，带动新兴工业部门的诞生和发展。工业方面，通过借鉴外国先进经验，基本掌握了现代生产技术，同时逐步开展了符合我国国情的新兴工业技术研发工作；在基础科学和技术科学方面，填补了我国科研工作薄弱学科的空白；在掌握与发展现代医学科学技术和总结中医传统经验方面也成绩斐然。这些科技成就无疑是新中国科技的独立与发展的写照，为科技创新与进步奠定了良好基础。

（3）掌握了当时国防建设中迫切需要的一批重大尖端技术

"国防不可不有。"②新中国成立后，中共中央就将建设强大国防作为新中国必须要做两件大事之一提上议事日程③。即使在20世纪60年代初的困难时期，毛泽东仍指出，"在科学研究中，对尖端武器的研究试制工作，仍应抓紧，不能放松或下马。"④毛泽东还提出，"我们不仅要搞原子弹，还要搞氢弹、洲际导弹"⑤，"我们也要搞人造卫星"⑥，"核潜艇一万年也要搞出来"⑦。由此可见当时举国上下加强国防科技及武器装备研制的决心。从科研成果看，规划任务的实现，解决了第二和第三个五年计划国家国防建设中迫切需要解决的一批科技问题，原子能、半导体、自动化、电子学、计算机

---

① 《当代中国》丛书编辑委员会. 当代中国的科学技术事业[M]. 北京：当代中国出版社，1991.
② 建国以来毛泽东军事文稿（中卷）（第8卷）[M]. 北京：军事科学出版社，中央文献出版社，2009：308.
③ 毛泽东军事文集（第6卷）[M]. 北京：军事科学出版社，中央文献出版社，1993：103.
④ 毛泽东军事文集（第6卷）[M]. 北京：军事科学出版社，中央文献出版社，1993：392.
⑤ 毛泽东军事文集（第6卷）[M]. 北京：军事科学出版社，中央文献出版社，1993：374.
⑥ 我国第一颗人造地球卫星发射成功[N]. 人民日报，1970-04-26（1）.
⑦ 袁德金. 军事家毛泽东（下）[M]. 北京：中国青年出版社，2003：831.

等一批新兴科学技术得以发展，使得国防力量的长足发展和壮大有了支撑，国家综合实力得到了极大的提升。一些科研领域形成的科技成果已经达到世界先进水平，改善了中国国际形象，极大地提升了我国国际地位和影响力，为我国未来发展尖端武器、打赢高技术条件下的战争奠定了坚实的基础。正如邓小平于1992年所说："如果六十年代以来中国没有原子弹、氢弹，没有发射卫星，中国就不能叫有重要影响的大国，就没有现在这样的国际地位。这些东西反映了一个民族的能力，也是一个民族、一个国家兴旺发达的标志。"[1]

"两弹一星"的研制成功，不但有力地打破了超级大国的核垄断，有效保障了国家安全，维护了世界和平，最为核心的意义在于抓住了历史时机[2]。历史没有"如果"，科技攻关不能等到万事俱备再开始。我国核试验就是最为有力的实证。如果等到我国国力发展到具备支撑开展核试验的条件时，国际社会已开始"全面禁止核试验"，再想推进研制工作，国际社会的阻力必然会给我国核试验工作带来重重障碍，困难更多[3]。从更宏大、更深远的视野来看，"两弹一星"的研制成功，有力促使我国争取到了自己的国际发言权并且成为了世界上有重要影响力的国家，铸就了中国在国际舞台上的大国地位，并对国际战略格局产生了重要作用。核武器和航天技术的出现，改变了现代世界的政治面貌，进一步稳固了第二次世界大战结束时形成的大国权力格局，五核国[4]的身份，使得美国、苏联（俄罗斯）、英国、法国、中国一直保持着联合国安理会常任理事国的地位，而且产生了以和平目的利用核能、有核国家承担不扩散核武器义务、允许无核国家获取和平利用核能技术等一系列国际规范，形成了《不扩散核武器条约》、《全面禁止核试验条约》、联合国核裁军谈判机制、全球核安全峰会、东南亚无核区等一系列国际制

---

[1] 邓小平文选（第三卷）[M]. 北京：人民出版社，1993：279.
[2] 沈传宝. 科技强国，永垂青史——"两弹一星"座谈会纪要[J]. 中共党史研究，2001（1）：5-17.
[3] 我国在1996年7月29日进行了最后一次核试验之后，随即宣布暂停核试验。1996年7月30日中国签署了《全面禁止核试验条约》。
[4] "五核国"是指被《不扩散核武器条约》（NPT）所承认的美国、苏联（俄罗斯）、英国、法国、中国五个核武器国家，作为联合国安理会常任理事国，它们在推动国际核不扩散与裁军进程中负有特殊责任。

度安排①。

（4）促使一批高水平科研机构和高等院校迅速建立起来，人才队伍大大增强

通过"十二年科技规划"和"十年科技规划"的制定和实施，我国初步形成了一支具有较高素质的科学技术研究工作队伍，初步形成了门类齐全、资源配置合理的科研机构体系、科研管理机构及相应的科研管理体系。这一时期培养的大批科研人员后来都成为我国科研工作的中流砥柱。从科技研究机构和研究队伍来看，全国科研机构（国防系统研究机构除外）由1956年的381家增加到1962年的1296家，几乎所有主要学科和技术领域都设立了专门的研究机构。专门从事研究工作的科技人员，从1956年的6.2万人增加到1962年的近20万人，其中大学毕业的有5.5万人，副研究员以上的高级研究人员达到2800多人②。在以"两弹一星"为代表的科技规划实施期间，我国的高等院校、中等技术学校等教育和培训单位的专门化程度，较我国现代高等教育以来的其他任何历史时期都甚为明显③。

（5）为以后中国科学技术的发展提供了一种组织"模式"，确立了中国现代科技政策的研究体制和管理体制

"十二年科技规划"、"十年科技规划"的实施对我国科研机构的设置和布局、高等院校学科及专业调整、科技队伍的培养和使用、科技管理的体系和方法，以及整个新中国科技体系的建立等方面起到了决定性作用④，它是新中国组织科学技术事业的成功实践，为中国后来的科技发展提供了一种组织"模式"，即：以政府为主导，动员全国力量，规划科学和技术的重点，按照任务导向的模式动员物质资源和指挥科研力量集体"攻关"⑤。"两弹一

---

① 傅莹. 看世界2[M]. 北京：中信出版社，2021：288.
② 薄一波. 若干重大决策与事件的回顾（上）[M]. 北京：中共中央党校出版社，1991：515.
③ 刘昱东，曾华锋. "两弹一星"中的学科建设问题初探[J]. 工程研究——跨学科视野中的工程，2011（4）.
④ 徐建国. 关于加强科技基础能力建设的若干思考[J]. 中国科技论坛，2008（8）：12-15.
⑤ 樊春良. 新中国70年科技规划的创立与发展——不同时期科技规划的比较[J]. 科技导报，2019，37（18）：31-42.

星"就是这种模式的成功范例,这种模式在后来的载人航天、探月工程等重大工程中都发挥了关键作用①。

(四)新中国科技战略规划的特点

从组织过程和实施结果两个维度看,"十二年科技规划"、"十年科技规划"的实施无疑都是非常成功的,有效促进了国家战略科技力量整合,进而推动了我国科技实现跨越式发展。两个规划的实施也为以后中国发展"大科学"和完善"规划科学"思想提供了经验②。具体分析,新中国科技战略规划呈现如下特点。

(1)全面部署,有序推动科技领域重点工作

战略科技规划工作主要是围绕国民经济发展的需要和科学发展的重点方向,部署和安排一系列国家重要科学技术任务。所谓"全面部署,有序推动重点工作"是指,在所确定的各项任务中,还要根据国家建设的迫切需求和科学技术发展远景,识别出关键性问题,挑出更为重要和更为亟需的任务作为工作重点,着重加以关注和解决。毛泽东曾说,"正确选定重点项目,集中力量打歼灭战,是我们迅速赶上世界先进水平的重要方法。"③时任中国科学院院长的郭沫若也曾有过生动形象的解说:"有了规划,我们便能提纲挈领地全面进行工作,不至于头痛医头,脚痛医脚;不至于在暗中摸索,东抓一把,西抓一把。这样,我们的科学研究工作就能按部就班地更迅速地开展起来了。"④

(2)系统布局,全国一盘棋开展科技大协作

科技规划所涉及的任务一般都具备全局性、战略性、综合性、长期性等

---

① 苗东升."两弹一星"事业对中国社会发展的影响[J].中国工程科学,6(7):1-94.
② 董光璧.二十世纪中国科学[M].北京:北京大学出版社,2007:118.
③ 中共中央文献研究室.建国以来重要文献选编(第17册)[M].北京:中央文献出版社,1997:599.
④ 中共中央文献研究室.建国以来重要文献选编(第8册)[M].北京:中央文献出版社,1994:295.

典型特点，这类任务特点需要各个学科之间积极联动，需要有关部门和科研人员合作完成，在实施过程中，做到"全国一盘棋"，即：举全国之力，确保科技重点项目的攻关。1958年12月，毛泽东在《在中共八届六中全会上的讲话提纲》中提出了"全国一盘棋"的大协作思想，"全国一盘棋与地方积极性相结合，有矛盾，按全国一盘棋原则去解决"①，"使全国的科学技术力量能在统一的科学研究工作系统中，按照合理的分工合作的原则，有计划地协调地进行工作。"②"十年科技规划"明确规定了全国一盘棋的内容，"完成科研重要任务，逐项安排，进一步强调全国一盘棋，更有效地组织和运用全国各个层次的科学技术力量。对研究机构设置、任务分工、人才和器材安排使用上的各种不合理现象，要坚决进行必要的调整。""十二年科技规划"、"十年科技规划"期间，把全国的科研、工业力量统筹成一盘棋，牵引整个国家科技体系发展的思想逐步确立起来。

（3）科学组织，集中领导进行科技攻关

新中国成立后，面对科技资源有限、建设任务繁重的矛盾，拥有强大的权威机关是集中力量开展科技攻关、确保完成重点项目的必要条件。毛泽东在批复"十年科技规划"时强调："在科学技术战线上，要抢时间、打硬仗，一定要有集中领导、统一指挥的机关。"③为此，党中央先后批准设立国家科学规划委员会、国家科学技术委员会、中央专门委员会等国家级机构，有效协调国家重要科技资源和相关力量，领导和统一指挥国家科技攻关。在实际工作中，为解决国家科学规划委员会兼职科学家难以集中和领导、国家科学规划委员会与国家科学技术委员会工作重复的问题，将两个委员会合并组建国家科学技术委员会。国家科学技术委员会作为全国最高科技工作管理机构，从国家行政职能的角度对国家科技工作进行集中统一领导。

同时，为保证国防尖端重大科技项目的组织领导，毛泽东同意在国家层

---

① 毛泽东. 建国以来毛泽东文稿（第7册）[M]. 北京：中央文献出版社，1992：641.
② 中共中央文献研究室. 建国以来重要文献选编（第9册）[M]. 北京：中央文献出版社，1994：518.
③ 中共中央文献研究室. 建国以来重要文献选编（第17册）[M]. 北京：中央文献出版社，1997：513.

面设立专门的权威协调机构。1962年11月，毛泽东批准成立中央专门委员会（简称专委），任命周恩来总理兼任专委会主任，统一领导国防尖端武器（以"两弹一星"为代表）的研究和试验工作，在科技资源分配方面起到总领作用。聂荣臻曾这样评价专委的作用："专委成立以后，每次重要的'两弹'的研制工作在领导方面有了进一步的加强。在中央专委强有力的领导下，调动全国一切力量，保障'两弹'研制进程，中央专委在研制过程中总揽全局，厘清了我国尖端武器研制工作的纷繁头绪。中国尖端武器研制建设之快，与中央专委高效率工作密不可分。"[①]

（4）任务为经、学科为纬，以任务带动学科发展

"十二年科技规划"、"十年科技规划"是按照"以国家任务为经，以多种学科为纬，以任务带学科"的原则制定的，这是规划的典型特点之一。在制定"十二年科技规划"时，也存在一定的争议，焦点是选择根据科技任务确定规划内容，还是根据学科分类确定规划内容。对此，毛泽东同意国家科学规划委员会的意见："编制规划的方法，是主要按照国家所需要的重要科学技术任务来进行的。这个方法，能够保证科学规划密切结合国家社会主义建设的需要；同时，对于理论研究给予了极大的重视。"[②]这个方法就是"任务带学科"的方法。"因为规划确定的十二个重点，都包含着对整个国家的生产技术基础的根本性影响的重大和复杂的科学问题……这一类问题的解决，将会带动整个科学技术的发展和迅速成长。"[③]"任务带学科"着眼于新兴学科的建立和发展，通过任务设计牵引学科发展，以填补科技领域空白。聂荣臻认为："'任务带学科'，这是发展科学技术的一个好方法。当然，这并不是唯一的方法。现代科学技术是复杂的，要采取多种途径，不能'一刀切'。"[④]

---

① 魏巍. 聂荣臻传[M]. 北京：当代中国出版社，1994：599.
② 中共中央文献研究室. 建国以来重要文献选编（第9册）[M]. 北京：中央文献出版社，1994：429.
③ 中共中央文献研究室. 建国以来重要文献选编（第9册）[M]. 北京：中央文献出版社，1994：505.
④ 聂荣臻同志和科技工作[M]. 北京：光明日报出版社，1984：11-12.

（五）启示与思考

通过回顾和梳理"十二年科技规划"和"十年科技规划"，总结它们的特点和取得的成效，进一步思考对中国航天事业发展产生的深远影响，有以下几点启示。

（1）党和国家领导人的高度重视是战略规划成功的保障

回顾两个规划的制定和实施过程，可以看到两个规划都是由时任国务院总理、副总理共同组织、领导制定的，如此高规格的规划领导小组体现出党和国家领导人对科技发展的高度重视。也正是由于毛泽东等党和国家领导人对科技工作的高度关心和支持，"两弹一星"等一批国之重器才得以成功研制，新中国的科技事业才能在较短的时间里迅速发展壮大。

（2）制定科技战略规划既要坚持目标导向、需求导向、任务导向，也要兼顾问题导向、兴趣导向及学科发展导向

回顾研究早期规划，发现规划本身体现出十分清晰的目标导向、需求导向、任务导向，而其中的问题导向、兴趣导向及学科发展导向也值得学习和借鉴。坚持问题导向，就是要有强烈的问题意识，直面科技发展的重大理论和现实问题，不断提出工程问题、技术问题、科学问题。坚持兴趣导向，就是坚持对科学兴趣的引导和培养，发挥科技工作者的主观能动性。爱因斯坦曾经说过，"兴趣是最好的老师。"[①]科学研究特别是基础研究，往往是从科技工作者探索自然和科学奥秘的好奇心出发。好奇心比知识更重要，它是基础研究的出发点和原动力。坚持专业和学科发展导向，就是尊重科学技术自身的规律。专业和学科的形成与发展是人类实践的产物，是在对科学技术发展和应用规律总结、反思、凝练的基础上逐步积累而成的。战略科技规划的研究者、决策者和实施者都需要重视现代科学技术本身的深层次问题和规律，一方面是以需求牵引专业和学科发展，另一方面也要允许专业和学科遵

---

① 许良英，李宝恒，赵中立. 爱因斯坦文集[M]. 北京：商务印书馆，1979（3）：144.

循自身规律进行发展。

（3）制定正确的指导方针和原则是战略科技规划成功的关键

"十二年科技规划"提出的"重点发展，迎头赶上"，"十年科技规划"提出的"自力更生，迎头赶上"，都是基于充分认识和掌握我国国情。正是有了这些明确的指导方针和原则，规划的制定才更加现实和有针对性，对尽快建立符合国情的中国特色科技体系，支持国家社会经济持续快速发展等发挥了巨大的作用和力量；同时也使得"十二年科技规划"、"十年科技规划"能够在当时有限的条件下顺利完成，并促使科技渗透到经济建设社会进步的各个领域，成为推动社会发展的重要力量。

（4）构建正确的科研模式是合理优化配置国家整体科技资源、提高国家科研效率的重要条件

构建符合我国国情的科研模式，快速组织力量开展科研工作，对全国的科学技术力量做统一的布局和安排，有计划、有协调地开展工作，是顺利、高效完成国家科技任务的重要条件。回顾两个战略科技规划的制定和实施过程，我国充分发挥了社会主义制度的优越性，迅速组织和集中各种社会力量，攻克当时需要优先发展的科技任务，战略性地提出了对大规模科技项目（计划）组织管理的"科技攻关"模式。"两弹一星"的成功研制就是充分发挥我国制度优势、集中攻关的典型成果和代表。

（5）战略科技规划传承了"下定决心，不怕牺牲，排除万难，去争取胜利"的进取精神和强大自信

1945年，毛泽东在党的七大闭幕词中深刻指出："我们宣传大会的路线，就是要使全党和全国人民建立起一个信心，即革命一定要胜利。首先要使先锋队觉悟，下定决心，不怕牺牲，排除万难，去争取胜利。"[①] 从此，这一号召成为中国人民克服一切艰难险阻的精神动员令，给艰苦奋斗的人们增

---

① 毛泽东. 毛泽东选集（第3卷）[M]. 北京：人民出版社，1991：1101.

强了战胜困难的信心、勇气和力量，发挥了难以估量的作用。这一口号的思想也全面贯穿于"十二年科技规划"、"十年科技规划"中，给予科技工作者强大的信念和信心，形成了一股不断前进、攀登科技高峰的强大的感召力。在战略上要"以弱当强"，要不畏强敌、不畏艰难，敢打必胜，在战役战术上要"以强胜弱"，集中优势力量打歼灭战，这是指导中国革命战争取得胜利的基本原则，也是正确认识我国科技力量同世界其他科技强国差距，有效转化科技强国与我国科技力量强弱对比的途径。"战略上藐视敌人、战术上重视敌人"，"以弱胜强、从小到大"，"在根本上、在整体上、在长远上，敢于斗争、敢于争取胜利"，这些思想时至今日仍有很强的启示意义。

第 2 节　新中国科技战略规划对中国航天事业的深远影响

伴随着共和国 70 余年波澜壮阔的历史进程，中国航天事业也走过了 60 余年的辉煌发展道路。在党中央、国务院、中央军委的亲切关怀和坚强领导下，一代又一代航天人砥砺奋进，完成了中国航天从无到有的突破，实现了从弱到强的转型。中国航天事业走出了一条具有中国特色的自力更生、自主创新的发展道路。在 2016 年 4 月 24 日首个"中国航天日"之际，中共中央总书记、国家主席、中央军委主席习近平作出重要指示："探索浩瀚宇宙，发展航天事业，建设航天强国，是我们不懈追求的航天梦。"

60 余载不懈奋斗，中国已然跻身世界航天大国第一梯队，在若干重要技术领域中处于世界先进水平：载人航天、深空探测等重大航天科技工程取得突破性进展，空间技术整体水平大幅跃升；建立健全了航天工业和科研生产创新体系；空间应用经济与国际影响力显著提高；空间科学取得的创新性成果，在国家安全、社会发展、科技进步和经济建设等方面发挥着强劲的引领作用。中国航天事业取得的伟大成就，归功于党中央、国务院、中央军委长期以来对航天的高度重视和正确领导，归功于培养了一支朝气蓬勃、能打硬仗的人才队伍，也得益于建国初期国家科技战略规划的正确指引和科学布局。

（一）新中国的航天规划

（1）重要事件

20世纪50到60年代，反对核威胁、打破核垄断，发展以原子弹、导弹为核心的国防尖端技术是中国领导人的强国战略思想的核心。

1955年1月15日，毛泽东在中南海主持召开中共中央书记处扩大会议，听取李四光、钱三强和刘杰关于中国原子能科学的研究现状、铀矿资源情况的汇报以及有关核反应堆、原子武器、原子能和平用途等的讲解，讨论发展原子能事业问题。毛泽东指出："（这件事）只要排上日程，认真抓一下，一定可以搞起来。现在苏联对我们援助，我们一定要搞好，我们自己干，也一定能干好。我们只要有人，又有资源，什么奇迹都可以创造出来。"[①]会议正式决定发展中国原子能工业，研制原子弹。"原子能的和平利用"和"火箭与喷气技术"被列为"十二年科技规划"的重中之重，足见其重要性。研制"两弹一星"的战略决策可以说是毛泽东积极防御战略方针最典型的体现。

1955年7月，中共中央指定陈云、聂荣臻、薄一波组成三人小组，负责指导原子能事业的发展。

1955年10月，钱学森克服重重阻碍，回到祖国。

1956年2月，钱学森向中共中央递交了《建立我国国防航空工业的意见书》[②]。

1956年4月，国家成立了航空工业委员会（简称航委），聂荣臻任主任，黄克诚、赵尔陆任副主任，王士光、王净、安东、刘亚楼、李强、钱志道、

---

① 中共中央文献研究室. 毛泽东年谱（1949—1976）（第2卷）[M]. 北京：中央文献出版社，2013：337-338.
② 张钧. 当代中国的航天事业[J]. 北京：中国社会科学出版社，1986：446.

钱学森等为委员，负责领导中国的火箭、导弹和航空事业的发展建设，具体领导中国的火箭和导弹工作[1]。

1956年5月，周恩来主持中央军委会议，讨论了聂荣臻代表航委提出的《建立中国导弹研究工作的初步意见》，确定由航委负责组建国防部导弹管理局（国防部第五局）、导弹研究院（国防部第五研究院）[2]。

1956年10月，国防部第五研究院成立（简称国防部五院），钱学森兼任院长。国防部五院成立之后，就中国导弹和火箭技术应该选择什么样的发展道路的问题，聂荣臻召集航委的领导人做了反复研究，最后一致认为，我国发展原子弹和导弹应建立在依靠中国自身力量的基础上，在保持自力更生的同时，尽可能争取必要和可能的国际援助，即"自力更生为主，力争外援和利用资本主义国家已有的科学成果。"[3]

1956年11月，第三机械工业部成立，主管核工业建设和核武器研制工作。当时，党中央、国务院根据需要，决定以国防科研和工业机构为主，重点发展弹道式地地导弹，一方面为建立中国独立的战略核反击力量，另一方面也为运载火箭技术的发展奠定坚实的技术基础。同时，中科院牵头研制探空火箭，开展高空探测活动，并行开展人造地球卫星相关的技术研究和测量试验设备研制，为中国航天器技术和地面测控技术的发展做好相应准备。

1958年5月17日，在中共八大二次会议上，毛泽东正式发出"我们也要搞人造卫星"的伟大号召[4]，向全世界表达了中国人民发展航天技术的强烈愿望和决心。不久，"开展人造卫星研究"的有关倡议得到中央同意，决定以中国科学院为主研制卫星，并且批准拨专款2亿元人民币用于人造卫星预先研究[5]。

1958年8月，国家科学规划委员会在《十二年科学规划执行情况的检查

---

[1] 张钧. 当代中国的航天事业[M]. 北京：中国社会科学出版社，1986：6.
[2] 赵少奎. 中国导弹航天事业60年历程回顾与思考[M]//钱学森研究（第2辑），2016：15-29.
[3] 创立新中国的航天事业[J]. 科学决策，2008（6）：56-62.
[4] 张钧. 当代中国的航天事业[M]. 北京：中国社会科学出版社，1986：27.
[5] 钱学森、赵九章等著名科学家建议尽快开展人造卫星研究工作，并建议中国也应考虑研制卫星的规划设想，并及早做些准备。

报告》中指出:"发射人造卫星,将使尖端科学技术加速前进,开辟新的科学技术研究工作的领域,为导弹技术动员后备力量。同时,大型的卫星上天是洲际弹道导弹成功的公开标志,是国家科学技术水平的集中表现,是科学技术研究工作向高层空间发展不可少的工具"[1]。

随后,航委决定由时任中科院副院长张劲夫、国防部五院副院长王诤等组织相关领域专家制定人造卫星发展规划。同年,成立专门领导小组负责筹建人造卫星、运载火箭以及卫星探测仪器的设计和空间物理研究的机构,钱学森任领导小组组长。

20世纪50年代,中国航天从需要与可能出发,按照"有所为、有所不为,有所取、有所舍,集中力量突出重点"的原则,制定了不同时期的发展战略规划[2]。例如,战略导弹和运载火箭制定了"仿制、改型设计、自行设计"的战略构想。

20世纪60年代中期到70年代,制定了"先解决有无"与"从近到远发展,形成系列"的发展战略,并提出了"八年四弹"[3]的目标,制定了以洲际运载火箭、潜地运载火箭和实验通信卫星任务为重点的发展战略。

(2)"十二年科技规划"中的航天科技工业规划与布局

1956年4月,党中央和毛泽东听取了钱学森关于在中国发展导弹技术的规划设想[4]后,果断做出发展导弹核武器技术的战略决策,指出这是中国国防科学技术的关键主攻方向,对后来中国的国防建设和科学技术的发展,具有重大的战略意义[5]。

毛泽东在《论十大关系》中曾深刻论证了经济建设和国防建设的关系,

---

[1] 李颐黎. 钱学森与中国航天工程的开创——以探空火箭工程和东方红一号卫星工程为例[J]. 工程研究——跨学科视野中的工程, 2010, 2 (4): 301-313.
[2] 李志黎, 陈炳文. 迈向21世纪的中国航天[J]. 航天工业管理, 1996 (10): 6-9.
[3] 1965年3月11日, 钱学森在"地地导弹发展规划"中明确提出"八年四弹"规划, 要在1965年至1972年八年时间内研制出中近程弹道导弹(东风2号)、中程导弹(东风3号)、中远程弹道导弹(东风4号)以及洲际导弹(东风5号)。
[4] 顾迈南. 国防科研四十年[J]. 瞭望周刊, 1989 (43): 12-14.
[5] 张钧. 当代中国的航天事业[M]. 北京: 中国社会科学出版社, 1986: 6.

指出:"我们现在已经比过去强,以后还要比现在强,不但要有更多的飞机和大炮,而且还要有原子弹。在今天的世界上,我们要不受人家欺负,就不能没有这个东西。怎么办呢?可靠的办法就是把军政费用降到一个适当的比例,增加经济建设费用。只有经济建设发展得更快了,国防建设才能够有更大的进步。

"……第一个五年计划期间,军政费用占国家预算全部支出的百分之三十。这个比重太大了。第二个五年计划期间,要使它降到百分之二十左右,以便抽出更多的资金,多开些工厂,多造些机器。经过一段时间,我们就不但会有很多的飞机和大炮,而且还可能有自己的原子弹。

"这里也发生这么一个问题,你对原子弹是真正想要、十分想要,还是只有几分想,没有十分想呢?你是真正想要、十分想要,你就降低军政费用的比重,多搞经济建设。你不是真正想要、十分想要,你就还是按老章程办事。这是战略方针的问题,希望军委讨论一下。"[1]

"十二年科技规划"的制定是一个浩大的工程。钱学森回国后不久即参加了"十二年科技规划"的制定工作,并担任综合组组长[2]。军工和国防科技方面,由航空工业委员会、总参装备计划部、国防工业部门参加,联合拟定了武器装备发展规划,作为"十二年科技规划"的重要组成部分。当时确定的初步目标有:在利用民用科研成果的基础上,准备开展地对空、空对空等各种防御性战术导弹和火箭的研究;原子能领域开展军用动力堆的研究;电子学方面进行提高雷达探测距离,武器装备自动化和通信装备小型化等的研究;喷气飞机提高速度、高度和其他性能的研究;潜艇、快艇等各型舰艇提高速度、续航力和装备系统自动控制的研究;坦克、火炮等进行减轻重量、改善越野性能和自行火炮的研究;军事医学科学方面进行防原子、防化学、防生物武器的研究[3]。

当时,聂荣臻主管国防科研事业。在制定"十二年科技规划"中,聂荣

---

[1] 中共中央文献研究室. 毛泽东文集(第7卷)[M]. 北京:人民出版社,1999:27-28.
[2] 张劲夫:中国科学院与"两弹一星"[M]//科学时报社. 请历史记住他们——中国科学家与"两弹一星". 广州:暨南大学出版社,1999.
[3] 聂荣臻. 聂荣臻回忆录(下)[M]. 北京:解放军出版社,1984:773-774.

臻主持起草并审定了国防规划项目，并于1956年4月12日将"对十二年科学规划中国防研究项目的意见"报告递交中央。就导弹发展问题，报告指出："关于航空的发展方向问题……火箭、导弹问题。鉴于喷气式飞机的发展趋势，以及我国的科学基础状况、今后的研究方向，应首先集中仅有的技术力量用于火箭、导弹方面的研究和制造。首先要研究制造短、中程的火箭与导弹。在用途上：（1）防空导弹（地空导弹），射程100公里；（2）地对地或地对海的导弹（地地导弹），射程500至600公里；（3）空对空或空对地的导弹……。要求以最快速度在几年内解决上述火箭、导弹的制造，其步骤：（1）设立研究设计机构，这个机构必须是综合性的和集中的。尤其是机械、空气动力学与可控制的电子学，航天航空器可控制与不可控制的研究设计，必须集中统一在一起。（2）先向苏联订购一定数量的导弹、火箭，以训练部队。同时先派一部分技术人员赴苏联学习，打下将来在本国制造的基础。（3）建立为研究设计服务的生产工厂，可以先依照苏联图纸进行生产。"[1]报告还指出："导弹、火箭的研究、设计到生产，是个很复杂、艰巨的任务，困难很多，但也有其有利条件：（1）有苏联的援助；（2）我国有一定数量的技术人员和干部，且有充分信心；（3）有全国党、政、军以及各个工业部门的大力支持。"

当时在国内对导弹的发展前景有非常大的争论。军事使用部门的一致意见是试点发展作战飞机，以巩固空防。钱学森力排众议，坚定地认为：中国应该优先发展导弹。其理由是，无论是从攻击或防御的角度来看，导弹性能比飞机优越，因为导弹比飞机有更高的马赫数（即速度更快）。尤为重要的是，掌握或开拓导弹或火箭技术并不见得比飞机更难。因为这里所用的材料是一次性的，飞机所使用的材料却要求必须多次使用，在燃料、发动机，以及结构材料上飞机都有特殊的要求。发展导弹技术可以暂时不去解决这些需要长期经验积累才能解决的技术难题。发展导弹技术唯一要解决的难题是制导问题，这在短期易于突破[2]。

---

[1] 聂荣臻. 聂荣臻科技文选[M]. 北京：国防工业出版社，1999：1-2.
[2] 何祚庥. 钱学森教授与发展科学技术的十二年规划[J]. 中国科学院院刊，1992（3）：25-26.

在钱学森的主持下,钱学森、王弼、沈元、任新民等合作完成了"十二年科技规划"的第37项"喷气和火箭技术的建立"。规划对发展喷气飞机和火箭技术的必要性和紧迫性做出了解释。规划认为,喷气飞机和火箭是现代飞行器械技术中的最高成就。这种技术的掌握和发展对于增强我国国防有很大的意义。喷气飞机的速度可以达到超过声音传播的速度,飞行高度可以高达两万米,可发展为高速交通工具。火箭的速度更高,可以达到更远的高空,以至可以作为星际交通的工具。由于火箭是利用复杂的自动控制系统来控制飞行的路线的,因此,在国防上可以达到超越远距离瞄准的要求,它同时也是近代空防的利器。这两种超高速度的飞行器在当时是前沿科学技术发展中突出的高峰之一,掌握它、运用它和继续发展它必须付出很大努力。

规划的说明书指出了发展我国火箭导弹技术的预期任务、预期结果、基本途径、大致进度及建立相应的机构等①。说明书指出:"喷气和火箭技术是现代国防事业的两个主要方面:一方面是喷气式飞机,一方面是导弹。没有这两种技术,就没有现代的航空,就没有现代的国防。建立了喷气和导弹的技术,民用航空方面的科学技术问题也就不难解决……本任务的预期结果是建立并发展喷气和火箭技术,以便在12年内使我国喷气和火箭技术走上独立发展的道路并接近世界先进的科学技术水平以满足国防的需要。"解决本任务的途径是:"必须尽先建立包括研究、设计和试制的综合性的导弹研究机构,并逐步建立飞机方面的各个研究机构。"解决本任务的大体进度是:"1963~1967年在本国研究工作的指导下,独立进行设计和制造国防上需要的、达到当时先进性能指标的导弹。"组织措施是:"在国防部的航空委员会下成立导弹研究院,该院自1956年起开始建设,1960年建成。"②

---

① 规划中第37项任务即为"喷气和火箭技术的建立"。主要任务:首先掌握喷气飞机和火箭的设计和制造方法,同时研究其有关的理论,并建立必需的研究设备,从事高速气体动力学、机身结构、各种喷气动力、控制方法以及飞行技术的研究,使在最短期间能独立设计民用的喷气飞机和国防所需的喷气飞机和火箭。
② 涂元季. 中国航天腾飞之路[M]. 北京:中国文史出版社,1999:591.

（二）科技战略规划对中国航天事业的深远影响

在"十二年科技规划"和"十年科技规划"的牵引下，我国航天事业快速发展；而航天科技工业的发展，也为国家科学技术的进步提供着源源不断的雄厚动力。这两个科技战略对中国航天事业的深远影响，可以归纳为以下几方面。

（1）较短时间内建立了相对完整的航天工业体系

航天创建初期，我国航天事业发展的核心目标是通过先仿制后自主研制我国急需的国防装备，建立自主的航天工业体系。建国初期，受国际形势和国内现状的影响，学习和借鉴苏联模式，快速构建一个基本的工业体系[①]，以满足当时的军事、政治的急需，是必要的、也是必需的。同时，我国国力和科技人才难以兼顾军事、政治、经济、社会等多方面的迫切需要，客观形势要求科技布局过程中，在覆盖面上必然有所侧重，在程度上必然有所倾斜。但是，以毛泽东同志为核心的党的第一代中央领导集体看到了苏联和东欧国家工业结构的问题，一直坚持工业和农业并重、重工业和轻工业并重、国防工业和国民经济并重[②]，这一方针为后来的改革开放和经济建设留下了一个完整的工业体系和国民经济体系，也为如今强国建设打下了基础。

建立一个完整的航天科技工业体系是开国领袖的夙愿，是科技发展的必然结果，更是大国航天科技战略必须实现的核心目标。建国初期创建航天工业体系的战略重点更加强调工程和需求牵引，掌握基本的工程技术方法和工具[③]，只适合于短平快或快好省地仿制已经在科学上严格证明和技术上充分验证的理论，无法创造出新的科学理论（如系统论、控制论、信息论等）、工程技术方法（如计算机数字仿真等）和原创技术（如火箭发动机、雷达、激光、计算机、无线通信等）、先进工具（如精密仪器、工业母机、工业软

---

① 陈云卿. 俄罗斯航天工业的发展问题[J]. 管理观察，1997（5）：20.
② 杨琰. 新中国工业体系的创立、发展及其历史贡献[J]. 毛泽东邓小平理论研究，2019，383（8）：58-67，113.
③ 王凡. 峥嵘50载——航天发展史纪实及现状分析[J]. 科教导刊，2015（6）：173-174.

件等）。新的科学理论、工程技术方法、原创技术、先进工具等的不断更新迭代，需要倚靠长期的、完整的、基础的科学研究，逐步垒起科学理论发现和技术发明的大厦。如果仅以工程需求牵引工业体系，科学技术的供给先天不足，则难以为科技进步提供不竭动力。这也为我国后来科技发展模式的转变埋下伏笔。

中国航天工业体系的建设，经历了从研究院到工业部，从东部城市、沿海基地到三线基地，从导弹、运载火箭到人造卫星的发展过程，形成了研究、设计、试制、试验、生产比较完整配套的体系，为中国航天事业的发展奠定了物质技术基础，形成了以北京为中心，覆盖上海、江苏、陕西、四川、贵州、湖南、湖北、甘肃等地的航天工业布局。随着我国航天工业体系不断完善壮大，一批一流航天科研和生产机构建立起来，配套航天工业基地拔地而起，有效带动了我国中西部地区的经济发展。这种在全国范围内的航天工业布局和资源分布调整是我国根据当时国际环境及我国科技发展水平做出的战略性布局，对于建立我国独立自主的航天科技工业体系具有重要的历史意义。

（2）初步建立了覆盖航天各领域的相对齐全的学科体系

根据"服务以'两弹一星'为代表的尖端国防科学技术发展"的要求，统筹考虑学科门类本身的体系结构及发展规律，初步建立了覆盖航天各领域的相对齐全的学科体系，体现出"兼顾长远、系统完整"的理念。

在以任务为牵引的背景下，按照国防科技发展要求，我国学科规划划分为核心学科和辅助学科两大类：当时规划中的核心学科，即发展原子弹、导弹等尖端武器装备所涉及的学科，属于完成"两弹一星"任务的"核心"学科或工具，要求与国防科技需求紧密联系，既包含扎实的传统学科，也包括对应的应用学科及技术学科。在"十二年科技规划"中对核心学科有着更为明确的定义：国防研究项目具体分为航空航天、电子科学（无线电技术）、热核子应用、防化与军事医学、常规武器改进等五大类领域，除以上五大领域以外，"最重要的是确定了六项紧急措施：原子能、导弹、电子计算机、半导体、无线电电子学和自动化技术"。综合当时"两弹一星"研制任务要求，核心学科体现为物理学、力学、电子学等学科。辅助学科与原子弹、导弹等尖端武器装备所需知识相距较远，为核心学科提供技术支撑，其涉及知识门类广泛，既包含基础学科，也包含应用学科和技术类学科。辅助学科更偏向于应用工具类科目，可以划分为以下几类：第一类，"通用"学科，不仅能够完成核心学科的辅助工作，还可运用于其他门类学科，普适性较强；第二类，完成具体任务工具，专业性较强，用于完成具体科研任务的辅助工作，普适性较弱但应用场景更加丰富；第三类，保障类学科如天文学、地球物理等和延伸类学科如生物学、医学等，保障类学科虽然与国防科技需求关系较远，但这些学科的进步关系着核心学科成果的完成度。在某种意义上讲，辅助学科的重要性与核心学科同样重要。

（3）建立了独立完整的航天科研组织体系

60多年来，随着外部环境的变化和自身发展的需要，中国航天科研组织机构不断发生变革。新中国成立后，在不同的历史时期，因应不同的外部环境和国家利益诉求，我国适时调整航天科技工业的科研组织布局（图6-1），为国家安全、促进航天发展提供强有力的保障。

1956年7月7日，中央军委批准成立导弹管理局（改称国防部第五局）。1956年8月6日，国防部第五局正式成立。五局成立后，开始加紧筹建导弹研究、设计机构，即第五研究院。1956年10月8日，国防部第五研究院（简称"老五院"）正式成立，这是我国第一个导弹研究机构。1956年11月，聂荣臻批准五院下设10个研究室（表6-8）。1957年2月23日，中央军委决定撤销国防部第五局，将其并入国防部第五研究院。

为了适应仿制生产的需要，1957年11月16日，五院以六、七、八、九、十室为基础组建了五院一分院，负责各类导弹总体设计和弹体、发动机的研制。一分院发展成为中国运载火箭技术研究院[①]，该院在中国第一代战

[①] 中国运载火箭技术研究院，又名中国航天科技集团有限公司第一研究院，成立于1957年11月16日，是中国航天事业的发祥地，是我国历史最久、规模最大的导弹武器和运载火箭研制、试验和生产基地。

第6章 新中国航天科技战略规划的回顾与启示 | 207

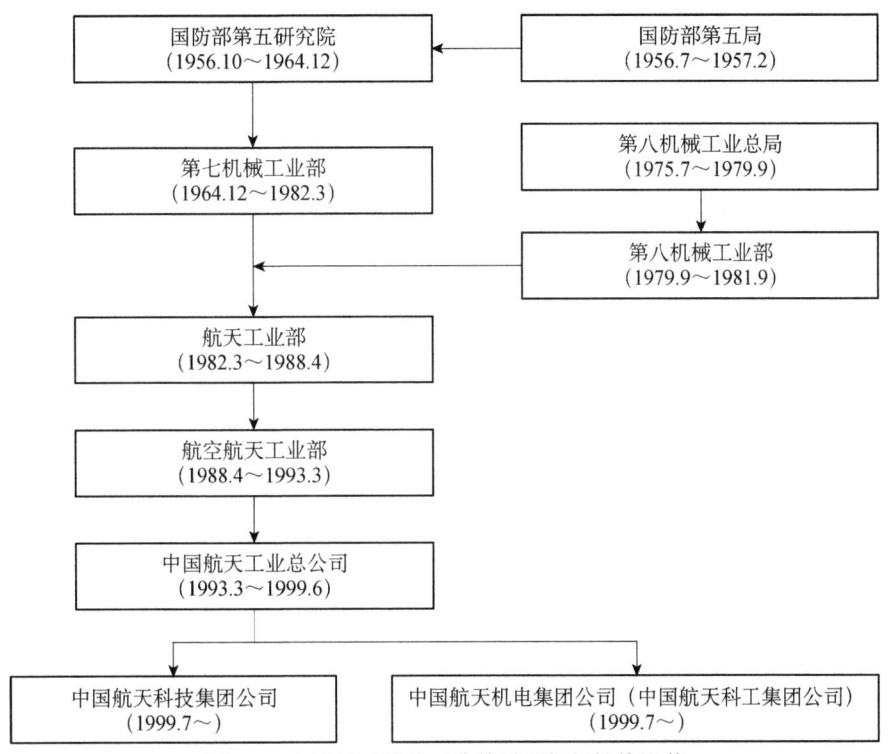

图6-1 中国航天科技工业的科研组织机构沿革

表6-8 国防部第五研究院下设10个专业研究室情况

研究室代号	研究室名称	时任主任/副主任
六室	总设计师室	任新民
七室	空气动力学研究室	庄逢甘（副）
八室	结构强度研究室	屠守锷
九室	发动机研究室	梁守槃
十室	推进剂研究室	李乃暨
十一室	控制系统研究室	梁思礼（副）
十二室	控制元件研究室	朱敬仁（副）
十三室	无线电研究室	冯世璋（副）
十四室	计算技术研究室	朱正（副）
十五室	技术物理研究室	吴德雨（副）

略导弹和运载火箭研制中做出了巨大贡献。以中国人民解放军军事电子科学研究院为基础,与五院十一、十二、十三、十四、十五室合并,组建了五院二分院,负责地空、飞航和地地导弹控制系统的研究设计。当时的组织结构、产品结构、管理方式和资源配置都是为单一的军品研制任务设置的。该时期管理模式的特点是三级管理,党委领导下的首长分工负责制;老五院和下属各分院均是部队编制,承担军品任务;分院以型号任务为纲,带动其他任务。

1958年1月,国防部五院制定了第二个五年计划期间的研制工作规划,提出在5年期间(1958~1962)投入研制多种地地导弹、地空导弹和岸舰导弹,其中包括仿制P-2导弹。同年,按照毛主席提出的"我们也要搞人造地球卫星"的指示,五院、中国科学院提出人造地球卫星的研制规划。中国科学院启动筹备人造卫星研制,根据581任务的需求成立了三个设计院,构建了我国空间技术研制体系:第一设计院负责我国首颗人造卫星总体设计与运载火箭研制(代号1001),该院1958年8月成立,以力学所为主组建,郭永怀兼任院长,杨南生任副院长。第二设计院负责研制卫星控制系统,以自动化所为主组建。第三设计院负责探空仪器研制与空间环境研究,以地球物理所为主组建,所长赵九章和钱骥担任科技领导。

为了充分利用上海的工业力量,1958年11月25日,中科院与上海市委商定,第一设计院的主体部分(含技术部门总体部、发动机部以及全部行政系统)40余人由北京迁到上海,对外称上海机电设计院,由中科院力学所与上海市委双重领导,上海机床厂厂长艾丁被抽调到该院任党委书记,上海交通大学副教授王希季则被抽调到该院任总工程师,专门研制探空火箭。该院设置了总体室、结构室、自动控制室和发动机室等,并将部件生产加工下达给上海柴油机厂、上海机床厂、空军13修理厂等,生产加工协作链条较为完整,由此形成了稳定的探空火箭研究实体。

20世纪60年代初期,我国周边安全环境恶化,为解决全国工业布局不平衡的问题,国家开始了对一、二、三线的战略布局,尤其是加强三线建设,这是国防科技资源布局的一次重大调整,是一次倾全国之力而为之的浩大工程，也是新中国成立以来的一次国民经济、区域经济、战略安全布局、生产力布局的大调整。加强三线建设，从宏观上改变了我国长期生产力布局不合理状况，初步建成国家战略后方基地，使中国形成了以经济战备为主的国民经济体系和相对独立完整的国防工业体系，填补了国防工业军品生产能力的不足和空白。

1961年8月，上海方面为有利于集中领导基地建设，成立了上海市第二机电工业局，负责导弹试制技术基地建设和导弹产品试制，所属第一批骨干工厂上海有线电厂、上海广播器材厂、上海仪表厂、上海新新机器厂等系由民用工厂改建、扩建，试制和总装红旗一号地空导弹。1961年9月，北京方面，在原一分院、二分院的基础上，国防部五院成立了三分院，主要承担空气动力研究与试验，液体火箭发动机与冲压发动机的研制与试验以及全弹试车等项任务。

1963年1月，经聂荣臻、罗瑞卿批准，上海机电设计院从中国科学院划归国防部五院，但与中国科学院研究所的协作关系一直稳定。

1964年4月，在北京的国防部五院成立了四分院，主要承担固体导弹、固体发动机和固体推进剂的研制任务。这一时期以型号为主，老五院先后成立的四个分院分别负责研制地地、防空、海防导弹和固体发动机。

1964年11月23日，中共中央、国务院发出《关于成立第七机械工业部的通知》，决定以国防部五院为基础，从第三、第四、第五机械工业部及其他有关部门和省市抽调若干工厂和事业单位组成第七机械工业部。1965年，脱离军队系统，改名为第七机械工业部，简称七机部，负责统一管理导弹、火箭工业的科研、设计、试制、生产和基本建设工作，将原来的四个分院相应调整成为第一、第二、第三、第四研究院。其中，第一研究院负责地地导弹和运载火箭研制，第二研究院负责防空反导导弹研制，第三研究院负责海防导弹研制，第四研究院负责固体火箭发动机研制，上海机电二局负责运载火箭和地空导弹研制。至此，中国初步建立起包括导弹技术研究、型号研究与设计、试制生产与试验的科研及工业体系，为后来自主研制各类导弹和航天技术产品铺平了道路。

1965年，王希季等所在的上海机电设计院从上海整体搬回北京，至8月全部搬迁完毕，并改名七机部第八设计院。同时，第七机械工业部5个地空导弹设计所从北京迁沪，划归上海市第二机电工业局，上海基地开始自行设计研制防空导弹。

根据中央关于加强备战，加强三线建设，建立巩固的战略后方的指示，1965年，七机部加强了三线基地的勘察选址工作。三线基地建设的原则是由第一、二、三、四研究院对口包建。考虑到七机部三线基地建设的战略意义和工作的艰巨性，除了动用七机部本身的力量外，国家决定北京、上海、天津、沈阳等城市承担七机部三线基地的一部分包建任务。根据北京各研究院对口包建三线基地的原则，七机部第一研究院负责包建位于四川的062基地（现称"四川航天工业总公司"）、位于陕西的067基地（现称"航天推进技术研究院"）。第二研究院和上海负责包建061基地，位于贵州，现在为中国航天科工集团江南航天集团公司。第三研究院包建位于四川成都的064基地和位于湖北西部的066基地。第四研究院包建位于陕西南部的063基地。此时，七机部下属有四个研究院、上海机电二局，三线单位含061、062、063、064、066、067、068基地以及307厂、349厂、519厂、289厂、111厂、139厂、119厂、254厂、719厂、824厂、825厂等直属企业。

1968年2月20日，以中国科学院卫星设计院、自动化研究所、力学研究所分部、应用地球物理研究所、电工研究所、西南电子研究所、生物物理研究所、兰州物理研究所、北京科学仪器厂、上海科学仪器厂、山西太谷科学仪器厂、第七机械工业部第八设计院、军事医学科学院第三研究所等单位从事空间飞行器研究的力量为基础进行组建，正式成立了中国空间技术研究院[①]，首任院长是钱学森。

1969年秋，中共中央、国务院、中央军委决定上海也研制人造卫星和大型运载火箭。12月，上海市成立731办公室，负责风暴一号运载火箭和技术试验卫星（上海市总称为"731工程"）研制的组织协调。上海市第二机电工

---

① 中国空间技术研究院，现又名中国航天科技集团公司五院，是中国主要的空间技术及其产品研制基地、中国空间事业的骨干力量。

业局负责研制火箭，上海市第一机电工业局负责研制卫星。相继建立火箭与卫星的总体、总装单位，后分别发展为上海机电设备研究所、上海新中华机器厂与上海卫星工程研究所，还建造火箭发动机试车台等一批大型试验设施和工艺装备。华东计算技术研究所、上海技术物理研究所和上海科学仪器厂等也承担航天产品研制。全市有300余个和500余个单位分别为火箭和卫星研制协作配套，研制生产元器件、新材料及部分零部件、单机和设备。

1973年，中国空间技术研究院脱离军队编制，正式划归七机部建制，称第七机械工业部第五研究院。

1975年6月开始，三线地区的航天工业体系逐步扩大，因此，在各地成立管理机构，包括山西七机局、四川七机局、江苏七机局、湖南七机局等。在此之前，第三研究院和064、066基地划归海军建制，称中国人民解放军第三研究院，1975年又划归新组建的第八机械工业总局；上海机电二局和061基地划归空军领导。这样，七机部下属有第一、二、四、五研究院以及062、063、067、068基地，陕西、四川、江苏、湖南七机（管理）局，还领导307厂等直属企业。第一、二、五研究院由七机部与北京市双重领导。

第七机械工业部时期，随着国家三线建设的战略布局，我国不断地调整航天工业的布局和资源分布，形成了以北京为中心，覆盖上海、江苏、陕西、四川、贵州、湖南、湖北的航天工业格局，国家航天工业体系不断扩大，建设了一大批一流的航天科研和生产机构，建成了一批配套的航天工业基地，并有效带动了中西部区域经济发展。这种在地域范围上大规模的能力布局调整，是我国根据当时的国内外环境以及科技工业条件所做出的重大战略措施，对于建立和保护独立自主完整的航天科技工业体系具有不可磨灭的历史性贡献。

十一届三中全会后，经济建设成为党和国家的工作重心。军工企业和军工科研院所根据"军民结合，平战结合，军品优先，以民养军"的指导方针，走上"军转民"发展道路，国防科技资源迅速转入经济建设主战场，我国国防科技资源将相当多的军品科研生产能力转向为国民经济建设服务，其中，航天工业大力发展卫星、运载火箭发射服务和卫星应用、通信设备等高技术民品。国内外形势发生的重大变化致使航天系统也受到影响，军品任务锐减。这一时期，在京的第一、二、五院和上海机电二局及各三线基地统一由七机部领导，形成完整配套的导弹和航天工业部门。下属有第一、二、四、五研究院，062、063、067、068基地以及陕西、四川、江苏、湖南七机局所属单位，307厂等企业。

1980年，七机部、八机部对运载火箭和防空导弹实行分线管理，上海机电二局所属厂、所分别归口七机部、八机部，实行以部为主的部、市双重领导。1981年9月，八机部与七机部合并，导弹、火箭研制工作统一由七机部管理。

1982年5月，七机部改为中国航天工业部（简称航天部），这时，中国航天工业体系形成空前规模。研究单位有第一、二、三、四、五研究院，三线基地有061、062、064、066、067、068等基地，当地的七机局有四川七机局、上海七机局、云南七机局、江苏七机局、河南七机局、陕西七机局等，此外还包括一些直属事业单位。

1986年，随着中国航天准备进入国际市场，航天工业体制也做了调整，成立了中国长城工业总公司，其他地方建立的七机局也变成航天局，便于同外界联系。四川七机局变成四川航天工业总公司（含062、064基地），上海七机局变成上海航天局，云南七机局变成云南航天局，江苏七机局变成江苏航天局，河南七机局变成河南航天局，陕西七机局变成陕西航天局。

中国航天工业总公司的成立推进了管理体制由计划经济向市场经济转变。适应市场经济的要求，努力改革，使中国航天工业形成了一整套的科学管理方法和规章制度，制定了行为规范工程体系、技术保障体系和效益工程体系。型号研制有了更大的发展，取得了前所未有的成就。建设了具有一定规模、配套设施完整的研发生产基地，使众多高科技群体组成了中国航天产业。总公司下属有第一、二、三、四、五、八研究院，061、066、067基地，四川、云南航天工业总公司，上海、湖南航天局所属单位，江苏、四川、河南、陕西航天局，长城、航科、供销、广宇、测控公司，以及第七设计院等直属企事业单位。

1993年9月，上海航天局改建为中国航天工业总公司上海航天技术研究院[①]（第八研究院），同时保留上海航天局名称，第509研究所由第五研究院划归上海航天技术研究院。1995年，以上海航天技术研究院为主体的上海航天基地形成运载火箭、人造卫星、防空导弹总体设计部负责型号抓总，总装单位、分系统研制单位配套和以地区协作为依托的科研、生产体系。

为了更好地促进国防科技创新和高新武器装备发展，1999年7月1日，中央决定将核、航空、航天、兵器、船舶等军工总公司改组为十大军工集团，原航天工业总公司改制为两个国务院下属的国有特大型军工企业——中国航天科技集团公司和中国航天科工集团公司。

（4）建立了独立的航天工程体系和较为完整的大型试验设施体系

创建中国航天事业伊始，党中央就下决心建立属于我国自己的、独立的航天工程体系[②]，这一目标首先体现在发展导弹和运载火箭技术方面，紧接着是发展满足不同需求的卫星技术。人造卫星的高精度、高可靠、长寿命等特点要求具备与之相匹配的生产能力、极为复杂的力学环境和空间环境的试验设施和设备等作为后盾。建立航天工程体系的前期先导性工作需要有计划、有步骤地完成，从而保障研制工作的顺利进行。

航天工程系统属于复杂巨系统，通常由航天器、运载火箭、发射场、地面测控网、地面站和信息处理系统等部分组成，各部分的有机结合是发射航天器的根本前提。中国航天工程的建立以及每个组成部分的发展，都是航天人自主创新、自力更生的生动写照。以卫星地面测控网为例，国外回收卫星和发射同步定点卫星，一般需要依靠设置在全球范围内的测控站对卫星进行环球跟踪和测控。限于当时的国际条件，我国无法在国外设立跟踪台站。中国虽然有960万平方公里领土，但要实现在我国疆域内对卫星进行全球测控，在当时的环境下困难重重。中国航天立足于在国内布站，并使用中国自

---

① 上海航天技术研究院是中国航天科技集团有限公司三大总体院之一，又称中国航天科技集团有限公司第八研究院、上海航天局，前身为上海市第二机电工业局。
② 张钧. 当代中国的航天事业[M]. 北京：中国社会科学出版社，1986.

行研制的测控设备，完成了回收卫星和发射同步定点通信卫星等复杂的测控任务，并且达到了较高的测控精度。

随着航天事业的不断发展，中国航天试验技术在实践中得到了长足发展，并逐步形成了一整套从零件到组件，从组件到整弹、整箭、整星的系列化的、独立完整的试验体系，随着航天试验技术的不断更新迭代，试验体系在航天事业中的重要地位愈加显现。导弹、火箭、卫星的构成零件以百万级别计量，加上材料、工艺和工作条件等复杂因素，即使型号设计不存在理论问题，不经历一系列大量的、各种复杂状态和各种复杂环境条件的试验，也难以得到适应全环境因素的高可靠性产品。因此，在航天领域各种地面试验设施和设备，在航天工程中的地位尤为重要，比如发动机试车就是型号研制必不可少的关键步骤。有些试验设施的建设和设备的研制与飞行器型号研制任务一样艰巨复杂。

结合我国航天事业发展历史来看，我国导弹、火箭和卫星的研制过程，也是进行各种地面试验和飞行试验的过程。其中，地面试验是飞行试验的先导，而飞行试验是地面试验的继续。地面试验是检验设计和工艺质量的重要手段。对模拟飞行中可能遇到的各种环境进行充分的试验，在飞行试验前暴露和解决问题，是保证飞行试验成功的重要措施。1962年，中国自行设计的中近程导弹，起飞不久即坠毁在发射台附近。教训之一，就是没有充分做好各项地面试验。后来在归零工作中重新做了强度试验、环境试验、运输试验、振动试验、综合匹配模拟试验、发动机试车、全弹试车等17项大型试验，并抢建了一批急需的大型地面试验设施，从而规避试验缺失导致的质量事故。在建设研制急需的大型试验设备设施过程中，航天人发挥自力更生精神，在没有先例的前提下发明了有效实施地面试验的设施设备，尽管如今看来已显陈旧，然而在中国航天事业的发展史上，它们是建立部署配套齐全、系统完备、功能先进的现代化航天试验设施体系的基石。

（5）以规划为纲初步建立了航天的人才培养体系

以航天精神武装起来的航天人才队伍，是我国航天事业持续发展的最根本也是最强大的支撑力量。纵观航天人才培养体系，高等院校在培养航天高素质人才方面发挥了重要作用，同时，在校学生也通过当时设立的研究所或校办工厂提供的实习机会提升了能力。在当时的社会背景下，这种产学研相结合的模式，为"两弹一星"工程、为航天事业发展输送了源源不断的人才。

综合院校隶属关系、专业设置、人才培养等方面，"十二年科技规划""十年科技规划"期间高等院校可以划分为以下几类：第一类，由军队科研部门或产业部门和教育部"两家"或"三家"共管的院校，如军事工程学院（国防科技大学前身）、北京工业学院、北京航空学院、南京航空学院、西北工业大学、哈尔滨工业大学、成都电讯工程学院、西安电讯工程学院、上海交通大学、华东工学院、中南矿冶学院、东北工学院等都属于这一类院校，其培养应用性和专业针对性极强。以上专业性理工科院校，集中力量于导弹、航空、造船、无线电等尖端领域的某一或几个方向。第二类，综合院校或综合工科院校，如北京大学、清华大学、浙江大学、复旦大学等，以上院校的学科设置相较第一类而言，涵盖学科更加多元，更加偏向理论和基础学科的挖潜。第三类，以尖端和稀缺学科专业为特色，如1958年成立的中国科学技术大学，聚集了一批当时国内顶尖的科学家。其成立初衷就是充分利用中科院的理论研究力量，打造一支高尖端科学人才队伍。时至今日，中国科学技术大学在国内高等院校中依然独树一帜，自成一体。

规划实施期间，学科"工具化"和高校"专门化"特点十分明显。在此期间，我国高校专业设置明显呈现集群化特征，普通工科院校专业设置呈现专门化特征，主要用于服务特定任务，例如中南矿冶学院是普通院校中专门化程度较高的代表学校之一。一方面，学科专业呈现出了集群化的特点：一般工科院校的专业设置以服务于确定任务为特色，集中在"专"；综合院校或综合工科院校以其理论性和综合性为特色，集中在"全"；中国科学技术大学则以其高尖端性为特色，集中在"高"。另一方面，学科专业的设置又呈现出阶梯性：综合院校（如北京大学）开设理论和技术学科，综合工科院校（如清华大学）开设技术和工程学科，一般工科与工业院校则以工程学科为主。

人才培养模式方面，坚持"理论联系实际"，"长学制、打基础、重实践"是中国当时人才培养方式的三大特点，体现在要求学生理论和实际并重，理论基础扎实，解决实际问题能力强，满足学生毕业后能适应实际工作的需要。服务于任务的人才培养模式呈现出较强的需求导向性，这样的导向性促进了对高等教育的更高要求，最直观的指标就是学生在校学习时间的延长。"两弹一星"工程实施期间，大中专院校毕业学生的职业生涯起点往往从生产一线开始，在充分了解生产运作流程后及时补充到尖端科技发展的重要岗位中，及时填补了建国之初我国尖端科技人才的缺口。这些当时的大学毕业生，很多人在我国科技发展历程中留下了浓墨重彩的一笔，成为新一代科技专家、国防科研战线上的领军人物。

当时我国高等院校培养的人才具有相当扎实的基础和自主钻研能力，在"两弹一星"研制和新中国航天事业起步阶段承担了基层的科学研究和技术开发工作，发挥了重要的作用。例如：刘宝镛，中科院院士，中国运载火箭研究院总设计师、研究员，1958年毕业于北京大学数学力学系，后长期从事火箭的飞行力学和总体设计工作，参加了中国第一代液体近程导弹及中国第一代固体导弹的研制工作，是我国航天事业的重要学科学术带头人之一。余梦伦，中科院院士，中国运载火箭研究院研究员，1955年北京大学数学力学系学习，在北大接受了扎实的数学、力学等基础教育，为后来从事飞行力学和弹道导弹总体设计工作打下了坚实的基础，他参与了我国所有运载火箭的弹道方案设计工作，系统提出运载火箭的弹道设计理论和方法。

（6）创立了航天系统工程管理体系

航天工程是一个在系统总体思想指导下，多学科、多专业有机结合的综合技术体系，是典型的大规模的复杂巨系统工程，是需要在高度集中统一的指挥下，成百上千单位大力协同才可以实现的工程。航天工程除了技术复杂，综合性强，协作面广，研制周期长，要求高质量、高可靠性外，还有突出的探索性，需要科研工作者进行集体的创造性劳动。实践证明，只有根据航天工程的特点和规律，全面贯彻系统观念和方法，实施科学管理，才能达到建设需求并取得成功。我国的"两弹一星"、载人航天工程、探月工程、北斗卫星导航系统等重大工程就是坚持系统观念、运用系统方法的成功案例。实践表明，系统观念、系统方法是组织管理重大工程、重大项目强有力的方法。

回顾中国航天发展史，中国航天在技术创新和工程实践的摸索中不懈发展，创新提出了一系列航天系统工程管理方法，为航天事业发展奠定了管理部分的理论基础。钱学森为代表的航天科技专家和管理专家在倡导系统工程管理的同时，提出在计划和技术管理部门试行计划协调技术[1]。随着工程实践经验的不断积累，航天系统工程管理日臻完备，并发展成为一种全方位组织管理航天工程系统的科学体系与方法，在发展规划制定、计划管理、大型复杂航天型号工程管理等工作中发挥着重要作用。

党的十九届五中全会审议通过的《中共中央关于制定国民经济和社会发展第十四个五年规划和二〇三五年远景目标的建议》将"坚持系统观念"作为"十四五"时期我国经济社会发展必须遵循的五项原则之一，为提高社会主义现代化事业组织管理水平指明了方向。这是以习近平同志为核心的党中央总揽全局作出的战略部署、提出的明确要求，意义十分重大。

系统观念是马克思主义基本原理的重要内容，强调"系统是由相互作用、相互依赖的若干组成部分结合而成的、具有特定功能的有机体"，"要从事物的总体与全局上、从要素的联系与结合上研究事物的运动与发展，找出规律、建立秩序，实现整个系统的优化"。系统观念既传承了马克思主义哲学和中华优秀传统文化的精髓，又融入了现代系统论、控制论和信息论等科学元素，是唯物辩证法的重要组成部分，具有鲜明的战略性、整体性、结构性、协同性等特征。在解决复杂巨系统问题时，应该充分利用开放的复杂系统的观点、用从定性到定量的综合集成方法研究发展中出现的情况[2][3]。

值得一提的是，钱学森在20世纪80年代发展了在中国航天事业中得到

---

[1] 张钧. 当代中国的航天事业[M]. 北京：中国社会科学出版社，1986：361.
[2] 郭宝柱. 航天工程管理的系统观点与方法[J]. 中国工程科学，13（4）：43-47.
[3] 陈宇航. 深刻体悟系统观念的方法论意义[N]. 学习时报，2020-12-28（1）.

成功运用的系统工程方法论的同时,针对国家社会主义建设问题,还前瞻性地提出了国家总体设计部构想[1],受到中央领导的高度重视和充分肯定。总体设计部就是运用综合集成方法,应用系统工程技术,研究和解决系统实践和工程的组织管理问题,也就是把系统整体和组成部分与环境协调统一起来从整体上解决问题的系统工程管理,其体现的是系统实践论[2]。

这里需要强调的,也是当前值得关注的一个问题,即:如何正确认识和理解航天系统工程中系统总体和专业技术之间的协同关系。一直以来,航天发展都非常重视系统工程和顶层设计,重视和加强总体能力。随着科学技术的发展以及外部环境的变化,在始终强调重视总体的基础上,应更加关注和加强专业,推动总体和专业的协同创新。诚如"两弹一星功勋奖章"获得者王希季院士所言:要防止只有工程系统(Engineering System),而没有或缺乏系统工程(System Engineering)。系统工程理念需要航天科技工作者重视与总体紧密相连的专业技术,唯有吃透专业技术,深刻认识到总体和专业间的紧密联系,才能熟谙系统工程的核心要义。新的时期也对航天科技工作者提出了更高要求,系统总体的设计者需要补充专业学科知识,专业的技术研发人员也需要补充系统总体的知识,各自在短板上下功夫,有机结合、协同攻关、迭代创新,这才是真正意义上的系统工程。

第3节 研判科技战略目标和路径需要注意的若干问题

综合本章前述,围绕研判科技战略目标和路径需要注意的若干问题,立足开展航天科技战略规划工作的特点,这里探讨一些体会和思考。

---

[1] 钱学森. 社会主义建设的总体设计部——党和国家的咨询服务工作单位[J]. 中国人民大学学报,1988(2):10-22.
[2] 于景元,高露. 系统工程与总体设计部[J]. 中国航天,2018(8):7-12.

（一）登高望远、视野广阔是战略规划专家的基本素养

科技战略是面向未来的长远战略布局，每一个行业科技战略的制定都需要站在国家的高度，赋予战略布局高度的大局意识和长远思维。科技战略规划目标和路径的选择与设计，既需要战略规划专家们深耕专业、钩深索隐，又能跳脱专业、总揽全局，在对学科专业发展历史、现状与前景了然于胸的基础上，提出具有前瞻性、开拓性的战略性方向；要能够洞察时代和社会发展基本规律及总体趋势，站在科学技术发展前沿，对国家重大现实和发展问题进行全局性、方向性、前瞻性思考。因此，登高望远、视野广阔是战略规划专家的基本素养，他们需要具有前瞻布局的宏大战略视野和引领创新的深邃科学智慧，在科技战略研究中站得高、看得远、抓得准，以掌握的科学技术知识引领未来，以科技视野和战略眼光谋划长远。要做到这一点，从认识论来讲，要强调天下为公的博大胸怀和虚怀若谷的学习态度，跳出自己所在的领域、专业、单位的"小格局"，要努力站在国家、民族长远发展，乃至人类命运共同体的远大高度来思考问题。从方法论来讲，就是强调广义的调查研究的重要性，加强调查研究是应对国内外挑战和风险，进行科学决策的前提和基础。只有通过深入实际调查研究，广泛开放学习，集思广益，才能从根本上保证科技战略研究的正确制定。

（二）深入而富有价值的科技情报信息研究是科技战略研究的重要功课

科技情报信息研究指对科学技术领域的数据信息进行有计划、有组织和有目的的搜集、分析和传递，进而形成有价值的判断，及时跟踪和掌握国内国际相关领域的新动向，也就是"知彼"，对科研活动来说至关重要。

科学的继承性决定了任何科学研究（包括战略研究）的开展都必须以相关资料和情报的收集整理为基础，必须掌握相关资料和情报，总结和理解前人的知识和经验，以避免重复其他人已经完成的工作。没有及时准确

的科技情报就不可能有正确的科技决策。科技情报越全面、越及时，科技决策就越有正确性。尤其在今天，世界先进科技的发展日新月异，情报信息更显出它的重要性。开展科技情报信息研究还要善于深入分析研究，洞察世界科技发展的新动向，结合实际，为发展我国科技事业的决策提供有力的依据[①]。

新时期科技发展战略的研究，对科技情报工作提出了更高要求，科技情报工作需要围绕宏观、中观和微观不同层次的创新特点、不同类别的发展方向开展情报研究，及时感知科技变化，深入研究重大趋势方向，深度参与关键技术遴选与研发组织等，为战略研究提供情报支撑。与以往相比，战略研究对情报工作的需求也不再是简讯参考或研究报告就能满足的，迫切需要对科技信息进行方便准确的发现、获取和挖掘，需要深层次、精细化的知识服务。

（三）准确把握科技发展规律是科技战略研究的基本功底

认识规律、把握规律，是做好各项工作的前提。开展科技战略研究，需要立足于科技发展规律的探索和对科学研究本质特征的理解，对科技发展方向、科技发展趋势、国家发展战略进行深刻把握、整体思考和前瞻性认识，提出基于科学实证的战略性规划和决策建议。秉持科学态度、尊重科学规律、坚守科学认知也是战略科学家的基本素养，需要具有深厚的学术功底，不断加深对科技规律的认识，着力找准科技战略的切入点和突破口。开展科技战略研究，必须运用科学思维方式，把握时代大势，回应实践新要求，深化对客观规律的认识，才能形成有分量的决策建议和规划。

参与科技战略规划工作的科技专家，需要接受系统、扎实的现代科学知识与方法的学习和训练，尤其需要重视实践经验和认知的总结和升华，需要把尊重规律、科学求实的精神融入思维方式和观念当中，需要立足现实，立

---

① 聂荣臻. 祝贺国防科工委情报研究所成立二十五周年：聂荣臻副主席的贺信[J]. 兵工情报工作，1984（3）：1.

足自身条件，一切从实际出发，要知道自己的优势，也更要知道自己的劣势，清楚自己同世界领先水平的差距，这是科学理性地开展科技战略研究工作的前提和基础。

（四）对前沿技术的敏锐洞察和预见是科技战略研究必备的专业水平

对前沿技术及其趋势的洞察和预见既是科技战略研究报告的重要组成部分，也是高质量科技战略研究的重要依据。战略研究工作需要较好地把握世界科技发展趋势和国家战略需求，掌握科学技术最前沿领域的最新知识，瞄准世界科技前沿、抓住大趋势，敏锐洞察和思考本领域发展的前沿性问题，创造性地提炼出带有根本性的重大科学问题，并不断开拓新的科技领域。前沿技术预见强调对科技和经济的长远前景进行系统性调查和深入分析，需要建立借助技术预见手段预测、识别未来关键技术发展方向的体系，形成对前沿技术的敏锐洞察和准确预见的能力，这是开展科技战略研究的必要基础，前瞻预见结果的准确性更是体现规划水平的重要标志。

以固体火箭发动机技术为例。1956年10月，国防部五院成立不久，在集中主要力量仿制P-2液体推进剂导弹的同时，考虑到今后导弹技术的发展方向是机动化、实战化，从而需要火箭发动机固体化①，于是在推进剂研究室内成立了一个研究固体推进剂的小组，拉开了中国固体导弹技术研究的序幕。在固体推进剂及发动机探索方面，钱学森在早期规划中起到了关键性作用。放眼国际，当时美国、苏联等国的发动机技术均以液体发动机研制为主，固体发动机研制尚处于起步阶段。钱学森深知固体推进技术对导弹实战化发展的重要性，他站在世界航天技术前沿，敏锐地洞察技术发展动向，亲自参与解决固体发动机关键技术问题，并制定发展和建设规划工作。聂荣臻

---

① 固体火箭发动机由于具有结构简单、可靠性高、维护方便、反应迅速等突出优点，长期以来一直是弹道导弹和航天领域的主要推进工具之一。当前，固体导弹正在向"小型化、机动性、高精度"方向发展，相应的固体发动机将向"高能化、轻质化、可控化和低易损"方向发展。

高度赞成钱学森发展固体发动机的前瞻性建议，并指出：世界各国搞洲际导弹均从液体发动机开始，但美苏的许多导弹都在逐渐转向用固体发动机，这是趋势和方向，我们一定要下决心搞固体导弹。航天发展，动力先行。正是钱学森等航天技术专家早期对固体发动机这一前沿领域的敏锐洞察和预见，才使得我国航天在创始之初，在没有外援、完全自力更生的情况下，提前开展了固体助推技术的攻关研究，仅用几年时间就研制出了聚硫推进剂和直径300毫米发动机，实现了航天固体动力从无到有、发展壮大，有力推动了中国航天事业发展[1]。

再以激光技术为例。1960年7月，美国西奥多·哈罗德·梅曼（Theodore H. Maiman）博士发明了世界上第一台激光器，开启了激光科学的新纪元[2]。经过60多年的发展，激光已经是生物、材料、化学等科学领域不可缺少的工具之一，在促进社会发展、人民生活水平提高等方面具有不可替代的地位。而早在1961年，我国研制出第一台激光器之际，钱学森就对激光领域的发展前景做了敏锐的判断，并将其写进"十年科技规划"，指出激光这样的强光源的发现，正在为科学技术开拓新的、十分重要的领域，打开原子及分子物理的新境界，能够为基础科学的研究提供全新的锐利工具，并建立全新的光化学研究及其他的强激光效应的研究。同时，激光研究也将在工程技术方面，在远程飞行器的定位、探测、追踪技术上开辟广阔的前景，并为空间通信创造新的可能性。正是由于钱学森等一批战略科学家对激光未来应用的科学预见，并将其作为重大科学方向列入国家战略科技规划中，才促使我国的激光技术在国家起步阶段迅速发展，无论是数量上还是质量上，都与当时国际水平接近，一项创新性技术能够如此迅速赶上世界先进水平，在我国近现代科技发展史上并不多见。

---

[1] 李成智. 中国航天技术发展史稿（上）[M]. 济南：山东教育出版社，2002：76-87，184-197.

[2] 激光（LASER）英文全称为"light amplification by stimulated emission of radiation"。中文翻译的全称是"受激辐射的光放大"，虽然很具体，但名字太长不好记。1964年按照我国著名科学家钱学森的建议，将"光受激发射"改称"激光"。

(五)集思广益、汇聚众智是科技战略研究的基本途径

科技战略研究是对我国科学技术事业发展的全面的、整体的研究,需要凝聚各方共识、汇聚各方智慧,需要善于利用一切有利条件,需要把分散的研究力量组织起来,组成一个相互协调的有组织的科学研究力量,有组织有计划地进行研究工作。这个过程中,把不同部门、不同专业、不同领域的人召集到一起,通过专业研讨的方式,集思广益、汇聚众智开展科技战略研究便是科技战略研究的关键环节。确保高水平科技战略研究的技术因素中,非常重要的一点就是技术民主,即自由讨论、集体攻关,提倡在民主平等的氛围中自由讨论。被日本专家誉为中国"国产专家一号"的于敏曾回忆道:"大家发扬学术民主,畅所欲言,百家争鸣,通过一个个的学术报告会,提出了许多各式各样的突破氢弹的设想和途径。"①

值得一提的是,在航天科技规划和战略研究过程中要引入建设性的"非拥护性评审"。这一概念由美国国家航空航天局(NASA)首先提出。航天系统工程运行中必不可少的非拥护性评审,是由参与评审的专家从被评审对象的各角度、各切面去审视与分析,尽量挖掘出系统可能存在的问题和隐患,在工程全生命周期内需要设置几十个关门进行评审与评价,这是航天高可靠性要求的具体实践。实践证明,在关键技术攻关、技术状态控制等方面,建设性的、严格的非拥护性评审是十分必要的,也是十分有效的,可以有效提升认识问题的深度,丰富分析问题的角度,这在科技战略研究中也是值得提倡的②。

(六)对基础和交叉学科的系统性认识是形成高质量战略规划的关键保障

当前,新一轮科技革命和产业变革正在重构全球创新版图、重塑全球经

---

① 于敏. 艰辛的岁月,时代的使命[M]//科学时报社. 请历史记住他们——中国科学家与"两弹一星". 广州: 暨南大学出版社, 1999: 143.
② 栾恩杰. 中国航天的系统工程[J]. 航天工业管理, 2019 (10): 16-22.

济结构。科学技术发展的一个显著趋势，就是不同领域相互交叉融合，向整体论、一体化方向发展，科学与技术之间、技术学科之间、自然科学和人文社会科学之间日益呈现交叉融合趋势。集大成者，方得大智慧。面向新时期科学技术发展的新变化，开展科技战略研究，进行跨学科交叉研究和系统性研究是必备的内容，一定要有大格局、大视野，兼具跨学科交叉研究的渗透能力和系统认识能力，应努力避免因学问越做越深而知识面越来越窄，只见树木、不见森林，战略研究要能在不同学科群之间推动协同创新和集成创新，进而探索出在不同学科领域都相互印证的规律性认识。

（七）能够实施推广、实现创新发展是检验科技战略研究水平的重要标准

科技战略研究是对未来的判断，提出了解决当前和未来一段时期科技发展问题的宏观战略思想、目标、措施和建议，其作用在于能够指导当下的科研实践，指引和推动科技事业又好又快发展。因此，科技战略研究的成果能够实施推广并促进创新发展，这是成功的科技战略研究的重要标志，这也将鞭策参与战略研究的广大专家学者不断探索、不断凝练，在科学决策中发挥更大作用。

（八）对关键节点和技术路径的准确把握是战略规划落地的基本要求

科技战略研究工作也是一项复杂的系统工程，纵看科技战略研究工作的全过程，存在若干关键节点，如研究方案的总体设计和确定、研究方法路径的选择、研究专题和技术路径的设计，以及综合集成形成报告的观点等，能否准确把握这些关键节点，决定整个战略研究的走向，至关重要。对关键节点的准确把握能力是在科技战略研究实践中反复训练形成的，会影响整个研究工作的进度、节奏。总之，只有在关键节点和技术路径上敢于决策、善于

选择，勇于攻坚、迭代推进，才可能最终取得显著成效。

第4节 关于科技战略研究方法的认识和思考

科技战略研究作为一项专业化、多学科交叉的研究工作，有其独特的研究方法和理论根基。为此，应当高度重视科技战略研究工作及其理论、方法和工具体系的研究和构建。

（一）运用系统工程的理论和方法指导科技战略研究

科技战略研究是需要在各类相关信息收集的基础上，进行专业化的挖掘、整理、分析，形成客观的认知和知识，再引入专家学者的智慧对这些认知进行系统、深入的研判，得到新认识、新框架，然后提出解决途径，最终为宏观决策提供高质量、有建设性的研究报告和建议。坚持系统观念本质是一种方法论，同样适用于科技战略研究。科技战略研究不仅是一项专业化的研究工作，同时也是一项面向全局、面向长远，系统组织和综合集成的工作。运用系统工程方法指导科技战略研究，就是运用系统科学的思想和系统工程方法进行系统研究和总体设计，在战略研究中做到前瞻性思考、全局性谋划、战略性布局、整体性推进。科技战略研究不仅要遵循科学、合理、普适的研究流程和方法，更要坚持战略性、思想性、建设性、持续性、前瞻性等原则，"一张蓝图绘到底"，以系统工程的理论和方法丰富科技战略研究方法和技术体系，创新研究方法，逐步迭代修正，不断提高研究水平。其中，几个重点问题值得高度关注。

一是科技战略研究要加强顶层设计。"顶层设计"在科技发展战略研究中发挥着关键性作用。顶层设计就是运用系统论的方法，以全局视野，对各方面、各层次、各功能、各要素统筹兼顾，进行总体构想与战略设计。加强顶层设计，是准确定位科技发展战略研究目标、发展方向、工作重点的重要手段，是整合科技资源、谋划整体布局的战略思路的重要抓手。

二是科技战略研究要发扬技术民主。科技战略研究是需要多学科参与的，在研究过程中，务必倡导学科之间的平等。在航天领域，系统总体技术专家更要真正尊重和重视专业技术专家的真知灼见。要给予科技工作者一定的、相对宽松的时间、空间、资源和环境，积极营造诚信、宽松、和谐的研究环境，鼓励自主探索，提倡学术争鸣。

三是关注系统工程发展的新趋势并将其与科技战略研究过程进行融合考虑。随着研制的工程系统越来越复杂，传统系统工程方法和手段越来越难以应对，与此同时，以模型化为代表的信息技术也在快速发展，因此在需求牵引和技术推动下，基于模型的系统工程（Model-Based Systems Engineering，MBSE）应运而生。科技战略研究要关注这一趋势，将一些先进的、前沿的理念和方法引入科技战略研究的过程中。

（二）科技发展战略研究应与需求充分对接，明确有限目标，滚动迭代开展

国家科技发展规划的制定过程是一个政府部门和科技界围绕国家发展目标不断充分讨论和交流的过程。任何研究都受到有限的资源、经费与时间限制，由于科技发展战略问题涉及面广、复杂性高，这种限制就更为显著，必须充分考虑研究的可行性。因此，开展科技发展战略问题咨询应当与需求充分对接，在研究开始之初就清晰地确定服务对象、解决的问题以及所提供的解决方案的颗粒度。同时，对科技发展战略问题咨询的目标数量也应当有所控制，太多的研究目标往往使研究重点不突出，分散研究资源，影响研究质量。

科技发展战略研究应当不断迭代、滚动开展。这一要求其实与第一个要求相辅相成，可以看作是一个整体。研究资源的限制和科技发展战略问题的复杂性决定了对这一问题应当采用分步走的策略。每一步的研究只是针对有限的目标，但是每一步都形成对问题认识的积累，能够成为下一步研究的基

础，逐级而上，最终实现对问题认识全面与深入。

科技发展战略研究应当综合各方面的认识。科技发展战略问题就如同一个多面体，每个人根据自己所处的位置，可能只能看准问题的一个方面，而看不清视线以外的方面。然而，科技发展战略问题的各个方面不是割裂的，而是相互联系的，相互作用的。因此，要形成对科技发展战略问题的认识需要将各方面认识综合起来，从而构成问题的整体，避免研究的片面性。

由于现代科学正在向着许多新的领域发展，在战略规划研究和实施过程中，任何时候都会有新的发现和新的情况。随着这些发现和其他条件的变化，某些科学方法、某些重点问题、某些任务，甚至某些重点项目都会发生变化。同时，进行科学技术战略的全面规划和研究，必须认识到其中一定会有不少的缺点、遗漏甚至错误，这是难以避免的，也可以在今后的工作中不断予以修正。因此，在开展战略规划研究时，必须保持必要的灵活性，要因时、因势、因地制宜，迭代修正。

（三）重视从定性到定量的综合集成方法在科技战略研究中的运用

综合集成方法是由钱学森提出的研究复杂系统和复杂巨系统（包括社会系统）的方法。1990年初，钱学森等首次把处理开放的复杂巨系统的方法定名为从定性到定量的综合集成法[①]。综合集成是从整体上考虑并解决问题的方法论，"这个方法不同于近代科学一直沿用的培根式的还原论方法"，"这是在现代科学技术条件下'实践论'的具体化"，"是现代科学条件下认识方法论上的一次飞跃。"[②] 综合集成方法的实质是把专家体系、数据、信息与知识体系以及计算机体系有机结合起来，构成一个高度智能化的人机结合、人网结合的体系[③]，从方法和技术层次上看，它是人机结合、人网结合，以人

---
① 顾基发，唐锡晋. 综合集成方法的理论及应用[J]. 系统辩证学学报，2005（4）：1-7，22.
② 于景元. 钱学森关于开放的复杂巨系统的研究[J]. 系统工程理论与实践，1992（5）：8-12.
③ 于景元，刘毅. 复杂性研究与系统科学[J]. 科学学研究，2002（5）：449-453.

为主的信息、知识和智慧的综合集成技术。从应用和运用层次上看，是以总体设计部为实体进行的综合集成工程①。这一方法具有开创性特点，是解决复杂巨系统的较为科学、合理的方法，其中从定性到定量、综合集成、研讨是系统实现的三大核心内容。

当今时代，一个国家、一个行业的科技创新问题涉及方方面面，可以称得上是复杂巨系统问题，科技战略研究就是针对这个巨系统提供的系统化的解决方案。从定性到定量综合集成方法在科技战略研究中的运用，就是为分析"科技创新"这一复杂巨系统问题提供一种科学开展总体规划、具体实施的方法和策略。定性分析一直是人们认识问题的有效方式，但是随着事物复杂程度的不断提高，利用定性方法把握事物发展规律的难度就越大，需要定量的方法作为支撑来认识事物发展规律，进而提升对事物的定性认识。此外，要解决科技发展战略问题中潜在的路径依赖需要明确问题中的关键要素，通过对关键要素的作用来改变当前发展中的惯性，对于这样的问题，定量的方法能充分地发挥支撑作用，有效提升把握关键要素的能力。

（四）要重视综合规划和专业（学科）规划之间的协同关系

航天科技工业是一个由多学科、多专业在一个总体思想指导下有机结合的综合技术体系。因此，在开展航天科技战略规划研究时，要树立起既重视综合（总体）规划的研究，也要关注和重视专业（学科）规划研究的意识，高质量的专业（学科）规划是综合（总体）规划开展的基础和重要保障。唯有每个专业（学科）规划完成得好，才能迭代优化、综合集成形成高水平的综合（总体）规划，"十二年科技规划"就是典型的例子。战略规划研究过程中，还要注意这两类规划之间的统筹和协同关系，注重综合（总体）规划和单个专业（学科）规划的有机迭代、有机合成。同时，相关的风险分析和控制、正向思维和逆向思维的充分运用等问题都需要重点关注。

---

① 于景元. 钱学森科学历程中的三大创造高峰[N]. 科技日报，2009-11-12（3）.

(五)中国特色的科技战略研究也需要兼收并蓄、与时俱进

建国以来,经过九次科技战略规划的研究和编制,我国已逐渐形成了适应中国国情的具有中国特色的科技战略研究方法体系,尤其是系统工程方法在科技战略研究中的应用,为科学规范开展科技战略研究和科技规划编制工作提供了坚实的方法、技术保障和支撑。

国外在科技战略研究方面也有许多成功案例,值得研究借鉴。兰德公司(RAND Corporation)作为美国当代顶尖智库最高水平的代表,在世界范围内,特别是在国防与国家安全领域占据着举足轻重的地位。新颖、科学的方法学开发与应用一直是兰德公司科研的典型特征,它在情报和战略方向上开展了大量长期有规划的、系统性的研究工作,十分注重广泛收集资料和数据,进行系统分析、作定性定量研究,对提出的多种方案进行优化和比较,建立了体系完备和功能先进的方法库和工具库。兰德公司十分注意积累知识、建立知识库,强调学术民主和视野宽阔前沿,其研究分析具有系统性、独立性、长期持续性。可以看出兰德公司的这些方法与我国开展科技战略研究使用的方法多有相似,这也说明了东西方虽有文化差异,但科技战略研究却不谋而合、相互印证,具有某种相似的特征。

兰德公司特别善于将研究成果总结提炼成工具、算法或方法论,使其成果能够不局限于小规模的单一案例分析,而是可以推广至更多领域、更大的应用场景中去,在得到更多的应用后,又可以反向修正工具、算法和方法论,并建立了十分丰富的数据库和模型库。经过数十年的发展与积累,兰德公司目前已拥有一套完整的分析方法体系,主要包括:德尔菲法、跨学科研究、统计分析、大规模情境、回溯法、规划法、成本效用分析、处理不确定问题方法、度量研究效益方法、未来方法、评估法、逻辑模型、离散选择模型等。在学习和研究兰德公司的先进管理理念及其诸多研究理论成果时,不仅应从其成果中汲取知识,更应思考如何向兰德公司学习借鉴,在研究中提炼方法,依托方法生成工具,运用工具支撑更多、更深入、更高水平的研究,提高我国战略研究定量分析能力,以及数据库和模型库水平。

小结：战略科学家

本章主题词：战略科学家

历史是人民创造的，也离不开英雄的重要作用。战略科学家是一类特殊的英雄群体，这个群体，不是用血肉之躯去攻城拔寨，而是用智慧和创造力去为国家、民族乃至人类的发展开疆拓土。

以毛泽东同志为核心的党的第一代中央领导集体，融会贯通政治、经济、军事、哲学、自然科学，甚至历史文化等诸多领域智慧，做出了发展"两弹一星"、创建中国航天事业这样石破天惊的战略创举。以钱学森为代表的战略科学家群体，使这个战略创举能够落地实现，达到预定目标，并行稳致远，树立了一个又一个科技丰碑。

中国需要三类战略科学家。一是像牛顿、爱因斯坦那样能够统揽科学发展全局、开创科学研究新纪元、开拓人类知识新视野、改变人类社会形态的战略科学家；二是像钱学森那样精通若干专业学科、熟悉若干前沿科学技术领域，并能够综合集大成，创造性地解决经济、军事、社会等领域的重大科技问题或者实施重大科技工程的战略科学家；三是像众多诺贝尔奖获得者那样，在某一专业领域或专业学科长期耕耘，洞察基础性、战略性、前沿性发展方向，在细分科技领域或专业方向上取得突破性进展或颠覆性创新，创造重大价值的战略科学家。

不管哪一类战略科学家，除了自身的天赋之外，都有几个共同的特质，例如专业造诣、创新精神、全局观念、学习能力、领导艺术等。钱学森之所以被中国科技界誉为创新的典范，首先是因为他敢为人先、敢于创新和超越，敢于接受在中国薄弱的科技工业基础上从头建立当时只有资本主义科技强国才能发展的航天工业这样无比艰巨的任务，这是比任何其他创新更大的创新。钱学森虽然主要精力和工作重心是主持中国航天技术的发展，但是他主动地、也非常善于从战略全局谋划我国科技发展的重大问题，把航天放到全国的科技发展的全局中来看，又把全国的科技发展同航天的需求结合起来。这样的全局观决定了他不但创造性地解决和突破大量航天关键技术，而且创造性地建立和发展了技术科学思想，提出了现代科学技术体系的构想。钱学森年轻时就表现出超强的学习能力，这样的能力使他涉猎广泛，视野开阔，能够融会贯通现代科学技术诸多领域的思想和科技成果，为他综合集大成奠定了深厚的学养基础。钱学森的领导艺术，一方面是因为他的个人素养和魅力，另一方面也与长期以来在毛泽东、周恩来、聂荣臻等的领导下工作所受的思想体系和方法论熏陶有关。这些潜移默化的熏陶，使他本身的素养和魅力得到更进一步的升华，形成了自己的科技战略方法、领导艺术和风格。

2020年12月，中央经济工作会议在北京举行。会议提出我国2021年八项重点任务，"强化国家战略科技力量"成为其中"一号任务"。上述三类战略科学家，实际上是国家战略科技力量中的三类帅才，缺一不可，而且相辅相成、相得益彰。当然其背后，也需要三支相应的人才队伍，在其领导下分工合作。

2021年5月28日，习近平总书记在中国科学院第二十次院士大会、中国工程院第十五次院士大会、中国科协第十次全国代表大会上讲话指出：创新不问出身，英雄不论出处[①]。战略科学家是国家战略科技力量的首要人力资源。2021年9月27日至28日，中央人才工作会议在北京召开。习近平总书记在会上发表重要讲话强调，综合国力竞争说到底是人才竞争。要深入实施新时代人才强国战略，加快建设世界重要人才中心和创新高地，为2035年基本实现社会主义现代化提供人才支撑，为2050年全面建成社会主义现代化强国打好人才基础。在讲话中，习近平总书记特别强调要大力培养使用战略科学家，坚持实践标准，在国家重大科技任务担纲领衔者中发现具有深厚科学素养、长期奋战在科研第一线，视野开阔，前瞻性判断力、跨学科理解能力、

---

① 习近平. 在中国科学院第二十次院士大会、中国工程院第十五次院士大会、中国科协第十次全国代表大会上的讲话. 新华网，2021-05-28.

大兵团作战组织领导能力强的科学家。习近平总书记还指出，要坚持长远眼光，有意识地发现和培养更多具有战略科学家潜质的高层次复合型人才，形成战略科学家成长梯队。

战略科学家和时代是相互造就的。在这个新时代，中国的科技创新正在呼唤能够为中华民族和世界人民开辟新疆域和新天地的战略科学家，还需要善于慧眼识才发现战略科学家，敢于不拘一格任用战略科学家。

第 7 章
关于航天科技创新若干重要问题的思考

新中国成立以来,中国科技事业走过了 70 多年的发展道路,中国航天事业也走过了 60 多年的辉煌历程。从科技战略研究的视角,回顾中国航天科技工业的发展,系统研究和探寻中国航天事业在一穷二白基础上果敢创建和艰苦创业的历程,有一系列重要问题值得深思:历史上科技与工业后发国家是否可以实现赶超,又如何实现赶超?新科技革命对中国航天科技的发展产生了哪些深刻影响?新型举国体制如何在新时期航天科技创新发展中发挥作用?如何制定能够真正有效推动科技创新的科技成果和人才的评价体系?这些问题不仅是新中国成立初期科技战略研究与规划者反复思考的问题,也是当下新一代航天科技工作者面临的时代命题。

第 1 节 后发国家科技创新路径的启示

科学技术是第一生产力,对人类发展和社会进步具有重要的意义，它是人类认识和改造世界的重要途径，也是社会变革的有力推手。当今世界资源有限，如何获得更多资源，并有效利用有限资源促使国家得到长足发展，对各国来说都至关重要。科技创新早已成为时代发展的主要引擎，也成为时代的主旋律。各国必须利用科学技术，辅以成熟的战略或策略，同时还要配以科学、有效的制度和政策安排，才能获得充分、有效的发展。

纵观科学技术发展史，其发展过程不是线性的，而是有起有伏、非线性的、动态化前行的；科技发展的地域分布也是不平衡的。科学技术自近代以来，得到迅速发展，有的国家重视科技发展，其科学理论和技术发展水平较高，走在世界前列，成为世界科技的中心。随着时间的推移、科技的发展，另一些国家的科技水平可能超过原来的世界科技中心的水平，从而会产生新的世界科技中心。

从世界经济的发展史中可以看出，后发国家赶超先进国家，一般都是抓住了科技革命的机遇，完成了跳跃前进，这是人类历史发展的一条规律。后发国家的这种跳跃前进，对世界发展的整体来说是一条规律，但对各个国家来说又只是一种可能。在历史上并非所有的后发国家都能够跨越前进、后来居上[①]。后发追赶过程也不是短期就能一蹴而就的，要经过长期的艰苦努力。这里仅以德国、俄罗斯、日本等历史上的后发国家的崛起为例，回顾这些国家科技创新与发展历程，分析它们是如何在一定的历史时期经过艰苦努力实现跳跃前进、跃居前列的。

（一）德国科技创新之路

一直以来，德国就是一个以"工匠精神"著称的国家。19世纪60年代前，德国一直是欧洲大陆纷争的主战场之一，致使其国土四分五裂，甚至一度被称为欧洲走廊。因此，德意志民族一心想要摆脱这种局面，渴望统一和强大，这成为其发展和壮大的强大动力。经过几代人的不懈努力，德国在经

---

① 褚葆一，张幼文. 科技革命与生产的国际关系[J]. 世界经济，1984（8）：11-18.

济学家李斯特等国家主导工业化、实行贸易保护主义思想的指导下，制定了以经济发展促进政治发展，以经济统一推动实现政治统一的方针路线，着力推动加快德国经济发展。在铁血宰相俾斯麦统治下，德国进行了充分的准备，赢得了三场对外战争，最终于1871年完成了国家的统一，建立了中央集权的国家，此时英、法、俄早在数百年前就实现了统一。由此看来，不管是在政治还是经济领域，相对于其他欧洲国家来说，德国都十分"年轻"。在建国初期，德国为求发展，面向当时其他先进国家引进新机器和熟练的技术工人来发展本国的产业。其中，德国从英国引进了蒸汽机、机车以及一些服务于纺织产业发展的新机器和新技术[①]。

19世纪20年代到40年代，德国的教育已经达到了很高的水平，超过五分之四的适龄儿童能够入学，普鲁士国民学校中学生数量也大幅度增加。到60年代，入学率达到97.5%，德国人民的知识水平也整体提高，至1895年，德国几乎没有了文盲。与此同时，德国的高等教育制度快速建立，1810年，柏林大学（现洪堡大学）设立，开启了现代大学教育的先河[②]。20世纪初，德国已经建立了完备的教育体系。在大学和技术院校，学界和产业界之间都存在密切的关联性，归因于德国教育对科学研究的重视。同时，德国数学和自然科学专业招收大量大学生，其人数是法国的9倍。20世纪前10年，德国有30 000余名技术型人才活跃在本国，明显超过美国的21 000余人。

德国早期的发展还得益于向法国学习，德国很多科学家如化学家李比希等就曾亲赴法国学习最新技术。法国的高等教育在欧洲曾被作为教育界的典范。德国大学与法国大学不同，更加注重独立科学的发展，开创性地设立了实验室、研究生制度，设立了高校研究机构，开始出版专业的科技文献等等，形成了一套完整有效的科研组织体系。

19世纪70年代，电力技术开始广泛应用。德国抓住此次机遇，率先建立工业实验室，产生了大批突破性创新技术。伴随着科技的发展，德国的经济

---

① 张明妍. 德国科技发展轨迹及创新战略[J]. 今日科苑，2017（12）：1-14.
② 王昌林，姜江，盛朝讯，等. 大国崛起与科技创新——英国、德国、美国和日本的经验与启示[J]. 全球化，2015（9）：39-49，117，133.

也实现了飞跃性变化，这促使德国在 30 多年的时间内在人口、国民生产总值、工业产值等方面都超过英国，一跃成为世界第二大经济强国，并居于欧洲首位。在此期间，全世界都开始使用德国制造产品，尤其是在化学工业方面，德国生产的酸、碱等基本化学品居世界首位，世界上 80% 的燃料都出自德国[1]。1913 年，德国的电气产品市场份额占全世界的 34%，高出美国 5 个百分点，占比居世界第一[2]。

国家的统一为德国崛起提供了重要的政治前提。第二次工业革命中科技的进步、教育的发展，为德国提供了先进的科学技术和充足的人才储备，这成为德国崛起的先决条件。在高比例的国家投入支持下，19 世纪 60 年代中后期，德国在电、光、热力学领域，斩获百余项重大发明，远超过英法两国；在生理学领域，德国有近 90 项重大发现占据世界前 100 位。世界第一台大功率直流发电机、电动机、四冲程煤气内燃机、汽车均诞生于德国。同时，一大批科学家如爱因斯坦、普朗克、玻恩等开始登上历史舞台，德国科学在世界上一时间风头强劲。

作为第二次世界大战的发起国和战败国，德国在战后被一分为二。即便是在如此条件下，两德也在短时间内快速完成了经济的复苏，这种速度可以说是绝无仅有的，其关键因素是德国对于科学技术知识和技能的传承以及快速重建。战后的德国快速恢复了战前的创新模式和体系，使得德国的科学研究工作得以快速恢复并获得进一步拓展。他们开始不满足于应用型的民用技术的研究，逐步开始进行高级科学技术研究。德国原子能、空间技术就是在这段时间得到了长足发展。在这种科技体制下，联邦德国科技实力迅速提升，使其快速恢复到了战前的状态，重新奠定了其科技大国的地位。仅用了 10 余年的时间，联邦德国已经完全摆脱了二战的阴影，重新成为西方的工业大国，地位仅次于美国。到 20 世纪 60 年代末，联邦德国已经初步建立了稳定的科技体制，确立了多层次、分工明确、设施完善、统筹高效的科研机构

---

[1] 付向核，孙星. 解读德国工匠精神，创新中国工业文化[J]. 中国工业评论，2016（6）：48-53.
[2] 王昌林，姜江，盛朝讯，等. 大国崛起与科技创新——英国、德国、美国和日本的经验与启示[J]. 全球化，2015（9）：39-49，117，133.

阵列，这与联邦德国在该阶段不断加大科研投入，优化国家科技管理部门，大力推进先进科技的发展和引进是分不开的。

值得一提的是，以马克斯·普朗克科学促进学会、亥姆霍兹联合会、弗劳恩霍夫协会、莱布尼兹学会为代表的四大科研机构在该过程中发挥了不可替代的作用。在基础研究和应用科学上，它们拥有自主研究的能力、独特的大型设备以及高度的创新和实验能力，为一流科研提供了理想的条件。

马克斯·普朗克科学促进学会（Max Planck Society，简称马普学会）是一个由德国政府资助的全国性学术机构，是独立的非营利性研究组织，其科研经费来自联邦政府和州政府拨款、政府科技计划项目经费和私人捐助。它主要致力于国际前沿与尖端的基础性研究工作，拥有扎实的基础研究实力，在自然科学、人文社会科学领域都享有盛誉[1]。马普学会主要从事国家战略性基础研究，目标导向明显，主要把资金和科研力量用于以应用为导向的基础性、前瞻性、综合性和交叉性研究。

亥姆霍兹联合会（Helmholtz Association of German Research Centres）是德国最大的科研团体，其主要目标是推动德国在科学领域的中长期研究计划，聚焦德国国家的中长期科技任务，通过前瞻性科学研究，解决人类社会可持续发展的问题，为德国经济的强大竞争力提供了技术支持和保障[2]，主要研究领域包括研制、建造和运行一批满足基础研究和应用基础研究需要的大型实验装置；为相关的德国科学家或外国科学家提供服务；集中主要力量从事长期项目，研究复杂的科学和工程问题；不同领域之间的跨学科研究项目及其系统解决方案；发展在未来较长一段时间内领先的高新技术[3]。联合会以国家长期性科研任务目标为导向、以国家大科学工程为核心，强调服务于经济和社会的应用基础研究。它的成立和运行，主要是打破了过去各法人科研中心的框架，也突破了政府部门主导科技经费管理的模式，在全联合会

---

[1] 郑久良，叶晓文，范琼，等. 德国马普学会的科技创新机制研究[J]. 世界科技研究与发展，2018，40（6）：627-633.
[2] 何宏. 德国亥姆霍兹国家研究中心联合会介绍[J]. 中国基础科学，2004（5）：57-61.
[3] 朱星. 德国最大的科研组织——德国亥姆霍兹国家研究中心联合会[J]. 中国基础科学，2001（6）：54-60.

内部实施科研人员自己主导的5年科技任务规划和研究内容，并根据计划内容的国际竞争力而配置国家拨款的科研经费。该联合会体系内的重大科研方向和内容与我国国家基础性研究重大项目、973项目等科研任务有很强的类似性。

弗劳恩霍夫协会（Fraunhofer-Gesellschaft）成立于1949年，总部位于慕尼黑。它是德国也是欧洲最大的应用科学研究机构。协会是公助、公益、非营利性的科研机构，其经费2/3来自企业和公助科研委托项目，另外1/3来自联邦政府和州政府，用于前瞻性的研发工作，确保其科研水平处于领先地位。协会的目标是大力开展科技实用性研究，致力于为中小企业提供科研服务，为企业，特别是中小企业开发新技术、新产品、新工艺，协助企业解决自身创新发展中的组织、管理问题。主要有7大研究领域：健康与环境、开发、安全与防护、机动性交通运输、生产性公共服务供给侧、交流与知识共享，以及能源与资源，涵盖了一系列基于自然科学和社会科学前沿的战略性研究工作[①]。

莱布尼茨学会（Leibniz-Gemeinschaft）是一家德国各专业方向研究机构的联合会，定位于以问题为导向的研究，研究领域涵盖自然科学、工程科学、环境科学、经济科学、社会科学、地球科学和人文科学，基础科学研究与应用相结合，并与大学、工业界及国内外其他研究机构密切合作，提供咨询与服务。经费总量的1/3为通过与大学竞争得来的项目经费，2/3为政府拨款，包括联邦政府与州政府的拨款。

作为两次世界大战的战败国，战后的德国可以说是千疮百孔，一片狼藉。但每次，它又可以快速地重新恢复并变得更加发达，归根到底还是得益于德国一直坚持不懈地进行科学技术的研发与创新。统计数据显示，20世纪50年代到60年代10年间，联邦德国的国民经济持续飞速发展，国民生产总值从233亿美元增加到726亿美元，增长2.1倍。同时，工业生产年均增长率高达11.4%。这一阶段，联邦德国在经济规模上后来者居上，位居世界第二。

---

① 李晓轩. 德国科研机构的评价实践与启示[J]. 中国科学院院刊，2004，19（4）：274-278.

直到1955年，联邦德国才恢复拥有真正的主权①，随着联邦德国对科技的重视，科学的发展，成熟的科技体制也开始建立起来。同一时期，稳定的社会环境和科研环境促使联邦德国经济得以稳定高速发展，在科技和经济发展方面均取得了一批重大的成果。在这一历史时期里，联邦德国科技的发展主要是为推动经济发展、提升国家的国际竞争能力服务的。当经济发展到一定程度，联邦主权得以恢复，他们才将科学着眼于更加高深的领域，比如成立原子能部，并开展空间技术的相关研究。此时开展高新科技的研究，联邦政府旨在以高新的尖端技术为先导，带动整个国家科技事业的发展。

从1969年起，联邦德国开始进入巩固和发展提高阶段，逐步改变了以单纯追求经济利益而发展科学技术的阶段，转而变为在提高经济效益的同时，提升产品竞争能力，同时满足资源和生态环境保护要求，并促进人们劳动和生活条件的改善。科学技术事业发展开始提倡更多的社会价值和更多的社会责任。在这种大环境下，联邦德国会优先根据项目的社会综合影响来确定是否继续资助该项目，包括国际的政治和经济环境，本国的社会结构变化、国民心理承受能力等等。这一时期，政府的科技政策具有更加明确的倾向性。

1972年，联邦德国成立了联邦研究技术部（后更名为联邦教育与研究部）旨在进一步强化政府效力，把控科学技术发展的方向②。这一时期，联邦德国在政策上鼓励科技的发展，扶持高科技企业进行技术研发，推动全社会重视科技的风气形成，促使联邦德国研究成果质量大幅度提升。从二战后到20世纪80年代，联邦德国企业重视研发蔚然成风，研发支出占总支出的比重也从25%上升至60%。除此之外，联邦德国政府还为企业间或企业与研究机构的合作提供了多方的便利，鼓励企业参与到诸如微电子、机器人、计算机等合作中来。80年代后，在大力调整和完善后，联邦德国的科技发展进入稳定增长阶段。

长期以来，德国制造就是高质量的代名词。1970~1980年间，联邦德国形成了以机电产品为主的出口模式，如机床、汽车、照相机。80年代以后，

---

① 谷俊战. 德国科技管理体制及演变[J]. 科技与经济，2005，18（6）：31-34.
② 张明妍. 德国科技发展轨迹及创新战略[J]. 今日科苑，2017（12）：1-14.

除机械设备外,联邦德国的化学制品、电气设备也开始走向世界。20世纪90年代初,德国完成了统一,开始注重科技方面的顶层设计,制定了诸多的战略和政策文件,以切实行动促进科技的创新与社会发展。在此期间,德国的科技研发经费逐年攀升。

(二)俄罗斯科技创新之路

俄罗斯重视科学技术始于彼得一世。近代科学技术起源于西欧,而俄罗斯与技术中心相距甚远。17世纪,俄罗斯自上而下被蒙昧主义所支配。变化始于彼得一世出访西欧。他从国外学习了先进的文化技术,回国后开始重视人才与教育,成立科学院,且将首都迁至圣彼得堡。早期,俄罗斯的科学研究以数学和自然科学为主,且大多都是外国引进人才。到18世纪末,俄罗斯才拥有大量的本土技术人才[1]。

17世纪末,年轻沙皇彼得一世向往西欧文明,正式开启了探访西欧的旅程。这次访问,彼得一世率领250多人的考察团,在荷兰、英国分别学习,收获了先进的造船技术,了解、掌握了先进的教育和科技制度。受益于此次出访,彼得一世更加坚定了俄罗斯的强国计划,开始设定确切的目标,提出了著名的"破窗入欧"战略[2]。文化教育等方面,彼得一世也进行了多项改革,包括统一字母、颁布民用新字体,开设技术院校,创建新首都圣彼得堡,设立图书馆和博物馆,引进技术和艺术人才,创办国立科学院等。

与西欧国家先进行大学教育、后建立科研机构的做法不同,彼得一世采纳了莱布尼茨的建议,首先成立了科研机构——国立科学院。在彼得一世的认知里,科学院可以繁荣科学,教化国民,但大学并没有这种作用。为此,彼得一世还亲自起草了《科学与艺术研究院章程草案》的基本框架,充分发挥了科学院的作用。草案规定,国立科学院是国家机构,研究人员受政府保

---

[1] 陈新明. 政府在苏联科技进步中的作用[J]. 东欧中亚研究, 2000 (6): 20-26.
[2] 鲍鸥. 历经百年沧桑打造科技基础——俄罗斯(包括苏联)建设科技强国之路[J]. 中国科学院院刊, 2018, 33 (5): 527-538.

护和管理，研究成果归国家所有。

1724年，"彼得堡科学与艺术学院"（简称"彼得堡科学院"，后称"俄罗斯科学院"）成立。学院成员大部分为德国科学家，共110名。学院科学家创办学术期刊，进行科学考察，在航海、地理、动植物等研究领域产出了大批科研成果。同时，学院的科学家还开创性地设立了数学-力学、天文学和实验物理学派。

1745年，罗蒙诺索夫成为俄罗斯第一位本土出身的院士，这意味着俄罗斯本土科研人员开始步入历史舞台。

进入19世纪，只重视顶层科学的弊端开始显现，教育方面尤为突出。因此，俄罗斯政府开始对教育体系进行调整，为持续推动俄罗斯科技的发展谋划可持续的动力。亚历山大二世时期，对于军事、法律、教育等全部进行改革，并且废除农奴制，改良了社会环境①，为俄罗斯科技发展奠定了一定的社会基础。

19世纪中叶，工业革命的蓬勃开展为俄罗斯工业生产模式的转变带来了机遇，最终形成了机器工厂生产模式。生产规模不断扩大，工业和城市化进程加快，为改善国民生活条件，提高生产效率提供了便利。俄罗斯持续推进科技强国目标建设，并提出改革方案，俄罗斯的科学家、工程师们都热情高涨，积极参与进来，但最后因为亚历山大二世的逝世，此次改革最终未能实施。

得益于上述一系列措施的实施，俄国的科学技术得到了长足的发展。到20世纪初期，尽管在其他方面落后于其他西方国家，但在数学、生物、化学和天文学这些领域，许多成果处于世界前列。当时著名的科学家，如化学家门捷列夫、生理学家巴甫洛夫，以及数学家罗巴切夫斯基等都享誉世界，是俄国科学界奠基性的人物。尤其是1904年，第一位俄国人巴甫洛夫获得诺贝尔奖。到第一次世界大战时，俄国已建立了10所综合性大学，拥有俄罗斯科学院这样的科学研究机构。俄国科学开始成为世界科学界的后起之秀。

---

① 陈新明. 政府在苏联科技进步中的作用[J]. 东欧中亚研究，2000（6）：20-26.

1903年，航空和火箭动力学专家齐奥尔科夫斯基发表了题为《通过火箭推进仪器研究宇宙太空》的专著。伊万诺维奇·西科尔斯基设计了全球首架四引擎飞机。

1904~1905年"日俄战争"，俄国战败。这一结果极大地打击了尼古拉二世皇帝的锐气。而1914年后，欧洲大陆硝烟弥漫。为了应对这种局面，缓解国内政治、经济压力，俄国政府亟须稳定国内政局，主要的手段就是制定合理的发展战略。

为了更好地合理利用自然资源，推动俄国生产力的发展，尽快实现战后经济恢复，1915年，俄国成立了"自然生产力研究委员会"。该委员会的主要任务是集中收集、整理与俄罗斯自然资源和生产力相关的数据和资料，形成系统的报告，用于对国家生产力水平进行科学评估[①]。

1917年11月7日，十月革命一声炮响，列宁领导的布尔什维克武装力量推翻了临时政府，建立了苏维埃政权。这是俄国工人阶级团结贫农在布尔什维克党的领导下进行的伟大社会主义革命。

在1825~1925年期间，俄国的科技得到了进一步的发展，技术人才不断增加，资本开始在社会的发展中发挥出强有力的推动作用，强国和提高国民利益呈现出良好的融合特征。这一阶段后期（1917~1925年），这一情况发生重大转变。原因有两点：一是由科学家们组成的"生产力委员会"致力于承担国民经济建设的新任务，在科学上进行了重要的探索，这既是一次大胆的尝试，也是未来科学发展的奠基之作；二是苏（俄）共中央逐渐意识到社会主义的建设必须有统一的标准和严格的计划，必须是建立在成熟的现代科学的基础上的。

因此，1920年，列宁提出"共产主义就是苏维埃政权加全国电气化"的著名口号[②]，对国家科研机构和国防科技工业相关部门的体制进行了改革，进一步完善了社会主义组织，体现了社会主义的"国家力"。

---

① 鲍鸥. 历经百年沧桑打造科技基础——俄罗斯（包括苏联）建设科技强国之路[J]. 中国科学院院刊，2018，33（5）：527-538.
② 列宁全集（第31卷）[M]. 北京：人民出版社，1992：380.

20世纪20年代中期到30年代初期,苏联从农业大国一跃成为了工业国家。在此期间,苏联共产党持续推进科学院的建设,不遗余力发展科学技术,迅速提升全国科技水平。1925年,苏联政府将俄罗斯科学院更名为"苏联科学院",一方面为了借助俄罗斯科学院在国际科学界的声望提升国家威望,另一方面也进一步彰显了科学是国家的科学。

苏联(俄)政府十分重视科学技术的发展,其目标是建立一个现代化工业国家,并为此进行了多方面努力。首先,1918年,苏俄政府成立中央电工技术委员会。1925年,苏共十四大制定了社会主义工业化的方针和政策,提出社会主义工业化要优先发展重工业。此后,苏联基本建立起了齐全的工业部门,其工业能力显著增强,军事实力也得到了极大的提升,为二战中击败法西斯奠定了宝贵的基础。

在这种形势下,苏联工业化发展逐渐具备鲜明的特征:在科学技术方面,苏联政府把科学院作为核心科研机构,实行党中央的集中领导;在科教方面,实行科研和教学的分割制,由于政治原因,加之研究所集中领导制导致科研和教学在组织上分割,这也割裂了科研与教学互相渗透及影响;在科研与工业方面,苏联政府也是一直实行科研和工业相分离的组织体系。苏联的科学研究工作主要依靠三类主体:一是科学院;二是工业部门的科研机构;三是高等院校。这种科技组织体系一直延续到苏联解体,虽然在此期间进行了一些调整,但组织形式上无甚变化。

苏联政府对科学技术事业发展的支持可以归纳为三个方面。首先,苏联对科学技术事业的投入巨大。科技研发投入比重不断上升,20世纪50年代占GDP的比重为2%,60年代约为3%,70年代升至4%左右,1989年为4.7%。这个指标与当时的美国、日本、联邦德国和法国相比,也是非常高的。在具体的投入金额上,也从1970年的117亿卢布增加到1980年的223亿卢布和1985年的286亿卢布。到1989年,苏联的科技研发投入为436亿卢布[①]。

---

① 宋兆杰,张敏卿,严建新. 苏联科技创新体系成败的移植文化因素分析[J]. 科学学研究,2012,30(11):1621-1626,1683.

其次，苏联科研机构和科研人员的数量呈快速增长趋势。科研机构从1950年到1975年间增长了1880个，增加了54.5%。苏联国家计划工作委员会的统计数据显示，在此期间，全国的科学工作人员数量翻了一番。1929年底，苏联有研究人员3.5万人，其中科研院所研究人员1.16万人，高等学校研究人员1.65万人，国家研究机关和企业研究人员2400人。40多年后的70年代，苏联的研究人员数量占世界各国研究人员总数的33%，居世界第一。科技事业成为吸引大批青年才俊的领域。

最后，苏联积极引进西方国家的先进技术和设备。列宁指出，社会主义领导者要学会利用资产阶级的科学和技术才能更好地建设社会主义，最终实现共产主义。"没有外国的装备和技术帮助，单靠自己的力量就无法恢复破坏了的经济。"[①] 为此，列宁提出了租让制的政策。20世纪60年代末至70年代，苏联与美国政治关系逐渐缓和，苏联进一步提升了与国外交流与合作。仅1971~1975年间，苏联从德意志联邦共和国、美国、英国、法国、日本和意大利进口了高达154亿美元的机械设备，同时购买了233项技术许可，这些技术装备主要用于发展冶金和机械等重工业。这一时期，苏联汽车工业在引进大量资金和技术装备后得到了迅速发展。

客观上讲，苏联仅用了几十年时间就走完了西方世界需要100~200年才能走完的道路，实现了工业化、农业机械化、电气化，建立了完整的国民经济体系和雄厚的物质技术基础，建立了全面的、各种类型的科研机构，研究范围几乎涉及所有的现代科技领域。到1987年，苏联在科研和科研服务领域的工作人员达到了450万人之多，从事自然科学和技术科学研究的科学工作者人数占世界第一位。苏联在航空航天、核能、造船等领域居于国际领先水平，创造出诸多的世界第一，仅用5年时间就打破了美国的核垄断，1953年试爆成功第一颗氢弹，1954年建成世界第一座核电站，1957年发射世界第一枚洲际弹道导弹和世界第一颗人造地球卫星，1961年加加林首次进入太空环绕地球飞行等。这些成就的取得都不是偶然的。后来，俄

---

① 列宁全集（第31卷）[M]. 北京：人民出版社，1992：171.

罗斯的载人航天器也发展到包括载人飞船、空间站和航天飞机三大类别，并具有强大实力和优势。截止到2021年，俄罗斯（苏联）共计有14名诺贝尔自然科学奖获得者。

（三）日本科技创新之路

日本是位于东亚太平洋西岸的岛国。自古以来，国土资源有限，国民经济水平很低，科技水平也很落后。1603年，德川家康建立了江户幕府政权。19世纪中叶，随着欧美不断地向外扩张，日本成为其在亚洲的一个重要目标，不得不开放港口，签署通商条约。1868年，明治天皇推翻封建幕府统治，从此日本走上了近代化的道路。

明治天皇执政后，建立了中央集权制的政权结构，设立议会、内阁，并且实施"脱亚入欧"战略。在这种集权制下，不到50年，日本国内生产总值（GDP）的增速就超过了英国。明治天皇在位期间，日本的各个行业得到迅速发展，建立起完善的铁路和电报网，同时在纺织业、造车造船业等也都有所建树，出口也从资源型产品如海产品、生丝转变为轻工业产品，进口物品则变为资源型产品，日本一跃成为亚洲最先进的国家。

日本在19世纪的崛起，是在国内国际环境下多种因素促成的，归根结底是科技的发展。开放后，日本开始注重本国科技的发展，通过引进西方设备和先进技术在本国建立近代的科研和产业体系，使得经济和军事实力快速提升。

明治天皇执政后，更是推行"殖产兴业"计划，极力主张通过引进快速地吸纳先进的科技成果，同时派遣留学生到欧美学习，引入外国投资发展本国科技[1]。通过缔结打造科研合作平台，推行合同制，日本同欧美企业建立了密切联系，使得其快速实现西方技术的本国化。在人才培养上，日本政府颁布了《学制令》，初步建立了教育体系，创办帝国工程学院（亦称工部大

---

[1] 王昌林，姜江，盛朝讯，等. 大国崛起与科技创新——英国、德国、美国和日本的经验与启示[J]. 全球化，2015（9）：39-49，117，133.

学，后与东京大学合并）。为了更好地培养技术型人才，在多所大学设立工程系，以便于能够快速实现科技人才本土化①。

二战后日本科技事业的发展有三个明显的阶段：

第一阶段：二战结束后，日本作为战败国，一度处于停顿状态，其科技事业遭受重创，工业生产几乎瘫痪，与先进国家产生了很大的差距，实力与欧美国家不可同日而语。为谋求科技与经济发展，日本启动了战后重建计划，恢复生产，重建经济。日本政府着力推动技术引进，期待用别国的先进技术快速地恢复本国经济。

第二阶段：通过技术引进，实施赶超结合，推进工业现代化，日本在经历低潮后快速发展，经济得到快速恢复并进入高速发展时期。这一时期，日本通产省开始制定积极的产业政策，构建独特的创新体系，开始推动国外技术的本土化，通过模仿、改良的方式加速技术的工业化应用。在这个阶段，国家鼓励社会资本投资引进国外的设备，鼓励国外的公司来本国投资，从而促成国内市场一片大好，出现了所谓"投资呼唤投资"的热潮。在这一大背景下，日本的工厂设备得到了全面的更新，随之而来的技术"国产化"更使得机械、石油、电子等行业迅速兴起，占据了一定的市场。1964年，日本加入经合组织（OECD），进入发达国家行列。到1968年，成为资本主义世界第二大经济体，经济规模仅次于美国。1970年，人均国民收入达到1515美元②。从开始技术引进到形成本国化的技术，日本经历了约20年的时间，在此期间引进几万项技术，在此基础上不断吸收发展，形成了新的科研体系，具备了一定的自主科研的能力。

第三阶段：20世纪70年代后，日本已经成为科技和经济强国，并且具备了一定的自主创新能力。因此，日本政府开始考虑未来科技发展的战略方向，提出了"科学技术立国"口号，明确了未来科技发展的方向，提出了国家推进技术发展的政策规划，并在当时就开创性地鼓励产学研一体化的科技合作和交流。同时，日本政府开始重视基础性研究和自主研发，各大企业纷

---

① 日本创新的失败："匠人传统"下的创新"孤岛"[OL]. 社会科学文献出版社，2018-05-24.
② 张睿蕾. 日本科技事业发展历程、特点及其对我国的启示[J]. 科学管理研究，2011, 29（5）：65-69.

纷成立内部研究机构，开展核心技术自主研发，不断提升社会的科技水平。为了进一步整合科技资源，满足社会各界需要，1969年，日本科学技术会议提议在国内设立国家科技情报系统。随后，医学情报中心、专利情报中心等相继成立。这些科技情报中心的成立极大地便利了日本的企业和科研机构，为科学技术的发展奠定了坚定基础，以便于日本能够很快完成从"技术引进"到"自我创新"的演变，初步建立了稳定的科技创新系统。同期，日本开始加大在节能、新能源和石油替代技术等方面的投入，在10年间新建了18座核电站，到90年代中期，日本的核电已经能够满足全国30%的电力需求。70～80年代，日本因其强大的创新能力和优良的产品质量，在汽车、家电和集成电路等多个产业领域，向美国发起强力挑战。

在美国的贸易、产业和金融政策打压下，日本经济在1985年后陷入了停滞的状态。在这种情况下，日本政府从过去的发展中总结经验，认为国家在新时期最重要的是提升本国的科技创新能力。为此，政府提出"科学技术创新立国"的口号，其目标是建立科技发展的新模式，打造全新的科技领先型国家。首先，改革全国科技机构，鼓励科技机构率先实现自我创新。其次，改革科技机构的运营管理机制，优化组织结构。1995年后，日本国会发布《科学技术基本法》，提出要将引进科技和设备转移到加强基础研究和科技创新上来，切实推动自主创新能力的建设。日本科技创新进入了新的阶段。

日本政府为促使"科学技术创新立国"政策快速落地，进行了大量的准备工作。首先，政府为企业创新提供大量政策和资金便利，包括优惠融资、减少税收、补贴支持等。其次，为了提高创新效率，政府不进行过多干预，仅限于对企业投资进行审查、认可企业法人的资质，以便于更好地推动社会企业的发展。此外，日本政府注重科技发展的顶层设计，重视科技战略情报收集，更好服务于本国科技企业，推动社会产业向集约型转变。

"科学技术创新立国"政策的落地实施，极大地促进了日本的科技发展，加快了新产品、新技术的研发，促使日本在短时间内完成科技创新模式的转变，成为世界一流的科技大国。同时，在汽车、计算机、半导体领域都达到了世界先进水平，在新能源电池、生物、物理等方面也都研发出一大批科技成果。2001年，日本政府在第二期"科学技术基本计划"中，设立了"在50年内，获得30个诺贝尔奖"的目标①。该目标在当时颇受争议，然而，从2001年起日本获奖人数确实逐年在增加。据统计，2000年至2021年累计共有17人获得了诺贝尔自然科学奖②（获奖时或获奖前拥有日本国籍者）；如果包括已经加入美国国籍的3位日本人在内，21世纪以来日本总共有20人获得了诺贝尔自然科学奖，成为亚洲获奖人数最多的国家。相较于2000年前日本累计仅5人获诺贝尔自然科学奖的水平，近20年日本的确在"在50年内，获得30个诺贝尔奖"这一战略目标牵引下，涌现出了一大批诺奖级的科学家，有力地推动日本科技创新的发展。这一成果产生最主要的因素是不论在何种经济形势下，日本都大力地推进科学的研究，致力于促进基础科学研究和科技成果的创新，尤其注重强化基础研究的重要作用。日本的科技创新发展之路，印证了东方民族和国家也完全可以在基础科学领域中连续取得多项原创性的成果，是可以在科学原创上有所作为的。自从1901年诺贝尔奖设立以来，至2021年，各国诺贝尔自然科学奖获奖总体情况及各国获奖人数排名见图7-1、表7-1（注：统计数据以科学家获奖时的国籍作为统计口径）。

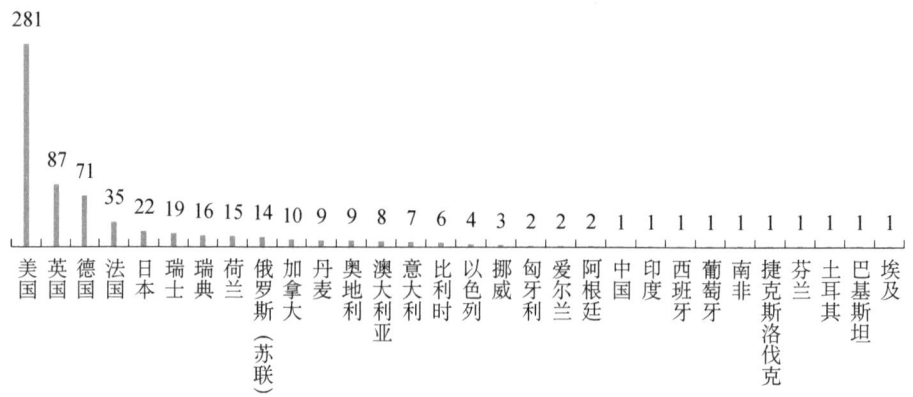

图 7-1　各国诺贝尔自然科学奖获奖总体情况（截至2021年）

---

① 林仲海. 日本提出50年内获得30个诺贝尔奖的目标[J]. 全球科技经济瞭望，2002（7）.
② 诺贝尔自然科学奖包括物理学奖、化学奖、生理学或医学奖。

表 7-1　各国诺贝尔自然科学奖获奖人数排名（截至 2021 年）

序号	国籍	获奖人数	序号	国籍	获奖人数
1	美国	281	16	以色列	4
2	英国	87	17	挪威	3
3	德国	71	18	匈牙利	2
4	法国	35	19	爱尔兰	2
5	日本	22	20	阿根廷	2
6	瑞士	19	21	中国	1
7	瑞典	16	22	印度	1
8	荷兰	15	23	西班牙	1
9	俄罗斯（苏联）	14	24	葡萄牙	1
10	加拿大	10	25	南非	1
11	丹麦	9	26	捷克斯洛伐克	1
12	奥地利	9	27	芬兰	1
13	澳大利亚	8	28	土耳其	1
14	意大利	7	29	巴基斯坦	1
15	比利时	6	30	埃及	1

正是由于不断地调整本国的科技模式，在引进学习的基础上消化吸收再创新，最终形成自主创新的模式，日本才能够迅速地发展壮大，完成战后的经济恢复。日本无疑是实施科技创新工程的典范之一，是后发追赶型国家学习的榜样，其科技创新具有自己的鲜明特色。首先，日本经济虽然被二战摧毁，但其技术能力并没有消失，这为日本经济的快速复苏奠定了坚实的基础；其次，二战后，日本为了推进科技的发展，恢复经济，大力推进教育系统发展改革，培养了一大批技术人员和科研人员；再次，一直以来，日本政府都大力倡导学习国外先进技术，并在这些技术基础上鼓励继续创新，重视应用型产品的研发和制备工艺的优化，快速推进国家工业的现代化，并且在很早前，日本就开始重视知识产权服务，强调国内外科技合作的专利所有权和技术许可证等，鼓励国外企业收购合作等；最后，日本政府在本国科技创新的发展上起到了举足轻重的地位，发挥了政府的宏观调控作用，并给予了

政策上的支持和保护，极大地推动了本国科技和经济的发展。

同时，日本的战后崛起也反映了其非常重视科学技术与社会融合的理念，强调科技发展的社会责任性。近年来，日本政府更加强调基础研究的重要作用，这与其国内和国际形势息息相关。首先，日本国内企业正面临转型，资本密集型企业向知识密集型转变不可避免地会影响企业对于知识数量和质量的要求，因此必须要加强基础性的研究。其次，近些年中国、印度等发展中国家的崛起及其对基础研究的重视，迫使日本更加重视基础研究，从问题导向转到未来导向。

（四）对我国科技创新发展的启示

研究德国、俄罗斯、日本等国科技创新与发展历程，可以给我国的科技创新发展以下几个方面的重要启示。

（1）创新始终是推动人类社会进步和产业发展的主要动力和源泉

纵观人类社会发展史，经济社会的每一次飞跃，无一例外都与科技的重大突破息息相关。一部人类发展史，就是一部人类在实践基础上不断创新的历史，也是一部创新的地位和作用日益得到凸显的历史。科技创新带来的每一次科技革命都实现了生产力的跨越式发展，都给人类历史的发展注入了新的动力，给人类生产生活带来了巨大而深刻的影响。17、18世纪的科技革命催生了以蒸汽机为标志的机器制造业、钢铁工业、运输工业蓬勃兴起，史无前例、影响深远，结束了人类一直依靠简单的手工工具和从事繁重体力劳动的时代，开始步入工业时代，实现了因机器的使用而带来的快速发展，极大地提高了劳动生产率，第一次工业革命就此登上历史舞台，它引起了社会生产方式和生产组织方式的重大变化，使整个人类社会从经济到社会政治都取得了突破性的进步和发展。19世纪科学技术的突飞猛进，催生了从机械化到电气化的第二次工业革命，电力和内燃机的发明和应用以及由此产生的生产技术的变革，极大地促进了生产力的发展，为现代电力工业、电子工业和无线电工业奠定了基础，并且造成社会生产关系和社会生活的巨大变革，使人类社会进入到电气化时代。20 世纪量子论、相对论的诞生形成的科学革命，带来了以数字化为主，以原子能、电子计算机、空间技术应用为标志的第三次工业革命，将人类社会的劳动生产方式提高到自动化、现代化水平，将人类从工业社会带入知识经济时代。

（2）科技创新引发技术经济范式变革，带来更加激烈的国际科技竞争并重塑世界格局，为后发国家实现"赶超"提供重大机遇

历史经验表明，科技创新是大国崛起的基石和动力，为后发国家实现"赶超"提供重大机遇。科技创新总是能够深刻地改变世界整体的发展格局，深刻地影响一个国家的地位，科技创新对于任何具有一定科技基础且有追赶意愿的国家来说都是十分重要的战略机遇。历史经验也表明，历次重大科技革命往往催生出新的世界强国。18 世纪，英国适逢第一次科技革命的历史性机遇，它迅速将其他国家甩在身后，在激烈的国际竞争中获得发展优势，成为当时世界第一大国。19 世纪中叶，美国和德国紧紧抓住第二次科技革命的机遇，经济突飞猛进，实现了快速崛起。20 世纪中期，第三次科技革命促使美国成为超级大国，经济实力和综合国力大幅增强。可以看到，这些国家能够崛起，能够在世界经济结构和竞争中占据主导地位，恰恰都是因为在科技革命中抢占了先机，赢得了优势。

一个国家要真正崛起并保持强国地位，仅仅依靠自身传统因素的比较优势是不够的。充分利用内外部优势和要素，不断进行技术创新，充分激活和挖掘全民创新潜力，是实现经济持续稳定发展的重要基础要素之一。从历史角度看，历次科技革命都会推动世界经济的快速发展。如果发展战略和制度安排得当，就可抓住机遇，实现技术创新能力的跨越式发展[1]。

（3）激励创新培养人才的制度和文化是推动科技创新的根本保证

纵观各强国的科技创新发展史，有一个共同的特点：具备完善的创新体

---

[1] 高晓梅. 美日科技创新发展模式及启示[N]. 中国社会科学报，2018-07-23（7）.

系和激励制度，加强对于知识产权的保护，完善技术人才培养制度等。与此同时，为了进一步促进科技创新，全社会都形成了尊重知识、科学和人才的良好氛围。由此看来，社会制度和文化的发展是推进科技持续创新的不竭动力。因此，加强科技创新，要建立健全国民教育体系，推进基础教育普及，促进中等和高等职业技术教育发展，重视高水平的研究型大学创建，加强科普教育，提升全民科技素质，重视人才，为科技的发展提供大量的人才储备；应该在推动科技方面提供政策便利，对创新各个链条尤其是关键竞争性的和"卡脖子"的技术环节给予相应的鼓励政策；鼓励创业创新活动，弘扬创新精神，深入推进"崇尚创新"的社会文化普及。

世界科技中心不断变化，但从整体来看，不外乎遵循这样一种规律：教育先行，教育兴盛时间越长，则其科技中心兴盛的时间也越长。例如，以牛津大学和剑桥大学为代表的教育机构的成立使得英国的教育蓬勃发展，成为世界12~13世纪高等教育的中心。18世纪，启蒙运动开展使得法国出现新型高等学校"大学校"，从而使其成为世界的科学中心。其后，柏林洪堡大学等的建立，推动了德国科学中心的发展。而20世纪初，美国高等教育的发展使其成为世界科学中心。从另一方面来讲，世界科技中心的发展也促进了当地教育的兴盛，从而能够保证为科技的发展提供不竭的人才动力。

教育兴盛往往是通过教育变革实现的，例如，德国新型研究型大学以问题为导向，针对关键技术进行研究，为科学技术的快速发展奠定了基础。美国为大学提供充分的自由制度，从而激发了创新的活力，致使其快速发展，赶超了世界其他国家。同时，美国大学吸收社会资本的能力很强，因此具备丰厚的经济基础，能够为科学的自由发展提供充分的便利条件[①]。

（4）后发国家的崛起、科学中心的形成和转移都有其规律性，科技革命为形成新科学中心创造有利条件

一般来说，每个国家的强盛和发展通常起步于经济建设，而后国防建

---

① 和震. 美国大学自治制度的形成与发展[M]. 北京：北京师范大学出版社，2008：344.

设，在具备强有力的经济与国防基础之后，重视科技、推动本国科学技术水平成为国家崛起的重要路径和手段，当一国的经济、国防、科技都达到一定水平后，必然迎来文化的兴盛。回顾德国、俄罗斯、日本的创新之路，不难发现这些国家无一例外是在国家具备一定经济、国防实力的基础上，充分认识到科技的重要性并举国之力发展科学技术的。另一方面，基础研究是科技发展的源头，从技术规律本身来讲，社会经济的发展也遵循着基础研究到应用研究再到产业化的路径。科技基础是国家真正崛起和强盛的基础，对于任何一个大国来说，至少在很长一段时间内，科学技术都与国家的未来息息相关。英国的强盛，德国、日本、美国的崛起，都有很强的科技发展基础。

世界科学中心的形成过程和位置变化，不仅取决于科学体系自身的演化，同时还受到该国科学家团体的整体素质和学术能力的影响。从以往的科学中心来看，只有在科学成果竞相涌现的时代，新的世界科学中心才有可能形成。科学成果的大量出现需要在尊重科学技术自身发展规律和必要的社会条件相互结合的情况下才能实现，才有可能出现科技成果的集聚效应，从而形成新科技中心。在科学自身的发展过程中，会在特定时期形成重大突破，并形成该时代的"带头学科"，即在特定时期，会有一门或几门学科最有活力、吸引最大注意力并产生了大量科学成果（即"科学涌现期"），从而对自然科学的整体发展起主要的推动作用[①]。科技革命能够催生一大批科学成果，这些成果意味着新的发展方向，当一国科研力量在该领域不断集中发力时，则有利于该国成为新的科技中心。

第2节 新科技革命与航天科技创新

习近平总书记指出："当今世界，新一轮科技革命蓄势待发，物质结

---

① 蒋志. 科学发现过程的统计理论[J]. 自然辩证法研究, 1994 (12): 30-37.

构、宇宙演化、生命起源、意识本质等一些重大科学问题的原创性突破正在开辟新前沿新方向，一些重大颠覆性技术创新正在创造新产业新业态。"[1] 习近平总书记关于新一轮科技革命的重大判断强调了科学技术在当今社会经济发展中的重要性，指出经济发展对于产业变化和经济形态所带来的影响。目前有研究结果表明，当前时点至21世纪40年代，这段时期对于新一轮的科技发展十分关键，并会对世界格局变化产生重要影响。谁能真正把握新技术革命的趋势、特点和战略机遇，谁就能在未来的发展中取得领先优势[2]。

当今世界正经历百年未有之大变局。从近十年的发展趋势来看，新技术革命蓬勃发展，人工智能、物联网、生命科学等领域不断推陈出新，对未来社会的日常生活、经济发展、医疗卫生等方面提出新的机遇和挑战。然而，在新冠疫情席卷全球的大背景下，国际贸易和投资出现萎缩，居民消费动力明显不足，单边主义、逆全球化暗流涌动，全球经济发展出现新的困境，在新冠疫情期间以及后疫情阶段，不同行业的发展都将受到影响。在新一轮科技革命中，我国航天科技工业发展既面临重大发展机遇，也面临严峻的风险和挑战。如何抢抓新科技革命新机遇，把握科技革命主动权，成为航天科技工业发展的时代命题。

（一）历次科技革命概述

纵观人类科技发展的历史，自16世纪近现代科技发生发展以来500年里，数次的科学革命和技术革命为世界产业结构和经济发展方式带来根本性的改变，世界范围内的现代化逐步实现。从近代物理学的产生，到蒸汽革命的发展，到电气与运输革命的完成，再到相对论和量子论革命、电子信息革命，科学发展以技术为出发点，最终带来产业、经济、军事、文化等多方面的变革，实现了人类社会的物质财富、精神财富的不断丰富。

---

[1] 习近平. 在全国科技创新大会、两院院士大会、中国科协第九次全国代表大会上的讲话. 新华社通讯, 2016-05-30.
[2] 王渝生. 科技革命改变世界发展格局[J]. 领导科学论坛, 2018 (18): 79-96.

（1）科学革命的演进

所谓科学革命，主要是指科学理论、方法、思维方式等发生了巨大的突破进展[1]。早在18世纪中叶，就已经有一批学者关注了近代科学革命这一历史现象。到了19世纪，英国哲学家和历史学家休厄尔（William Whewell）明确提出"科学革命"一词，并开展了相关研究[2]。20世纪30年代，俄罗斯科学史家柯瓦雷（Alexandre Koyre）正式把"科学革命"一词引入科学史领域，并和英国历史学家巴特费尔德（Herbert Butterfield）、英国学者霍尔（Alfred R. Hall）等一起，把科学革命确立为科学史学科的重要概念[3]，使其在科学史的大图景中占据了极其重要的地位[4]。

科学革命发源于当前科学理论和认知与现实观察、科学实验之间的差异性，当这种差异无法被已有的科学理论解释，新的科学理论体系应运而生，科学革命即科学思想的飞跃得以完成。在现代化的发展过程中，重大科学革命往往带来认识论革命，为人类的世界观、价值观、发展观的变化创造物质条件，并为下一次的科学革命做好准备，循环往复，共同构成科学技术发展的螺旋式上升。

第一次科学革命发生于16～17世纪，范围覆盖天文、物理、生物等领域，实现了力学世界观和近代科学体系的构建，具体的代表性成果包括哥白尼《天体运行论》的"日心说"、伽利略的物理实验、牛顿的力学研究成果和数学研究成果等。

第二次科学革命发生于20世纪，范围覆盖物理学、生物学、心理学等领域，就时间、空间、物质、能量之间的关系进行了系统阐释，带来了新一轮的现代化发展。这一时期，以量子力学和相对论为代表的物理学革命，与随后的计算机科学、大爆炸等不同学科的相关理论，形成了现代科学体系的基

---

[1] 赵若玺，徐治立. 新科技革命会引发什么样的产业变革[J]. 人民论坛，2017（23）：79-81.
[2] Cohen I B. William Whewell and the Concept of Scientific Revolution[M]. Dordrecht：Springer Netherlands，1976.
[3] Osler M J. Revolution or Resurrection?[J]. Configurations，1999，7（1）：91-100.
[4] Orthia L A. What's Wrong with Talking About the Scientific Revolution? Applying Lessons from History of Science to Applied Fields of Science Studies [J]. Minerva，2016，54（3）：353-373.

本结构。

（2）技术革命的演进

技术革命主要指技术体系原理的根本性变革[①]。技术革命一方面来源于实践经验的理论性成果，另一方面来源于理论的创造性应用，在实践工具、实践方法、实践手段上得到创新和提升，实现人类生存发展能力上的跨越式发展，表现为劳动效率、劳动质量的显著提高，从而孕育出工业革命或产业变革。在现代化的过程中，技术革命推动社会生产力不断进步，影响范围覆盖多个领域，带来产业、经济、军事、社会、政治等多方面的剧烈变化。

18世纪，蒸汽机的发明和迅速普及，标志着拉开工业文明时代序幕的第一次技术革命的正式开启，从此人类对自然动力的使用发生改变，新的动力使用模式保证了社会化大生产和生产的机械化所需的动力来源。作为第一次技术革命中心的英国，逐步在纺织业、挖掘业、冶金业、机器制造业、运输业等行业完成工业体系建设。

19世纪，电力技术在第二次技术革命中得到充分发展，自此社会发展由蒸汽时代转变为电气时代，蒸汽机由代表更先进技术的内燃机和电动机所代替，作为燃料支撑的电力、石油、化工等行业作为新的产业种类出现并快速发展，自然资源和化石能源成为人类社会运行所需的主要能源，拉动社会生产力的再一次大幅度提升。

20世纪40年代以来，航空航天、电子信息、核科技等新兴技术的出现，表明第三次技术革命的发生，人类社会由此进入全球化、知识化、信息化、网络化的崭新时代。自第三次技术革命以来，电子产业、航天产业、生物产业等产业类型成为国民经济中不可或缺的部分，随着时间推移，越来越成为衡量一个国家经济水平、科技水平的重要判断标准。

21世纪以来，人类对自然、宇宙和生命的认识又面临新的跃升。物质结构、宇宙演化、生命起源、意识本质等一些重大基础性科学问题的原创性突破正在开辟前沿新方向。随着新科学革命的逐渐酝酿形成，科技发展呈现多

---

① 赵若玺，徐治立. 新科技革命会引发什么样的产业变革[J]. 人民论坛，2017（23）：79-81.

点突破、交叉汇聚的新趋势。以数字化、网络化、智能化为特征的信息技术，及新能源、新材料技术为代表的第四次技术革命也已呼之欲出，正在形成新的发展浪潮。

作为第一次技术革命的核心地区，英国率先完成工业革命，从工业生产占有率来看最高达到世界工业生产总值的40%以上。随后，新技术以英国为中心向欧洲其他地区以及美国辐射，工业化进程在上述地区得到实现。在第二次技术革命中，美国、德国、日本均成为新的工业化强国。第三次技术革命中，美国牢牢掌握技术革命机遇，凭借其科技实力完成新产品、新产业的塑造，不仅在经济上具有举足轻重的地位，同时在国际政治格局中占据优势，此外德国、法国等欧洲国家相继进入工业化成熟阶段，日本也实现了经济的快速发展。

（3）机遇和挑战

科技革命是科学革命与技术革命的总称①。从近代科学技术发展的历史脉络来看，科技革命对任何一个国家和民族都至关重要，抓住科技革命机遇的国家不仅能够实现经济的发展，更能通过经济实力的发展在国际社会掌握更多的话语权。率先应用蒸汽技术的英国、二战后掌握电子信息技术的美国，均说明了科技革命对国家发展的重要性。自第二次科学革命以来，"科学的沉寂"已经持续太长时间，人类对宇宙、生命的认识不断深化发展，为新一轮的科学革命做好了充分的准备。把握科学革命的时代发展机遇，实现社会生产结构的新一轮重塑，进入新的知识文明时代，对任何一个国家而言都至关重要。

在世界近代以来历次的科技革命中，我国均未能抓住历史机遇，以小农经济和封建统治制度为基础的清政府无法认识到第一次技术革命的重要性，未能把握世界发展潮流，造成我国科技在近代历史上的落后。鸦片战争以来，由于开明人士发起的洋务运动对近代科技缺乏深刻认识和社会制度等原因，我国再次错失第二次技术革命。随后，军阀混战、帝国主义入侵下的近

---

① 赵若玺，徐治立. 新科技革命会引发什么样的产业变革[J]. 人民论坛，2017（23）：79-81.

代中国更无法为现代科技发展提供必要的社会环境。

按照历史规律，科技的发展不断推动现代化进程，社会发展的每一次变革都受到新的科技成果的影响。科技为现代化源源不断地提供动力，从效率、质量等方面挖掘社会生产力提升的潜力，为人类社会创造更丰富的物质基础，为人类精神文明带来新的机遇。科技发展是中国创新发展的重要方面，科技的现代化对我国现代化进程具有决定性作用。

（二）历次科技革命的重要启示

（1）科技革命作为产业革命先导的趋势越来越明显

以科学为基础的技术进步与产业创新成为越来越重要的发展模式，科学、技术、产业一体化和技术成果向现实生产的转化也变得越来越快，这就使得科学革命、技术革命和产业变革在内容上和时间上都不再是分离的，而是时间上越来越相互重合，内容上相互融合难分彼此，表现出所谓的科学、技术、产业的大循环[①]。在人类社会发展的初期，钻木取火、利用工具等方式已经存在于日常生产生活之中，这就意味着技术的出现，但简单的技术并未得到理论上的升华和总结，因此可以简单归结为"有技术而无科学"。有迹可循的科学史可以追溯到古希腊时代，对科学的追求不仅反映出人类智力水平的自我提升，也反映出对于美好生活的向往，但遗憾的是，科学与技术之间的关系依旧是分离状态，科学和技术各自具有自身的价值需求，并按照独立的发展道路向前推进。从19世纪开始，科学与技术产生联系即科学的发展引领技术的提升，科学理论的发展为第二次产业革命中的新的技术形态在理论上做出支持，这是第一次产业革命和科技革命进程中所不具备的特点。随着时间推移，技术和科学之间的良性互动趋势越来越明显，二者之间的差异性正在弱化且"纠缠"更加明显。同时，科技革命引发了工业革命和产业革命，推动经济快速增长和重大转型，产业革命是科技革命的必然结果，而

---

① 杨沛霆，赵红洲，王兴成. 领导与科学[M]. 济南：山东人民出版社，1985.

新技术集群和重大需求是产业革命的先决条件，这从18世纪以来科技革命与产业革命的互动关系中可以明显看出。回顾科技发展史，从蒸汽时代到电力时代再到信息时代，每一次技术革命都催生了新的产业格局，造就出每个时代的新兴产业，使某些产业从无到有，从小到大，促进产业升级和产业格局的重大调整，产业化又创造了大量的技术需求，推动了科技革命向更广、更深的层次发展。人类社会就是在这一次次科技革命与产业革命中不断向前发展的。

（2）前一次科技革命为后一次科技革命做好准备

回顾数次科技革命可以发现，第一次技术革命以机械化为关键点，第二次技术革命引发第二次工业革命，完成蒸汽时代到电力时代电气化的跨越。第三次技术革命实现了电子信息技术和自动化技术的推广和普及，当这些技术运用于工业生产过程，大量的生产数据需要被记录、处理和分析。未来新的技术革命在第三次技术革命所带来的新的需求基础上，以人工智能、生物技术、人机一体化等方向为主要特征，将在数字技术的应用和普及方面持续发力。每一次科技革命都是在过去基础上，在更大规模、更深层次、更高水平上拓展和满足人类新需求，人类有了新的需求就会出现新的科技革命[1]。

（3）大约每80~120年，世界科技中心会发生一次转移

科技革命极大地改变了不同时期的世界战略格局，不断促进各个国家综合实力的相对变化。意大利是近代科技的第一个中心。16世纪初开始，由文艺复兴发端的科学革命，使得当时的意大利在天文、力学、数学、解剖、博物学等若干领域产生了巨大的突破。科技的发展推动了经济的发展，意大利的商业、航运业迅速发展，一举成为世界经济的中心。17世纪初，科学中心从意大利转移至了英国。纺织机械和蒸汽机技术引发的第一次工业革命，深刻改变了当时的生产和社会生活，英国进入了高度繁荣时期，牛顿、瓦特等大师应运而生，开辟了力学、化学、生理学等多个现代学科。18世纪中期到

---

[1] 张杰. 思考新的科技革命[OL]. http://www.aidchina.com.cn/yaowen/60122.htm.

19世纪中期,法国成为继英国之后近代科技的第三个中心,涌现出一大批著名的科学家,如数学家和力学家拉格朗日、数学家和天文学家拉普拉斯、数学家和物理学家傅里叶、数学家和物理学家泊松等。19世纪末20世纪初,近代科技的第四个中心转移到德国,涌现出一大批著名的科学家,如提出相对论的爱因斯坦,提出量子概念的普朗克,著名数学家雅可比、高斯,发现电学中的欧姆定律的物理学家欧姆,等等,德国开始引领科学的发展,只用了40年就完成了英国百年才完成的工业化过程。二战之后,世界科技的第五个中心逐步转移到美国。原子能、汽车、飞机和无线电技术等标志性技术在美国的出现,促使美国领先进行了第三次技术革命。20世纪70年代以来,以微电子技术和基因重组技术为特征,美国领导了一场世界范围的技术革命,形成了一个以信息技术为先导、产业技术为主导的包括新材料、新能源技术、空天技术和海洋技术等为内容的高技术体系。美国至今仍是全世界的科技中心,并还将维持一个相当长的时间。

(4)历次科技革命发生地均成为世界强国

科技强则国家强。近代以来抓住科技革命机遇的国家能够抢先占领科技高地,从而成为科技强国,凭借科技对经济的促进作用,实现综合国力的提升从而步入世界强国之列,英国、德国、日本、美国等国的发展均说明了这一点。可以认为,科技革命可能成为一个国家国际地位变化的重要原因,因此我国必须抓住新一轮的科技革命,为增强我国综合国力提供机遇。

(5)倡扬工业精神、追求品质卓越是强国崛起的必要条件

马克斯·韦伯在《新教伦理与资本主义精神》一书中,深刻洞见到,"每个历史时代都有它自己的'社会精神气质',包括人们的行为规范、价值目标、奋斗目的等心态。每个时代有它自己的特殊性质。"[1]纵观历次科技革命,工业精神对国家工业化进程和产业变革具有基础性、长期性、关键性的影响,是为工业化的实现提供深层次动力和支持的一种社会主导取向和共同

---

[1] 马克斯·韦伯. 新教伦理与资本主义精神[M]. 于晓,陈维纲,等译. 上海:上海三联书店,1987.

价值观。所谓工业精神，是人们在工业实践中形成的共同的信念、价值标准和行为规范的总称。工业精神是由工业的特性所决定并贯穿于工业实践活动中的精神状态、思维方式、价值标准，体现了工业发展的规律和文化特征。它一方面约束工业从业者的行为，是工业组织取得成功的保证，另一方面，又逐渐渗透到人们的意识深处，随着工业经济的发展而不断丰富和完善。其内涵主要包含以下几个方面。一是崇尚科学、追求真理，具有探寻自然规律、提高社会生产力的崇高使命感。毛泽东在谈及科技革命问题时，强调"要研究和掌握技术发展的规律，创造新的技术科学。"[1]"驾驭科技，为人类服务"是工业进化的真正含义。历次科技革命推动了工业化的历史进程，不断建立和完善了近现代科学技术体系，强化了科学技术在社会进步中的地位和作用。二是精益求精、勤奋敬业，对精密测量与制造有着不倦的追求。随着历次科技革命，制造技术和制造业不断走向注重细节、追求极致，走向定量化、标准化、精准化，以德国、日本为代表的工业强国均建立起非常重要且宝贵的精密科学传统，德国制造闻名遐迩。精密理念成为主流，得到了较好的遵循。计量、测试和仪器等精密专业学科也伴随着精密的需求进入快速发展阶段。精密制造、精密仪器成为强国的重要标志。三是强调社会分工协作，加强专业精神。亚当·斯密说过，"劳动生产力上最大的改进，以及在劳动生产力指向或应用的任何地方所体现的技能、熟练性和判断力的大部分，似乎都是分工的结果。"[2]工业革命促进了社会分工的专业化、精细化、契约化，工业化的本质是深度分工和深度合作。专业精神是现代工业文明的产物，更容易在集约化、规模化的组织内部形成更高的生存能力。

反思中国发展历程，由于我国没赶上近代以来的两次工业革命，全社会普遍缺少对专业化分工、标准化、精密制造、追求极致与精益求精等工业精神的深刻感知、认识和积淀。尽管我国社会中也在一直提倡"工匠精神"，但总体上对工业及工业文明的理解还体现着较浓厚的小农经济特点，反映出小农经济时代的某种思想遗存和价值观，对当代工业精神和整个社会化的工

---

[1] 建国以来重要文献选编（第13册）[M]. 北京：中央文献出版社，1996：218.
[2] 亚当·斯密. 国富论[M]. 唐日松译. 北京：华夏出版社，2004：7.

业文明的深层次认识还是不够,导致我国工业化发展存在一些短板和薄弱环节。不能简单地把工业精神理解为把一门技术(手艺)学好做好,而应该站在更广更深的维度认识和理解精密科技和工业精神。工业精神是推动当代工业化进程、推动工业文明的深层次动力和精神基础,需要予以高度重视。尤其是在当下我国从"跟跑"向"并跑""领跑"转变的关键时期,若要实现真正意义的引领,就需要产业界、科技界、教育界乃至全民族都在实践工业精神方面下功夫,在全社会鼓励崇尚科学、追求真理,注重细节、追求极致,加强定量化、标准化、精准化,倡导专业精神。

(6)做好专业和基础技术的提前布局,避免短期行为

回顾历次科技革命,都可发现那些能够实现领跑的国家都十分重视做好专业和基础技术的提前布局,为国家科技进步和创新做好深厚的积累,值得学习和借鉴。中兴事件等折射出了中国科技产业在基础技术方面的薄弱环节,我国许多领域基础能力相对不足,应引起国人高度关注和反思。加强基础和专业技术的提前布局,提前下真功夫尤为迫切和必要。需要避免短期行为,遵循技术创新的规律,做好长周期的技术布局和准备。我国航天科技工业在这方面有一些好的经验,如针对大系统有"动力先行"理念,针对分系统有"元器件先行"理念,针对共性基础技术有"材料先行"等理念,越是基础的越要先行。

聂荣臻在航天创建初期曾形象地说,"一家人过日子,少不得柴米油盐酱醋茶,这叫开门七件事,依我看,新型原材料、精密仪器仪表、大型设备就是办国防工业和尖端科学的柴米油盐酱醋茶。"[①]航天技术是复杂的系统工程,涉及众多学科,只有建立扎实的专业技术、基础研究的基础,具备足够的技术储备才能开展型号研制。聂荣臻曾把新型原材料、电子元器件、仪器仪表、精密机械、大型设备、测试技术、计量技术等比之为科研"开门七件事"[②],就集中体现了科技发展所需技术基础的重要内容,深刻而又富有远

---

① 聂荣臻. 聂荣臻回忆录(下)[M]. 北京:解放军出版社,1984:814.
② 段崴,绎章. 军工强国的新梦想——访国防科工局局长许达哲[J]. 国防科技工业,2014(3):11-14.

见。因此，基础技术储备是各国科技创新和发展重要的技术、物质基础构成，也是在科技革命中抢占先机的必要条件。

（三）新科技革命正在涌现的新特征

科技创新推动社会经济发展已成为各国共识，全球科技创新的战略竞争与体系竞争更趋激烈；高新技术融合渗透持续加速，推进产业技术体系整体演进和生产生活方式深刻变革；创新生态向大众化、网络化、社会化演变，科技创新呈现出前所未有的繁荣形态。从世界角度看，每一次的科技创新浪潮都将重新构建世界经济分布，从而拉动战略格局变化的序幕；从人类社会进步的角度看，科技为人类美好生活不断提供支撑。

"当前，新一轮科技革命和产业变革突飞猛进，科学研究范式正在发生深刻变革，学科交叉融合不断发展，科学技术和经济社会发展加速渗透融合。科技创新广度显著加大……科技创新深度显著加深，深空探测成为科技竞争的制高点，深海、深地探测为人类认识自然不断拓展新的视野。科技创新速度显著加快，以信息技术、人工智能为代表的新兴科技快速发展，大大拓展了时间、空间和人们认知范围，人类正在进入一个'人机物'三元融合的万物智能互联时代。生物科学基础研究和应用研究快速发展。科技创新精度显著加强，对生物大分子和基因的研究进入精准调控阶段，从认识生命、改造生命走向合成生命、设计生命，在给人类带来福祉的同时，也带来生命伦理的挑战。"[1]这是习近平总书记对新科技革命特征作出的准确判断。不同于传统的科技革命，当今世界所孕育的新科技革命出现了新的变化，表现为以下主要特征：

首先，科技创新广度显著加大。宏观世界大至天体运行、星系演化、宇宙起源，微观世界小至粒子结构、量子调控、基因编辑，都是当今世界科技发展的前沿。爱因斯坦也曾预言："未来科学的发展，无非是继续向宏观世

---

[1] 习近平. 在中国科学院第二十次院士大会、中国工程院第十五次院士大会、中国科协第十次全国代表大会上的讲话. 新华网, 2021-05-28.

界和微观世界进军。"①从宏观结构探究物质世界,一旦取得重大突破,就将使人类对宇宙的认识实现重大飞跃,可能引发新的物理学变革。从微观结构探究物质世界和生命的本质及运行活动规律,是世界科技前沿的另一个发展方向。科学技术的广度,深刻揭示了世界科技前沿不断向宏观拓展、向微观深入的趋势和特征,宏观和微观世界的科学研究成果,又会深刻影响和有力推动事关人类生存与发展的科技进步。

其次,科技创新深度显著加深。深空、深海、深地蕴藏了绝大部分的资源和能源,是维系万物生存的物质和能量基础,从而成为当前和未来必须面对的战略科技领域,这既是解决重大基础理论问题的需要,更是国家保证能源资源安全、扩展经济社会发展空间的重大需求。

再次,科技创新速度显著加快。在自动化和大数据技术的基础上,人工智能成为世界科技的前沿与决胜点。无论是信息的智能化处理,还是智能网络的构建,新科技革命一次又一次打破人类智力的边界,通过更高效、更准确的算法等提升人类的实现能力。要把握数字化、网络化、智能化融合发展的契机,以信息化、智能化为杠杆培育新动能,优先培育和大力发展一批战略性新兴产业集群,推进互联网、大数据、人工智能与实体经济深度融合,推动制造业产业模式和企业形态根本性转变,促进我国产业迈向全球价值链中高端。

最后,科技创新精度显著加强。"精度"的意义在于,它既是科技创新的目标,也是科技创新质量的标尺,"中国精度"实质上是创新的结果,更是不断追求创新的号角。

(四)新科技革命与航天科技发展的关系

航天是当今世界最具挑战和广泛带动性的重要前沿领域之一。航天事业的发展,既是国家综合国力的体现,又是大国地位的重要标志。航天发展至

---

① 孙丽琳,吴季. 空间科学对国家科技、经济与社会发展的作用[J]. 中国科学院院刊,2015(6):733-739.

今，对世界的深远影响无须赘述，它从根本上改变了人类的生产生活方式，而这一影响还将更加深远。截至目前，全球具备航天发射能力的国家共有12个，拥有自己卫星的国家共有50多个。从1957年，苏联卫星号运载火箭携带世界上第一颗人造卫星在拜科努尔航天发射场发射成功，到今天，先后有近9000颗卫星发射升空。根据美国Union of Concerned Scientists在轨卫星数据库（UCS Satellite Database）提供的资料，截至2020年4月，全球共有2665颗在轨卫星，几乎全球所有国家都在使用空间服务（主要国家在轨卫星数量及首次发射情况见表7-2）。60多年来，航天在促进人类文明进步和科技发展方面展示出了超乎寻常的引领作用，同时，在保障国家安全、维护国家权益和促进全球各国经济、社会可持续发展中也发挥了重要作用。

表7-2　主要国家在轨卫星数量及首次发射情况[①]（截至2020年4月）

国家	首次发射年份	第一颗卫星	在轨运行的有效载荷数量
美国	1958年	Explorer 1	1307
中国	1970年	Dong Fang Hong I	356
苏联/俄罗斯	1957年	Sputnik 1	167
英国	1962年	Ariel 1	130
日本	1970年	Ohsumi	78
印度	1975年	Aryabhata	58

从古至今，太空对人类的意义非凡，从古代的天宫畅想到现在的火星探测，人类对太空的探索从未止步，航天发展前景广阔。当前，新一轮科技革命和产业变革突飞猛进，科学研究范式正在发生深刻变革，学科交叉融合不断发展，科学技术和经济社会发展加速渗透融合。航天科技的发展与科技革命紧密相关。在新一轮技术革命中，航天科技的发展将在国家科技发展中占据重要位置。2016年两院院士大会上，习近平总书记深刻指出，必须推动空间科学、空间技术、空间应用全面发展。这为中国航天事业的发展指明了方向。我国要努力在航天科技领域实现跨越式发展，力争引领世界航天发展新方向，掌握新一轮全球科技竞争的战略主动权。

---

① 美国Union of Concerned Scientists在轨卫星数据库（UCS Satellite Database）。

（1）航天科技是未来战略必争领域，空间战略资源竞争日趋激烈

随着空间技术的不断发展和空间资源的有序开发利用，空间的战略地位日益突出，空间安全在保障国家战略安全中的作用日益突出，已成为国家安全体系的重要组成部分。随着空间信息技术在地面战场应用范围的扩大，外层空间及其控制一定程度上决定着制信息权，空间控制在现代化战争中的战略意义日益凸显。在科技发展日新月异的今天，世界军事竞争激烈程度有增无减，以信息化主导，特别是依托空间信息资源的新军事变革正在向纵深推进，在太空军事化进程明显加快、空间安全形势日益严峻的今天，夺取制天权和制信息权已成为夺取现代化战争主动权的首要条件。世界主要国家正在加快发展太空军事力量，围绕太空安全领域的较量持续升温。世界新军事变革更加强调科技要素的战略作用，各国不断加强军事航天力量，以网络为中心、信息为主导、体系为支撑[1]，在陆、海、空、天、网、电、认知等全域进行的体系对抗，智能较量成为主要作战样式的发展趋势，多域战、分布式作战、电磁频谱战等新作战概念不断涌现，武器装备远程精细化、隐身化、智能化、无人化趋势更加明显。

世界加快发展太空军事力量的同时，各国航天器数量的增加和对空间需求的争夺，将会导致空间轨位和频道频率日益紧张，在地球静止轨道轨位资源以及通信导航频率资源争夺方面显得尤为激烈，空间轨道革命酝酿发酵，国际太空发展将会出现"拥挤、竞争、合作"的新常态。航天器发射频率的提升与太空碎片的增加呈现正相关变动，日益增多的空间碎片对在轨航天器的安全运行构成现实性严重威胁，航天器损伤或发生灾难性失效的事件频发。此外，防御小行星撞击地球问题，也是国际航天业界面临的主要技术挑战之一，这类可能导致人类灭绝的潜在威胁与国家安全甚至地球安全密切相关，是大国必争的战略和技术制高点[2]。小行星撞击地球事件并不是仅存在于科幻片中的场景，已多次导致地球环境灾变甚至物种消失。在航天技术日

---

① 欧健, 付东. 面向体系对抗的认知电子战发展趋势探析[J]. 军事运筹与系统工程, 2019（1）.
② 龚自正, 李明, 陈川, 等. 小行星监测预警、安全防御和资源利用的前沿科学问题及关键技术[J]. 科学通报, 2020, 65（5）: 346-372.

臻进步的今天，防止这种小概率但毁灭性严重的灾难也是航天强国的战略任务。同时，小行星也蕴含着潜在资源，近地小行星正逐步成为人类探索地球以外资源的可选项。大航天时代，行星资源的深度开发必将引领、带动和催生地月经济圈、地外天体开采、太空制造等航天经济全产业链的发展，开启航天新时代。

（2）新一轮科技革命将推动航天技术发生变革

航天科技包含着人类对未知领域的深层探索，包含着对高科技产品质量的孜孜追求，代表着高新技术发展的方向，是一个国家经济社会发展和科技进步的重要推动力量，航天科技的发展必将引领、带动、辐射整个国家的科技发展。

新时期，新科技革命的纵深发展为航天技术的跨越式发展带来了更多机会，对航天技术的发展起到了催化作用。在可预见的未来，通过实施重大航天计划，在牵引先进运载火箭、航天器、有效载荷、测控通信等航天技术进步的同时，还将带动我国精密制造、自动控制、人工智能、计算机、微电子、新材料、新能源等现代信息技术、先进工业技术等的全面发展，使空间技术在国家战略高技术领域率先突破，形成一大批具有自主知识产权的原创成果，大幅提升我国航天材料、动力、制造工艺等工业基础能力水平，提升我国科技自主创新能力。

新科技革命发展也为航天促进基础科学等多学科进步创造了更多条件：新科技革命发展将进一步带动学科间的交叉融合与系统集成，推动地球科学、空间科学、天文学以及空间生物学、空间医学等基础学科的发展，催生我国比较行星学、太阳系演化等一批新兴学科，引领我国在空间科学前沿探索和基础性研究等重点领域进入世界先进行列，形成引领世界航天发展的原创性科学成果，努力成为世界航天领域主要创新高地。

（3）新科技革命驱动航天产业高速发展，未来增长前景十分广阔

促进航天与其他国民经济产业跨界融合和蓬勃发展，将会成为国家发展

的新动能,助力我国经济结构调整和转型升级。一方面,航天技术具有先导性和高度综合性等典型特点,它的发展将有力地推动高新技术及相关产业的发展,推动产业结构升级,并有效促进区域协调;另一方面,航天技术转化应用推动经济社会发展,实现技术的倍增和溢出效应,呈现出基础性、强关联性、高促进性和高增长性的特征。航天产业通过自身的经济活动,对关联产业上下游形成需求牵引以及对整个产业群产生引致消费效应,形成由航天产业到国民经济的"自下而上、逐级放大"价值贡献机制,直接经济贡献显而易见。

当今时代,航天产业已经成为世界经济增长的新动能。近十年,世界航天产业经济规模稳步提升,复合增长率达到6.4%,远高于全球经济增速。按美国航天基金会的统计口径,2018年世界航天产业经济的总规模达到4147.5亿美元,同比增长8.1%,并继续保持增长态势[1]。航天技术不断从科学和军事应用拓展到民用和商用,更广泛和深入地服务经济社会发展,应用于国计民生,并拓展到解决人类面临的全球性问题。以航天技术应用为核心的航天产业正在成为重要的新兴经济业态,航天产业的发展正在迎来一个美好的时代。

当前世界主要航天国家和组织都在大力推进商业航天发展,其业务范围正在从传统的商业卫星发射、商业卫星应用,向新兴领域拓展。一是不断提升空间活动范围,由近地轨道向深空拓展;二是商业航天业务正在由无人向有人领域跨域;三是正在向军事应用不断迈进;四是逐步开展太空旅游、太空采矿等新型空间活动。商业航天发展势头迅猛,新商业模式不断涌现。按美国航天基金会的统计口径,2018年全球商业航天收入约为3288.6亿美元,占全球航天总收入的79.3%[1]。目前,商业航天已成为航天产业发展不可逆转的趋势,国际商业航天发展迅猛,在空间运输、卫星遥感等方面商业化进展显著,涌现了以SpaceX、Orbital Sciences、Digital Globe为代表的一批商业航天公司,以及以猎鹰火箭、龙飞船等为代表的全新商业产品及配套服务。

---

[1] 美国航天基金会《2019年航天报告》。

（4）发展航天技术给人类社会生产和生活带来美好前景

民用空间基础设施及其地面应用系统为国民经济与社会的发展提供了所需的高技术支撑，极大地促进了农业、城市管理、交通、商业、服务业等行业的快速发展。随着地球资源的过度使用和环境约束的限制，航天技术能够有效提升现有地球资源的开发效率，特别是随着科技的发展，对空间资源的开发和利用将成为未来人类生存和发展的主要趋势，从而改善和扩大人类的生存空间和环境。2020年9月，中国在联合国大会上向世界宣布了2030年前实现碳达峰、2060年前实现碳中和的目标，应当从监测、评估以及科技引领等方向上发挥航天科技在碳达峰、碳中和等的战略支撑作用，为实现碳达峰、碳中和目标作出航天贡献。

航天服务的应用领域和类型不断拓展与更新。该领域的主要经济活动包括卫星广播、卫星通信、商业遥感服务、导航定位与授时服务等。其中卫星广播中的卫星电视直播、卫星音频广播以及导航定位与授时是排名前三位的服务类型。在传统航天服务的基础上，商业航天服务一是向载人航天发展，承接以前只有政府的火箭和飞船才能完成的载人航天任务；二是向商业月球和小行星资源勘察、开发与利用领域延伸；三是向在轨推进剂加注等新兴服务领域拓展。

卫星应用进入精细化、定量化、定制化、智能化发展阶段。当前，卫星通信发展潜力巨大。随着激光通信以及星上路由器等技术不断发展成熟，卫星通信的容量将进一步提高。卫星光通信和高频通信技术向小型化应用发展，将进一步拓展微小卫星的通信应用领域，提升数据传输速率和信息安全性。随着宽带多媒体卫星通信需求不断增长，C、Ku、Ka等频段卫星频率资源日益紧张，研究更高频段在卫星通信中的应用成为趋势。宽带互联网、移动互联网等新兴业务加速发展，对卫星通信板块需求持续增长。随着卫星超高通量技术的更新迭代，卫星通信将具备更高性价比。

导航定位卫星系统建设持续完善，导航卫星系统关键技术创新显著。主要航天国家还在加紧新技术攻关，抢占未来导航卫星技术制高点，推动全数字导航载荷、脉冲星导航、光原子钟、脉冲星时间同步系统、激光精确测轨、导航卫星小型化等技术取得较大进展，进而推动导航系统升级和创新发展。目前，全球卫星导航系统应用主要分为道路交通服务、位置信息服务和其他服务三个方面，前两者占据卫星导航产业核心应用规模90%以上。卫星导航等卫星应用产业和大数据、云计算、物联网等交叉融合发展，促进了时空信息服务创新，将带来新的经济增长点。融合物联网、大数据、增强现实、智慧城市和智慧物流等技术，使得卫星导航成为当前在室外环境的时空信息来源中成本最低和性能最优的方案。美国、俄罗斯和欧洲等正积极地从系统运控、导航载荷以及系统架构等方面开展下一代关键技术布局，未来导航卫星系统有望出现新的变革，具备更大的信号发射功率，具有更长的工作寿命，抗扰能力更强，推动天基定位、导航与授时能力产生质的提升。

随着对地观测数据的质量和精度不断提升，定量遥感技术稳步发展，在数据处理及信息提取中，重视对地观测标准产品的生产，为精细化应用提供可能，如国外利用多源的遥感数据，开展了城市规划与管理、潜在地质灾害的预警等精细化与定量化应用。随着应用业务的不断拓展、应用方式的不断变化，面向大众的遥感应用开始发展，同时，也为特殊用户创造了提供定制化产品的可能。另外，国外在海洋遥感应用方面，开展了智能化海洋目标提取应用，有效应用于海洋目标监视应用。随着航天技术的发展，对地观测业务的服务模式从简单的提供二维图像向更加复杂的数据分析转化，通过利用人工智能等新兴技术，这一业务模式的转变将颠覆传统卫星的业务模式，数据驱动将成为新的发展方向。

（五）把握新一轮科技革命机遇的战略思考

当前，世界新一轮科技革命正呼之欲出，科学技术发展的同时，也孕育着新的突破和创新，持续培育着发展新技术的新动能。面向未来，人类探索宇宙的脚步不会停歇，科学技术的发展不会止步，我国必须努力把握新一轮科技革命机遇，全面提升我国进入空间、利用空间、探索空间和控制空间的能力。

（1）新科技革命呈现多点突破、群体性突破的态势，航天进入群体性突破的创新集聚时代

科学技术的突破和创新越来越依赖于交叉学科。科学技术的进步日新月异，基础学科之间、基础学科和应用学科之间、不同领域和专业之间的科学技术加速交叉融合的趋势日益明显，重大科学发现和新兴学科不断涌现，世界科技正在孕育群体性集聚突破。随着先进动力、先进制造、先进材料等新技术与航天科技的日益融合，航天领域涌现出一大批新概念、新技术，航天科技进入了前所未有的创新集群新时代。新一轮科技革命开启了航天科技在认知、信息、电子、通信、材料、制造、能源/电力等基础技术领域的群体性突破发展，为航天科技的革命性突破孕育了重大机遇，对航天发展提出新要求。

（2）新科技革命推动航天科技及应用不断向数字化、网络化、智能化迈进，人工智能在航天科技领域的应用成为重要趋势之一

信息技术各领域加速创新与融合集成，先进计算、高速互联、高端存储、智能感知等核心技术加速创新，感知、传输、存储、计算等关键环节的先进技术加速融合，传感与网络的智能化、存储与计算的网络化深入发展，技术红利倍增释放。随着互联网的普及、传感网的渗透和大数据的涌现，人工智能技术已经迅速从基于逻辑推理、概率统计的传统范式转变为大数据驱动的新范式，从而进入了新一轮发展高潮期。伴随着新理论、新器件的突破，计算能力的突飞猛进、软件技术的长足进步，全方位、立体化、智能化的探测、控制与通信网络等技术加速发展，推动航天科技及应用不断向数字化、网络化、智能化迈进，获得更强大的认知能力和更广泛的智能化服务。

新一代人工智能的迅猛发展，为空间飞行器智能自主能力的提升，提供了丰富的技术储备。为了抢占未来太空战略竞争的制高点，各航天大国也纷

纷加大了对智能技术方面的投入。航天器智能感知方面，信息高效获取和多源数据融合技术，空间环境下的目标分割、分类、定位和跟踪技术，目标行为属性判断与空间场景理解技术等是未来的发展重点。空间飞行器的多任务决策、时序编排、轨迹规划，其本质是一个多约束条件下的寻优过程，针对智能自主决策和规划，单星多约束快速优化、空间操作任务决策与轨迹规划成为发展重点。在机器学习和智能操控方面，复杂飞行器/组合体的运动控制、与环境接触交互作用和面向多任务的操作学习等是未来研究的重点之一。此外，人工智能技术能够通过多层结构对数据进行表征学习，可以有效解决空间飞行器的故障预警、诊断以及寿命预测问题，有效提升航天智能健康管理水平。面向未来，人工智能技术与机器人技术加速融合，更多先进的传感器技术将使机器有更强的感知能力，先进的认知计算将极大地提高机器分析和决策能力，灵活的机器人末端执行器将大大提高机器人的应用范围。

展望未来，量子信息、微纳电子、太赫兹、定向能、超材料等前沿新技术必将成为研究热点，这些新技术在航天及军事领域展现出巨大的应用潜力，已成为各国军备竞争中夺取制高点的核心关键，这些新技术与人工智能、大数据等技术相融合，其应用范围也会越来越深入和广泛，并将引领和带动航天科技新的发展浪潮。

（3）新科技革命为航天制造的变革和突破带来契机

航天装备研制具有性能先进、结构复杂、研制周期长和研制经费昂贵等一系列特点，对技术、工艺、试验能力都提出了更高的要求。随着航天科技工业的飞速发展，高效率、多功能、自动化、低成本的精密、超精密加工技术及设备将成为未来航天发展的重点，航天制造涌现出对精密零件制造技术的旺盛需求。高效数控技术及设备越来越成为航天产业重要的工艺技术，复合加工装备和技术、空间在轨装配和增材制造（3D打印）技术将获得广泛重视，一批新的变革性制造工艺和技术不断涌现，在航天各个领域将得到广泛应用，为航天产品质量、生产效率的提高，以及生产周期的缩短、生产成本的降低提供保障。机、电、热、磁和网络一体化多功能复合材料和结构是航天结构发展的主要趋势，同时兼顾自诊断、自适应、自修复等功能，在未来航天产品领域具有广阔的应用前景。整体成形技术仍将受到重视，随着科学技术水平的进步，整体成形产品精度将越来越高，或将成为替代传统加工手段的重要方式之一。

作为新一轮科技革命和产业变革的关键力量，信息化技术在航天制造全过程的作用越来越重要，数字化、智能化、柔性化成为航天制造技术的重要发展方向。先进连接技术种类增多，技术性能逐步完善，连接装备水平不断改进和智能化，将有效提升航天产品的质量和可靠性。纳米表面工程技术向工程化应用方向迈进，表面防护与改性技术向自动化、智能化、绿色化方向发展。复合材料应用水平继续提高，制造工艺不断创新，性能不断提升，成本不断下降。自动化、数字化加工制造技术将成为复合材料高效制造技术的主要发展方向。工业物联网技术将提升生产过程管控能力。数字孪生技术将成为航天数字化智能化转型的战略重点。航天装备将进一步向大型化和微型化两极发展，以满足不同的制造需求，航天装备极端制造的特征越来越明显。

与此同时，空间制造将提上日程，太空环境成为技术发展的重要考量。一方面，可利用空间自然环境的特殊条件，使生产的产品呈现出地面制造的产品难以具备或比地面制造产品更好的性能；另一方面，考虑到太空探索活动的局限性，把制造设备运送到空间，然后在空间原位制造出大型空间组件，从而有效降低发射运输成本，将是未来航天制造领域的重点发展方向。

（4）新科技革命为空天地信息一体化建设发展、全面互联互通创造条件，高度交互与融合成为空间技术发展的主要趋势之一

在当今信息时代，信息系统的互联互通、信息的顺畅传输与智能分布式处理成为必需，要求天基的航天器系统与地面信息系统实现互联互通，并高度交互和融合。

卫星遥感领域，时空信息获取的天地一体化与全球化，时空信息处理加工的自动化、智能化与实时化，时空信息管理和分发的网格化，时空信息服务的大众化等需求，不断地推动着对地观测卫星系统与其他观测系统的设计一体化、部署一体化和应用一体化。除设计思想与设计方案天地融合外，天基信息与地基信息在地面高度融合的趋势更为凸显。

在通信卫星领域，天地一体化设计趋势更为明显。卫星通信正在向高低轨混合组网、星地融合以及规模大、应用广、成本低等方向发展，覆盖陆海空天及人类生活。移动互联等技术不断应用到卫星通信网络，地面网络资源优势和卫星网络覆盖优势进一步结合，卫星通信网和地面互联网、移动通信网融合形成星地一体化的信息通信网络。不同轨道卫星实现混合组网，通信调度和业务保障更加便捷，差异化、个性化服务能力明显增强，更好地适应区域增强、快速响应、立体化通信服务保障等应用需求，从而提供面向移动用户的可靠通信、面向海量用户的广域物联网服务。

由于小卫星技术的重大进步，低轨大规模小卫星星座在全球通信、遥感等一系列应用领域中将发挥巨大作用，低轨道大规模开发利用的"轨道革命"正在发生。面向未来，发展大规模低轨卫星星座，将是实现弹性化空间体系转型的重要力量，是加快航天应用转型的重要推手，也是推动航天科研生产模式转型的重要突破口。

（5）人类重大科学发现将越来越多地诞生于空间科学领域，深空探测成为科技竞争的制高点

未来，空间探测活动将持续保持热度，探测目标重点集中在月球、火星和小天体，兼顾火星、金星、木星等太阳系其他天体，任务类型更加复杂，并向载人探测方向发展。月球探测以月球资源、能源和特殊环境利用以及通过月球向更远深空探测为目标，未来将重点探测月球表面、极地以及水资源和各类矿藏，从而为月球基地的建设做准备。火星探测将重点探测生命信息以及宜居性，为载人火星探测做准备和奠定技术基础。小天体探测将关注科学、资源利用以及地球防护方面，同时作为空间探测技术能力发展和储备的重要试验场，重点研究其保留的太阳系原始物质，以及开展小行星撞击预警和防护研究。开展深空探测活动正在由技术驱动和科学牵引并举逐步发展到以科学引领为主、牵引技术进步的阶段，从而加深对宇宙的认知、拓展人类

的活动空间，进一步揭示宇宙奥秘与生命起源、了解并保护地球。重大科学发现将越来越多地诞生于空间科学领域，人类的生存发展将越来越大地依赖于空间科学研究和技术创新成果。

深空探测是人类探索未知、探究前沿科学的重要举措，是促进航天科技跨越、维护国家安全利益、促进人类文明进步的重要手段。深空探测不只是单纯的科学或技术活动，而且承载着多重使命：在科学上，它直面宇宙和生命起源这一类最基本、最前沿的问题；在技术上，它引领发展尖端技术；在发展战略上，它体现国家意志，谋求的是国家综合优势。美、俄、欧、日等竞相开展无人和载人深空探测活动，深空领域的探索、开发和利用，正成为世界主要国家未来发展的战略取向。作为国家战略的重要组成部分，各国都将在较长的时间跨度上统筹规划、合理安排并保持稳定投入，以月球为首选，积极构建能力体系、突破关键技术，不断向火星等更加深远空间迈进。伴随技术的进步，人类探索未知、到达更远目标的渴望和可行性随之加强，利用太空、服务国家安全发展的需求也更为迫切。

第 3 节　新型举国体制与科技创新

现代科学技术创新发展的规模越来越大，各领域的联系越来越紧密和复杂，要求各国必须有能力更好地组织本国的科学技术力量。大科学时代更加依赖多学科、多团队协同，科研、生产、市场转化过程一体化现象明显，国家成为科技创新的重要组织者。当前，在新的国内外形势下，健全和发展新型举国体制有着迫切的现实需要，对我国的科技发展和国家安全有着特别重要的作用。

（一）科技举国体制的历史演变

20 世纪世界大科学的发展，与军事技术有着十分密切的关系。战争，特别是世界大战改变了世界，也加速推动了科学凸显其巨大威力。坦克的出现、飞机的应用及原子弹的武器装备化，不仅改变了作战模式和战略观念，还改变了科学技术的发展样式，以及科学技术在人类心目中的形象——循规蹈矩的内敛型小科学变成了汪洋恣肆的发散型大科学：科学，突破了象牙塔的重围，进入了公众的生活；从科技精英的视野中走出来，成为大众关注的焦点；科学家也从实验室里走出来，与整个社会开始了影响空前的互动。"大科学"产生于20世纪40年代，相比于"小科学"来讲，规模更加庞大，涉及范围更加广泛，跨学科合作效应明显。现代科学，还是以"大科学"为主，比如著名的曼哈顿工程（Manhattan Project）、阿波罗计划（Apollo Program）等[①]。

1942年，美国陆军部聚集了数千名科学家、工程师和技术研究人员，在新墨西哥州的洛斯-阿拉莫斯秘密研制原子弹，亦称曼哈顿计划。当时，世界上最优秀的核科学家都汇聚于此，超过10万人参与到这项工程中来，高峰时期达到了13万人。而该工程的投入也相当巨大，三年内投入经费达20亿美元，大大超出预算范围，产生了不小的震动。所以温伯格才会称其为"大尺度科学"，进而推动了学术界开始深入研究"大科学"的组织运行模式。

1945年7月16日，世界上第一次核爆炸试验成功，这是曼哈顿工程的重大成果，既昭示了这个计划的成功，也推动全球的科技向前迈进了一大步。曼哈顿工程是20世纪科学发展的转折点，它不仅仅研制出了影响世界进程的原子弹，而且还加速推动科学研究的模式发生显著变化，促使科学研究的重要性日益凸显，曾参与曼哈顿工程的诺贝尔奖获得者见表7-3，从此之后，科学研究逐渐成为影响国家综合实力的关键因素，其政治地位和社会地位也越来越重要，而由国家主导的"大科学"组织形式也应运而生。

---

① 辞海（上）[M]. 上海：上海辞书出版社，1989：1658.

表7-3　曾参与曼哈顿工程的诺贝尔奖获得者一览①

曾参与曼哈顿工程的诺贝尔奖获得者	1940年时年龄	获奖年份及类别	主要研究方向
玻尔（Niels Bohr）	55	1922年度物理奖	量子力学、核物理
弗兰克（James Franck）	58	1925年度物理奖	光化学、核物理
康普顿（Authur Holly Compton）	48	1927年度物理奖	X射线、宇宙射线
尤里（Harold Clayton Urey）	47	1934年度化学奖	同位素、宇宙化学、地球化学
查德威克（James Chadwick）	49	1935年度物理奖	核物理
安德森（Carldavid Anderson）	35	1936年度物理奖	X射线、宇宙射线
费米（Enrico Fermi）	39	1938年度物理奖	理论核物理、实验核物理
劳伦斯（Ernest Orlando Lawrence）	39	1939年度物理奖	核物理、回旋加速器
拉比（Isidor Isaac Rabi）	42	1944年度物理奖	核物理、量子力学、分子光谱
科克罗夫特（John Douglas Cockcroft）	43	1951年度物理奖	实验核物理
麦克米伦（Edwin Mattison McMillan）	33	1951年度化学奖	超铀元素、同步回旋加速器
西博格（Glenn Thedore Seaborg）	28	1951年度化学奖	核科学、超铀元素
布洛赫（Felix Bloch）	35	1952年度物理奖	核磁学、磁学
塞格雷（Emilio Gino Segrè）	35	1959年度物理奖	核物理、原子物理
张伯伦（Owen Chamberlain）	20	1959年度物理奖	核物理、原子物理
利比（Willard Frank Libby）	32	1960年度化学奖	同位素应用
维格纳（Eugene Paul Wigner）	38	1963年度物理奖	量子力学、核物理
费曼（Richard Phillips Feynman）	22	1965年度物理奖	量子动力学、核物理
施温格（Julian Seymour Schwinger）	22	1965年度物理奖	量子动力学
马利肯（Robert Sanderson Mulliken）	44	1966年度化学奖	分子电子光谱、同位素分离
贝蒂（Hans Albrecht Bethe）	34	1967年度物理奖	核物理、量子力学
阿尔瓦雷兹（Luis Walter Alvarez）	29	1968年度物理奖	高能物理、核物理

为了与苏联争夺太空优势，美国奋起直追。1961年起，美国总统约翰·肯尼迪任期内实施了阿波罗计划，并于1969年7月成功实现人类登月。阿波罗计划的主要任务是探索地外星体月球，实现载人登月及月球考察活动，为未来的深空载人飞行探测打下基础。阿波罗计划历时11年，其间实现

---

① 刘戟锋，刘艳琼，谢海燕．两弹一星工程与大科学[M]．济南：山东教育出版社，2004．

6次登月，耗资约250亿美元（相当于2016年的1070亿美元），占联邦政府1965年预算的5%。当时，有2万多家企业和制造商、200多所大学、80多个科研机构、3.6万多名航天局工作人员参与了该计划，加上宇宙飞船、火箭以及仪器设备等的承造商，总人数近40万。阿波罗计划是世界航天史上的一次史无前例的"大科学"活动，它的成功极大地提升了美国的整体国家实力，使美国一跃成为最强的航天大国[①]。

为这个前所未有的空间计划的圆满实现，美国研制了"水星"、"双子星座"和"阿波罗"三种宇宙飞船，共有"阿波罗"11、12、14、15、16和17号6艘宇宙飞船实施了登月计划。先后12名美国航天员登上月球，完成了月球漫步等活动，总计80小时，带回月球岩土标本近400千克，获得了15 000米长的关于月球的拍摄胶片。

阿波罗计划的意义无疑是重大的。一直以来，人们向往探索地球以外的星球，而此次计划无疑实现了人类的梦想。从科学意义上来讲，阿波罗计划的成功，为人类的空间科学进一步发展和地外星球物质的研究提供了实际可能。科技界一致认为，阿波罗计划彻底改变了人类对月球的认识，深刻地影响了人类对宇宙空间的科学研究。欧洲空间局（ESA）负责"Smart-1"探测器计划的科研组长说："月球就像一部书，我们从中可以读到地球环境演变的历史，特别是陨星撞击地球的历史。"[②] 阿波罗计划还有显著的军事意义和经济意义，它不仅使美国实现了赶超苏联的政治目的，同时衍生出了大约3000项应用技术成果。

从规模和投入来看，曼哈顿工程和阿波罗计划无疑是典型的大科学。比起曼哈顿工程，阿波罗计划甚至可以称之为"巨科学"。曼哈顿工程和阿波罗计划之所以取得了成功，原因是多方面的，如计划性、科学性与灵活性。它们的成功除了得益于周密、科学的计划外，还在于它们没有完全依赖于计划，而是充分体现了灵活性。只有使计划性与灵活性相结合，采取卡尔·波普尔（Carl Popper）所说的渐进工程或者"试错法"才能取得成功。

---

① 樊春良. 美国技术政策的演变[J]. 中国科学院院刊，2020（8）：1008-1017.
② 吴沅. 探月工程——人类探月为得月[M]. 上海：上海科学技术文献出版社，2017.

人类基因组计划（Human Genome Project，HGP）旨在绘制人类基因组的图谱并破译人类遗传信息。该计划也是一项"大科学"工程，需要跨国家、跨学科的联合科学探索，包括中国在内的18个国家的科学家参与。其规模可以媲美曼哈顿工程、阿波罗计划，又被誉为"生命科学的阿波罗计划"。截止到2003年4月，人类基因组计划的测序工作已经成功完成。

基因组计划的实施和完成，对于生物学和医学领域的基础研究、应用研究和开发研究有着不言而喻的重要意义。基于基因研究的特殊性，该项目的开展将极大地促进生命科学领域的基础研究发展，更重要的是，这项计划可能从根本上改变未来生命科学研究的思想和方法。与此同时，科学家可以通过对比不同生物的基因序列，从生命遗传、发育等角度探讨生命进化的历程，解释生物学的诸多问题。基因组计划还能够带动动植物基因组的研究，基因组计划促使生命科学与信息科学间跨学科相结合，创造性地发展出生物信息学、计算生物学等交叉学科。此外，基因组计划对于促进民族学、人类学、考古学、文化学等社会科学的研究亦具有重要作用。例如，通过对民族和隔离群基因组的保存和研究，能够更加清晰地认识不同种族和民族人类的起源，并从分子生物的角度获得相应的证据。

基因组计划具有不同于以往大科学的新特点，如从大竞争到大协作、从大规模到大联合、从大集权到大民主，它不仅继承了曼哈顿工程、阿波罗计划等传统大科学工程的大规模投资、多学科合作、多团队参与的特点，还有效打破了国家之间的利益分歧，充分强调合作和共享的精神。这是人类历史上首次不同国家的科学家在没有利益纠纷的基础上共同努力打造的一项全新的科学成果。尽管从科学和经济等价值来看，基因组计划并不比曼哈顿工程和阿波罗计划更值得称道，但基因组计划仍然值得高度评价，因为它具有巨大的社会和文化价值，它向世人展现了一种前所未有的大科学精神，这就是公开、民主、平等、合作，以及对个人与社会的高度负责。

（二）我国科技举国体制的建立以及在航天工程中的实践和发展

"两弹一星"工程是中国"大科学"计划的典型案例。在"两弹一星"

研制之初，中国的综合国力、科研实力十分薄弱，如1958年上马的人造卫星工程就不得不停下。在原子弹研制取得了初步成果，即将进入下一步攻关时，我国又进入了三年困难时期。可以说，如果没有全国一盘棋，没有高度集中的资源配置和统一安排，没有全国各部门、各单位的技术和后勤保障，没有全国各行各业人们的默默奉献，"两弹一星"工程不可能那么迅速地取得骄人成就。而当"两弹一星"工程取得一系列成果、继续向前发展时，"文化大革命"又人为地制造了许多干扰，阻碍着"两弹一星"研制进程，但是研制工作仍然在曲折中前进。总体而言，"两弹一星"工程任务的研发环境错综复杂，经济支持能力不足。在这样严峻的条件下，这一任务的成功归根结底还是由于倾全国之力，党政军各部门调动所有相关科研、技术和生产力量，集中全国大量的人力、财力等服务于该项目的实施，其研制成功是建立在动员全国几乎所有需要的部门和众多单位齐心协力协同攻关的基础上的。

经过多重的选拔和抽调，中共中央从全国各地的各部门、各单位选拔了一大批科研人才，组建了原子弹、导弹研制的队伍[①]。在分配大学应届毕业生时，首先考虑满足国防科研、国防工业方面的需要。为了"两弹一星"的成功研制，一大批拔尖的优秀人才从全国各地集中在一起。就整个"两弹一星"工程而言，其科技力量状况可以通过23位"两弹一星功勋奖章"获得者的基本情况来大体反映（参见本书第5章）。

"两弹一星"研制成功，离不开国家的财政支持，离不开各部门、各单位的物资供应，也离不开全国各方面的后勤保障，例如，总后勤部特种物资计划部负责统管全国特种工程等物资需要的计划、申请与分配工作。全国形成了一个顺畅的体制性物资供应网，工程所需要的仪器仪表、专用设备、特殊材料总是优先满足。即便在三年困难时期，其他部门的外汇都缩减，国防科研方面却甚少因此受影响。后勤保障工作几乎渗透了全国的方方面面，毫不夸张地说，全国人民都为之贡献了一份力量。

---

① 肖学祥，张伟. 新中国"两弹一星"的研制及其对国防科技发展的启示[J]. 国防科技，2006（10）：57-61.

在中国科技发展的进程中面临过几次困难，包括反右派斗争扩大化、"大跃进"以及"文化大革命"。在此期间，很多正在进行的工程都大受影响。但由于"两弹一星"工程关乎我国的战略安全、国际地位、政治影响力等的特殊性，党中央始终高度重视，有意识地采取了各种措施保障该工程的正常运行，并且在各方面都给予特殊优待，尽量保证该工程不受影响。钱学森、钱三强等重要科学家可与高层领导直接对话，威望颇高，因此能够通过自主决策使得该工程顺利进行，保障了科研环境的稳定。即使在经济困难时期，国家亦给予该工程以特殊对待、重点保障，不像一般项目，在经济困难时期就不得不因经费不足而停止运行。

"两弹一星"的研制成功，创造性地开创和发展了中国科技事业的"举国体制模式"。在"两弹一星"工程中，这种模式的特征明显，即：政府主导；集中全国力量；由政府规划好项目研究技术重点；以任务为导向进行资源的优化配置；等等。在当时的国家和社会条件下，这种"举国体制"对于关乎国家安全和国计民生的重大项目的开展具有极其重要的作用，也是强大的制度自信和民族精神的重要体现。

在这种体制下，我国形成了一整套符合中国国情且行之有效的领导、组织和管理模式。在航天工程的研制和发射试验中，航天技术的复杂性、综合性等前所未有，科学技术活动的规模在不断扩大，有的甚至超出了国界，成为国际性的活动。中国航天技术的发展，正是适应上述特点，采取了政府组织、全国协作、全力攻关的组织方式，才能够顺利完成多种项目，在科技上取得了重大的成果。实践证明，这是在中国具体条件下，实施重大科学技术工程的有效组织形式，也是中国社会主义制度优越性的具体体现。新时期，我国持续探索新型举国体制，以探月工程为例，探月工程以嫦娥四号为试点，积极探索引入社会资本的新模式，鼓励社会资本、企业参与嫦娥四号任务，并将嫦娥四号作为开发平台、验证平台、应用平台，为社会资本提供技术验证、产品搭载、数据应用等条件。这种对举国体制的探索，即以政府为中心，政府制定方针和政策，举全国、全社会之人力、财力、物力和各种社会资源完成某一个特定的目标，对于打破行业壁垒、加速航天技术创新等具有积极作用和深远影响。

（三）新型举国体制的科学内涵及新特征

党的十九届四中全会通过了《中共中央关于坚持和完善中国特色社会主义制度、推进国家治理体系和治理能力现代化若干重大问题的决定》，决定中明确提出要"构建社会主义市场经济条件下关键核心技术攻关新型举国体制"。在新时代国情下，新型举国体制要在原有体制的基础上进行优化和改进，要坚持党的领导，坚持以人民为中心，充分发挥社会主义制度的优势，遵循社会主义市场规律，在新时代条件下根据国际形势不断调整相关的政策措施，保持与时俱进、开放互利的态度，积极提升我国在政治、经济、文化、社会等各个领域的竞争和创新能力。

（1）新型举国体制提出的时代背景和必要性

当前，中国特色社会主义进入了新时代，国际格局和产业体系正在发生深刻变革，中国的发展充满机遇和挑战。面对千载难逢的历史机遇，中国必须习惯于与美国等西方强国保持长期的合作与斗争关系，为了共同利益保持双方在经济和其他方面的合作，为了维护各自相互冲突的根本利益，中美之间的遏制与反遏制的斗争将以多种形式表现出来，我国必须该合作的时候努力合作，该斗争的时候坚决斗争。

新时代社会主义市场经济体制建设涌现新变化。进入新时代，中国社会的主要矛盾发生了重大变化，人民日益增长的物质文化需要与落后的社会生产之间的矛盾，已经转化为人民日益增长的美好生活需要和不平衡不充分的发展之间的矛盾。这种变化对于中国社会发展和经济建设产生了重要的影响，中国经济要从高速增长转换为高质量发展，从注重数量和速度到注重质量和效益，反映了我国经济发展已步入新的阶段，改革开放的内容发生了重大变化，这极大丰富了社会主义市场经济体制建设的内涵，有利于实现社会主义市场经济体制建设与国家治理体系和治理能力现代化同步完成。

当今时代，科技创新已成为国际战略博弈的主要战场，围绕科技制高点的竞争空前激烈。建设科技强国，形势逼人、挑战逼人、使命逼人。党的十九大报告提出，我国要在2035年跻身创新型国家前列，至2050年建成世界科技强国。这一目标，既是对我国过去在科技领域重要成果的肯定，也反映出我国迫切需要改善国家科技发展体制、加快创新型国家建设的状况。从当前来看，我国要建成科技强国，完成推进重要科技领域自主创新发展、解决世界科技难题、提高国家经济水平、培育创新型人才等一系列重要方面的部署，还有较长的路要走，必须遵循社会主义市场规律，充分发挥社会主义制度"集中力量办大事"的优势，建立和用好新型举国体制。

（2）新型举国体制的科学内涵

新时代新阶段，要充分发挥制度优势，协调政府与市场机制的相互关系，建立健全我国治理体系和治理能力，坚定地走核心技术自力更生、自立自强的道路。在当前形势下，新型举国体制是维护国家产业安全的重要保障，涉及国家、民族的整体利益，是关乎国家战略、谋划长远、经略全局的，具有时代性和针对性，需要在新的时代条件下，具备强大的组织动员能力和资源调配能力。

新型举国体制需要集中国家力量，针对重点领域的关键技术发展难题，以战略需求为牵引，以重大问题为导向，设立一批重大战略科技工程，创新制度安排，合理地发挥市场和政府两只手、两方面的作用，合理配置全国科技资源[1]。从根本上说，新型举国体制是针对战略科技领域的国家治理体制的新变革。

（3）新型举国体制表现出的新特征

新时代的举国体制与传统的举国体制相比，表现出诸多新的特征。

---

[1] 殷忠勇. 论科技创新新型举国体制的构建——时代背景、理论基础和制度体系[J]. 人民论坛·学术前沿，2017（13）：80-83.

首先，新型举国体制需要新的、多元化的主体结构。新时期的新型举国体制基于新的主体结构，强调多元主体的共同参与，充分发挥好政府、企业、高校、研发机构每一部分的关键作用，强化战略科技力量，发挥好中央和地方的积极性，充分发挥好市场机制的重要作用，加强和充分发挥企业主体作用，强化科研院所体制机制改革，真正办好高水平研究型大学，形成"政、产、学、研、用"五位一体的格局，推动产业、科技、金融资本的良性循环，更好地推动国家的整体创新体系和创新能力建设。

其次，新型举国体制需要新的组织运行管理机制。新的举国体制从注重目标实现到注重制度设计。一是在新型举国体制下，政府鼓励引导社会资金加入；二是在新型举国体制下，市场机制成为准入机制；三是新型举国体制更加强调管理，并且持续引进项目管理方法，形成完善的管理和制度体系。战略执行力在新型举国体制中应该成为重要的一环，本书第 4 章所论述的"铁三角"可以看作是执行层的组织实施机制，也是举国体制中的一种有效执行机制，是顶层的组织力，没有有效的战略执行，再好的战略规划也是空话。

再次，新型举国体制是有效市场和有为政府的有机结合。新型举国体制强调要与社会主义市场经济的高度结合，最终目的是加强市场在资源配置中的有效作用。与市场机制充分结合，调动一切有利于科技创新的要素和主体参与国家重大科技专项和重大工程，使企业成为科技创新的主体。同时，政府应该更好地发挥宏观调控作用，坚持补位但不越位的原则，政府的主要工作是明确国家重大战略需求，加强顶层设计，统筹协调各方的力量，推动举国之力和市场配置的更好融合；加强管理创新，使资源配置效益最大化和效率最优化。

同时，新型举国体制更加具备国际化特征，更加强调开放合作。当前，世界形势日新月异，各国之间在科技、经济等方面竞争更加激烈。与此同时，单边主义、贸易保护主义和霸权主义势力甚嚣尘上，为当前国际合作带来了诸多的挑战，未来的国际局势也呈现出许多不确定性。一些西方国家逐步加强对我国的技术打压和技术封锁。为此，新型举国体制要更加凸显全球化特征，不仅要重视国内市场，也要重视国际市场；要在积极进行自主创新的基础上加强对外合作，推动开放式创新活动进行，推动实现国内外市场的大融合、大开放。新型举国体制是在原有体制上更加开放、融合、协同、弹性，要学会积极主动地整合和用好全球创新资源，来服务于本国经济和科技的发展，加快全球化的进程[1]。党的十八大以来，习近平总书记明确提出人类命运共同体的理念。在新型举国体制下，要善于利用好国外科技资源，提升本国的吸收创新和自主创新的能力。政府应该作为主导，推进研究机构积极主动地开展或参与到世界性的"大科学"计划和工程中去，参与国际科技研发的合作与竞争，建立全球科技创新和经济发展的共同体，鼓励和支持境外专家机构参与本国科技发展项目。

新型举国体制需要正确处理若干重要关系。例如，正确处理政府顶层设计与科技发展规律的关系。政府的顶层设计代表着政府对科技发展趋势、重点、措施的认识和判断，科技发展规律是科技本身以及科技发展过程固有的、本质的、必然的联系，一项好的顶层设计需要符合科技发展的基本规律。新型举国体制应更加注重对科学技术本身及其发展规律的理解和把握，以尊重科技发展规律为基础，进行科技发展的顶层设计，提高政策设计的科学性和合理性，加强政策评估，使科技战略规划符合科技发展基本规律。又如，正确处理内循环与外循环的关系，使国内大循环与国际大循环相辅相成、相互促进，要注重加强与全球化的联系与融合，通过参与国际合作和竞争促进产业技术进步。再如，正确处理基础研究投入与技术研发投入的关系。新型举国体制当前还应以解决"卡脖子"技术问题为引领，强调基础研究和原始创新的重要支撑作用，要注重平衡好基础研究投入与技术研发投入的合理比例。

十三届全国人大四次会议表决通过了《中华人民共和国国民经济和社会发展第十四个五年规划和2035年远景目标纲要》。纲要中指出："强化国家战略科技力量。制定科技强国行动纲要，健全社会主义市场经济条件下新型举国体制，打好关键核心技术攻坚战，提高创新链整体效能。"[2] 随着新一轮科

---

[1] 吴昌德. 加快构建关键核心技术攻关新型举国体制[N]. 人民政协报，2020-09-08（3）.
[2] 中华人民共和国国民经济和社会发展第十四个五年规划和2035年远景目标纲要.

技革命不断推进，各国竞相抓住此次机会，在涉及国家安全和经济发展的重点领域展开激烈的竞争。在这种形势下，我国必须发挥新型举国体制优势，集中国家力量，在一些关键科技领域，强化国家统一领导，加速科技发展进程，牢牢把握高质量发展主动权。

（四）关于构建新型举国体制的认识与思考

（1）新型举国体制应以实现自立自强为核心目标

新型举国体制体现了一种国家意志和民族精神。2020年12月的中央经济工作会议指出：科技自立自强是促进发展大局的根本支撑，只要秉持科学精神、把握科学规律、大力推动自主创新，就一定能够把国家发展建立在更加安全、更为可靠的基础之上。我国的社会主义制度为坚持科技举国体制提供了坚实的基础。党的十九届五中全会提出"健全社会主义市场经济条件下新型举国体制，打好关键核心技术攻坚战"。新型举国体制体现了有效市场和有为政府的结合，不仅能够发挥集中力量办大事的政治优势，还能够充分发挥市场在资源配置中的有力支撑优势。一方面，随着保护主义抬头，创新全球化遭遇逆流，为了维护经济发展安全和国家安全，在关键核心技术领域使用集中力量办大事的法宝是必然选择。另一方面，也不是所有科技领域都适用新型举国体制，有为政府更应坚持有所为、有所不为，在许多可由科学家自由探索、由市场主体自由竞争的科技领域，政府不必也不应越位，应集中精力做好"放管服"、搭建协同创新平台、营造良好创新生态，让创新要素充分流动，让创新人才脱颖而出，让创新活力竞相迸发。

（2）新型举国体制应面向大国博弈中的科技制高点

当前世界格局正在发生深刻的变革，中国作为大国和世界第二大经济体，必须主动适应和掌握这场变革。自2018年以来，美国挑起对中国的贸易争端，全面打压中国科技企业。从高科技企业制裁，到产业政策施压，再到对科研人员学术交流的全面限制，无所不用其极。实践证明，"关键核心技术是要不来、买不来、讨不来的。"①新中国成立70多年来，中国在科技领域取得的重大成就都是集中全国的优势力量，集中于关键核心技术的研发，通过大力协同合作完成的。因此，面向未来进一步提升我国的综合实力，加快提高战略科技力量和战略储备能力，完善科研攻关体系，抢占大国博弈的科技制高点，都更加需要不断用好和完善新型举国体制的独特优势。

（3）新型举国体制应聚焦于核心科技领域的自主创新

健全新型举国体制的目的主要是用于重大科技创新，其实施旨在推动我国科技的快速发展，提升我国科技的自主创新能力，同时产出一大批的重大科技成果。2019年2月20日，习近平总书记会见探月工程嫦娥四号任务参研参试人员代表时指出："这次嫦娥四号任务，坚持自主创新、协同创新、开放创新，实现人类航天器首次在月球背面巡视探测，率先在月背刻上了中国足迹，是探索建立新型举国体制的又一生动实践。"②

从国家层面来讲，新型举国体制是要利用全国资源，强化战略科技力量，推动科技创新和经济社会发展深度融合，提升自主创新能力③。要求明确国家目标和紧迫战略需求的重大领域，强化核心技术攻关，以便于能够在未来的科技竞争中占据有利位置。当前国际形势快速变化，对各个国家发展提出了新的挑战。目前我国对于科技创新能力需求比以往任何时候都要迫切，因此也迫切需要采用新型的举国体制，以国家制度优势为支撑，不断强化以科技创新为主的战略导向，解决世界性的科技难题，为进一步推动国家全面发展和全球化进程提供有力的保障④。

（4）构建新型举国体制应牢牢把握后发国家赶超的规律

从"苏联通过20年追赶比肩美国"的现象中，可以深刻认识和思考举国体制的重要性。1917年俄国十月革命成功之后，1936年苏联就宣布已经

---

① 习近平. 努力成为世界主要科学中心和创新高地[J]. 求是，2021（6）.
② 习近平会见探月工程嫦娥四号任务参研参试人员代表. 新华社通讯，2019-02-20.
③ 人民智库. "新型举国体制"的三个重要维度.
④ 习近平. 在全国科技创新大会、两院院士大会、中国科协第九次全国代表大会上的讲话. 新华社通讯，2016-05-30.

实现了工业化，1936~1941 这 5 年间，重点加快国防工业建设，扩大军事实力；为了集中人力物力打败德国法西斯，1941~1945 年期间，苏联付出了巨大的牺牲，与战争期间不仅毫发无损，而且巩固了工业优势的美国的差距进一步扩大。作为一个上进的民族，"追赶"本身就是一个很大的动力，美国这个强劲对手的存在"逼着"苏联必须加速前进。事实证明，"追赶"也可以大出成果。二战后，苏联工业，尤其是重工业和国防工业，能很快地发展起来，靠的就是统一指挥、统筹安排，实行计划经济，从而保证国家急需发展的方面，凸显了举国体制的优势。另一方面，后发国家的追赶通常起自于强烈的生存压力，也面临发达国家打压、不奋力追赶就面临落后的问题。民族要生存发展，必须奋力追赶，发愤图强，才有发展的机会。回顾人类近代以来的历史发展过程，总有一些优秀的民族和国家，采取举国体制，在关键的时点和领域上奋力追赶并实现突破和超越。

（5）重构市场经济条件下大力协同的治理机制和组织模式

科技创新的新型举国体制是国家现代化治理体系的重要组成部分。在信息化、网络化、数字化、智能化蓬勃发展的时代大潮和社会主义市场经济条件下，科技创新的新型举国体制必须辅以顺应时代大潮和适应市场经济环境的新的治理机制和组织模式。其中，最核心的是要全面深入地发挥市场配置资源的基础性、决定性作用，充分调动地方、社会和国际上的力量，形成市场经济条件下大力协同建设科技强国的新局面。

为此，应综合统筹设计并大力推进关键核心技术和"卡脖子"技术揭榜挂帅、大型科研设施共建共享、财税政策引导扶持等政策和机制落地实施，全面落实各类企业在技术创新中的主体地位，同时要敢于打破原有体制机制壁垒和固有利益格局，推动共性和基础性技术资源向社会开放。相应地，在科技创新研发活动和项目的组织模式上也需要大胆创新，不怕试错，积极探索符合科技发展规律、市场规律和产业特点的新型组织架构。例如，在与市场和产业发展密切相关的领域，应鼓励和推行股份制、混合所有制等市场化的组织模式；在工业母机、工业软件、精密仪器等需要紧密结合产业链开展研发和超前布局的领域，除了实施链长制等新型组织方式之外，还应根据这些领域的规律和特点，允许相关科研力量和市场主体跳出现有的框框，大胆探索新的组织模式；在需要长期投入、协同攻关的共性和基础性领域，中央、地方两级可以联合组织相关企业、高校、院所建立理事会和基金会等组织形态，建设开放式、网络化的基础研究平台、技术研发联盟和产业发展生态等非营利性质的组织机构，聚集资源，推动创新。

（6）新型举国体制应发扬优秀历史文化传统优势

站在历史的纵深视角尤其是在文明史的通贯的整体观角度，可以更通透地理解新型举国体制。我国的举国体制扎根于深厚的历史文化传统，如中国特有的基于农耕文明和地缘政治经济的历史文化传统等。从古代的秦汉修建长城、隋唐开凿大运河，到近现代的抵御外国侵略、实现民族独立富强，均是类似举国体制的生动体现。从"集中优势兵力打歼灭战"到"建立最广泛的抗日民族统一战线"，从新中国成立之初的"两弹一星"到新时期的"嫦娥探月工程"、"北斗导航工程"等，无不反映着"举全局之力以求突破"的文化传统的强大力量。要对新型举国体制有深刻的理解，就离不开历史的纵深视野。新型举国体制继承和发展了中国传统治国理政思想和实践的有益因素。中华文明的重要特质是数千年大一统的延续性，即大国政治、大国规模的统一性作为文明之常态。新型举国体制不仅体现出社会主义制度的优越性，弘扬了红色精神谱系的伟力，而且也继承了中华传统文化的有益因素，具有深层次的文明和文化连续性意义。

（7）打基础、抓前沿是新型举国体制的重要任务

基础研究是科技创新的源头。被"卡脖子"的背后，是基础研究能力的不足。作为科技创新之源，基础研究关乎我国源头创新能力和国际科技竞争力的提升，决定着世界科技强国建设进程，对实现"两个一百年"奋斗目标有着重要的基础性作用。

"卡脖子"问题是指因某一关键技术受限制或出问题而影响整体工作的

完成和相关领域的发展。近年来，美国借由中兴、华为事件，挑起中美经贸摩擦，打压矛头直指我国高新技术产业的发展和建设。以高端技术垄断竞争和技术供应链断裂为代表的"新冷战"状态，为我国科技发展敲响了警钟。当前我国面临的很多"卡脖子"技术问题，根源是基础理论研究跟不上，源头和底层的东西没搞清楚，涉及元器件、原材料、先进制造设备、工业软件等。目前，我国科技创新大多数仍基于应用环节，很多侧重基础研究突破的上游产品研发、核心零部件、关键原材料还依赖进口，在当前复杂多变、不确定性增大的国际环境下，核心关键技术"卡脖子"问题已成为国家的难点和痛点。归根结底，"卡脖子"问题源于大国之间的竞争和博弈，比的是各自的科技水平和人才储备，科技竞争的关口也已经前移至基础研究。

必须指出的是，不是所有的基础研究都适用新型举国体制。基础研究是指为了获得关于现象和可观察事实的基本原理的新知识（揭示客观事物的本质、运动规律，获得新发展、新学说）而进行的实验性或理论性研究，它不以任何专门或特定的应用或使用为目的，可以分为探索性基础研究和战略性基础研究，前者以科学家自由探索为主，后者为从国家重大战略需求出发开展的研究工作。因此，新型举国体制是否适用于基础研究要具体情况具体分析，不是所有的基础研究都适用新型举国体制。对于战略性基础研究，可以根据国家战略布局进行举国体制的安排，而对于那些探索性基础研究就不能简单地套用举国体制了。探索性基础研究更多是基于科学家探究自然奥秘的好奇心，更多是"散养"状态，只有厚植基础研究培育的土壤，才能培育出重大成果的参天大树。

第 4 节 "钱学森之问"与"李约瑟难题"再思考

建设世界科技强国，需要一流的创新成果和一流的创新人才，必须发挥好科技成果评价和人才评价机制这一"牛鼻子"的作用。这是任何科技规划和科技战略研究都必须予以高度关注的问题。当前,迫切需要创新科技成果和人才评价机制,形成和实施有利于科技人才潜心研究和创新的评价制度。事实上,新中国成立70多年来,始终高度关注科技成果评价和人才评价问题,以"钱学森之问"与"李约瑟难题"最为典型。本节是对"钱学森之问"与"李约瑟难题"的再思考,也是对科技成果评价和人才评价问题的持续探究。

(一)"钱学森之问"与"李约瑟难题"的提出

钱学森生前曾多次发问:为什么我们的学校总是培养不出杰出人才?他遗憾于国内高校未能培养出学术成就比肩世界顶尖、拔尖科学家的创新型人才。他认为:现在中国还没有完全发展起来,一个重要原因是没有一所大学能够按照培养科学技术发明创造人才的模式去办学,没有自己独特的创新的东西,老是"冒"不出杰出人才。这就是著名的"钱学森之问",它看似提出对大学的问题,其实这也是对社会的发问。对于这个问题的答案,最根本的一是培养科学精神和传统:吾爱吾师,吾更爱真理,即学术平等;二是鼓励和爱护创见。归根结底,是对人才的重视和爱护,这就要求以增强人才自信为起点。

英国生物化学家、科学技术史专家李约瑟(Joseph Needham)在研究中国古代科技史时曾发问,"我们所面对的是一系列惊人的科学创造精神、突出的技术成就和善于思考的洞察力。既然如此,那么为什么现代科学,亦即经得起全世界的考验、并得到合理的赞扬的伽利略、哈维、凡萨里乌斯、牛顿的传统——这一传统肯定会成为统一的世界大家庭理论基础——是在地中海和大西洋沿岸发展起来,而不是在中国或亚洲其他任何地方得到发展呢?"[1]他也曾提问,"为什么现代科学只是在欧洲文明中发展,而未在中国(或印度)文明中成长?为什么在公元1世纪至公元15世纪期间,中国文明在获取自然知识并将其应用于人类实践需要方面比西方有成就得

---

[1] 李约瑟. 中国科学技术史(第一卷)[M]. 北京:科学出版社,1975:43-44.

多？"① 后来，美国经济学家肯尼思·艾瓦特·博尔丁（Kenneth Ewart Boulding）将这些提问称之为"李约瑟难题"。李约瑟的"两个为什么"既似疑问，更似追问，这种疑问和追问要求人们思考的其实是一个问题：即为何创造了辉煌的古代文化与文明的中国与印度，尤其是创造了四大发明的中国，在近代以来的历史时段中，在现代科学的发展方面不仅大大落后于西方，而且根本没有生长出具有真正意义的现代科学？②

近代以来至新中国成立前，中国科学技术发展受到主、客观环境的限制，未能抓住世界科技发展的机遇，实现科技发展质的飞跃。"李约瑟难题"不仅仅是对中国近代科技发展状况的疑问，更是对影响科技发展因素的思考。什么是影响科学发展的重要因素？科学发展本身的规律是什么？这些问题需要人们去思考和回答。充分发挥人的主观能动性，在科学技术发展上充分激活人的积极性、主动性、创造性，这才是"李约瑟难题"的核心和关键。

"钱学森之问"与"李约瑟难题"是一脉相承的，它们都是对中国科学技术发展的深度关切，反映的都是创新中的深层次问题，其背后折射出各种问题，比如：人才问题（原创性科学家的培养、拔尖人才的成长、逆淘汰问题等）、教育问题（驯化、压制个性和创见等）、文化问题、迷信学术权威的问题、利益固化问题（既得利益和超稳定社会结构深层次的固化）等。这些问题，归根结底就是同一个问题，那就是中国科技创新的本源性问题，即：人才和体制机制问题。

（二）"钱学森之问"与"李约瑟难题"背后折射的深层次问题

（1）科技创新深受一国历史文化传统的影响

回顾历史可以发现，科技、文明和现代化三者呈现出一种相互促进、共同进步的发展模式。科技发展是文明进步和现代化的组成部分，科技成果是

---

① 李约瑟. 东西方的科学与社会[J]. 自然杂志，1990，13（12）：818-819.
② 林剑. 李约瑟难题与钱学森之问的文化诠释[J]. 人文杂志，2017（12）：1.

文明和现代化的动力源泉①。在21世纪，科技进步无疑使文明和现代化取得了长足的发展成果，对于文明和现代化更高标准的追求又反过来对科技发展起到巨大的需求拉动作用。

与西方不同的是，历史上中国科学技术发展走了一条实用主义的道路。近代中国科技落后，除与封建制度和僵化的儒家文化有极大的关系外，缺少科学文化、科学传统也是重要原因。中国是一个农业大国且长期封闭，与外界隔绝，封建时代历代统治者往往排斥新思想和新技术。中国传统文化具有相当的保守传统②，传统文化受小农思想和儒家文化的长期浸润，以儒学思想为基础的中华民族传统文化一定程度上呈现出保守、尚古的文化特征，强调对原有文化的学习传承，弱化对创新思考的训练。对于科学发展中创新、变革等，传统文化无法在思想和观念上提供科学革命所需的环境，使个体对于真理和科学丧失追求的动力。

长达两千多年的封建制度从思维观念、生产生活方式、经济模式等多个方面对近现代科学技术的发展形成顽固的阻力，这是近代中国科学技术落后于世界的根本原因。现代科学能够在欧洲产生是新兴的资本主义社会制度首先在欧洲兴起的结果③。自秦朝以来，封建制度在我国日益成熟并最终走向衰亡，这种制度的管理人才选拔是以儒学著作为考试大纲，科学技术的地位难以被统治阶层所承认，在社会范围上的普及和应用更是无从谈起。可以说，科学技术的发展不仅不能得到封建社会政治层面的支持，反而受到统治阶层整体性的轻视，造成近代以来我国科技发展落后的状况。

社会伦理思想无疑是文化传统不可或缺的构成要素，在我国由来已久，春秋战国已经形成，这种根深蒂固的文化强调对个人行为和道德的塑造，而不是向个体的外部环境的认识和改造，这就使整个民族的思维方向是向内而不是向外，一定程度上缺乏认识外部世界的观念，难以找到发展科学技术的起点，形成完整的科学理论体系。相反的是，欧洲文艺复兴在社会范围内解

---

① 何传启. 科技革命与世界现代化[C]//现代化的特征与前途——中国现代化研究论坛, 2011.
② 林剑. 李约瑟难题与钱学森之问的文化诠释[J]. 人文杂志, 2017（12）: 2.
③ 杜石然, 范楚玉, 陈美东, 等. 中国科学技术史稿（下册）[M]. 北京: 科学出版社, 1985: 330.

放了人们的思想，古希腊文化中对于真理、自由的追求再次被唤醒，这样的社会背景下，一大批科学家开始对古希腊科学所涉及的自然科学重新进行探索，近代自然科学开始发展。

除此之外，实用主义作为中国传统文化的一部分，限制了对于科学研究方面的投入，不利于科学的发展。过度强调眼前利益，往往在基础研究和技术研发上缺乏投入，不肯在最根本性的问题上下大气力、下狠功夫。中国文化中潜在的小农意识，表现为随大流和短期行为，压抑了生机勃勃的创新氛围。

（2）思维方式的巨大差异是东西方形成不同科学技术发展曲线的重要原因

任何科学的发展都受人的思维方式的影响，在思维上的自主性是促进科学创新和发展的必然条件。爱因斯坦曾言："大学教育的价值，不在于学习很多事实，而在于训练大脑会思考。"[1] 思维或思考作为一种能力，也反映着个体和社会的价值取向。批判性思维与创造性思维，两者存在相同的共性也具有一定的差异。批判性思维教育是大学教育中被广泛讨论和重视的内容，在分析国家和民族创新发展进程中创造性教育也常被提及。

爱因斯坦还曾说过，"西方科学的发展是以两个伟大的成就为基础，那就是希腊哲学家发明的形式逻辑体系（在欧几里得几何学中）以及（在文艺复兴时期）发现通过系统的实验可以找出因果关系。"[2] 但是，古代中国形式逻辑体系少迹可寻，又缺少对知识可靠性的检验，导致知识的真实性不高，所以，中国也就难以产生近现代科学。从中国古代科技成果来看，仅仅满足于对实用方面的追求，缺乏对理论的总结和升华，停留在经验阶段，无法上升到理论层面。过于强调对知识的背诵、领会以及体悟，弱化对严密的逻辑体系的构建和系统推理的论证，使知识在传播过程中呈现大面积的信息流

---

[1] 1921年，爱因斯坦在获得诺贝尔物理学奖后，首次到美国访问，在波士顿接受媒体访问时，讲出了这句广为人知的名言。
[2] 沈铭贤. 李约瑟与爱因斯坦——"李约瑟难题"的两种不同的回答[J]. 学术月刊，1996（4）：23.

失，破坏知识体系的流畅性和完整性。实事求是地讲，科学技术在中国传统文化中是没有应有地位的，我国至今仍迫切需要在全民中大力提倡和推动形成自己的具有现代意义的科学精神和科学传统。

由于社会环境的不同，东西方的思维方式呈现出不同的特点，科学技术的发展也呈现出不同的发展路径。这种差异，不在于东西方各自擅长领域的简单对比，而在于思想观念和思维方式上的比较研究。简而言之，中国古代社会所孕育的传统思维方式也是近代以来中国科技落后的因素之一。杨振宁在他的报告中把近代科学没有在中国产生的原因放在他论题的首位，原因归结为五点：入世的中国传统、科技制度、轻视技术的观念、推演式思维的匮乏以及天人合一的传统观念[1]。

(3)"哲学的贫困"或是我国科技发展"瓶颈"问题的根源之一

1847年7月，马克思发表《哲学的贫困》[2]。该书在批判蒲鲁东主义（Proudhonism）[3]的同时，为马克思创造剩余价值理论提供了重要基础，推动了唯物史观的科学体系的形成与发展，具有重要的历史地位和理论价值。《哲学的贫困》发表距今已170余年，研读此书，可以使人更加清醒地自我审视。在这里，借鉴"哲学的贫困"这一表述来思考和认识历史等因素形成的我国科技发展的基础性瓶颈问题。在科学技术领域，我国历史上科学技术的发展更倾向于实用主义技术传统，而与科学相关的自然哲学、科学哲学传统较弱，这可能是我国没有自发形成科学传统的重要原因之一，科学精神和科学哲学衰弱导致的价值理性的某些薄弱或缺失，也可以称之为科学技术方面的"哲学的贫困"。"哲学的贫困"不仅是"钱学森之问"和"李约瑟难题"的主要答案之一，可能也是我国科技创新发展"瓶颈"问题的重要根源之一。

---

[1] 杨振宁.《易经》对中华文化的影响[J]. 自然杂志, 2005, 27 (1): 1-3.
[2] 马克思.《哲学的贫困》研究读本[M]. 北京：中央编译出版社, 2013.
[3] 蒲鲁东主义（Proudhonism）是19世纪50至60年代广泛流行于西欧国家并颇有影响的社会主义和无政府主义思潮，因其创始人蒲鲁东（1809—1865）而得名。蒲鲁东主义的核心，是想通过和平改良的办法，建立小手工业生产制，实现社会主义。为了维护国际工人运动的利益，马克思主义者同蒲鲁东主义进行了坚决的斗争。马克思、恩格斯在《哲学的贫困》《共产党宣言》和《论住宅问题》等著作中批判蒲鲁东主义。

之所以说"哲学的贫困",有两方面的原因。一是中国传统哲学内敛、知足的哲学气质所带来的科学发展的内在动力和需求不足,二是中国传统哲学中缺乏现代科学思维的关键要素,如缺乏"科学的形而上"要素。我国科学发展一开始就走上了一条"重工具实用、轻理性精神"的道路。由此,我们首先难以从哲学中汲取营养去构建科学文化的价值体系、思维方式、行为准则和社会规范,导致科学文化迟滞于我国科技的发展。其次,科学文化的缺失,致使科学研究往往囿于现有的理论方法和体系框架,难以形成整套的思想、方法、技术,更无法形成引领未来发展的自主的科学体系,这也是我国实现科技自立自强最大的体系性障碍。另外,"哲学的贫困"也使得我们难以对科学进行系统的反思,难以提出颠覆性的问题,也就难以从源头上形成重大原创理论和科学思想[1]。

关于哲学和现代科学技术之间的关系,钱学森也曾有过研究和论述。钱学森提出,人类的知识是总结人类科学研究和实践的、具有不同层次而又彼此紧密相联的一个巨系统,并基于长期的科学技术研究实践和深入的哲学及方法论思考,形成了对现代科学技术体系的认识,这发展和丰富了马克思唯物主义思想[2]。其突出贡献在于,在科学基础上,运用系统思维把哲学和科学技术统一起来了[3]。钱学森认为,在现代科学技术体系中,各个科学技术部门最终要上升到马克思主义哲学层面,指出"哲学作为科学技术的最高概括,它是扎根于科学技术中的,是以人的社会实践为基础的。"[4] 马克思主义哲学作为人类知识与实践的最高概括,它既可指导科学技术研究,也在与科学技术同步发展,二者呈现为相互影响的正相关性作用。由此可见,哲学对科学技术发展的极端重要性。

---

[1] 张月鸿,蒋芳,刘登伟. 哲学建设:我国科技强国建设的"三十年之艾"[J]. 中国科学院院刊,2021,36(3):319-327.
[2] 钱学森. 现代科学的结构——再论科学技术体系学[J]. 哲学研究,1982(3).
[3] 于景元. 钱学森系统科学思想和系统科学体系[J]. 科学决策,2014(12):2-22.
[4] 钱学森. 基础科学研究应该接受马克思主义哲学的指导[J]. 哲学研究,1984(24):26.

（4）完备的教育体系和教育制度是破解科技创新难题的基础

教育兴则国家兴，教育强则国家强。"钱学森之问"、"李约瑟难题"使人们逐渐认识到教育对科技发展的重要性。要完善教育体系和教育制度，首先是要有充分的文化自信，相信中国教育是能够培养出大师来的，开阔视野、兼收并蓄，扎扎实实办好中国教育。其次是具备科学精神，科学精神是科研活动成功的灵魂和核心，我国必须完善以培养科学精神为核心的科学教育体系，进行教育制度改革。也要充分发挥高等教育在基础研究和学科交叉领域的优势，形成更多重大原始创新成果。再次，强调美育和体育的实用价值，要坚持德智体美劳全面发展，努力成为祖国建设的栋梁之材。诚如钱伟长先生所言，"培养的学生首先应该是一个全面的人，是一个爱国者，一个辩证唯物主义者，一个有文化艺术修养、道德品质高尚、心灵美好的人；其次，才是一个拥有学科、专业知识的人，一个未来的工程师、专门家。"[①]

近年来，习近平总书记多次对我国高等教育提出要求，指出，"党和国家事业发展对高等教育的需要，对科学知识和优秀人才的需要，比以往任何时候都更为迫切，"[②] "要想国家之所想、急国家之所急、应国家之所需。"[③] 十年树木，百年树人。教育是一场持久之战，不是一蹴而就的，要注重长期效应。在清华大学建校110周年校庆日之际，习近平总书记强调，"中国教育是能够培养出大师来的。我们要有这个自信，开拓视野、兼收并蓄，扎扎实实把中国教育办好。"[④]

（5）科技成果和人才评价是科技创新的重要环节

科技成果与人才评价是推动创新驱动发展的一项基础性和根本性工作，是一项复杂的系统工程，评价的根本目的是促进科技创新发展、引领学术研究。构建科学合理、分类分型的评价体系，倡导对创新成果的学术贡献、学

---

① 钱伟长. 钱伟长文选（第五卷）[M]. 上海：上海大学出版社，2004.
② 习近平在北京大学师生座谈会上的讲话[N]. 人民日报，2018-05-03.
③ 习近平在看望参加政协会议的民进农工党九三学社委员时的讲话[OL]. 共产党员网，2017-03-04.
④ 习近平在清华大学考察时强调，坚持中国特色一流大学建设目标方向，为服务国家富强民族复兴人民幸福贡献力量[N]. 人民日报，2021-04-20.

术价值、学术影响、社会影响和应用价值的综合评价，对于更加公平、公正、公开地激发科研人员的创新积极性具有重要作用。

主要依据日常社会经验评价和管理科研活动是当前我国科技评价存在的主要问题之一。科技发展需要符合科技自身的规律和特点，是不能简单地、一刀切地依据日常经验来管理的，违背的结果必然是难以得到原始创新和世界一流科技成果。回归学术本位至关重要，应该在此前提下倡导原始创新，有助于实现科技自立自强的评价机制。

（三）关于"钱学森之问"的思考

"钱学森之问"是对当代社会创新发展问题的一种反思。现实中的方方面面都包含着这个问题的部分答案，比如科技体制、教育制度等，寻找现实原因解决现实问题，是最好的回应。钱学森原秘书涂元季在"钱学森的科学成就和科学精神"的讲座中提到，针对"钱学森之问"，钱学森本人也曾经给出过具体建议：一是核心要素在于弱化专业之间的界限，高校学科的专业设置不必太过细化。二是科学创新人才的培养不是一般人才的培养，不能按照一般的培养模式去培养，要充分树立培养创新型人才的观念。三是向国外优秀大学借鉴经验，塑造自由的学术环境。四是要鼓励理工科学生提高文化艺术修养。科学创新不能单靠严谨的逻辑思维，创新思维往往始自于形象思维，从大跨度的联想中得到启发，再经过严密的逻辑验证[①]。钱学森的建议给出了重要启示。

（1）培养创新型人才仍是我国教育体系的历史使命

目前，综合国力竞争往往表现为经济水平和科技水平的竞争，对于科技竞争而言，人才要素至关重要。"钱学森之问"的实质是发展中国家如何发掘和发挥创造性人才的社会功能和价值，即如何实现从知识型和技能型人才

---

① "钱学森之问"的核心是打破专业界限[OL]. http://news.sina.com.cn/o/2011-04-14/052022289466.shtml.

教育模式向创造型和发明型人才培养模式的转变。核心是人才培养模式问题[①]。当前，我国进入了全面建设社会主义现代化国家、向第二个百年奋斗目标进军的新征程，我们比历史上任何时期都更加接近实现中华民族伟大复兴的宏伟目标，也比历史上任何时期都更加渴求人才。习近平总书记深刻指出，"我国拥有世界上规模最大的高等教育体系，有各项事业发展的广阔舞台，完全能够源源不断培养造就大批优秀人才，完全能够培养出大师。我们要有这样的决心、这样的自信。"[②]中国未来之发展需要人才，特别是创新型的科技领军人才。我国教育体系（尤其是高等教育体系）要加强创造性人才培养，通过系统教育、协同教育的方式，各方力量发挥在人才培养中的作用，实现优化教育的目标，让杰出的人才来培养更杰出的人才。

培养创造性人才、提升教育质量，需要做到以下几点。一是因材施教，要从各类人才的实际情况、个别差异出发，有针对性地进行差异化教育。例如，不同于自然学科领域人才培养，对工程技术领域的人才培养就是要以培养高素质、有能力、有专长的高级劳动者为目标，实施现代科学意义的工匠教育，要苦练基本功和动手能力，建立扎实的工程技术基础。二是因科施教，不同的学科蕴含着不同的教育规律，提升教育质量更需要广大教育工作者下功夫摸清教育规律。对于应试教育中的过度应试教育要改变，但也不要彻底地否定。三是因阶段施教，人才成长的不同阶段需要有不同的教育方式，也应该根据不同阶段进行教育方式的调整。四是分级分类施教，根据现代科学技术体系的特点，进行分级分类教育，有针对性地加强当前科学技术教育的薄弱环节，如加强精密科学实验和观察教育，在数学领域开设不同层次、不同难易程度的课程，让有兴趣或学有余力的人有机会接触到一些更深的知识。此外，还要注重选拔相当一批拔尖人才，对这部分人才设计更有针对性的培养方案，让他们既不要浪费时间，也没有消耗天赋，充分发挥"头雁效应"。当前也需要变革工程科技人才培养理念，树立"将不在多而更在

[①] 张振华. 追寻世界冠军的成功轨迹——《13名世界冠军的成长机制及规律的研究》成果报告[C]//江苏省教育学会2011学术年会论文集, 2011.
[②] 习近平出席中央人才工作会议并发表重要讲话. 新华社通讯, 2021-09-28.

于精"的理念，多并不代表培养的质量高，当前的工科教育迫切需要高起点、精品化的培养模式，更多的领军人物和少数的创新人物。建设科技强国，需要培养造就一批像钱学森那样具有创新精神的拔尖人才。

中国航天培养人才（尤其是创造性人才）的主要途径是依托重大工程和重大课题开展人才培养，把具有培养前途的青年一代，放到一个项目、一项任务、甚至一个重大工程里面去实践、磨练、提高，压担子、促创新，使其成才。纵观我国航天系统人才培养，依托重大项目培养人才，取得了丰硕成果。正如孙家栋院士所说：中国航天高度重视对青年人才的职业生涯设计，坚持把有潜力的好苗子放到不同型号和研发项目中进行多岗位锻炼，注重在重点型号研制、重大技术攻关中培养创新人才，这是一条成功经验[1]。

（2）尊重知识、尊重人才、尊重创造，创造充分信任、真心互信的文化

尊重知识、尊重人才是中华民族自古以来的优良传统。古往今来，人才都是富国之本、兴邦大计，是科技进步和社会发展最重要的资源，当今世界的综合国力竞争，说到底就是人才竞争。在尊重知识、尊重人才的氛围内，科技工作者才能专注于科研、全力于创造。要着力破除体制机制障碍，聚天下英才而用之，为人才松绑，让人才创新创造活力充分迸发，使各方面人才各得其所、尽展其长，各适其力、各尽所能。对科技人才要尊重、要信任、要支持、要仰仗，真心做好信任团结，从地位、待遇、机会、支持等方面把真诚关心人才、爱护人才、成就人才的工作落到实处。

信任是对科技工作者最好的尊重。"在技术问题上充分信任和支持技术专家"是我国航天事业发展的宝贵经验，航天事业发展早期，得益于党和国家对各领域科技专家的充分信任和大胆使用，委以重任，让他们充分发挥积极性、主动性和创造性，才能在物质技术基础十分薄弱的条件下创造出"两弹一星"的辉煌成就。国防部五院成立之初，聂荣臻特别注意维护钱学森的技术领导权威，多次告诫五院其他领导，要始终尊重钱学森，要相信和支持

---

[1] 王通讯. 科技创新人才如何培育[N]. 光明日报，2013-10-31（14）.

钱学森。聂荣臻的充分信任和支持让钱学森感动不已，他深切感受到了聂帅真心的尊重和信任，曾坦言：在聂帅的领导下工作，是他一生工作中感到心情最舒畅和舒服的时候，也是创造力最强的时期。20世纪60年代一次自制火箭试验失败，时任设计总工程师的任新民深感愧疚、负担沉重，聂荣臻听闻，严肃地说："要人家做事，就要信任、尊重人家，任新民是自己的同事"，"要好好为知识分子服务。他们是顶梁柱，国家的宝贝！"火箭专家梁守槃回忆起聂帅，也感慨万千，他说：每当实验受挫，犹豫难决时，我就会想起聂帅那信任、激励的目光，这比话语还更能激发人奋发[①]。

20世纪60年代，航天一院总体设计部十室年轻的技术骨干王永志（后来成为国家最高科技奖获得者），参与研制东风二号导弹时，面对发射场突发的技术难题，建议将液氧和酒精按比例共计比设计要求少加注600公斤，既可以达到原定射程，又使液氧箱内留出足够的空间，保证液氧挥发后箱内压力不会过大。他向钱学森陈述了自己的意见。钱学森仔细考虑后，果断决定："行。我看这个办法行。"这使青年王永志的聪明才智为东风二号发射成功作出了重要贡献[②]，从中可见钱学森为代表的航天专家对青年专家的信任。

航天60多年的发展，始终坚持技术信任和责任制相结合，建立了型号和技术两条指挥线，形成了中国航天独特的型号研制"两总"制。以各级设计师为核心，与各级技术负责人共同组成型号研制工作的技术指挥系统（技术指挥线），主要负责航天型号研制中的设计、技术决策和技术协调。各级领导机关的行政领导和相关管理部门组成行政指挥线，主要承担航天型号研制的经济、计划、质量和保障等责任，确保各型号、各阶段任务能够顺利完成。型号研制是复杂的系统工程，型号研制工作是一个有机的整体，因此，技术和行政两条线之间的密切合作与协调至关重要。在实际工作中，技术总师和行政总指挥相互信任，相互尊重，两条指挥线的工作互相交叉、互相渗透，又各负其责、相得益彰。"两总"制的成功实践充分印证了对航天技术

[①] 于俊道. 聂荣臻交往纪实[M]. 北京：中国社会科学出版社，2017.
[②] 刘兆世. 航天与系统工程[M]. 北京：中国宇航出版社，2006.

专家（技术指挥线）的信任和尊重，减少不必要的、过多的行政干预，也充分体现了对技术和科研规律的尊重。有了这份坦诚相互的信任，航天技术专家（技术指挥线）在提意见建议时就不会畏首畏尾、瞻前顾后，在建言献策时就会更加积极踊跃、敢于发声，在科研工作中就会更加解放思想、锐意进取。

正如《战国策·赵策一》中所言，"士为知己者死"，信任也是我国历史文化传统及其价值观之一，反映了一种"提携玉龙为君死"的知恩图报精神。作为领导者，需要有雅量、有格局、有境界，对不同的人才都需要信任，对那些贡献和能力暂时还不是特别突出的人才也要予以信任。这里，信任当然是与管理制度并行不悖的。信任是因，人才、成果是果，不是等有了人才再谈信任，而是要先信任，用信任激发人才的创造力和拼搏精神，从而形成更多好成果，冒出更多更优秀人才，形成良好的、积极向上向善的科研生态，吸引更多的人才加入到科技强国建设的伟大事业中。

（3）发扬技术民主，营造平等研讨科技问题的风气和氛围

翻开科学技术史，不难发现，创新的科研成果往往是在不断质疑、争鸣、讨论中产生的。在观念交锋讨论中，离真知的距离不断减小，最终得到迷雾背后的真理。针对"钱学森之问"的回答，不同学者都有自己的见解，北大教授陈耀松言道"要靠民主"、郑哲敏院士提出"要有自由"、中科大李佩教授说"要能争论"。爱因斯坦说，"对真理和知识的追求并为之奋斗，是人的最高品质之一。"[①]

要大力发扬技术民主，鼓励不同的人从不同角度进行探索，提出不同意见，以便集思广益。研究是探索真理的行为，真理的结论不能受权力行为的干扰。在行政权力因素的作用下对研究结论进行武断的预设，研究必然是不全面、不科学的。毛泽东曾深刻指出："真理有时在一个人手中。"[②] "两弹一星"元勋王希季院士写过："在技术问题上不能人云亦云，也不能少数服

---

① 爱因斯坦. 爱因斯坦文集（第三卷）[M]. 许良英，范岱年，编译. 北京：商务印书馆，1979.
② 叶永烈. 他影响了中国：陈云[M]. 北京：天地出版社，2019.

从多数，而是要尊重客观规律。有时候少数人坚持的往往是正确的。可能我总是当这种少数派吧。"① 发扬技术民主要减少不必要的、无效率的行政干预。通过行政力量对一种技术观点过度推崇，打压和限制其他技术观点的传播和发展，对于学术发展、科学进步都是一种阻力。百家争鸣的方针必须在科技战略研究工作中坚决贯彻执行。技术民主是需要通过观点的交流和语言的交锋实现的，受个人局限性和资料差异的影响，存在结论上的不一致十分正常。这种争论是有益的，应当提倡的。在不同观点、不同思想的碰撞中，各自学派相互促进，对于认识真理是非常必要的。

钱学森一贯主张在科研活动中发扬技术民主，攻克工程研制难关。他认为，科研领导工作应发扬科学民主、技术民主和学术民主，这是由科研工作的特点和规律决定的。钱学森晚年在对中国航天成功经验进行理论总结的过程中指出，将党领导下的民主集中制运用于航天实践，尊重专家首创精神，发扬技术民主作风，不断攻克"两弹一星"工程研制难关，是中国航天系统工程管理的"成功密钥"。民主思想贯穿始终并与集中决策完美结合在一起，形成航天工作中的一项重要经验②。

发扬技术民主，要给予科技工作者一定的、相对宽松的时间、空间、资源，通过良好生态下的学术环境，为各种学术技术观点提供发声的环境，为不同学科研究成果提供展示的平台。尊重创新人才，鼓励创新探索，为创新营造宽松、自由的学术氛围，鼓励自主探索，提倡学术争鸣，使一切创新想法得到尊重，一切创新举措得到支持，一切创新才能得到发挥，一切创新成果得到肯定。通过技术民主推动技术创新，创造学术繁荣。保障每一个人在科学真理面前都可以有发声的权利，是实现技术民主的必要条件。打破依据职务、资历、年龄等因素对学术话语权的垄断，提倡专业领域的专家以包容的态度对待学术新人，鼓励年轻学者敢于展示学术见解。

---

① 赵聪. "百岁国宝"王希季[N]. 中国航天报，2021-07-28.
② 汪长明. 钱学森为什么能成为战略科学家[N]. 学习时报，2020-12-30（6）.

（4）高度重视和大力扶持优秀青年科技人才，鼓励和支持他们尽早在前沿领域和重大战略方向上开始独立的创新研究

青年科技人才的培养受到各国政府和科研机构的高度重视。针对科学家科学发现的年龄问题，国内外学者开展了大量的学术研究，希望通过统计数据找出科技工作者做出代表性工作成果的最佳年龄。

早在1977年，美国著名科学社会学家朱克曼就曾在其发表的《科学界的精英：美国的诺贝尔奖获得者》一书中统计过1901年至1972年诺贝尔自然科学奖获得者从事获奖研究工作的平均年龄："这些诺贝尔奖获得者完成其获奖的研究工作平均年龄是在将近39岁时。"[1] 我国学者对历代1249名杰出科学家和1928项重大科学成果按其发现那年的主要创造者年龄进行统计，发现杰出科学家做出重大贡献的最佳年龄区在25～45岁之间，其最佳峰值年龄为37岁左右[2]。也有学者通过对诺贝尔自然科学奖与20世纪重大科学成就分析，发现科学家创新的高峰期是在30到40岁之间，中青年时期是科学家实现创新突破的峰值年龄[3]。还有学者基于美国发明家名人堂数据研究发现，80%的重大技术发明产出于50岁之前，其中年龄为31～40岁的比例最大，31～35岁是重大技术发明产出的峰值年龄段[4]。曾参与曼哈顿工程的诺贝尔奖获得者也大都集中在20～45岁这个年龄阶段（表7-3），参与"两弹一星"研制的领军人物普遍都非常年轻。钱学森回国参加创建航天事业时仅44岁。

科学史上的大量案例都证明了这一观点，即中青年时期是科学创造的最佳年龄，他们身强力健、思维活跃，是出成果的黄金时代，许多独创性的科学发现和技术发明多出自中青年科学家之手[5]。处于中青年的科学家的进取

---

[1] Harriet Zuckerman. Scientific Elite: Nobel Laureates in the United States[M]. New York: The Free Press, 1977.
[2] 赵红州. 关于科学家社会年龄问题的研究[J]. 自然辩证法通讯, 1979（4）：29-44.
[3] 路甬祥. 规律与启示——从诺贝尔自然科学奖与20世纪重大科学成就看科技原始创新的规律[J]. 西安交通大学学报（社会科学版），2000（4）：3-11.
[4] 杨中楷, 林德明, 韩爽, 等. 重大技术发明产出年龄分布特征研究——基于美国发明家名人堂数据[J]. 科学学研究, 2015, 33（3）：347-352.
[5] 姜莹, 韩伯棠, 张平淡. 科学发现的最佳年龄与我国科技人力资源的年龄结构[J]. 科技进步与对策, 2003, 20（17）：22-23.

心、事业心和好奇心最为强烈，他们不仅有了相当的知识积累，而且有充沛的体力和精力，有丰富的一线实践体验，不仅能把握本学科及相关学科领域的历史知识和前沿进展，而且有敢想敢干的创新精神，因而最容易做出杰出的成果。

因此，应该给予优秀青年专家更多的鼓励与帮助，破除论资排辈、因循守旧的陋习，培育能够激发青年人才热爱科技的社会和教育环境，营造鼓励创新、允许失败的文化环境，包容青年人某些奇异的想法和行为，通过制度创新，逐步营造出鼓励创新的学术文化，才有利于大批年轻科学家的"群体性"成长[1]。不要用"老标准"束缚青年人才，真正支持中青年优秀人才创造性地开展研究工作，让他们在科研道路上越走越远。对优秀人才还要在基本功训练方面严格要求，同时，在创新环境方面给予适度的宽松，形成真正有利于原始创新的氛围。

年长的科技专家要努力塑造无私和提掖后学的品格，不断用严于律己的精神影响青年一代。例如，20世纪60年代，新研制的一种导弹型号在发射试验时失败了。钱学森负责组织调查分析故障原因、总结教训。故障原因找出来后，钱学森召集年轻人员开会。这些年轻人意识到，是他们考虑不周导致导弹发射失败。钱学森却笑着说："如果说考虑不周，首先是我考虑不周，责任在我，不在你们。"当时孙家栋还是年轻人，后来回忆说："几十年干航天，每当遇到重大问题，不好下决心时，我就会想起钱老的担当。我当了领导之后，看到年轻人在工作上有什么差错，也会像钱老那样，敢于替他们承担，敢于严格要求自己，鼓励他们放下包袱，把事情办好。"[2] 从中可见老专家对年轻人的支持和信任，也看到作为科技领导的担当。

（5）重视和加强基础科学，尤其是物理学、数学等学科

从科学技术的发展趋势来看，具有根本性质的技术进步和创新必须建立

---

[1] 王大洲. 关于青年科学家成长的若干思考[C]//中国自然辩证法研究会."青年科学家创新与社会条件支持系统"课题研究论文集，2006：5.
[2] 王小月，刘喆. 钱学森：五年归国路，十年两弹成[N]. 中国航天报，2021-05-20.

在一定的基础科学理论之上，基础科学的薄弱往往制约应用科学的创新发展。因此，必须建立起我国自己的基础科学理论储备，大力加强和充实基础科学和理论研究的力量。近年来，我国科研投入力度不断加大，基础科研经费逐年攀升，但与美国、日本、德国、英国等主要创新型国家仍有较大差距。与基础科研经费占比偏低相对应的，就是中国目前基础科学的薄弱，以数学、物理学等基础学科领域的研究为例，中国与西方发达国家存在很大差距。自"钱学森之问"后，社会各界一直在呼吁加大对数学、物理、化学、天文学、地学、生物学、医学等基础学科研究的重视，基础科学研究不仅需要国家长期的持续的支持和投入，更需要科研人员"板凳要坐十年冷"的精神和毅力，克服浮躁的和急于求成的情绪。

物理学在科学技术发展的历史上具有巨大的推动力。物理学是自然科学中最基本的学科，是近代自然科学的带头学科，不仅影响着自然科学各个领域的发展，而且对高新技术和工程科学的发展产生巨大的引领和推动作用，在社会、经济、技术、文化等方面也发挥着重要作用。回顾历次科技革命，物理学的发展都起到了非常关键的主导作用。甚至可以说，无法例举出人类哪一方面的知识领域是和物理学无关的。

新中国成立初期，钱学森就非常重视物理学科的建设。时任中国科学技术大学筹备委员会委员的钱学森，就与郭永怀等著名科学家积极筹建力学和力学工程系，并兼任系主任长达20年之久。钱学森还与郭永怀合作，领导了中国科学技术大学物理系的创建工作。他在中国科学技术大学招收、指导物理力学专业研究生，进行物理力学课程的授课，亲自撰写《力学的现状及其发展方向》、《星际航行概论》等教材。他的教育思想和实践活动，影响了近代物理力学系的几代师生，为中国物理学科的发展奠定了基础，也为中国科学技术大学的整体建设贡献了力量。

需要特别强调的是，数学是科学技术原始创新和迅猛发展的重要基石。高斯说过：数学是科学的女王。爱因斯坦对数学的观点让人深思，他认为，"纯数学使我们能够发现概念和联系这些概念的规律，这些概念和规律给了我们理解自然现象的钥匙"①，马克思曾指出："一种科学只有在成功地运用数学时，才算达到了真正完善的地步"②，近代自然科学体系就是在数学得到广泛应用这一历史背景下逐渐建立起来的，力学、天文学、物理学及工程技术等科学的许多近代重要成就的实现离不开数学的应用③。数学思维、数学意识或数学理念，反映了一个民族的科学文化素质。西方近代数学的发展可以追溯到牛顿时代，至今已有300多年的学术传统和积累，在培养人才、办学和研究上都有一些很成功的经验。数学是帮助科技工作者解决实际问题和进行科学研究的有力武器。钱学森认为，"现代科学技术不管是哪一个部门都离不开数字，离不开数学科学的一门或几门学科。"④爱因斯坦认为，"在物理学中，通向更深入的基本知识的道路是同最精密的数学方法联系着的。"⑤数学的一个典型特征是可以形式化，形式化可以带来普遍化，而对普遍化的深入研究又带来了创新⑥。这里举三个例子可以生动说明数学与其他科学的紧密联系，以及数学对其他学科领域原创性成果的极其重要的推动作用和意义。

一是在电工学中有重要应用的复数及复变函数。电工学中使用的数学工具十分丰富，如微分方程、线性代数、拓扑学、组合论、逻辑代数等，其中尤以复数或复变函数运用最为广泛。18世纪，人们从数学自身的发展逻辑出发，创造了自然界没有原型的"虚数"这一概念，在此基础上又发明了"复数"。19世纪末，按数学自身规律又创造出"复变函数"，并在电工学中广泛应用，并推动了电工、电子技术的蓬勃发展⑦。复数域拥有整数以及实数所不具备的对称性和完备性，电工学中通常用复数表示交流电，虚数表示虚功，还广泛使用复数的极坐标形式，这样可以大大简化电工学的计算，从而

---

① 吴军. 数学之美[M]. 北京：人民邮电出版社，2012.
② 保尔·拉法格，等. 回忆马克思恩格斯[M]. 马集译. 北京：人民出版社，1973：7.
③ 钱时惕. 近代自然科学体系的建立及其意义——科学发展的人文历程漫话之九[J]. 物理通报，2011（11）：122-125.
④ 钱学森. 现代科学的结构——再论科学技术体系学[J]. 哲学研究，1982（3）：19-22.
⑤ 爱因斯坦. 爱因斯坦文集（第一卷）[M]. 许良英，范岱年，编译. 商务印书馆，1976：136，313.
⑥ 吕淑琴，陈洪，李雨民. 诺贝尔奖的启示[M]. 北京：科学出版社，2010.
⑦ 林永伟，叶立军. 数学史与数学教育[M]. 杭州：浙江大学出版社，2004.

推动了电气技术的发展。事实上，复数和复变函数在科学技术领域扮演着十分重要的角色，可以用到空气动力学、流体动力学、弹性理论、位势理论等研究，在航空、航天、航海等领域中也发挥着重要作用。

二是孟德尔运用统计数学发现了遗传学规律。在担任自然科学教师期间，"现代遗传学之父"格雷戈尔·孟德尔开始了一项著名的育种实验，决心通过实验找出遗传规律。他选中豌豆进行科学实验，10年间，他研究了21 000多株植物，并记录了它们性状传递的结果。大量、翔实的实验数据为孟德尔研究发现遗传学规律提供了基础。尽管这些大量的数据和观察结果摆在孟德尔面前，看起来扑朔迷离，毫无头绪，但是数学给了他关键性的研究工具。孟德尔坚信，对大量数据和结果进行数理统计分析，一定能找出规律。统计分析的结果表明，所有生物都含有传递生物性状的基本单位，即基因。而对于每一株植物来说，它们表现出的性状都是由一对基因决定的。基因又分为显性和隐性两种，植物性状是由它接受的显性基因决定的；隐性基因也保存在植物体中，它不会显现出来，但会被带到下一代。孟德尔利用统计数学得出这些基本原理后，写出了《植物杂交实验》，系统说明了他发现的遗传学规律：分离定律和自由组合定律。

三是爱因斯坦利用黎曼几何和张量分析这两个强大的数学工具创立了广义相对论。爱因斯坦于1905年开始研究万有引力，1907年提出等效原理。1911年，他得出结论，指出光在引力场中会发生弯曲。1913年，他和格罗斯曼将黎曼几何引入新理论的研究。1915年底，广义相对论的创建最终完成。这是爱因斯坦对物理学的又一伟大贡献，也是他一生科学成就的顶峰。时隔多年之后，爱因斯坦强调了他从广义相对论中学到的经验。他说："这个理论……是高斯（Carl Friedrich Gauss）、黎曼（Bernhard Riemann）、克里斯托弗尔（Christoffel）、里奇（Ricci-Curbastro）和利瓦伊-斯维塔（Tullio Levi-Civita）创立的微分几何学方法的真正的胜利。"[①] "像引力场方程这样复杂的方程，只有通过发现逻辑上简单的数学条件才能找到，这种数学条件完全地

---

① Einstein A. On the General Theory of Relativity[C]//The Collected Papers of Albert Einstein. The Berlin Years: Writings, 1914—1917. Princeton: Princeton University Press, 1997, 6: 98-110.

或者几乎完全地决定着这些方程……"① 爱因斯坦对数学的强调，充分说明了数学对于物理学的极端重要性。

（6）改变实用主义传统，避免短期行为，要持之以恒、专心致志地下真功夫、苦功夫、"笨"功夫

严格意义上的中国现代科学发展史不过一百年，在"实用主义"仍广泛存在的社会背景下，对自然科学真理的执着热爱有限、对自然和科学的好奇心不足，成为我国科学发展的难题之一，目前社会上还存在某种意义上的好大喜功、急功近利，缺少长远视角和全局观念，对短期收益和局部效果的过度追求等现象。要改变实用主义传统，必须警惕把基础科学研究活动过分功利化、目的化、实用化的倾向。要思考如何真正从根子上理解和学习现代西方的科学技术，从根本上破解缺乏大的原创性成果的困局。现代科学与技术固然有融合的趋势，但如果没有原创性的科学研究成果作为基础，要达到世界科技前列就可能是一纸空谈。要重视基础科学和基础技术，在科技创新上减少实用主义的影响，避免短期行为，坚决反对浮躁、浮夸，甚至投机取巧之风。要使更多科研人员能够沉下心来、潜心向学、埋头苦干，不张扬、不浮夸，持之以恒，才能终见成效。

科学研究，往往难以一蹴而就，总有一个循序渐进、从量变积累到质变飞跃的过程，其内在过程蕴含的科学规律需要予以足够的重视。从辩证唯物主义的角度来理解科技创新研究过程中量变和质变的关系，可以有几点体会：一是量变是常态，质变是瞬态；二是量变既是质变的前奏，也是质变前的常态；三是扎实积极的量变往往是最终质变的最快状态，也是最"速"的"达"，而欲速则不达，因此最好的捷径往往是下"笨"功夫；四是足够的量变也往往是高质量的质变的前奏。由此可见，质变往往就潜藏在量变中，历经一段时期的量变积累后，回过头看很可能已经发生了许多质变。科学是老老实实的学问，来不得半点虚假，需要付出艰苦的劳动。科学研究的过程是一个反复摸索和建设性积累的过程，这一过程往往漫长而孤独，艰难而曲

---

① 爱因斯坦. 爱因斯坦文集（第一卷）[M]. 许良英，范岱年，编译. 北京：商务印书馆，1976.

折。马克思说过：在科学上是没有平坦的道路可走的，只有不畏艰辛沿着崎岖的山路不断攀登的人，才有希望达到光辉的顶点。科技工作者要克服浮躁之气，要敏锐、恒勤，坚忍不拔，要下真功夫、"笨"功夫、苦功夫，不能急于求成、投机取巧。必须秉持专注一项专业工作、精益求精的精神，沉下心去搞研究，才可能在专业上做实做深做精。

在航天事业的创建中，坚韧不拔、持之以恒、埋头苦干的例子数不胜数，"两弹一星"、载人航天、探月工程等重大科技成果无不是靠几代航天人"十年磨一剑"，没有经年累月的艰苦努力是难以成功的。

（四）关于"李约瑟难题"的思考

（1）从大历史观看，东西方文明融合和互鉴是历史发展趋势

随着世界经济全球化的不断推进，全球进入多元融合的崭新阶段，各国都无法利用单一的或者简单的方式来解决动态的、复杂的发展问题。为了能够在新形势下解决问题，需要在总结前人的方法的基础上提出新的方法论，预测未来的发展趋势。东西方文明需要深入的融合才能够取其精华、去其糟粕，获得长足的发展，任何一种文明都不可能独善其身，只有在相互借鉴中才能够实现更好的发展[1]。现代以来，东方文化的可借鉴意义也在显著提升，尤其是进入21世纪，主要新兴国家竞相勃发，世界正在发生百年未有之大变局，这是人类社会发展的大趋势，是人类文明进步的表现。从大历史观而言，东西方两类文明体系和传统相互借鉴启发，是大的发展趋势。

（2）扬古融今，兼容并包、扬长补短，构筑新时代创新文化

李大钊说过，"文化之盛衰，民族之兴亡系之。"[2] 作为数千年积淀的精华，中华民族拥有灿烂辉煌的文化传统，无论是时间的绵延还是空间的广阔，都注定了中华文化的巨大生命力和影响力，在我国发展的过去、现在

---

[1] 滕文生. 东西方文明互学互鉴与构建人类命运共同体[J]. 世界社会主义研究，2019（11）：12-19.
[2] 李大钊. 李大钊全集（第Ⅰ卷）[M]. 北京：人民出版社，2006：255.

和未来都将发挥十分重要、无可替代的巨大作用。传承是为了创新，传统文化只有在通向未来的道路上才会永不干涸。实现中华传统文化的创造性转变和发展，是当前重要的文化建设内容，受到社会各界的关注和重视。中国传统文化的创新性发展更需要博采众长，并制定合理的发展策略。海纳百川，有容乃大。东方民族完全可以学习和领会现代科学技术体系的深邃和要义，守正求新、推陈出新、融合创新，作出真正的创造性贡献，从而拥有真正的文化自信，迎来真正的文化繁荣。这并不是文化和种族的优劣，而更主要的是人类历史中不同特质的文明波澜起伏、前后赶超的一种壮阔景象。

在经济全球化的今天，各种进步的现代文化观念日益被全人类所共享，任何一个有进取心的民族都会追求国家的现代化。科技创新"深深嵌入在文化之中"[1]，更需要先进的文化来支持。从一个较长时期的历史阶段来看，科技创新与文化之间相互作用，使科技创新与文化双方都发生相应的变革，促进科技创新与文化的繁荣。构筑新时代科技创新文化，必须学会扬古融今，做到兼容并包、扬长补短。对待传统文化，应该批判和继承相结合，让优秀的传统文化和现代文明对接；对西方的先进文化，应该明辨各种文化的积极作用和消极影响，秉持开放、包容、理性的态度，辩证地对待世界各国的创新成果。既要通过对中国传统文化的弘扬和发展增强文化自信，又要借鉴其他文化的优秀元素对传统文化进行创新转化。要以中华民族优秀文化为本，融合其他一切优秀文化并终为一体。

同时，无论是对待我国传统文化，还是对待其他文化，都必须具备一种辩证的、理性的精神。马克思曾说："辩证法在对现存事物的肯定理解中包含对现存事物的否定的理解，即对现存事物的必然灭亡的理解；辩证法不崇拜任何东西，按其本质来说，它是批判的和革命的。"[2]以这种批判精神为媒介，在批判和扬弃旧事物中发现和创造新事物，开创一个新的纪元。东方文明中要重视现代数学思维的学习、理解，重视物理学、化学等自然科学理念

---

[1] Ihde D. Philosophy of Technology[M]. New York：Paragon House，1993：50.
[2] 赵家祥，王元明. 马克思主义哲学原理[M]. 北京：中国人民大学出版社，2005.

和精神的培育，重视现代科学技术思想体系和现代工业文明的培育。

（3）积极推动和加强科学普及，激发学科学、爱科学的热情

国民科学素质的高低决定了一个国家科技竞争力的强弱。一般而言，提高国民科学素质行之有效的方式就是科普活动。科普活动的开展既能够普及知识，又能够在人们的脑海中构建科学思维、方法和精神。当代中国社会主义强国建设需要弘扬科学精神，就要不断在群众中加强科学知识的普及，形成全民尊重科学、学习科学的良好氛围。同时，还应该推动科学普及同科技创新协调共进，不断提升全民科学素质和认同感。借助多种科普手段，形成常态化的科普宣传氛围。加强科普教育场馆及设施建设，建立科普教育中心，开放更多的科普资源，推动全社会形成科普风气。加强科普人才队伍建设。完善科普教育体系，培养青少年探索意识，激发青少年学科学、爱科学的热情。推动科学技术发展史研究和普及，帮助学生对于科学技术发展建立一种全面的认知，同时也通过这种方法建立起科学技术的批判精神。科学技术在一定的文化土壤中生根发芽，也需要由特定的文化素养来滋养和浇灌，科学的进步来自先进文化的推动，并且在特定的历史条件下蓬勃迸发。科学技术史可以帮助人们全面而准确地建立科学技术发展过程的脉络，感知科学家的创造性劳动，领悟科学精神和科学技术的人文性，从而沟通文理，加深对科学技术本身的理解[①]。

（4）创新需要一种大视野，需要勇敢和坚韧的品格，更需要持之以恒的投入和付出

技术创新需要科技工作者面对科学难题时具备艰苦攻关的勇气，在面对未知事物、困难等不利因素和挑战时，要勇于接近和认知，敢于克服和消除不利因素。作为一种精神状态，创新的勇气也受科技工作者所处的文化传统、意识形态、社会制度等大环境，以及学习、工作、生活等小环境的各种外部因素综合作用影响，因此，需要全社会去创造一种勇于创新、敢于创新

---

① 吴国盛. 科学史的意义[J]. 中国科技史杂志，2005，26（1）：59-64.

的文化环境。"两弹一星"研制时期,当国家民族面临生存威胁时,中华民族可以迸发出超乎寻常的伟大信念和意志、勇气和坚韧,造就了"两弹一星"为代表的辉煌创新成果。新的时代,可以相信,继续秉持勇敢和坚韧的品格,保持强大的自信心,中华民族一定能产生出更加伟大的智慧成果。科技工作者应当发扬敢想、敢说、敢干的精神,不图侥幸,不怕失败,坚持不懈。

科技创新不可能一蹴而就,更需要科技工作者持之以恒的投入和付出。一是从科技创新的规律看,科技创新的过程一般总是表现为非线性的轨迹,科技创新需要通过大量的积累,通过循环累计因果效应得到强化,是一个循序渐进的过程。当科技创新经过一段时间的积累,发展到一定阶段时,一定是爆炸性的增长,实现从量的积累向质的飞跃、从点的突破向系统性能力提升转变,这个过程体现出了典型的非线性积累效应。

二是大量学术研究表明,科技成果获得承认有一个较长的周期,通常科技工作者做出代表性成果到获奖(或取得同行认可)要经历的时间差大概在 10~20 年。因此,从个人的成长角度看,科技工作者自身的努力和获得创新发现之间也存在非线性发展的客观规律,一般需要科技工作者有一个较长时间的积累期,然后有质的飞跃。这就需要科技工作者有定力,持之以恒地投入和付出。

三是从科技事业发展的角度看,我国全面建成航天强国、科技强国至少还需要 15~30 年的时间,根据有关规划,我国提出到 21 世纪中叶建成科技强国的战略目标。回顾主要国家科技发展的历程,可以发现,强国高地和中心的形成也是非线性的,这也需要科技从业者、决策者为建设科技强国付出较长时间的持续努力,过程的前期就要抓紧抓实,持之以恒、不懈努力,最终一定会形成爆发式的非线性质变,不宜操之过急。

(5)弘扬爱国主义精神和航天精神,厚植爱国主义情怀

马克思曾说,"科学绝不是一种自私自利的享乐,有幸能够致力于科学

研究的人，首先应该拿出自己的学识为人民服务。"①爱国主义精神是中华民族精神的核心，是中华民族自古以来的优良传统和共同价值观，是凝聚全国各族人民心向祖国的最好凝合剂。正因为有这种精神的存在，中华民族才能上下一心，积极团结地为祖国的发展和民族的复兴而不懈地奋斗；才把个人与国家命运紧密联系起来，才能在国家危难之际挺身而出，团结奋斗、自强不息，使得中华民族生生不息、薪火相传。国家利益高于一切，这也是"两弹一星"科研队伍最坚强、最持久的精神支柱。新时代更需要继承发扬以国家民族命运为己任的爱国主义精神，更需要继续发扬以爱国主义和科学理性为底色的科学家精神。

航天精神源于航天实践，又推动航天实践。事业愈艰巨、精神愈深厚，几代航天人投身中国航天伟大事业中，创造了以航天传统精神、"两弹一星"精神、载人航天精神等为主要内容的航天"三大精神"，以及新时代北斗精神、探月精神。在中华民族伟大复兴的征程上，新时代的航天人更应当主动传承和弘扬航天精神，保持深厚的家国情怀和强烈的社会责任感，心系祖国和人民，不畏艰难，无私奉献，为科学技术创新发展、中华民族伟大复兴作出新的更大贡献。

小结：未来

本章主题词：未来

战略研究的使命是创造未来。谈到未来，有两个重要的趋势必须把握，那就是全球化和智能化。

虽然某些逆全球化的论调不时甚嚣尘上，虽然新冠疫情减缓了交流，虽然各种争端仍然激烈，但全球化仍是时代的滚滚洪流，不可阻挡，人类面临

---

① 保尔·拉法格，等. 回忆马克思恩格斯[M]. 马集译. 北京：人民出版社，1973.

的全球性挑战也日益增多，例如全球气候变化、非传统安全问题、自然灾害管理等等。应对这些全球性挑战，既有科技问题、自然问题，又有社会问题、经济问题、政治问题、外交问题，是十分复杂的体系性问题，需要全球合作，航天领域的全球合作也是解决这些问题的重要基础和支撑。

同时，我们又应该清醒地看到，现代社会虽然在经济和科技层面已经全球化，开放、合作、双赢、多赢已成为国际社会公认的发展理念，但是国际战略安全的基本架构仍然是遵循丛林法则的，在这个架构里，话语权仍然在大炮范围内才能真正有效，这是任何一个大国都必须清醒认识的基本原则。对于一个大国，其战略安全必须是基于战略感知、远程打击与核力量、核威慑与不对称制衡能力、非线性对抗条件下的安全，亦即必须具备威慑止战与控制冲突等级和战争规模的可信实力。

智能化之于社会、之于经济、之于战争，都是不可逆转之趋势。智能化将深刻改变我们的社会形态、生活方式和思维模式，也将改变我们对战略博弈和战争的认识。特别是对于现代战争而言，必须重视人权和人民群众的政治呼声，顺应人类进步力量和潮流，尽量减少大规模杀伤人的生命，这更是未来战争的第一主要特征。因此，大国和强国之间的博弈必然越来越多地依靠少人甚至无人化、智能化的远程精确打击武器系统，以及相应的作战模式。未来的战场，将不仅是人的角斗场、武器的角斗场，更是智慧的角斗场，是智能科技和信息科技的角斗场。而这种角斗，不仅是在战场上，也将是和我们社会生活深度融合的。

2021年5月28日，中国科学院第二十次院士大会、中国工程院第十五次院士大会和中国科协第十次全国代表大会召开。会议号召面向世界科技前沿、面向经济主战场、面向国家重大需求、面向人民生命健康，为科技自立自强和建设世界科技强国而努力奋斗。今天的航天科技战略研究无论是内容还是形式上，都必须坚定地坚持"四个面向"，主动塑造和引领全球化、智能化的时势，才能拥有未来，创造未来。

结　语

最后，把本书的研究和思考总结为以下认识和体会：

（1）在新中国成立之初一穷二白、极其困难的条件下，特别是经历了抗美援朝战争和美帝国主义核讹诈之后，党中央和毛主席果断决策创建航天科技工业，实施"两弹一星"这样攀登科技高峰和奠定国防战略安全的科技工程，这是中国共产党人在取得革命胜利之后不忘初心、牢记使命，领导中华民族自立于世界民族之林、走向科学技术现代化的新的伟大长征。

（2）开国领袖创建航天事业的胆略，来源于深刻的历史自省、强烈的民族自信心，以及中华民族能够、也必须为人类发展做出重要贡献的崇高使命感。

（3）即使在最困难的情况下，开国领袖也从来没有减弱对发展航天事业的战略决心和力度，这奠定了航天事业和尖端国防科技在国家安全和民族复兴全局中的战略性地位，也奠定了"两弹一星"精神和航天精神的基础内核。

（4）开国领袖科技战略思考的背后，是其深刻的哲学思想、深厚的文化底蕴、雄阔的全球（宇宙）视野和现代的科学素养。搞好科技战略研究，也应从这些方面提升和塑造自身的能力。

（5）科技战略研究需要有具备强烈的事业心和科学素养、科研经验、组织能力的战略科学家领衔导向，同时又要有一批具有强烈战略意识和深刻战略思维的科技专家群体深度参与和集思广益。

（6）科技战略既需要战略决策者的顶层设计和决策，又需要实施和管理专家的具体领导和组织，同时需要科技专家团队的具体实施和执行。三个层面上下同心、紧密结合、不断迭代，才能不断推进、真正落实并取得成功。

（7）科技战略的实施就是一场科技战线的长期会战，需要一批贯穿战略、战役、战术的体系化的优秀团队，团队必须具有强大的组织力和执行力，也必须拥有优秀的复合型领军人才。

（8）中华民族是勤劳、智慧的伟大民族，有着丰厚的文化积淀，并不缺少有思想、有激情、有能力在科学技术领域做出创造性贡献的人才，但在科学精神、现代科学传统以及方法论等方面仍需要和善于向西方学习。历史已经证明，只要涌现和拥有哪怕是一小部分这样的科技精英，就能够带动我国科技创新的重大突破。这就是我们建设世界科技强国的战略信心和底气。

（9）后发国家的赶超和复兴，早期都离不开跟踪先进国家的科技发展，并从实用的角度在局部取得重点突破，但是必须着眼更高目标和更大的时空尺度，在早期做好未来全面发展的宏观布局，并在发展过程中动态调整重大科技工程需求牵引和关键基础领域专业技术推动的比重，在并跑和领跑阶段两者更是不能偏废。

（10）创新环境、氛围、文化，是科技创新必不可少的条件，包容是最基本的要求。在国力尚不足够强大的阶段，包容失败很难，但是最起码要从爱护坐冷板凳者和包容不一样的成功者做起，这样才能逐步走出摆脱跟仿、实现原创的道路。

主要参考文献

[1] 毛泽东. 毛泽东选集（第1—4卷）[M]. 北京：人民出版社，1991.

[2] 师哲. 在历史巨人身边——师哲回忆录（修订本）[M]. 北京：中央文献出版社，1995.

[3] 王俊. 毛泽东与中国工业化[M]. 福州：福建教育出版社，2001.

[4] 徐焰. 毛泽东与抗美援朝战争[M]. 北京：解放军出版社，2004.

[5] 建国以来毛泽东军事文稿[M]. 北京：军事科学出版社，中央文献出版社，2009.

[6] 中共中央文献研究室. 毛泽东文集[M]. 北京：人民出版社，1999.

[7] 毛泽东. 毛泽东外交文选[M]. 北京：中央文献出版社，1994.

[8] 毛泽东. 建国以来毛泽东文稿[M]. 北京：中央文献出版社，1991.

[9] 钮先钟. 战略研究入门[M]. 上海：文汇出版社，2018.

[10] 杜善义. 崇尚学术，追求卓越——写在《宇航学报》创刊40周年[J]. 宇航学报，2020（7）.

[11] 中国共产党第十九届中央委员会第五次全体会议公报，2020-10-29.

[12] 刘统."和平民主新阶段"研究[J]. 党的文献，2002（4）：41-49.

[13] 习近平. 在纪念中国人民志愿军抗美援朝出国作战70周年大会上的讲话[OL]. 新华网，2020-10-23.

[14] 军事科学院军事历史研究所. 抗美援朝战争史[M]. 北京：军事科学出版社，2011：504.

[15] 国家统计局. 中国统计年鉴（1980）[M]. 北京：中国统计出版社，1981：Ⅳ-75.

[16] 吴承明，董志凯. 中华人民共和国经济史（第一卷）：1949—1952[M]. 北京：中国财政经济出版社.

[17] 林毅夫. 中国的奇迹：发展战略与经济改革[M]. 上海：上海三联书店，上海人民出版社，1994.

[18] 武力. 略论新中国60年经济发展与制度变迁的互动[J]. 中国经济史研究，2009（3）：14-23.

[19] 逄先知，金冲及. 毛泽东传（1893—1949年）[M]. 北京：中央文献出版社，1996.

[20] 中共中央文献研究室. 毛泽东传（1949—1976）[M]. 北京：中央文献出版社，2003.

[21] 毛泽东西藏工作文选[M]. 北京：中央文献出版社，中国藏学出版社，2001.

[22] 胡绳. 中国共产党的七十年[M]. 北京：中共党史出版社，1993.

[23] 中共中央文献研究室. 建国以来重要文献选编[M]. 北京：中央文献出版社，1994.

[24] 张上义. 新中国——砥砺奋进的七十年[M]. 北京：东方出版社，2019.

[25] 中华人民共和国发展国民经济的第一个五年计划（1953—1957）[M]. 北京：人民出版社，1955.

[26] 武力. 中华人民共和国经济史[M]. 北京：中国经济出版社，1999.

[27] 王亚志，沈志华，李丹慧. 新中国成立初期苏联与中国的军队装备[J]. 俄罗斯研究，2004（1）.

[28] 蒋宝琪. 中国国防经济分析[M]. 北京：国防大学出版社，1991.

[29] 叶永烈. 毛泽东的秘书们[M]. 上海：上海人民出版社，2005.

[30] 梁柱. 毛泽东发展科学技术的若干思想论析[J]. 中国特色社会主义研究，2012（2）：5-13.

[31] 吕成冬. 毛泽东六次接见钱学森[J]. 百年潮，2014（12）：23-26.

[32] 中共中央文献研究室. 毛泽东年谱（1949—1976）[M]. 北京：中央文献出版社，2013.

[33] 张育诚. "大跃进"时期毛泽东对粮食产量的心态变化[J]. 党史博览, 2020 (9): 34-38.

[34] 毛泽东. 毛泽东早期文稿[M]. 长沙: 湖南出版社, 1990.

[35] 何其芳. 不怕鬼的故事（序）[M]. 北京: 人民文学出版社, 1961.

[36] 李成智. 中国航天技术发展史稿[M]. 济南: 山东教育出版社, 2002.

[37] 周恩来军事文选[M]. 北京: 人民出版社, 1997.

[38] 薄一波. 若干重大决策与事件的历史回忆（上、下）[M]. 北京: 中共中央党校出版社, 1991.

[39] 李鹰翔. 核导弹武器化成功的重要标志[J]. 中国核工业, 2016 (10): 52-54.

[40] 中共中央文献研究室. 毛泽东军事文集[M]. 北京: 中央文献出版社, 1993.

[41] 穆欣. 陈赓传[M]. 北京: 人民出版社, 2010.

[42] 沈志华. 苏联专家在中国（1948—1960）[M]. 北京: 新华出版社, 2009.

[43] 朱增良. 飞天梦圆[M]. 北京: 华艺出版社, 2003.

[44] 崔茂东, 李华. 毛泽东论核武器与核战争初析[M]. 北京: 北京联合出版公司, 2018.

[45] 申晓勇. 技术引进视角下我国国防工业发展研究（1949—1960）[J]. 军事历史研究, 2013 (1).

[46] 沈志华. 新中国建立初期苏联对华经济援助的基本情况[J]. 俄罗斯研究, 2001 (2).

[47] 当代中国丛书编辑委员会. 当代中国的科学技术事业[M]. 北京: 当代中国出版社, 1991.

[48] 中国教育年鉴编辑部. 中国教育年鉴（1949—1981）[M]. 北京: 中国大百科全书出版社, 1999.

[49] 宋妮. 1952年中国院系调整的前前后后[J]. 21世纪, 2010 (5).

[50] 中华人民共和国教育部. 共和国教育50年[M]. 北京: 北京师范大学出版社, 2000.

[51] 郭沫若. 在中国科学院学部成立大会上的报告[J]. 科学通报, 1955 (7).

[52] 1950年全国自然科学工作者代表会议[OL]. http://tech.sina.com.cn/d/2006-05-17/2108942732.shtml.

[53] 周恩来. 周恩来选集[M]. 北京: 人民出版社, 1997.

[54] 樊洪业. 中国科学院编年史（1949—1999）[M]. 上海: 上海科技教育出版社,

1999.

[55] 陈建新，赵玉林，关前. 当代中国科学技术发展史[M]. 武汉：湖北教育出版社，1994.

[56] 乔有露，彭玉龙. 中国研制"两弹一星"战略决策的研究与思考[J]. 军事思想史研究，2017（6）：28-34.

[57] 中国核工业总公司. 毛泽东与中国原子能事业[M]. 北京：中国原子能出版社，1993.

[58] 中华人民共和国政府声明[N]. 人民日报，1964-10-17（1）.

[59] 梁柱. 毛泽东对社会主义发展阶段的探索[J]. 思想理论教育导刊，2003（12）.

[60] 李锦坤. 论毛泽东战略思想的特色[J]. 天津社会科学，2003（3）.

[61] 李颖，程美东. 与毛泽东一起感受历史（第2册）[M]. 武汉：湖北人民出版社，2005.

[62] 吴正裕. 毛泽东诗词全编鉴赏[M]. 北京：人民文学出版社，2017.

[63] 陈晋. 毛泽东文化性格[M]. 北京：中国青年出版社，1991.

[64] 胡哲峰，孙彦. 毛泽东谈毛泽东[M]. 北京：中共中央党校出版社，2008.

[65] 中共中央党史研究室. 中国共产党历史[M]. 北京：中共党史出版社，2011.

[66] 斯图尔特·施拉姆. 毛泽东[M]. 北京：红旗出版社，1987

[67] 马连礼，等. 毛泽东诗词纵横论[M]. 济南：山东人民出版社，2000.

[68] 毛泽东著作选读[M]. 北京：人民出版社，1986.

[69] 中央文献研究室，湖南省委《早期文稿》编辑组. 毛泽东早期文稿[M]. 长沙：湖南人民出版社，2008.

[70] 毛泽东书信选集[C]. 北京：人民出版社，1983.

[71] 龚育之. 毛泽东的读书生活[M]. 北京：三联书店，1986.

[72] 高峻. 党的三代领导人的科技战略思想[J]. 当代中国史研究，2002（5）.

[73] 刘艳琼. "两弹一星"工程中管理层面的成功经验（上）[J]. 航天工业管理，2002（6）：13-16.

[74] 苏在卿. 周恩来在"两弹"研制中的领导艺术[J]. 领导科学，1990（12）.

[75] 王建蒙. 孙家栋与中国第一颗人造地球卫星[J]. 炎黄春秋，2020（4）.

[76] 聂荣臻. 聂荣臻元帅回忆录[M]. 北京：解放军出版社，2005.

[77] 周均伦. 聂荣臻年谱[M]. 北京：人民出版社，1999.

[78] 孙丽. 中国研发"两弹一星"的文化透视[M]. 北京：经济科学出版社，2011.

[79] 钱学森. 人造卫星的发射和军事航空的用途[J]. 现代武器，1958（2）.

[80] 谭邦治. 任新民院士传记[M]. 北京：中国宇航出版社，2014.

[81] 葛清伟. 1960年代前期中共中央对国防工业的筹划与实践[J]. 党史文苑，2015（8）.

[82] 刘纪原. 中国航天事业发展的哲学思想[M]. 北京：中国宇航出版社，2016.

[83] 李大耀. 中国探空火箭40年（1958—1997）[M]. 北京：中国宇航出版社，1998.

[84] 美担心我在两年内发射人造卫星和拥有原子弹[N]. 参考消息，1960-01-19（引自美联社华盛顿3日电）.

[85] 美担心我在两年内发射人造卫星和拥有原子弹[N]. 参考消息，1960-01-19（引自美军东京远东广播网13日广播）.

[86] 亚非朋友热烈欢呼我人造卫星发射成功[N]. 参考消息，1970-04-29（引自东方通讯社东京二十六日电）.

[87] 法新社报道：《在毛泽东的领导下中国已成为核和空间大国》[N]. 参考消息，1976-09-13（引自法新社巴黎九月十日电）.

[88] 邓媛. 两弹一星与大国地位[J]. 科学大观园，2019（Z1）：26-27.

[89] 新加坡《民报》发表文章说：中国卫星上天使美苏相顾失色[N]. 参考消息，1970-05-01（引自新加坡《民报》二十七日特稿）.

[90] All well with China's first satellite[N]. The Canberra Time，1970-04-27（1）.（https://trove.nla.gov.au/newspaper/article/107921957）.

[91] 中国侦察卫星大显神通（上）[N]. 参考消息，1998-04-03（引自新加坡《联合早报》3月24日文章）.

[92] 美《新闻周刊》文章：《中国的空间计划》[N]. 参考消息，1976-03-06（引自美《新闻周刊》3月1日文章）.

[93] 外电评我又发射一颗人造地球卫星[N]. 参考消息，1976-12-10（引自共同社北京十二月八日电）.

[94] 阎明复，朱瑞真. 毛泽东第二次访苏和1957年莫斯科会议（二）[J]. 中共党史资料，2006（1）.

[95] 航天工业部征文办公室. 航天事业三十年[M]. 北京：中国宇航出版社，1986.

[96] 王希季. 20世纪中国航天器技术的进展[M]. 北京：中国宇航出版社，2002.

[97] 杨丫男. 中国科学院力学研究所的建立与初期研究工作（1956—1966年）[Z].

中国科学技术大学，2009.

[98] 薄一波. 若干重大决策与事件的回顾[M]. 北京：中共中央党校出版社，1991.

[99] 张钧. 当代中国的航天事业[M]. 北京：中国社会科学出版社，1986.

[100] 赵少奎. 钱学森与现代科学技术[M]. 北京：人民出版社，2001.

[101] 中国宇航学会. 辉煌的中国航天[J]. 航天杂志，1999（Z）.

[102] 胡维佳."十二年科技规划"的制定、作用及其启示[J]. 中国科学院院刊，2006（3）.

[103] 筱蕾."东风五号"洲际导弹研制回顾[J]. 党史博览，2019（3）.

[104] 当代中国丛书编辑部. 中国人民解放军[M]. 北京：当代中国出版社，1994.

[105] 中国航天科技集团. 四十年前的今天，东风五号洲际导弹飞向太平洋，2020-05-18.

[106] 国家科委调研室. 解放和发展科技生产力的历程[J]. 当代中国史研究，1994（4）.

[107] 马泉山. 新中国工业经济史（1966—1978）[M]. 北京：经济管理出版社，1998.

[108] 聂荣臻同志和科技工作[M]. 北京：光明日报出版社，1995.

[109] 聂荣臻. 聂荣臻回忆录[M]. 北京：解放军出版社，2007.

[110] 游本凤. 与钱学森密切相关的"风暴一号"火箭[M]//钱学森研究（第2辑），2016：37-46.

[111]《世界航天运载器大全》编委会. 世界航天运载器大全[M]. 北京：中国宇航出版社，2007.

[112] 刘戟锋，刘艳琼，谢海燕. 两弹一星工程与大科学[M]. 济南：山东教育出版社，2004.

[113] 李淑姮. 火箭元老们征天路上的那些事儿[N]. 中国航天报，2014-12-13.

[114] 罗小明. 周恩来：中国尖端技术发展的总设计师[J]. 党史博览，2013（10）：17-20.

[115] 周家鼎. 周恩来总理与"两弹一星"（下）[J]. 中国监察，2006（2）.

[116] 中共中央文献研究室. 周恩来年谱（1949—1976）[J]. 北京：中央文献出版社，2007.

[117] 刘昱东，曾华锋."两弹一星"中的学科建设问题初探[J]. 工程研究——跨学科视野中的工程，2011，3（4）.

[118] 钱学森. 工程和工程科学[J]. 力学进展, 2010, 39 (6): 1-7.

[119] 奚启新. 钱学森传[M]. 北京: 人民出版社, 2011.

[120] 科学界的觉醒和责任[N]. 光明日报, 2003-02-28.

[121] 苗东升. "两弹一星"事业对中国社会发展的影响[J]. 中国工程科学, 2004 (7).

[122] 樊洪业. "两弹一星"人才的教育背景与启示[J]. 民主与科学, 2005 (4).

[123] 马建光. "两弹一星"元勋成长启示[J]. 中国核工业, 2015 (2).

[124] 清华大学关于各系及专业调整的议决事项: 1957—1958 年度校务行政会第 7 次扩大会议记录[A]. 清华大学校史研究室.

[125] 清华大学史料选编(第六卷第一分册)[M]. 北京: 清华大学出版社, 2007.

[126] 复旦大学校志编写组. 复旦大学志(第二卷)[M]. 上海: 复旦大学出版社, 1995.

[127] 王德滋. 南京大学百年史[M]. 南京: 南京大学出版社, 2002.

[128] "两弹一星"元勋[J]. 科学新闻, 中科院学部成立 60 周年特刊.

[129] 杜文林. 论"两弹一星"精神的时代内涵[J]. 中国纪念馆研究, 2015 (2).

[130] 中国航天科技集团. 不管条件如何变化, 自力更生、艰苦奋斗的志气不能丢, 2020-05-20.

[131] 解放军总装备部政治部. 两弹一星: 共和国的丰碑[M]. 北京: 九州出版社, 2000.

[132] 王素莉. 两弹一星决策与历史经验[J]. 中共党史研究, 2001 (4).

[133] 上海航天设备制造总厂有限公司. 追梦——奋进中的航天总厂[M]. 上海: 上海人民出版社, 2021: 31.

[134] 习近平给参与"东方红一号"任务的老科学家的回信. 新华社通讯, 2020-04-23.

[135] 习近平总书记代表党中央、国务院和中央军委祝贺探月工程嫦娥五号任务取得圆满成功的贺电. 新华社通讯, 2020-12-17.

[136] 赵中立, 许良英. 纪念爱因斯坦译文集[M]. 上海: 上海科学技术出版社, 1979.

[137] 孙丽琳, 吴季. 空间科学对国家科技、经济与社会发展的作用[J]. 中国科学院院刊, 2015 (6): 733-739.

[138] 聂力. 山高水长: 回忆父亲聂荣臻[M]. 上海: 上海文艺出版社, 2006.

[139] 叶永烈. 钱学森[M]. 上海：上海交通大学出版社，2010.

[140] 樊春良. 新中国70年科技规划的创立与发展——不同时期科技规划的比较[J]. 科技导报，2019，37（18）：31-42.

[141] 戴显红，侯强. 新中国70年科技发展战略的政策跃迁[J]. 邓小平研究，2019（4）：70-79.

[142] 姜玉平. 技术科学思想与"十二年科学规划"——以四项"紧急措施"与力学学科规划为中心的探讨[J]. 当代中国史研究，2017，24（3）：94-103，127.

[143] 杨文利，张蒙. 毛泽东与新中国第一个科技发展规划[C]//当代中国研究所，湖南省社会科学院，中共长沙市委，中华人民共和国国史学会. 毛泽东与中国社会主义建设规律的探索：第六届国史学术年会论文集，2006：7.

[144] 胡维佳. 中国科技规划、计划与政策研究[M]. 济南：山东教育出版社，2005.

[145] 武衡. 科技战线五十年[M]. 北京：科学技术文献出版社，1994.

[146] 李会平. 共和国7个科技规划回放[J]. 创新科技，2006（3）：20-21.

[147] 吴明瑜. 科技政策研究三十年——吴明瑜口述自传[M]. 长沙：湖南教育出版社，2015.

[148] 柳建辉，刘晶芳，陈雪薇，等. "新民主主义社会论及其争论问题研究"笔谈[J]. 党史研究与教学，2011（2）.

[149] 朱云河，张太原. 技术革命与超英赶美——毛泽东所理解的技术革命及其发动原因[J]. 史学月刊，2012（10）.

[150] 郭金海. 实践"计划科学"：1955—1956年中国科学院两个长期规划的制订与影响[J]. 自然科学史研究，2019，38（2）.

[151] 杨丽凡. 影响深远的《1963—1972年科学技术规划纲要》[J]. 自然科学史研究，2003（S1）.

[152] 廖心文. 1962年广州会议的前前后后[J]. 党的文献，2002（2）：13-21.

[153] 袁德金. 军事家毛泽东[M]. 北京：中国青年出版社，2003.

[154] 沈传宝. 科技强国，永垂青史——"两弹一星"座谈会纪要[J]. 中共党史研究，2001（1）.

[155] 傅莹. 看世界2[M]. 北京：中信出版社，2021.

[156] 徐建国. 关于加强科技基础能力建设的若干思考[J]. 中国科技论坛，2008（8）：12-15.

[157] 董光璧. 二十世纪中国科学[M]. 北京：北京大学出版社，2007.

[158] 创立新中国的航天事业[J]. 科学决策，2008（6）：56-62.

[159] 李颐黎. 钱学森与中国航天工程的开创——以探空火箭工程和东方红一号卫星工程为例[J]. 工程研究——跨学科视野中的工程，2010，2（4）：301-313.

[160] 李志黎，陈炳文. 迈向21世纪的中国航天[J]. 航天工业管理，1996（10）：6-9.

[161] 顾迈南. 国防科研四十年[J]. 瞭望周刊，1989（43）：12-14.

[162] 何祚庥. 钱学森教授与发展科学技术的十二年规划[J]. 中国科学院院刊，1992（3）：25-26.

[163] 涂元季. 中国航天腾飞之路[M]. 北京：中国文史出版社，1999.

[164] 陈云卿. 俄罗斯航天工业的发展问题[J]. 管理观察，1997（5）：20.

[165] 杨琰. 新中国工业体系的创立、发展及其历史贡献[J]. 毛泽东邓小平理论研究，2019，383（8）：58-67，113.

[166] 王缓平. "东风"起舞震寰宇[J]. 炎黄春秋，2019（8）：38-42.

[167] 魏巍. 聂荣臻传[M]. 北京：当代中国出版社，1994.

[168] 张明妍. 德国科技发展轨迹及创新战略[J]. 今日科苑，2017（12）：1-14.

[169] 付向核，孙星. 解读德国工匠精神，创新中国工业文化[J]. 中国工业评论，2016（6）：48-53.

[170] 王昌林，姜江，盛朝讯，等. 大国崛起与科技创新——英国、德国、美国和日本的经验与启示[J]. 全球化，2015（9）：39-49，117，133.

[171] 郑久良，叶晓文，范琼，等. 德国马普学会的科技创新机制研究[J]. 世界科技研究与发展，2018，40（6）：627-633.

[172] 何宏. 德国亥姆霍兹国家研究中心联合会介绍[J]. 中国基础科学，2004（5）：57-61.

[173] 朱星. 德国最大的科研组织——德国亥姆霍兹国家研究中心联合会[J]. 中国基础科学，2001（6）：54-60.

[174] 李晓轩. 德国科研机构的评价实践与启示[J]. 中国科学院院刊，2004，19（4）：274-278.

[175] 谷俊战. 德国科技管理体制及演变[J]. 科技与经济，2005，18（6）：31-34.

[176] 陈新明. 政府在苏联科技进步中的作用[J]. 东欧中亚研究，2000（6）：20-26.

[177] 鲍鸥. 历经百年沧桑打造科技基础——俄罗斯（包括苏联）建设科技强国之路[J]. 中国科学院院刊，2018，33（5）：527-538.

[178] 宋兆杰，张敏卿，严建新. 苏联科技创新体系成败的移植文化因素分析[J]. 科

学学研究，2012，30（11）：1621-1626，1683.

[179] 日本创新的失败："匠人传统"下的创新"孤岛"[OL]. 社会科学文献出版社，2018-05-24.

[180] 张睿蕾. 日本科技事业发展历程、特点及其对我国的启示[J]. 科学管理研究，2011，29（5）：65-69.

[181] 林仲海. 日本提出50年内获得30个诺贝尔奖的目标[J]. 全球科技经济瞭望，2002（7）.

[182] 高晓梅. 美日科技创新发展模式及启示[N]. 中国社会科学报，2018-07-23（7）.

[183] 赵若玺，徐治立. 新科技革命会引发什么样的产业变革[J]. 人民论坛，2017（23）：79-81.

[184] Cohen I B. William Whewell and the Concept of Scientific Revolution[M]. Dordrecht：Springer Netherlands，1976.

[185] Osler M J. Revolution or Resurrection?[J]. Configurations，1999，7（1）：91-100.

[186] Orthia L A. What's Wrong with Talking About the Scientific Revolution? Applying Lessons from History of Science to Applied Fields of Science Studies[J]. Minerva，2016，54（3）：353-373.

[187] 杨沛霆，赵红洲，王兴成. 领导与科学[M]. 济南：山东人民出版社，1985.

[188] 戚发轫. 中国航天发展历程与启示——2009年空间环境与材料科学论坛大会报告[J]. 航天器环境工程，2010，27（1）.

[189] 雷凡培. 航天精神助推航天梦[J]. 求是，2015（3）.

[190] 李伯虎，柴旭东，朱文海，等. 复杂产品协同制造支撑环境技术的研究[J]. 计算机集成制造系统，2003，9（8）.

[191] 王凡. 峥嵘50载——航天发展史纪实及现状分析[J]. 科教导刊，2015（6）.

[192] 马雪梅，胡良元，沈艳波，等. 我国航天工业能力布局回顾与展望[J]. 航天工业管理，2019，429（10）.

[193] 孙洪庆，胡化凯. "十二年规划"与建国初期的磁学发展[J]. 自然辩证法通讯，2011，33（4）.

[194] 沈敏. 高等教育国际化背景下航空航天人才培养模式的探究[J]. 中国科教创新导刊，2013，（7）.

[195] 中国航天科技集团公司. 航天科技人才成长之路：高层次科技人才培养规律

[M]. 北京：中国宇航出版社，2011.

[196] 王永志. 中国载人航天工程总体设计体系的建立与实践[C]//高科技产业的系统工程管理论文集，2003.

[197] 王文龙，郭立，李亮. 新一代火箭发动机试车管理模式研究[J]. 中国航天，2015，452（12）.

[198] 郭宝柱. 航天工程管理的系统观点与方法[J]. 中国工程科学，13（4）.

[199] 陈宇航. 深刻体悟系统观念的方法论意义[N]. 学习时报，2020-12-28（1）.

[200] 钱学森. 社会主义建设的总体设计部——党和国家的咨询服务工作单位[J]. 中国人民大学学报，1988（2）：10-22.

[201] 于景元，高露. 系统工程与总体设计部[J]. 中国航天，2018（8）：7-12.

[202] 顾基发，唐锡晋. 综合集成方法的理论及应用[J]. 系统辩证学学报，2005（4）：1-7，22.

[203] 于景元. 钱学森关于开放的复杂巨系统的研究[J]. 系统工程理论与实践，1992（5）：8-12.

[204] 于景元，刘毅. 复杂性研究与系统科学[J]. 科学学研究，2002（5）：449-453.

[205] 于景元. 钱学森科学历程中的三大创造高峰[N]. 科技日报，2009-11-12（3）.

[206] 聂荣臻. 祝贺国防科工委情报研究所成立二十五周年：聂荣臻副主席的贺信[J]. 兵工情报工作，1984（3）：1.

[207] 栾恩杰. 中国航天的系统工程[J]. 航天工业管理，2019（10）.

[208] 姜国钧. 论教育中心转移与科技中心转移的关系[J]. 外国教育研究，1999（8）.

[209] 和震. 美国大学自治制度的形成与发展[M]. 北京：北京师范大学出版社，2008.

[210] 蒋志. 科学发现过程的统计理论[J]. 自然辩证法研究，1994（12）.

[211] 习近平. 在全国科技创新大会、两院院士大会、中国科协第九次全国代表大会上的讲话. 新华社通讯，2016-05-30.

[212] 褚葆一，张幼文. 科技革命与生产的国际关系[J]. 世界经济，1984（8）：11-18.

[213] 王渝生. 科技革命改变世界发展格局[J]. 领导科学论坛，2018（18）.

[214] 王渝生. 20世纪最耀眼的12组科技成果[J]. 科学时代，2008（3）.

[215] 张杰. 思考新的科技革命[OL]. http://www.aidchina.com.cn/yaowen/60122.htm.

[216] 马克斯·韦伯. 新教伦理与资本主义精神[M]. 上海：上海三联书店，1987.

[217] 亚当·斯密. 国富论[M]. 唐日松译. 北京：华夏出版社，2004.

[218] 段崴，绎章. 军工强国的新梦想——访国防科工局局长许达哲[J]. 国防科技工业，2014（3）：11-14.

[219] 董建锴. 工业精神的内涵及其培育[J]. 西安财经学院学报，2010，23（3）.

[220] 郝雅楠. 世界航天产业发展态势研究[J]. 国防科技工业，2020（1）.

[221] 军事科学院国防政策研究中心. 战略评估2013[R]，2014.

[222] 欧健，付东. 面向体系对抗的认知电子战发展趋势探析[J]. 军事运筹与系统工程，2019（1）.

[223] 龚自正，李明，陈川，等. 小行星监测预警、安全防御和资源利用的前沿科学问题及关键技术[J]. 科学通报，2020，65（5）：346-372.

[224] 樊春良. 美国技术政策的演变[J]. 中国科学院院刊，2020（8）：1008-1017.

[225] 肖学祥，张伟. 新中国"两弹一星"的研制及其对国防科技发展的启示[J]. 国防科技，2006（10）：57-61.

[226] Perkins D G. Multi-domain battle：The advent of twenty-first century war[J]. Military Review，2017，97（6）.

[227] Huang G L. Self-synchronizing campaign in distributed combat system of systems[J]. Ship Electronic Engineering，2008.

[228] Knowles J. Spectrum warfare[J]. Journal of Electronic Defense，2008.

[229] 李建欣. 当今卫星频率和轨道资源管理的机遇和挑战[J]. 中国航天，2014（6）.

[230] 张建. 论新型举国体制的制度优势[J]. 政治学研究，2020.

[231] 辞海（上）[M]. 上海：上海辞书出版社，1989.

[232] 吴沅. 探月工程——人类探月为得月[M]. 上海：上海科学技术文献出版社，2017.

[233] 殷忠勇. 论科技创新新型举国体制的构建——时代背景、理论基础和制度体系[J]. 人民论坛·学术前沿，2017（13）：80-83.

[234] 吴昌德. 加快构建关键核心技术攻关新型举国体制[N]. 人民政协报，2020-09-08（3）.

[235] 习近平. 努力成为世界主要科学中心和创新高地[J]. 求是，2021（6）.

[236] 李约瑟. 中国科学技术史（第一卷）[M]. 北京：科学出版社，1975：43-44.

[237] 李约瑟. 东西方的科学与社会[J]. 自然杂志, 1990, 13 (12): 818-819.

[238] 张洪太. "新型举国体制"下建设航天强国的思考[J]. 国资报告, 2020.

[239] 沈承诚. 新型举国体制"新"在何处[J]. 国家治理, 2020.

[240] 樊春良. 中国70年来科技追赶战略的演变[J]. 科学学研究, 2019, 37 (10).

[241] 林剑. 李约瑟难题与钱学森之问的文化诠释[J]. 人文杂志, 2017 (12).

[242] 何传启. 科技革命与世界现代化[C]//现代化的特征与前途——中国现代化研究论坛, 2011.

[243] 杜石然, 范楚玉, 陈美东, 等. 中国科学技术史稿(下册)[M]. 北京: 科学出版社, 1985.

[244] 沈铭贤. 李约瑟与爱因斯坦——"李约瑟难题"的两种不同的回答[J]. 学术月刊, 1996 (4).

[245] 杨振宁.《易经》对中华文化的影响[J]. 自然杂志, 2005, 27 (1).

[246] 姜海波. 马克思《哲学的贫困》研究读本[M]. 北京: 中央编译出版社, 2013.

[247] 张月鸿, 蒋芳, 刘登伟. 哲学建设: 我国科技强国建设的"三十年之艾"[J]. 中国科学院院刊, 2021, 36 (3): 319-327.

[248] "钱学森之问"的核心是打破专业界限[OL]. http://news.sina.com.cn/o/2011-04-14/052022289466.shtml.

[249] 张振华. 追寻世界冠军的成功轨迹—《13名世界冠军的成长机制及规律的研究》成果报告[C]//江苏省教育学会2011学术年会论文集, 2011.

[250] 陶文昭. "学术民主"的要义[J]. 基层政治工作研究, 2013 (10).

[251] Harriet Zuckerman. Scientific Elite: Nobel Laureates in the United States[M]. New York: The Free Press, 1977.

[252] 王大洲. 关于青年科学家成长的若干思考[C]//中国自然辩证法研究会. "青年科学家创新与社会条件支持系统"课题研究论文集, 2006: 5.

[253] 保尔·拉法格, 等. 回忆马克思恩格斯[M]. 马集译. 北京: 人民出版社, 1973.

[254] 钱时惕. 近代自然科学体系的建立及其意义——科学发展的人文历程漫话之九[J]. 物理通报, 2011 (11).

[255] 钱学森. 现代科学的结构——再论科学技术体系学[J]. 哲学研究, 1982 (3).

[256] 于景元. 钱学森系统科学思想和系统科学体系[J]. 科学决策, 2014 (12): 2-22.

[257] 钱学森. 基础科学研究应该接受马克思主义哲学的指导[J]. 哲学研究, 1984 (24): 26.

[258] 钱伟长. 钱伟长文选[M]. 上海: 上海大学出版社, 2004.

[259] 王通讯. 科技创新人才如何培育[N]. 光明日报, 2013-10-31 (14).

[260] 于俊道. 聂荣臻交往纪实[M]. 北京: 中国社会科学出版社, 2017.

[261] 刘兆世. 航天与系统工程[M]. 北京: 中国宇航出版社, 2006.

[262] 汪长明. 钱学森为什么能成为战略科学家[N]. 学习时报, 2020-12-30 (6).

[263] 王小月, 刘喆. 钱学森: 五年归国路, 十年两弹成[N]. 中国航天报, 2021-05-20.

[264] Einstein A. On the General Theory of Relativity[C]//The Collected Papers of Albert Einstein. The Berlin Years: Writings, 1914—1917. Princeton: Princeton University Press, 1997.

[265] 爱因斯坦. 爱因斯坦文集: 第一卷[M]. 许良英, 范岱年, 编译. 北京: 商务印书馆, 1976.

[266] 叶永烈. 他影响了中国: 陈云[M]. 北京: 天地出版社, 2019.

[267] 赵聪. "百岁国宝"王希季[N]. 中国航天报, 2021-07-28.

[268] 赵红州. 关于科学家社会年龄问题的研究[J]. 自然辩证法通讯, 1979 (4): 29-44.

[269] 路甬祥. 规律与启示——从诺贝尔自然科学奖与20世纪重大科学成就看科技原始创新的规律[J]. 西安交通大学学报(社会科学版), 2000 (4): 3-11.

[270] 杨中楷, 林德明, 韩爽, 等. 重大技术发明产出年龄分布特征研究——基于美国发明家名人堂数据[J]. 科学学研究, 2015, 33 (3): 347-352.

[271] 姜莹, 韩伯棠, 张平淡. 科学发现的最佳年龄与我国科技人力资源的年龄结构[J]. 科技进步与对策, 2003, 20 (17): 22-23.

[272] 吴军. 数学之美[M]. 北京: 人民邮电出版社, 2012.

[273] 吕淑琴, 陈洪, 李雨民. 诺贝尔奖的启示[M]. 北京: 科学出版社, 2010.

[274] 林永伟, 叶立军. 数学史与数学教育[M]. 杭州: 浙江大学出版社, 2004.

[275] 滕文生. 东西方文明互学互鉴与构建人类命运共同体[J]. 世界社会主义研究, 2019 (11): 12-19.

[276] 李大钊. 李大钊全集[M]. 北京: 人民出版社, 2006.

[277] Ihde D. Philosophy of Technology[M]. New York: Paragon House, 1993.

[278] 赵家祥，王元明. 马克思主义哲学原理[M]. 北京：中国人民大学出版社，2005.

[279] 吴国盛. 科学史的意义[J]. 中国科技史杂志，2005，26（1）：59-64.

[280] 吴国盛. 什么是科学[M]. 广州：广东人民出版社，2019.

[281] 保尔·拉法格，等. 回忆马克思恩格斯[M]. 马集译. 北京：人民出版社，1973.

[282] 习近平. 在中国科学院第二十次院士大会、中国工程院第十五次院士大会、中国科协第十次全国代表大会上的讲话[OL]. 新华网，2021-05-28.